Ben Bachmair · Peter Diepold · Cl

Jahrbuch Medienpädagogik 5

Ben Bachmair · Peter Diepold
Claudia de Witt (Hrsg.)

Jahrbuch
Medien-
Pädagogik 5

Evaluation und Analyse

VS VERLAG FÜR SOZIALWISSENSCHAFTEN

Bibliografische Information Der Deutschen Bibliothek
Die Deutsche Bibliothek verzeichnet diese Publikation in der Deutschen Nationalbibliografie;
detaillierte bibliografische Daten sind im Internet über <http://dnb.ddb.de> abrufbar.

1. Auflage September 2005

Alle Rechte vorbehalten
© VS Verlag für Sozialwissenschaften/GWV Fachverlage GmbH, Wiesbaden 2005

Lektorat: Stefanie Laux

Der VS Verlag für Sozialwissenschaften ist ein Unternehmen von Springer Science+Business Media.
www.vs-verlag.de

Umschlaggestaltung: KünkelLopka Medienentwicklung, Heidelberg
Gedruckt auf säurefreiem und chlorfrei gebleichtem Papier
ISBN-13:978-3-531-14615-7   e-ISBN-13:978-3-322-80733-5
DOI: 10.1007/978-3-322-80733-5

Inhalt

Teil III Medienkultur über die Generationen

Einleitung

Evaluationsmethoden für E-Learning, Forschungsmethoden zur Mediennutzung und zur Analyse von Medienkulturen sind Gegenstand dieses Jahrbuchs Medienpädagogik. Dabei reicht das Spektrum der Medien von Fernsehen über Video bis zum Internet. Die Auswahl dieses Themenschwerpunkts kommt dabei nicht von ungefähr. Zum einen hat wissenschaftliche Medienforschung bereits eine lange Tradition und ist in vielen Disziplinen etabliert. Forschungsmethoden lieferten der medienpädagogischen Praxis empirisch fundierte Ergebnisse und Instrumente. Forschungsdesigns und Methodologien wurden entwickelt, um Mediennutzungsverhalten und Medienwirkungen zu erklären, Evaluationsmethoden eingesetzt, um Lernprozesse zu beurteilen. Zum anderen gewinnen Qualitätssicherung und Leistungsmessungen im Bildungssystem generell immer mehr an Bedeutung. In den Ergebnissen aktueller Evaluationen zeigen sich Bestrebungen nach Qualität von Bildungs- und Lernprozessen.

Empirischer Forschung kommt die Aufgabe zu, medienpädagogische Wirkungsgrade und Zielerreichung zu überprüfen und zu kontrollieren. Quantitative Forschungsmethoden ermöglichen es, Mediennutzungsverhalten bestimmter Zielgruppen in Wechselwirkung mit Programmstrukturen und -inhalten zu ermitteln. Nutzungsmuster von Medienangeboten – vor allem bei Kindern und Jugendlichen – sind auch bei der Entwicklung medienpädagogischer Ansätze wichtig. Qualitative Medienforschung dient als Planungsinstrument für medienpädagogische Konzeptionen sowie für medienpädagogische Praxis und hilft bei der Entwicklung neuer, mehr als bisher an inhaltlichen Kriterien orientierter Angebote. Eine der zentralen Fragestellungen war und ist dabei, mit welchen kognitiven und ästhetischen Vermittlungsformen die Inhalte einer Sendung am besten kommuniziert werden können. Dies ist zugleich eine der Grundfragen im Hinblick auf den Medieneinsatz in pädagogisch orientierten Lernprozessen (vgl. Dichanz 1998).[1]

Eine weitere Herausforderung besteht darin, Bildung effizienter und effektiver zu gestalten. So sind Evaluationsmaßnahmen notwendig, um eine Qualitätssicherung von Medienangeboten zu erzielen. Im Bereich von E-Learning geht es deshalb um Fragen, wie die Qualität von E-Learning und, damit verbunden, seine Nutzerakzeptanz zu sichern ist. Wie müssen bzw. sollen zielgruppenadäquate Inhalte, mediendidaktische Aufbereitung, personale Unterstüt-

---

1 Dichanz, H. (Hrsg.): Handbuch Medien: Medienforschung. Konzepte, Themen, Ergebnisse. Bonn 1998.

zung, die technische Infrastruktur und die Einbettung in die jeweilige Lernkultur aussehen?

Deshalb widmet sich der **erste Teil** dieses Jahrbuchs Medienpädagogik auch ausführlich den Evaluationsmethoden beim E-Learning. Die verschiedenen Verfahren zur Bewertung und Qualitätsprüfung bei E-Learning-Arrangements erläutert *Ulf-Daniel Ehlers*. Nach seinem Überblick über derzeit bestehende Verfahrensinstrumente zeigt er die Möglichkeiten und Grenzen von Bewertungsinstrumenten unterschiedlicher Generationen auf. *Ehlers* fordert Qualitätssicherung in jeder Phase des Qualifikationsprozesses. Die Lernenden sollen mit einbezogen werden, in den Mittelpunkt rückt der Lernprozess. Er favorisiert zur Qualitätssicherung einen Evaluationsansatz, der subjektorientiert und situationsgerecht angepasst ist. Denn „Qualitätssicherung ist mehr als die Kontrolle unmittelbarer Lerneffekte". Gegenstand der Evaluation bei *Rolf Schulmeister, Burkhard Vollmers, Robert Gücken* und *Klaus Nuyken* ist das E-Learning-Programm für die Methodenlehre und Statistikausbildung (MLBK). Im Zentrum ihres Beitrags steht weniger die genauere Bestimmung der Zielgruppe z.B. nach Divergierer oder Akkomodierer. Vielmehr beschreiben die Autoren die Konzeption und Durchführung der Evaluation des Methodenlehre-Baukastens. Dabei stellt sich heraus, dass der Evaluationsansatz des MLBK genauso zielgruppenspezifisch wie die Didaktik ist (vgl. Ehlers). Das betreute Monitoring als empirische, medienpädagogische Methode bei der Online-Lehre und beim Blended Learning stellen *Jennifer Mockenhaupt* und *Thomas Trebing* am Beispiel des interdisziplinären WiBA-Nets dar. Es handelt sich hier um eine prozessbegleitende pädagogische Evaluation mit dem Ziel einer nachhaltigen Nutzung des Online-Netzwerkes. Die Autoren siedeln das Monitoring-Verfahren zwischen Logfileanalyse und Nutzungsstatistik an, das konkrete Rückschlüsse auf die Konzeption von E-Learning-Arrangements gibt. *Anke Grotlüschen* zielt mit ihrer qualitativen Untersuchung auf die Rekonstruktion von E-Learning-Prozessen und entwickelt dabei Begründungsmuster, die das Verbindungsstück zwischen empirisch gewonnenen Kategorien und theoretisch bekannten Begriffen darstellen. Lernhandlungen werden mit Aussagen der Interviewten oder mit Hilfe theoretischer Kenntnisse erklärt. Beim Prozess der Kategoriegewinnung entsteht ein Kategorienbaum (thematische Ordnung) mit individuellen, interaktionellen und institutionellen Ebenen. *Sigrid Blömeke* und *Christiane Buchholtz* gehen davon aus, dass zur Bewältigung und Gestaltung mediengestützter Lehr- und Lernprozesse komplexe Qualifikationen bei Lehrpersonen und komplexe Fortbildungsmaßnahmen zur Veränderung des Lehrerhandelns erforderlich sind. Die forschungsmethodischen Fragen beziehen sich auf die von den Autorinnen entwickelte Intervention zur Veränderung von Lehrerhandeln beim Einsatz neuer Medien im Unterricht. Die Intervention umfasst die Prozesselemente der Reflexion der vorherrschenden Unterrichtsskripts und der Subjektiven Theorien zum Einsatz neuer Medien im Unterricht, der Modifikation der vorhandenen Subjektiven Theorien durch Wissenserwerb und den Transfer des erworbenen Wissens im Kontext der Lehrerfortbildung. Ziel ist eine „Veränderung des Lehrerhandelns in Richtung einer Unterrichtsgestaltung, die problemorientiertes Lernen mit neuen Medien fördert". Eine Ergebnisevaluation soll die nachhaltige Veränderung unterrichtlicher Handlungsmuster prüfen.

Der **zweite Teil** des Jahrbuchs Medienpädagogik 5 stellt verschiedene Forschungsmethoden zur Mediennutzung vor. *Klaus-Peter Treumann, Eckhard Burkatzki, Mareike Strotmann* und *Claudia Wegener* folgen forschungsmethodisch dem Leitbild der Triangulation. Sie kombinieren für die Rekonstruktion einer Typologie jugendlichen Medienhandelns also quantitative und qualitative Zugänge zum Forschungsfeld durch Gruppendiskussionen, leitfadengestützte Einzelinterviews und eine Repräsentativerhebung. Zur Operationalisierung des Medienhandelns Jugendlicher ziehen sie das Bielefelder Medienkompetenz-Modell heran. *Ben Bachmair, Clemens Lambrecht, Claudia Raabe, Klaus Rummler* und *Judith Seipold* beschreiben die qualitative und quantitative Fernsehprogrammanalyse in der Sicht von Kindern. Untersucht wird die Nutzung alltagsweltlicher massenmedialer Interpretationsangebote durch Kinder als Fernsehpublikum. Methodisch bilden die Einschalt- und Ausschaltakte von Kindern die Ausgangsbasis für die qualitative Programmanalyse. Neben der Erhebung der Fernsehprogrammelemente ist deren Auswertung ein zweiter Verfahrensabschnitt bei der Analyse, Grundlage für die Programmanalysen ist der Datenstock der Gesellschaft für Konsumforschung. Über eine Kodierung der Fernsehprogrammelemente und eine Datenbank als Verfahrensinstrument werden verschiedene Zugangsmöglichkeiten für die qualitative Arbeit geschaffen. So lassen sich Nutzungsverläufe und Nutzungsflächen darstellen, Hitlisten erstellen und Zuschauergruppen unterscheiden. Diese Forschungsmethode zeigt u.a., dass Kinder zielsicher ihre Lieblingssendungen wählen, jedoch auch dem abwechslungsreich gestalteten Programmfluss eines Senders folgen. *Horst Niesyto* und *Frank Holzwarth* stellen die Bedeutung visueller Methoden der Erhebung und Dokumentation heraus, insbesondere die Eigenproduktionen mit Medien durch die Jugendlichen selbst. Der erste Teil stellt die bisherige Entwicklung des Ansatzes „Eigenproduktion mit Medien als Gegenstand qualitativer Forschung" vor und stellt fest, dass Jugendliche ihr Welterleben über videografische Dokumentation und Gestaltung (Dokumentation komplexer non-verbaler Ausdrucksformen) darbieten, u.a. Lebensgefühle und Stimmungen. Bisher allerdings wurden Visuelles und Audiovisuelles kaum als eigenständige Forschungsstrategien verstanden, mangelte es an Eigenproduktionen von Kindern und Jugendlichen und schenkte man dem „Sich-Äußern-Könnens" (über Video) kaum Beachtung. Die Autoren vertreten deshalb die Auffassung, dass Kinder und Jugendliche Medien selber herstellen sollen, um Formen des Selbstausdrucks zu ermöglichen. Der zweite Teil skizziert das EU-Forschungsprojekt CHICAM. Es knüpft im methodischen Bereich an Erfahrungen des Projektes VideoCulture an, das die ethnografisch-lebensweltliche mit der medienpädagogischen Dimension verbindet. 10- bis 14-Jährige mit Erfahrungen mit Migration und Flucht bekamen die Möglichkeit mittels Foto, Video und Internet, sich mit der eigenen Lebenssituation auseinander zu setzen und Erfahrungen auszutauschen.

Medienkultur über die Generationen ist Gegenstandsfeld des **dritten Teils** dieses Jahrbuchs. Zur Analyse generationsspezifischer Medienpraxiskulturen verwendet *Burkhard Schäffer* das Paradigma der dokumentarischen Methode. Grundlagentheoretisch zentral sind der Begriff der Generation, der vor allem durch quantitative Untersuchungsdesigns dargestellt und neu positioniert wird, und der Begriff des habituellen Handelns mit Medien, der sich an die theoretischen Überlegungen von Bruno Latour anlehnt. Eine Typologie des habituellen Handelns mit Medientechnologien stellt *Schäffer* anhand des Untersuchungsdesigns vor. *Kai-Uwe Hugger* weitet den Blick auf Jugend als nationaler Kategorie in die Richtung von Globalisierungstendenzen aus. Globalisierte Medienszenen von Jugendlichen bildeten sich immer mehr durch die globale Kultur heraus. Er macht dies anhand der globalen HipHop-Szene und der transnationalen sozialen Räume von Migrantenjugendlichen im Internet deutlich und beschreibt Kategorien zur Bestimmung von Medienszenen von Jugendlichen. *Andrew Burn* und *Rebekah Willett* setzen sich mit den Gefahren und Risiken des Internets im Rahmen des Educanet-Projekts in Großbritannien auseinander, das bisher an zwei Schulen durchgeführt wurde. Als Bezugsrahmen wählen sie die Diskurstheorie und kommen über ihre qualitative Analyse der Aussagen von Kindern, was sie unter dem von Erwachsenen und Medien verwendeten Wort Pädophilie verstehen, zu Diskurstypen. Diese Diskurstypen ordnen sich in die Dimensionen Diskursstruktur: folkloric – rationalistic und Soziale Motivation: prohibitive – exploratory. Kinder interpretieren die ihnen gegenüber formulierten Internet-Gefahren, wie z.B. die des Pädophilen, innerhalb der für sie relevanten Diskurstypen.

Welche Aufgaben und Themenschwerpunkte kommen angesichts der kulturellen und gesellschaftlichen Dynamik auf die Medienpädagogik zu und wie können Medien vermittelnd eingreifen? Dies sind die Fragen, denen sich *Ben Bachmair* in seinem ausblickenden Beitrag widmet. Um zukunftsweisende Themenfelder der Medienpädagogik zu bestimmen und dabei vor allem die sich verändernden Bedingungen für die Konstitution von Subjektivität durch Medien zu verorten, reflektiert Bachmair die kulturelle und gesellschaftliche Entwicklung. Er legt dar, dass die gesellschaftliche und kulturelle Entwicklung der letzten Jahre durch Enttraditionalisierung in den westlichen Industriegesellschaften und Verringerung staatlicher Aufgaben gekennzeichnet und eine Erhöhung der Individualisierung der Lebensrisiken entstanden ist. Alltagsleben und Massenkommunikation als die zentralen Domänen der Industriegesellschaft beeinflussten sich gegenseitig. Wie greifen Medien in das Verhältnis von Menschen zu sich, zu anderen und zu Welt ein? Er benennt spezifische Felder der Mensch-Medien-Beziehung, die medienpädagogische Antworten erforderlich machen.

Teil I
Evaluationsmethoden beim E-Learning

Ulf-Daniel Ehlers

Evaluation von E-Learning: Checklisten, Kriterienkataloge oder Evaluationskonzepte? Zum Stand der Bewertungsverfahren für E-Learning-Arrangements

1. Qualität als Ziel

Qualität in Bildungsmaßnahmen – als Legitimation oder aus wissenschaftlichem Interesse – ist ein Thema von hoher Bedeutung, auch – und gerade – im E-Learning.[1] E-Learning, als eine noch relativ junge, nicht völlig etablierte, aber – so stellt sich immer häufiger heraus – kostenintensive Bildungsform, muss sich immer wieder der kritischen Frage nach der Qualität stellen, zumeist assoziiert mit Lernerfolg.[2] Vielfältige Instrumente, um die Qualität zu überprüfen oder zu entwickeln, begleitend oder im Nachhinein, sind bislang konzipiert worden (vgl. Ehlers/Pawlowski/Goertz 2003).

Der Artikel gibt einen Überblick zum derzeitigen Stand der Dinge in Bezug auf zwei dieser Verfahrensweisen: zum einen geht es dabei um die Beurteilungen anhand von Kriterienkatalogen bzw. Checklisten und zum anderen um Evaluationsverfahren. Obwohl vielfach bereits umfassendere Managementsysteme zum Einsatz kommen, die die Qualität bei Anbietern kontinuierlich verbessern sollen, haben beide Verfahren eine steigende Bedeutung – da auch Managementverfahren immer wieder auf Kriterien oder Evaluationsverfahren zurückgreifen.

Betrachtet man die Forschungsaktivitäten im Bereich der Qualitätsforschung beim E-Learning, so wird deutlich, dass unterschiedliche „konjunkturelle Moden" auszumachen sind.[3] Zum einen wurden seit Mitte der 1960er Jahre mit

---

1 E-Learning ist kein wissenschaftlicher Begriff. Der Begriff kam in den letzten Jahren (etwa seit 1999) als ein Neologismus der Werbeindustrie auf. Er umfasst alle Formen des Lernens mit Hilfe elektronischer Medien, sowohl online als auch offline. Es ist eine Lernform, bei der die neuen Informations- und Kommunikationsmedien (Computer und Internet) in Lernarrangements eingebunden werden, entweder zur Unterstützung des Lernprozesses (als sogenannte „hybride" Lernarrangements) oder als ausschließliche Form der Vermittlung (vgl. Ehlers 2003).
2 Zur Bedeutung von Qualität im E-Learning vgl. auch Ehlers/Holmer/Gerteis/Jung (2003).
3 Dabei bedeutet das Aufkommen neuer Ansätze nicht zwangsläufig das Verwerfen von bereits bestehenden Methoden. So standen zwar zunächst kriteriengestützte Expertenbeurteilungsverfahren im Vordergrund, dann spezifische prozessorientierte Qualitätssicherungsverfahren, wie zum Beispiel spezielle Evaluationsverfahren oder Benchmarks für E-Learning. Die schließlich

dem Aufkommen des computerunterstützten Unterrichts (CUU) Qualitätskriterien für diesen Unterrichtsansatz entwickelt. Diese wurden im Laufe der Zeit weiterentwickelt und stellen heute sogenannte produktbezogene, normative Bewertungs-, Entwicklungs- und Auswahlinstrumente für Lernplattformen, Lernsoftware oder E-Learning-Angebote dar. Zum anderen spielt das Entstehen von speziellen empirischen Evaluationsverfahren für die Beurteilung von Lernsituationen, in denen E-Learning eingesetzt wird, eine wichtige Rolle. Nicht das Produkt alleine steht hier zur Disposition, sondern der Lernprozess insgesamt. Damit rückt auch der Lerner in den Fokus der Analyse. Streng genommen gilt die Bewertung von E-Learning-Angeboten mit Hilfe von Qualitätskriterienkatalogen auch als eine Form der Qualitätsevaluation, beispielsweise im Rahmen einer sogenannten Expertenbeurteilung. Da sie sich aber im konzeptuellen Ansatz und der Durchführung deutlich von eher prozessbezogenen Evaluationsansätzen unterscheidet, werden beide Arten gesondert voneinander aufgeführt.

Eine weitere Entwicklung ist in prozessorientierten Ansätzen zu sehen, die die beiden vorherigen Konzepte jedoch in Teilen integriert und im Sinne übergreifender Managementansätze versucht, sowohl Standards als auch Evaluationsverfahren einzusetzen, um die bestehenden Lehr- und Lernprozesse (zusätzlich auch die Administrationsprozesse u.a.) begleitend zu überwachen und ggf. zu optimieren. Die beschriebenen Entwicklungsstränge stehen jedoch nicht unverbunden nebeneinander oder stellen eine aufeinander aufbauende chronologische Entwicklung dar, sondern sind vielmehr miteinander verzahnt. Der folgende Artikel hat das Ziel, einerseits einen Überblick über die derzeit bestehenden Instrumente im Bereich der Kriterienkataloge und Evaluationsverfahren zu geben und andererseits die Möglichkeiten, aber auch die Grenzen der jeweiligen Verfahren aufzeigen.

2. Beurteilung von E-Learning anhand von Qualitätskriterien

Bewertungsinstrumente auf Basis von Qualitätskriterienkatalogen sind deswegen so populär, weil sie Einschätzungen über die Lernwirksamkeit, die eigentlich nur über aufwändige empirische Verfahren erhoben werden können, relativ einfach zu ermöglichen scheinen. Dadurch bieten sie auch Laien die Möglichkeit, ohne vorhergehende empirische Studien Einschätzungen über die Qualität eines Lernarrangements oder einer Lernsoftware vorzunehmen. Als Qualitätskriterium wird dabei ein Merkmal einer Lernsoftware bezeichnet, dessen Lernwirksamkeit in einer Validitätsstudie nachgewiesen wurde. Kohrt (1995) fasst diesen Sachverhalt folgendermaßen:

---

an Bedeutung gewinnenden generischen Qualitätsmanagementansätze und Standardisierungsversuche greifen aber teilweise Elemente der anderen Qualitätsansätze wieder auf beziehungsweise integrieren sie.

„Ein potentielles Qualitätskriterium (das also in einer Checkliste auftauchen könnte) kann jedes isolierte Merkmal eines Lehrprogramms oder seiner Begleitmaterialien sein, das sich messbar positiv bzw. negativ auf den Lernerfolg auswirkt" (ebenda, S. 6).

Viele Qualitätskriterienkataloge enthalten jedoch Kriterien, zu denen keine expliziten Validitätsstudien vorliegen, sondern über die lediglich vermutet wird, sie seien lernwirksam. Die Entstehung von Qualitätskriterienkatalogen kann mit Gräber (1996) in insgesamt vier Generationen von Bewertungsinstrumenten eingeteilt werden (siehe Abbildung 1). Sie unterscheiden sich sowohl hinsichtlich ihrer zeitlichen Entstehung als auch bezüglich ihres Funktionsumfanges. Im Hinblick auf den Funktionsumfang ist zu differenzieren zwischen einfachen Zusammenstellungen von Qualitätskriterien, die als Anhaltspunkt für die Auswahl von Lernsoftware für Laien gedacht sind, nach computergestützten Bewertungssystemen, die Einschätzungen zu unterschiedlichen Bereichen (bei-

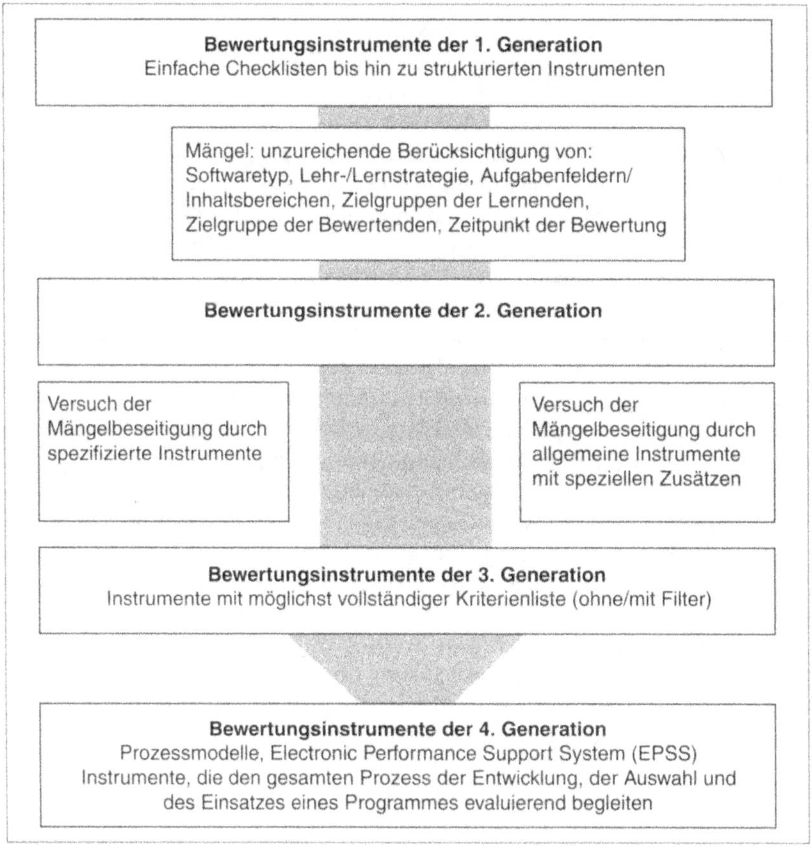

Bewertungsinstrumente der 1. Generation
Einfache Checklisten bis hin zu strukturierten Instrumenten

Mängel: unzureichende Berücksichtigung von:
Softwaretyp, Lehr-/Lernstrategie, Aufgabenfeldern/
Inhaltsbereichen, Zielgruppen der Lernenden,
Zielgruppe der Bewertenden, Zeitpunkt der Bewertung

Bewertungsinstrumente der 2. Generation

Versuch der
Mängelbeseitigung durch
spezifizierte Instrumente

Versuch der
Mängelbeseitigung durch
allgemeine Instrumente
mit speziellen Zusätzen

Bewertungsinstrumente der 3. Generation
Instrumente mit möglichst vollständiger Kriterienliste (ohne/mit Filter)

Bewertungsinstrumente der 4. Generation
Prozessmodelle, Electronic Performance Support System (EPSS)
Instrumente, die den gesamten Prozess der Entwicklung, der Auswahl und
des Einsatzes eines Programmes evaluierend begleiten

Abbildung 1: Vier Generationen von Kriterienkatalogen (nach Gräber 1996)

spielsweise didaktische Gestaltung, Bildschirmpräsentation u.ä.) abfragen und am Schluss einen Punktewert liefern, mit dem die bewertete Software gegenüber anderen verglichen werden kann[4], bis hin zu vollständig datenbankgestützten Kriteriensammlungen. Letztere stellen unter Zuhilfenahme unterschiedlicher Filter Kriterien entweder für die Auswahl, für die Entwicklung oder die Beurteilung von Lernsoftware bereit.[5]

Gräber (1996, S. 17ff.) ordnet einfache Checklisten, aber auch strukturiertere, komplexere Instrumente der ersten Generation von Bewertungsinstrumenten zu. Er führt aus, dass diese charakterisiert sind durch eine unzureichende Berücksichtung des Softwaretyps, der Lehr-Lernstrategie, der Aufgabenfelder beziehungsweise Inhaltsbereiche, der Zielgruppen der Lerner sowie der Beurteiler und des Zeitpunktes der Bewertung. Winship (1988, S. 371) weist darauf hin, dass es für unterschiedliche Verwendungszwecke von Lernsoftware auch unterschiedliche Beurteilungskriterien geben sollte.

Auf diese Forderung wurde in der zweiten Generation von Bewertungsinstrumenten reagiert, indem Instrumente von vornherein für bestimmte Softwaretypen entwickelt wurden. Insgesamt wird seit Anfang der 1990er Jahre verstärkt darauf hingewiesen, dass „verschiedene Lernformen [...] unterschiedliche Computerprogramme [benötigen, d. Autor], deren Verwendungszwecke demzufolge differenziert betrachtet werden müssen" (Mandl et al. 1992, S. 15ff.). Mandl et al. (ebenda) unterscheiden nach Kanselaar (1992) vier Lernformen, denen sie vier Computerprogrammtypen beiordnen (siehe Abbildung 2). Diesen können wiederum spezielle Bewertungsinstrumente zugeordnet werden, die in die sogenannte zweite Generation von Bewertungsinstrumenten fallen.

Neben Bewertungsinstrumenten für verschiedene Softwaretypen und Lernstrategien wurden auch spezifischere Bewertungsinstrumente entwickelt, unter anderem für spezielle Aufgabenfelder (zum Beispiel Instrument zur Bewertung von Software zum Lesen lernen von Squires/McDougall 1994, S. 127), für verschiedene Zielgruppen von Lernern (etwa im Grundschulbereich: Schwarz/Lewis 1989 oder in der Erwachsenenbildung: DeJoy/Mills 1989), für verschiedene Zielgruppen von Bewertenden (beispielsweise computerunerfahrene Lehrer: EPASoft von Gräber et al. 1992; für computererfahrene Lehrer: Reeves/Harmon 1994 oder für Lerner: Akademie des Deutschen Beamtenbundes 1986).

Neben solchen Bewertungsinstrumenten für spezifische Zwecke entstanden weitere, die spezifische *und* allgemeine Teile verbinden sollten. Sie sind insgesamt allgemein gehalten, setzen aber für bestimmte Bereiche spezifische Schwerpunkte. Hierunter fallen zum Beispiel Kriterienkataloge, die zum einen aus einem allgemeinen Teil bestehen und zum anderen weitere Teilbereiche enthalten, die sich spezifischen Bereichen des Lernens mit Lernsoftware wid-

---

4   Ein Beispiel für ein solches Bewertungsinstrument ist der vom Arbeitskreis der deutschen Automobilindustrie entwickelte Kriterienkatalog AKAB.

5   Ein Beispiel für ein solches umfassendes Bewertungsinstrument stellt der datenbankgestützte Kriterienkatalog MEDA dar.

Lernform	Computerprogramm	Bewertungsinstrumente (Beispiel)
Lernen als Wiederholen und Memorieren	Übungsprogramm (etwa Drill- & Practice-Programme zum Vokabellernen)	„Drill and Practice Software Evaluation", G. Bitter, A. Camuse (1994), Arizona State University
Lernen als interaktiver und konstruktiver Prozess	Tutorielle Programme	„Tutorial Software Evaluation", G. Bitter/A. Camuse (1994), Arizona State University
Lernen als explorativer und entdeckender Prozess	Simulations-programme	„Simulation Software Evaluation", G. Bitter/A. Camuse (1994), Arizona State University
Lernen als Rekonstruk-tionsprozess	Cognitive Tools (wie etwa Textverarbei-tungswerkzeuge oder Autorenwerkzeuge, sogenannte Teach-ware [Mandl et al. 1992, S. 498])	„Word processing Software Evaluation" G. Bitter/A. Camuse (1994), Arizona State University oder „Leistungsmerk-malskatalog für Autorenwerkzeuge", Siemens AG

Abbildung 2: Lernformen, Computerprogrammtypen und dazu kongruente Bewertungsinstrumente der 2. Generation (Lernformen und Lernprogramme vgl. Mandl et al. 1992, S. 16; Zuordnung der Bewertungsinstrumente vgl. Gräber 1996, S. 19)

men. Dies können zum Beispiel der Bereich affektiver Lernprozesse (vgl. etwa Martin 1998) oder spezielle Fragen zu einzelnen Lernsoftwaretypen (vgl. etwa Blease 1986) sein. Reay (1985, S. 79) entwickelt einen Kriterienkatalog für einen zweistufigen Bewertungsprozess. Zunächst bewertet ein Experte (in diesem Fall ein Lehrer) das Lernprogramm alleine und dann wird ein Schüler beim Lernen mit der Software beobachtet.

Zusammenfassend wird deutlich, dass die zweite Generation von Bewertungsinstrumenten aus sehr komplexen Instrumenten bestand, die für spezifische Fragestellungen ausgelegt waren. Eine differenziertere Bewertungsmöglichkeit war so zwar möglich, andererseits führte diese Entwicklung auch zu einer unüberschaubaren Menge an Bewertungsinstrumenten, da teilweise sogar für einzelne Programme eigene Kriterienkataloge zur Bewertung entwickelt wurden (vgl. Gräber 1996, S. 20). Eine intersubjektive Vergleichbarkeit war daher teilweise nicht mehr gegeben.

Die dritte Generation von Bewertungsinstrumenten versuchte dieser Instrumentenvielfalt entgegenzuwirken, aber trotzdem die Differenzierungskraft beizubehalten, die zuvor erzielt worden war. So zählt Gräber (ebenda, S. 22) zur dritten Generation von Bewertungsinstrumenten solche, die versuchen, in *einem* Instrument alle Ansprüche und Gegebenheiten zu berücksichtigen. Darunter fallen Instrumente wie die „Große Prüfliste von Lernsoftware" (GPL), die Thomè (1988) im Rahmen einer Dissertation aus einer Synopse von zwölf Kriterienkatalogen erstellte. Dieser Katalog enthält 221 Bewertungsaspekte, die in

unterschiedliche Bewertungskategorien geordnet werden (vgl. Gräber 1996).
Ein anderes Instrument, MEDA (Gräber 1991), stellt in Form einer Datenbank
einen Katalog von über 300 Fragen zur Verfügung, die bei der Beschreibung,
Analyse und Bewertung didaktischer Software eingesetzt werden können. Der
Beurteiler muss in einer Dreistufenhierarchie seine eigene Bewertungsintention
und Zielvorstellungen wählen. Am Schluss bekommt er eine Liste, die für seine
jeweiligen Zwecke relevante Fragen präsentiert.

Die vierte Generation von Bewertungsinstrumenten benennt Gräber als prozessorientierte Instrumente (ebenda). Sie fokussieren nicht allein auf eine
punktuelle Überprüfung von Softwaremerkmalen, sondern sollen eine Orien-
tierungshilfe für Bildungsmöglichkeiten in unterschiedlichen Kontexten sein.
Die Bewertungskriterien beziehen sich hier darauf, den gesamten Prozess der
Entwicklung, der Auswahl und des Einsatzes eines Programmes begleitend zu
evaluieren. Als umfangreichste Arbeit in diesem Zusammenhang kann die sogenannte „Evaluator's Toolbox" (Reeves 1992) angesehen werden. Sie stellt ein
sogenanntes Electronic Performance Support System (EPSS[6]) dar. Die Toolbox
enthält elektronische Informationen, Beispiele, Checklisten und Fragebögen
zur Evaluation von allen Schritten der Entwicklung interaktiver multimedialer
Programme. Alle Schritte werden evaluiert und erst auf Basis der Ergebnisse
wird der jeweils nächste Entwicklungsschritt geplant. Auch das Projekt Evalua-
tionsnetz verfolgt das Konzept, für unterschiedliche Phasen der Konzeption,
des Designs und der Durchführung angemessene Kriterien zu spezifizieren.
[www.evanetz.de].

Insgesamt kann der Schluss gezogen werden, dass sich die Bewertungsinstrumente in zweierlei Hinsicht weiterentwickelt haben: Während die erste Generation an Bewertungsinstrumenten noch hauptsächlich technische Aspekte fokus-
sierte, wurden nach und nach immer stärker pädagogisch-didaktische Elemente
berücksichtigt. Der zweite Entwicklungsstrang ist in Richtung einer zunehmend stärkeren Differenzierung von Kontexten zu beobachten. Eine fundierte,
theoriegeleitete und empirisch validierte Bewertungsgrundlage bieten die we-
nigsten derzeit verfügbaren Instrumente. Unter anderem daran schließt sich
auch die Kritik an, die zur Bewertung mittels Katalogen von Qualitätskriterien
oder Checklisten geäußert wird.

Zunächst weist Meier (1995) darauf hin, dass in vielen Qualitätskriterienkatalogen überwiegend Kriterien aus dem Bereich „Gestaltung der Bildschirm-
oberflächen" oder „Technik des Programmablaufs" enthalten sind, didaktische
Kriterien also oftmals unterrepräsentiert sind. Aus Metastudien zur Lernwirksamkeit von multimedialen Lernarrangements geht jedoch hervor, dass gerade

---

6 Gerry (1991) definiert die Funktionen eines EPSS folgendermaßen: „A system that provides
   electronic task guidance and support to the user at the moment of need. EPSS can provide
   application help, reference information, guided instructions and/or tutorials, subject matter ex-
   pert advice and hints on how to perform a task more efficiently. An EPSS can combine various
   technologies to present the desired information. The information can be in the form of text,
   graphical displays, sound, and video presentations" (ebenda).

die didaktischen Konzepte, die im E-Learning umgesetzt sind und die zu Grunde liegenden Lernarrangements und -situationen günstigere Einflüsse auf den Lernprozess haben als die verwendete „delivery technology" (vgl. Weidenmann 1997; Kulik/Kulik 1991, 1994).

In der Literatur werden darüber hinaus vier Argumente gegen die Verwendung von Kriterienkatalogen zur Beurteilung der Qualität von Lernsoftware genannt, die wie folgt zusammengefasst werden können:

1. Mangelnde Beurteilerübereinstimmung bei der Quantifizierung von Qualitätskriterien: Fricke (2000, S. 76) weist darauf hin, dass ein Merkmal eines Lernprogrammes dann als valide – und damit als lernwirksam – angesehen wird, wenn eine (zumindest geringe) Korrelation zwischen Ausprägungsgrad des Merkmals und dem Lernergebnis zu erkennen ist. Reduziert sich die Messgenauigkeit des Merkmals, so reduziert sich auch seine Validität. Bei der Quantifizierung von Merkmalen in Bezug auf eine Lernsoftware kommt es oftmals zu großen Diskrepanzen zwischen den Beurteilern. In diesem Fall wird von einer mangelnden Beurteilerübereinstimmung gesprochen. Fricke (ebenda) berichtet von einem Versuch, bei dem sechs Experten ein und dasselbe Lernprogramm anhand des oben beschriebenen Instruments MEDA unabhängig voneinander bewerten sollten. Weder war eine hinreichende Übereinstimmung in Bezug auf die Bewertung der Relevanz der Kriterien zu beobachten noch in Bezug auf die Einschätzung der Ausprägung der Kriterien bei der vorliegenden Lernsoftware.

2. Geringe praktische Signifikanz der Qualitätskriterien: Bei der Beurteilung von Lernsoftware ist festzustellen, dass Kriterien, die objektiv gut operationalisierbar und damit gut messbar sind, wie zum Beispiel Fragen nach dem Vorhandensein einer Hilfeschaltfläche in einem Lernprogramm, oftmals nur geringe Auswirkungen auf den tatsächlichen Lernerfolg haben. Merkmale einer Lernsituation hingegen, die in der Regel nur schwer operationalisiert werden und unter Gesichtspunkten der Beurteilerübereinstimmung auch nicht valide gemessen werden können, wie zum Beispiel der Enthusiasmus eines Lerners oder Lehrers, scheinen einen sehr hohen Einfluss auf den Lernerfolg zu haben (vgl. Fricke 2000). Das bedeutet, dass viele Merkmale, die eine hohe Messgenauigkeit aufweisen, nur geringe Validitäten in Bezug auf das Lernergebnis haben. Umgekehrt konnten mit Merkmalen, die nur eine geringe Messgenauigkeit bieten, bessere Voraussagen in Bezug auf das Lernergebnis getroffen werden (vgl. Rosenshine/Furst 1971). Fricke (ebenda) betont die Notwendigkeit, empirisch überprüfte Lehr-Lerntheorien zur Erklärung dieser Paradoxien heranzuziehen, um eine unbefriedigende Zusammenstellung von Kriterien mit augenscheinlicher, aber unbewiesener Validität („face validity") zu vermeiden.

3. Differentielle Methodeneffekte bei Qualitätskriterien: Das Prinzip von differentiellen Methodeneffekten nach Cronbach und Snow (1971) lässt sich auch auf die Erforschung der Effektivität eines Lernarrangements anwenden. Legt man das von Fricke (1995) vorgeschlagene Paradigma zur Konstruktion und

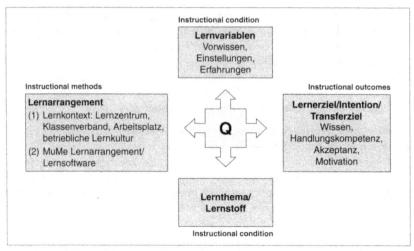

Abbildung 3: *Konstituierende Faktoren von Lehr-Lernumgebungen (nach Fricke 1995)*

Evaluation multimedialer Lehr-Lernumgebungen zu Grunde (vgl. Fricke 1995, S. 405), dann besteht ein Lernarrangement aus vier Hauptfaktoren: (a) die multimediale Lernumgebung, (b) die Lernervariablen, (c) das Lernthema und (d) das Lernergebnis (siehe Abbildung 3).

Die Bewertung von Lernarrangements mit Kriterienkatalogen folgt in der Regel dem Paradigma der Wirkungsforschung, das heißt, dass das Lernergebnis als abhängige Variable und die anderen Variablen als unabhängige Variablen angesehen werden. Die Ausprägungen der zu Grunde liegenden Kriterien bestimmen dann die Wirkung der unabhängigen Variablen auf die abhängige Variable, also das Lernergebnis.

Differentielle Methodeneffekte wirken dabei nun auf die Weise, dass die Zusammenhänge von unabhängigen und abhängigen Variablen geschwächt werden. Die Ursache hierfür liegt darin, dass die unabhängigen Variablen eines Lernarrangements nicht nur auf die abhängigen Variablen Einfluss nehmen, sondern sich auch untereinander beeinflussen. So sind in Untersuchungen Wechselwirkungen zwischen Lernumgebung und Lernstoff (vgl. Jung 1994), Lerner und Lehrstoff (vgl. Fricke 1989) und den Merkmalen von Lernumgebungen untereinander (vgl. Fricke 1989; Meier/Baratelli 1991) nachgewiesen worden.

Fricke (2000) kommt zu dem Schluss, dass die Bewertung einer Bildungssoftware nur aus ganzheitlicher Sicht erfolgen kann. Die aufgezeigten Wechselwirkungen führen dazu, dass es so etwas wie *die* Effektivität eines Lernprogrammes nicht geben kann – und auch nicht *die* Validität von Kriterien. Berücksichtig man ein Lernarrangement ganzheitlich, so kann ein Kriterium einer Lernsoftware in einem Fall ein „positives" Qualitätskriterium sein und in einem anderen Fall – etwa bei einer anderen Zielgruppe – eher ein Nachteil.

4. Nichtberücksichtung des Verwertungszusammenhangs einer Bildungssoftware: Oftmals werden multimediale Lernprogramme als Substitut für konventionelle Fortbildungen eingesetzt. Dabei besteht die Hoffnung, Kosten zu sparen, da die Mitarbeiter am Arbeitsplatz lernen und keine – oder zumindest nur geringere – Ausfallzeiten entstehen und keine Reisekosten anfallen (zu Kosten und Nutzen beim E-Learning vgl. Gröhbiel 2003). Es ist unstrittig, dass E-Learning in der beruflichen Weiterbildung nur dann erfolgreich eingesetzt werden wird, wenn es Kostenvorteile mitbringt – oder zumindest bei gleichen Kosten eine viel versprechendere Alternative zu konventionellen Qualifizierungsmaßnahmen darstellt. Genau diese Aspekte werden in den meisten Kriterienkatalogen nicht mit berücksichtigt. Dazu kommt, dass in Studien gezeigt werden konnte, dass der Einsatz von Lernprogrammen in Betrieben oftmals zwar zu den gleichen Lerneffekten führt, aber insgesamt die Arbeitsorganisation und den Betriebsablauf so effektiviert, dass damit Kosteneinsparungen erzielt werden konnten (vgl. Brinker 1991). Anders ausgedrückt scheint es von Bedeutung, dass die Variable Lernergebnis in Frickes Modell (siehe Abbildung 3) noch um Merkmale der betriebswirtschaftlichen Kosten-Nutzen-Rechnung erweitert wird.

Insgesamt kann der Schluss gezogen werden, dass es gravierende Argumente gegen die *ausschließliche* Verwendung von Kriterienkatalogen zur Bewertung der Qualität von Lernsoftware gibt. Die Beurteilerübereinstimmung kann dabei zwar durch gezieltes Training verbessert werden (vgl. dazu auch Flanders 1970) und auch Aspekte der betrieblichen Kosten-Nutzen-Rechnung können in Qualitätskriterien zumindest ansatzweise einfließen. Schwerer wiegen jedoch die Kritikpunkte der „geringen praktischen Signifikanz" von Kriterien und der „differentiellen Methodeneffekte".

In Bezug auf einen diskursiven Qualitätsbegriff kann eine deutliche Abgrenzung vorgenommen werden. Während ein am Lernenden orientierter Qualitätsbegriff sich auf den ausgehandelten Lernprozess aus Sicht des lernenden Subjektes bezieht und Qualität damit an Bedingungen und Prozessen dieser Aushandlung beziehungsweise dieses Erbringungsverhältnisses festmacht, liegt bei einer Bewertung durch Qualitätskriterien ein von vornherein normativ fixierter Qualitätsbegriff vor.

3. Evaluationsverfahren für E-Learning-Arrangements

Eine weitere Möglichkeit, Qualität beim E-Learning zu sichern beziehungsweise zu bewerten, besteht in der Anwendung von Evaluationsverfahren für E-Learning-Arrangements. Der Begriff Evaluation ist sehr vielschichtig und kann sehr unterschiedlich definiert werden. Die Definitionsvielfalt zeigt sich in der Literatur (Fricke [2002] führt eine umfangreiche Sammlung von Literaturstellen mit unterschiedlichen Evaluationsbegriffe auf: Stufflebeam 1969, 1972,

1994; Wulf 1972; Stiefel 1974; Lange 1983; Prell 1981 und 1986; Gerl/Pehl 1983; Wittmann 1987; Fricke 1986; Wottawa 1986; Lösel/Nowack 1987; Will et al. 1987; Rossi et al.1988; Wottawa/Thierau 1990; Berendt/Stary 1993; Götz 1993; Seidel/Park 1994).

E-Learning kann aus den verschiedensten Perspektiven evaluiert werden. Die Aufarbeitung des Forschungsstandes zu diesem Thema kann eingeteilt werden in verallgemeinerbare Ergebnisse, die vielfältige Evaluationsstudien bislang hervorgebracht haben und Evaluationskonzepte, die speziell für das E-Learning entwickelt sind. Im folgenden Abschnitt werden vor allem Evaluations*konzepte* berücksichtigt, da die bisherige Evaluationsforschung nur wenige verallgemeinerbare Ergebnisse vorgebracht hat. Diesen Standpunkt vertritt auch Keil-Slavik (1999, S. 12), der beispielsweise die Situation im Bereich multimedialer Lehre in der Hochschule folgendermaßen einschätzt: „... zu jedem Befund lässt sich mindestens eine Studie mit einem gegensätzlichen Befund finden." Seiner Meinung nach könne das Ziel von Evaluation daher nicht sein, eine abschließende Bewertung vorzunehmend, sondern sie vielmehr evolutionär im Sinne ständiger Weiterentwicklung zu betreiben.

Der Begriff der Evaluation kann nicht allgemeingültig definiert werden, da er in unterschiedlichsten Kontexten und theoretischen Zusammenhängen verwendet wird. Evaluation geht aber über die reine Messung von einzelnen Variablen, zum Beispiel im Sinne empirischer Lehr-Lernforschung (siehe dazu Kapitel 4.3), hinaus und stellt in der Regel eine umfassende Bewertung von erhobenen Daten dar. Vier Elemente werden von Will et al. (1987) besonders hervorgehoben:

> „1. Evaluation ist ziel- und zweckorientiert. Sie hat primär das Ziel, praktische Maßnahmen zu verbessern, zu legitimieren oder über sie zu entscheiden.
> 2. Grundlage der Evaluation ist eine systematisch gewonnene Datenbasis über Voraussetzungen, Kontext, Prozesse und Wirkungen einer praxisnahen Maßnahme.
> 3. Evaluation beinhaltet eine wertende Stellungnahme, d.h. die methodologisch gewonnenen Daten werden auf dem Hintergrund von Wertmaßstäben unter Anwendung bestimmter Regeln bewertet.
> 4. Evaluation bezieht sich im Gegensatz zur personenbezogenen Leistungsfeststellung oder Testung auf einzelne Bereiche geplanter, durchgeführter oder abgeschlossener Bildungsmaßnahmen. Sie zielt also in der Regel nicht primär auf die Bewertung des Verhaltens (z.B. von Leistungen) einzelner Personen, sondern ist Bestandteil der Entwicklung, Realisierung und Kontrolle planvoller Bildungsarbeit" (ebenda, S. 14).

Im Gegensatz zur Bewertung von E-Learning-Angeboten mit Qualitätskriterienkatalogen oder Checklisten steht bei der Evaluation nicht so sehr die Messung angebots-/produktbezogener Merkmale im Vordergrund, sondern die Bewertung von Lernprozessen und das Erheben von Urteilen bzgl. Qualität, Wirkung (Akzeptanz, Lernerfolg) und wahrgenommenem Nutzen.

3.1 Grundlegende Evaluationsformen und -methoden

In der Evaluationsforschung wird allgemein unterschieden zwischen formativer und summativer Evaluation. Formative Evaluation dient in der Regel eher der Qualitätssicherung. Ihr Ziel ist die Ermittlung von Schwachstellen. Die Forschungen verlaufen entwicklungsbegleitend und dienen der Optimierung bereits während des laufenden Prozesses. Summative Evaluation dient dahingegen eher der Kontrolle von Qualität, Wirkung und Nutzen eines Bildungsangebotes. Der Evaluationszeitpunkt liegt daher zumeist am Ende eines Prozesses. Götz (1993, S. 105ff.) stellt weitere Evaluationsmodelle vor, beispielsweise Input-Outputevaluation, Fremd- vs. Selbstevaluation, Teil- und Gesamtevaluation, subjektive und objektive Evaluation, direkte und indirekte Evaluation, intrinsische und extrinsische Evaluation, additive und integrierende Evaluation sowie interne und externe Evaluation. Eine weitere Unterscheidung trifft Tergan (in Schenkel 2000) im Bereich von Evaluation, indem er zwischen Prozess- und Produktevaluation differenziert. Es wird dabei zwischen solchen Evaluationen, bei denen der Evaluationsgegenstand eher die Prozesse einer Entwicklung sind, und solchen, die sich auf das fertige Produkt am Ende einer Entwicklung konzentrieren, unterschieden.

Spezielle Evaluationskonzepte für E-Learning benötigen dahingehend eine theoretische Grundlegung, *welche* Prozesse beim Lernen mit Medienunterstützung sich in *welcher* Weise beeinflussen. Eine theoretische Basis bietet hier beispielsweise die Theorie des Instruktionsdesigns von Reigeluth (1983). Nach Reigeluth gibt es drei Hauptkomponenten im Instruktionsprozess: Lernergebnisse („instructional outcomes"), Randbedingungen der Instruktion („instructional conditions") und die Instruktionsmethode („instructional methods"). Fricke (vgl. 1995, 2000, 2002) entwickelt auf Basis dieses Modells das bereits vorgestellte „Paradigma zur Konstruktion und Evaluation von Lehr-/Lernumgebungen" (siehe auch Kapitel 2, Abbildung 3).

Das Modell kann deskriptiv oder präskriptiv gelesen werden (vgl. Fricke 1995, 2000, 2002). Im Sinne einer deskriptiven Theorie gibt das Modell Aufschluss darüber, welche Effekte (Outcomes) verschiedene Lehrmethoden bei gegebenen Randbedingungen haben. Bei präskriptiver Lesart fungieren nicht die Lehrmethoden, sondern die Lernergebnisse als unabhängige Variable. Eine deskriptive Theorie soll also dazu dienen, das Zustandekommen von Lernergebnissen bei bestimmten Lehrmethoden zu erklären, während eine präskriptive Theorie geeignete Lehrmethoden zum Erreichen bestimmter Lernergebnisse vorschlagen soll.

Das Modell ermöglicht es auf diese Weise, zwischen unterschiedlichen Evaluationszielen und unterschiedlichen Komponenten eines Lernarrangements zu differenzieren. In Frickes Paradigma werden auch die Aspekte von Konstruktion einerseits und Evaluation andererseits zusammengeführt. Hier wird die Bedeutung von prozessbegleitender Evaluation für die Qualität eines Lernarrangements deutlich. Ausdrücklich weisen auch Reigeluth (1983) und Reinmann-Rothmeier et al. (1994) auf die Bedeutung einer solchen formativen Evaluation auf allen Stufen der Konstruktion und Durchführung von E-Learning-Arrangements hin: „For the educational technology field, evaluation was now being viewed as an integral and ongoing part of the instrcutional development process" (ebenda in Fricke 2002, S. 450).

3.2 Überblick über instruktionstheoretische Evaluationskonzepte für E-Learning

Kirkpatrick (1994) hat in einer Artikelserie „Techniken zur Evaluation von Trainingsprogrammen" in den USA einen Evaluationsansatz formuliert, der zwischen vier Evaluationsebenen unterscheidet: Reaktionsebene, Lernebene, Verhaltensebene und Ergebnisebene. Kirkpatricks Modell erleichtert den Zugang zu Evaluationen und präzisen Ergebnissen. Zu häufig werden Aussagen über die Qualität von Weiterbildungsmaßnahmen getroffen, ohne dass deutlich wird, ob sie sich auf die Reaktion der Lernenden, auf die Handlungsfähigkeit der Absolventen, auf die Kosten oder auf den Erfolg der Weiterbildung beziehen.

Daneben existiert eine Reihe von Evaluationskonzepten speziell für multimediale Lehr-Lernumgebungen. Reigeluths (1983, S. 77ff.) Instruktionsdesign kann als Grundlage für die Evaluation von multimedialen Lehr-Lernumgebungen genutzt werden. Zur Konstruktion solcher Lernarrangements nach dem Paradigma des Instruktionsdesigns unterscheidet er fünf Stufen:

1. **Instructional Design:** Auswahl geeigneter Ziele und entsprechender Instruktions- und Lehrmethoden für das Erreichen eines bestimmten Zieles bei einer vorgegebenen Zielgruppe
2. **Instructional Development:** Entwicklung und Konstruktion konkreter Lehrmethoden (Reigeluth benutzt hier die Metapher des beziehfertigen Rohbaus eines Hauses)
3. **Instructional Implementation:** Genaue Anpassung der Lehrmethoden an die konkreten Rahmenbedingungen (Reigeluth benutzt hier die Metapher des „endgültigen Ausbaus eines Hauses" nach den Wünschen eines Mieters)
4. **Instructional Management:** Konkrete Einsatzplanung eines Qualifizierungsprogrammes, zum Beispiel in einem Unternehmen
5. **Instructional Evaluation:** Hier geht es um „[...] understanding, improving, and applying methods for assessing the effectiveness and efficiency of all [...] activities" (Reigeluth 1983, S. 9)

Im Evaluationsmodell von Ross und Morrison (vgl. Fricke 2002, S. 451) werden einige dieser Elemente aufgenommen. Formative und summative Ansätze, quantitative und qualitative Methoden sowie Ansätze, die sowohl aus dem Instruktionsdesign als auch aus der konstruktivistischen Lerntheorie stammen, sind hier kombiniert worden. Ihr Evaluationsmodell enthält vier Stufen:

1. **Needs Analysis:** Festlegung der Ziele und Fragen der Evaluationsstudie
2. **Methodology:** Auswahl der Evaluationsmethoden und Implementierung der Methoden auf fünf Stufen

- ▶ **Programm Analysis:** Analyse der Lehrziele und Präsentationsformen des Programms
- ▶ **Participant Analysis:** Festlegung der Personenstichprobe
- ▶ **Evaluation design:** Aufstellen des Versuchsplans und Festlegung der Messmethoden (sowohl formative als auch summative; qualitative als auch quantitative Methoden)
- ▶ **Instrumentation:** Zusammenstellung der Evaluationsinstrumente zu einem kohärenten Gesamtevaluationsplan unter Berücksichtigung der gegebenen Beschränkungen
- ▶ **Implementation:** Festlegen des zeitlichen Verlaufs der Evaluation

3. **Data Analysis and Interpretation:** Auswertung und Aufbereitung der Daten
4. **Disseminating Results:** Erstellung und Übergabe eines Abschlussberichts

Ross und Morrison betonen, dass die Evaluation als ein iterativer Prozess gesehen werden kann, der zu einer fortwährenden Verbesserung des Programms führen kann. Ihr Vorschlag kann als Rahmenmodell für die Evaluation multimedialer Lehr-Lernarrangements angesehen werden und ist dementsprechend auch für E-Learning-Arrangements anwendbar. Fricke (2002) bündelt beide zuvor vorgestellten Evaluations- beziehungsweise Konstruktionsansätze in einem Modell (Fricke 2002, S. 455ff.). Dazu erweitert er das von ihm nach Vorschlägen von Reigeluth entwickelte „Paradigma zur Konstruktion und Evaluation multimedialer Lehr-Lernumgebungen" (siehe Abbildung 3) um zwei weitere Rahmenbedingungen des Lehrens und Lernens: zum einen handelt es sich dabei um die Rahmenbedingung Lehr-Lerntheorien, da die Bewertung von Lernarrangements nicht ohne die Berücksichtung der implizit oder explizit zu Grunde liegenden Lerntheorie vorgenommen werden kann. Zum anderen ergänzt er das Modell um die Komponente allgemeiner Rahmenbedingungen, wie zum Beispiel politische Vorgaben, finanzielle Ressourcen, Produktionskosten, Vorgaben für Qualifikationen und Lehrziele, die seinem Verständnis nach ebenfalls eine wichtige Rahmenbedingung für die Bewertung von Lernarrangements darstellen (siehe Abbildung 4).

Je nachdem, ob mit einem präskriptiven oder einem deskriptiven Ansatz evaluiert wird, kommt er zu dem Schluss, dass sich insgesamt neun Evaluationsformen differenzieren lassen. Diese neun Evaluationsformen stellen sich als aufeinander aufbauende Evaluationsschritte für jeweils einen Teilschritt bei der Kon-

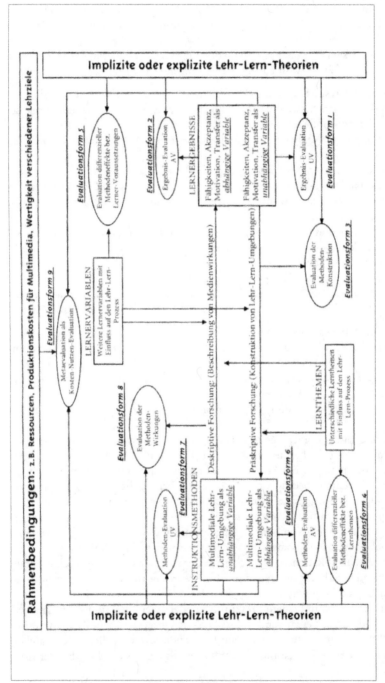

Abbildung 4: Evaluationsformen auf Basis des Paradigmas zur Konstruktion und Evaluation multimedialer Lernarrangements (Fricke 2002, S. 456)

struktion einer multimedialen Lehr-Lernumgebung dar (zusammengefasst nach Fricke 2002, S. 457ff.):

1. Die **Ergebnisevaluation** (Ergebnis als unabhängige Variable): Überprüfung der Lehrziele mit den Lehr-Lerntheorien, die Lernergebnisse sind dabei unabhängige Variablen.

2. Die **Ergebnisevaluation** (Ergebnis als abhängige Variable): Überprüfung der tatsächlich erreichten Lernergebnisse anhand von Lehr-Lerntheorien, die Lernergebnisse sind hier abhängige Variablen.

Fricke (ebenda) unterscheidet im Weiteren zwischen Evaluation von Methodenkonstruktion, Evaluation von (differentiellen) Methodeneffekten (s. auch Kapitel 2), Methodenevaluation und Evaluation von Methodenwirkungen:

3. Evaluation der **Methodenkonstruktion**: Überprüfung der geplanten Lehrmethoden mit den zu Grunde liegenden Lehr-Lerntheorien, zumeist geschieht dies als entwicklungsbegleitende, optimierende Evaluation.

4. Überprüfung differenzieller **Methodeneffekte** bezüglich unterschiedlicher Lernthemen: Während der Methodenkonstruktion müssen Theorien und Erkenntnisse über differenzielle Methodeneffekte bezüglich unterschiedlicher Lernthemen berücksichtigt werden.

5. Überprüfung differenzieller **Methodeneffekte** bezüglich unterschiedlicher Lernervariablen: Während der Methodenkonstruktion müssen auch hierbei Theorien und Erkenntnisse über differenzielle Methodeneffekte bezüglich der Lernervariablen herangezogen werden.

6. **Methodenevaluation 1** (Methoden als abhängige Variable): Bei dieser Evaluationsform wird das fertig konstruierte Lernarrangement auf Übereinstimmung mit den zu Grunde liegenden Lehr-Lerntheorien überprüft, die Instruktionsmethoden fungieren dabei als abhängige Variable.

7. **Methodenevaluation 2** (Methoden als unabhängige Variable): Neue Instruktionsmethoden, die „ad-hoc" in ein Lernarrangement eingebracht werden (beispielsweise vom Anwender) und nicht das Ergebnis eines Konstruktionsprozesses darstellen, können mit dieser Evaluationsform überprüft werden, indem sie als unabhängige Variable angesehen werden.

8. Evaluation der **Methodenwirkungen**: Hier werden die Medien- und Methodenwirkungen im Sinne der klassischen Medienwirkungsforschung evaluiert.

9. **Metaevaluation** als Kosten-Nutzen-Evaluation: Hier geht es nicht mehr um eine theoriegeleitete Konstruktion oder Überprüfung multimedialer Lehr-Lernumgebungen, sondern um eine Analyse der eingesetzten Ressourcen im Vergleich zu den Wertigkeiten der erreichten Leistungen (zum Beispiel Wissensbestände, Kompetenzzuwächse).

Die einzelnen Evaluationsformen zeigen, dass Evaluation während des gesamten Konstruktions- und Durchführungsprozesses auf ein multimediales Lehr-Lernarrangements angewendet werden kann. Fricke (2002) betont die Bedeutung der Orientierung und Überprüfung des Evaluationsprozesses an vorhande-

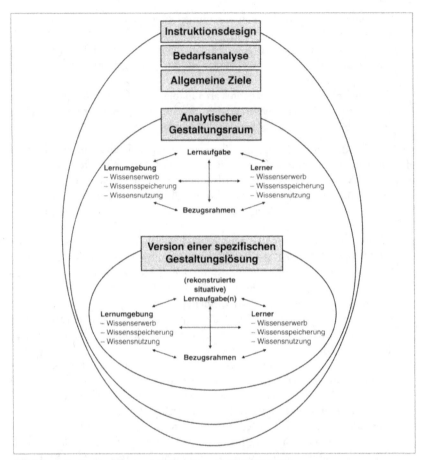

Abbildung 5: Evaluationsmodell Dresdner Ei (Schott 2000)

nen Lehr-Lerntheorien. Wie die oben aufgeführten Evaluationsformen zeigen, ist an mindestens neun Stellen im Konstruktionsprozess eine solche Überprüfung sinnvoll. Die neun Evaluationsformen können so der Qualitätssicherung im Sinne einer durchgehenden Orientierung an gleich bleibenden Bestimmungsgrößen dienen.

Ein weiterer Evaluationsansatz, der ebenfalls auf einer Instruktionstheorie, der sogenannten „Universal Constructive Instructional Theory" (UCIT, vgl. Dijkstra et al. 1997; Tennyson et al. 1997), aufbaut, liegt von Schott (2000) vor. Die sogenannte „Effiziente Lern- und Informations-System-Evaluation" (ELISE) besteht aus zehn Ablaufschritten und stellt ein System an Bewertungsschritten dar, das eine strukturierte Evaluation ermöglicht. Es kombiniert Aspekte des Instruktionsdesigns und der Instruktionstheorie UCIT in einem Modell, dem sogenannten „Dresdner Ei" (siehe Abbildung 5).

Dieses Modell stellt ebenfalls eine Verbindung von Konstruktionsprozessen und Evaluationsschritten dar. Der Konstruktionsprozess gemäß „Dresdner Ei" geht von einer Bedarfsanalyse aus, formuliert ein Gesamtziel, prüft analytisch den möglichen Gestaltungsraum anhand der Komponenten Lernaufgabe, mögliche Lernumgebung, Lerner und Bezugsrahmen und realisiert dann ein Instruktionsvorhaben in Form einer spezifischen situativen Lernlösung (siehe Abbildung 5).

Der Evaluationsprozess geht nun den umgekehrten Weg. Vom Endprodukt her beginnend, ist die Evaluation zunächst mit einem fertigen multimedialen Lern- beziehungsweise Informationssystem konfrontiert. (In der Terminologie der UCIT wird dies als *situativ rekonstruierte* Lernaufgabe, eingebettet in eine *situative rekonstruierte* Lernumgebung [siehe Abbildung 5] bezeichnet.) Die Frage nach den Alternativen zu diesen Aufgaben spannt nun zunächst ein analytisch-situatives Möglichkeiten-Grenzen-System auf.

Danach wird gefragt, ob mit der eingesetzten Software das angestrebte Gesamtziel erreicht wird und die Probleme, derentwegen die Software entwickelt wurde, auch damit gelöst werden. Die anfangs eingeforderte theoretische Grundlage des Evaluationsansatzes ist durch die enge Verknüpfung mit der UCIT gewährleistet, jedoch liegen bislang nur wenig praktische Erfahrungen mit dem Modell vor (vgl. Schott et al. 2000).

Ein solches ganzheitliches Evaluationsverständnis, wie in den oben beschriebenen Ansätzen, das sich nicht nur auf die Messung von erreichten Effekten bezieht, sondern während des ganzen Konstruktionsprozesses entwicklungsbegleitende Optimierung leisten kann, findet sich auch bei Tergan (in Schenkel 2000), Schenkel (2000) und Mandl/Reinmann-Rothmeier (1995), von denen ebenfalls dokumentierte Evaluationsansätze vorliegen. In Bezug auf Qualität wird deutlich, dass Evaluation als Methode der Qualitätssicherung fungieren kann. Sie liefert jedoch keine konkreten Dimensionen subjektiver Qualität, sondern stellt in den vorgestellten Ansätzen vielmehr jeweils einen methodisch-theoretischen Rahmen dar, in dem Qualität bewertet werden kann.

3.3 Ein subjektorientierter Evaluationsansatz

Ein weiterer Evaluationsansatz von Zimmer und Psaralidis (2000) basiert explizit auf einer Subjektperspektive. Er wendet sich gegen eine Evaluation im Sinne einer reinen Medienwirkungsforschung und stellt vor allem das Ziel beruflichen Lernens in den Vordergrund, welches hier als Zuwachs beruflicher Handlungskompetenz definiert wird.

Zimmer und Psaralidis (2000) argumentieren in ihrem Beitrag, dass der Lernerfolg die Qualität einer Lernsoftware bestimme und dieser durch den Erwerb von Handlungskompetenz definiert sei. Bislang werde jedoch in vielen Evaluationsmodellen beziehungsweise Evaluierungen davon ausgegangen, dass die Qualität einer Lernsoftware den Lernerfolg bestimmt – und nicht umgekehrt. Die Autoren kritisieren solche Evaluationsmodelle als zu weit angelehnt an „Maschinenmodelle der Wirkungsforschung" (ebenda). Wird Lernen aber als ein Prozess begriffen, bei dem der Lernende den Lernerfolg (Handlungskompetenz) in Ko-Produktion mit dem Lernangebot (Lehrender, Lernarrangement etc.) erst erstellt, so ist es schlicht nicht möglich, die Qualität von Lernsoftware im Sinne eines Handlungskompetenzzuwachses mit Qualitätskriterien im vorhinein zu prognostizieren.[7] Dieser Evaluationsansatz definiert die Lernsituation als eine ganzheitliche Situation, die nur in einer ganzheitlichen Betrachtung Aufschluss über die Wirkung der Lernsoftware liefern kann. Ziel ist es dabei, subjektwissenschaftliche Erkenntnisse zu erlangen, also Erkenntnisse über das Lernen vom Standpunkt des Subjekts aus (vgl. Holzkamp 1983, 1993; Zimmer 1987).

Beim instruktionstheoretischen Lernprozess wird der Lernerfolg als durch die Lernsoftware bewirkt angesehen. Die Lernsoftware passt sich dabei durch die Aktionen der Lerner an den Prozess der Erzeugung des Lernerfolges an und soll ihn individuell optimieren. Die Lernumgebung sowie die individuellen und organisatorischen Kontexte werden dabei als intervenierende Variablen berücksichtigt, denen gegenüber die Lerner forschungsmethodologisch als „ausgeliefert" betrachtet werden.

Beim handlungsbestimmten Lernprozess wird dagegen forschungsmethodologisch von dem am eigenen Lernerfolg interessierten Subjekt ausgegangen, das mit dem Ziel des Kompetenzgewinns die Lernsoftware nutzt. Die Lernumgebung sowie die individuellen und organisatorischen Situationen werden dabei als Bereiche betrachtet, die den Lernerfolg fördern oder hemmen, aber durchaus auch vom Subjekt mitgestaltet oder kontrolliert werden können.

Um die primäre Evaluationsfrage beantworten zu können – welcher Lernerfolg auf das Lernen mit einer Lernsoftware zurückzuführen ist –, muss zunächst der Evaluationsgegenstand genau definiert werden. Der Gegenstand ist dabei nicht die Lernsoftware, sondern zum einen der unmittelbare Lernerfolg mit der Lernsoftware und der daraus folgende Zugewinn an subjektiver Handlungskompetenz, etwa in einer Arbeitssituation, und zum anderen der Lernprozess, der zu Lernerfolg und Kompetenzgewinn führt.

Methodologisch schlagen Zimmer und Psaralidis (2000) dafür die Methode der logischen Rekonstruktion vor. Es geht dabei darum, den begründeten Zusammenhang der Handlungskompetenzen und der zu ihnen führenden Handlungen in ihren Verbindungen, Brüchen, Gegensätzlichkeiten und Widersprüchlichkeiten zu rekonstruieren, und zwar zu einem bestimmten Zeitpunkt und in einer bestimmten Situation hinsichtlich konkreter Handlungsziele. Die logische Rekonstruktion unterstellt, dass alle Handlungen von Subjekten einen

---

7 Zimmer und Psaralidis (2000) lehnen sich dabei an die Definition des Lernprozesses von Holzkamp an: „Ein Lernprozess vollzieht sich immer im Subjekt durch manuelle und geistige Handlungen an dinglichen oder ideellen Gegenständen in kulturellen Zusammenhängen und Prozessen mit dem Ziel eines Gewinns an subjektiver Handlungskompetenz" (vgl. Holzkamp 1983, S. 236).

erkennbaren Grund haben (vgl. Holzkamp 1983, S. 342ff.). Unter dieser Voraussetzung können die Dimensionen des Lernhandelns bestimmt und beschrieben werden.

Qualität ist demnach nicht eine per se vorhandene Eigenschaft einer Lernsoftware (Wirkungsforschung), sondern wird erst im Lernprozess konstruiert. Darüber hinaus wird der Lernprozess auch als situativ beeinflusst angesehen und als ganzheitliche Handlungssituation wahrgenommen. Subjektive Qualität beim E-Learning zu bestimmen heißt also auch, die ganzheitliche Handlungssituation zu berücksichtigen.

3.4 Besonderheiten der Evaluation vernetzten Lernens

Abschließend soll noch auf einen Beitrag von Baumgartner (1997b) eingegangen werden, der einige Besonderheiten der Evaluation des netzgestützten Lernens aufzeigt. Er geht von folgender These aus:

„Durch die besonderen Merkmale interaktiver Medien und der internationalen Netzwerke (Internet) ergeben sich für den Lernprozess neue Möglichkeiten, aber auch neue Herausforderungen. Das muss sich notwendigerweise auch in den Inhalten und Formen von Evaluationen widerspiegeln. Diese spezifischen Anforderungen wurden jedoch bisher beim Design von Evaluationen noch kaum berücksichtigt" (Baumgartner 1997b, S. 10).

Baumgartner geht insbesondere auf fünf Besonderheiten interaktiver Lernarrangements ein, die Einfluss auf die Evaluation nehmen und im Folgenden zusammengefasst werden (ebenda).

1. Zugang: Durch die Möglichkeit des individuellen Zugangs zur Software gibt es keine einheitlichen Zeiten, keine gemeinsamen und öffentlich zugänglichen Örtlichkeiten für Lernprozesse mehr. Das Lernen findet potenziell in der Form von privatem Studium – oft auch in den eigenen vier Wänden –, teilweise unabhängig von Lehrkräften oder anderen Lernern, statt. E-Learning ermöglicht einen individuellen und freien Zugang zu den Lernmaterialien (anytime und anywhere). „Viele Methoden der traditionellen Evaluation [...], die für gruppenbasierten Unterricht adäquat sein können, sind für die Evaluation interaktiver Lernsoftware entweder nicht stimmig oder aus Gründen des Kostenund/oder Zeitaufwands nicht brauchbar" (ebenda, S. 6).

2. Ausgangs- und Bedürfnisstruktur: Beim E-Learning gibt es in der Gruppe der Lerner eine potenziell heterogene Ausgangssituation. Dies gilt hinsichtlich demographischer Komponenten (berufliche Stellung, Bildungsstand etc.), inhaltlicher Komponenten (Vorwissen, Kenntnisse etc.) und der Lernerfahrungen, die Lernende haben. Auf einheitliche Voraussetzungen für eine Lerngruppe kann nicht ohne weiteres zurückgegriffen werden. Während der traditionelle Gruppenunterricht auf relativ homogene Voraussetzungen angewiesen ist, ist

E-Learning, als Form des selbstgesteuerten Lernens, nicht mehr dieser Restriktion unterworfen. Zudem gilt: Was wann, wie lange, wie oft gelernt wird, liegt in der Kontrolle des Lerners. Eine ähnlich heterogene Ausgangslage liegt zumeist auch hinsichtlich der *Bedürfnisstruktur* vor. Potenziell ist medial gestütztes Lernen auch in den Zielvorstellungen und den damit zusammenhängenden Motivationsstrukturen völlig offen. Diese unterschiedlichen Bedürfnisse beeinflussen aber nicht nur den Lernerfolg, sondern sind auch für seine Definition entscheidend. Die unterschiedlichen Zielstrukturen sind dabei vielfältig: eine private Fortbildung aus Interesse am Thema ist ebenso denkbar wie ein weiterer Berufsabschluss oder eine im Berufsalltag notwendig gewordene Weiterqualifizierung. „Für Evaluationen heißt dies, dass sie komplexer werden und sowohl die unterschiedlichen Ausgangssituationen als auch die individuellen Lernstrategien und -ziele reflektieren müssen" (ebenda, S. 7).

3. Wahlfreiheit des Angebotes: Beim E-Learning findet durch die eingesetzten Medien eine scheinbare Trennung von Inhalten und Lernprozess statt. Diese Trennung, so argumentiert Baumgartner, sei jedoch nur scheinbar. Tatsächlich gehe es gerade nicht darum, eine inhaltliche, statische Qualität eines Materials zu evaluieren, sondern vielmehr darum, zu analysieren, wie weit es in der Lage ist, Lernprozesse durch Interaktionen anzustoßen und zu unterstützen. Dementsprechend seien auch die Check- und Prüflisten für Softwareevaluationen nur mit äußerster Vorsicht und eingeschränktem Wirkungsgrad anzuwenden (ebenda, S. 8).

4. Lernsituation: Baumgartner regt an, die besondere Situation des netzgestützten Lernens im Evaluationsdesign zu berücksichtigen. Insbesondere sollte eine Differenzierung der Möglichkeiten und Effekte der Infrastruktur (delivery technology) und der didaktischen Potenziale (instruction technology) berücksichtigt werden.

5. Kosten: Baumgartner verweist darauf, dass bei den Kosten- und Nutzenanalysen zwei Aspekte ins Kalkül zu ziehen sind, die seiner Meinung nach immer noch zu wenig Beachtung finden. Zum einen argumentiert er mit Levin dahingehend, nicht nur ökonomisch-finanzielle Kosten zu berücksichtigen, sondern auch soziale Kosten:

> *„In economic terms, a cost is a sacrifice of an option. If a resource is applied to one use, it is not available for another use. In a purely economic sense, the cost of any decision is the value of what is sacrificed with respect to the best alternative use of that resource"* (Levin 1981, S. 30).

Zum anderen sei zwischen Kosten-Nutzen-Analysen und Kosten-Wirksamkeits-Analysen zu unterscheiden. Während im ersten Fall inhaltlich unterschiedliche Teilgebiete (beispielsweise Bildungs- vs. Transportwesen) miteinander verglichen werden könnten, sei dies bei der Kosten-Wirksamkeits-Analyse nicht möglich: „So ist z.B. schon ein Vergleich zwischen Lese- und Rechenfertigkeiten nicht mehr zulässig, weil sie verschiedene Testkriterien erforderlich machen, deren Punktwerte jedoch nicht mehr dasselbe aussagen" (ebenda, S. 10). Baumgartner kommt zu dem Schluss, dass die großen individuellen Steuerungsmöglichkeiten des E-Learning es erfordern, vor allem qualitative Analysen bei der Evaluation als grundlegende Methode zu verwenden.

Ein weiterer, bislang wenig beachteter Aspekt schließt Baumgartners Ausführen ab. Hier rückt ins Blickfeld, dass nicht nur die bereits genannte Individualisierung des netzgestützten Lernens besondere Anforderungen bei der Evaluation bewirkt, sondern auch und gerade die Möglichkeit zur sozialen Interaktion eine besondere und neue Art und Weise erfordere, über Evaluation von gruppengestützten Lernprozessen nachzudenken. Lernen ist demnach ein interaktiver sozialer Prozess, der zwischen den beteiligten Subjekten ausgehandelt wird und ist in diesem Sinne situiert (zu situiertem Lernen [*situated learning*] vgl. Brown et al. 1988, Chaiklin/Lave 1993; Collins et al. 1989; Lave 1988; Lave/ Wenger 1990; Suchman 1988). Ein Lernerfolg ist demnach nicht in der kognitiven Leistung einer Einzelperson zu finden, sondern im gesamten Lernsystem.

> *„In die Sprache der Evaluationstheorie übersetzt heißt dies: Der Evaluand (d.h. die zu evaluierende Sache) ist die Gruppenperformance, die selbst wiederum situationsabhängig, kontextgebunden, sozial verteilt ist und konstruiert (d.h. jeweils interpretativ ausgehandelt) wird"* (ebenda, S. 12).

Baumgartner lenkt mit seinem Beitrag das Augenmerk in der Debatte um die Evaluation netzgestützten Lernens sehr deutlich auf neue Herausforderungen, für die es erst noch Lösungen und Erfahrungen zu finden gilt.

4. Fazit: Qualitätsevaluation auf allen Ebenen

Bislang beschränkt sich die Erfolgskontrolle bei Weiterbildungsmaßnahmen oft auf die Befragung von Teilnehmern nach ihrer Zufriedenheit, bestenfalls vielleicht auf die Überprüfung der unmittelbaren Lernergebnisse (vgl. Bliesener 1997). Wie bereits dargelegt, gibt es jedoch auch für den Bereich des E-Learnings umfassende Evaluationsmodelle. Insgesamt gilt hier: Qualitätssicherung ist mehr als die Kontrolle unmittelbarer Lerneffekte. Es geht darum, *alle* Einflussfaktoren zu berücksichtigen: den Lerner, das Lernthema, die gewünschten Ergebnisse und die Lernumgebung, sowohl die technologische als auch die soziale Lernumgebung (Arbeitsplatz, betriebliche Lernkultur, private Lernsituation etc.). Eine effektive Qualitätssicherung bedeutet Evaluation in *jeder* Phase des Qualifizierungsprozesses: von der Planung, über die Entwicklung, Durchführung bis hin zur Transfersicherung.

Die Lernerposition und die den Lerner beeinflussenden Kontextfaktoren müssen in Maßnahmen zur Qualitätssicherung verstärkt berücksichtig werden. Ziel des Lernens ist es, beim Lernenden einen Zuwachs an Handlungskompetenz zu erreichen. Das bedeutet, dass der primäre Qualitätsmaßstab der Zuwachs an Handlungskompetenz beim Lerner ist und nicht – überspitzt formuliert – die Güte der Lernsoftware, etwa prognostiv ermittelt anhand von Kriterienkatalogen.

Qualitätssicherung erschöpft sich daher nicht in guter Planung oder Vorbereitung, sondern muss sich auf alle Phasen des Qualifikationsprozesses erstrecken und den Lerner mit einbeziehen. Qualitätssicherung beginnt beim Qualitätsbewusstsein und endet bei der Sicherung der Transferleistungen, um die es ja letztlich geht. Entscheidend ist demnach auch ein maßgeschneidertes Evaluationskonzept, um die Qualität zu sichern. Das Evaluationskonzept muss dabei situationsgerecht angepasst werden.

Ein weit verbreiteter Irrtum ist es, zu glauben, dass E-Learning lediglich gut geplant und vorbereitet sein müsse, um den gewünschten Erfolg zu erzielen. Ein detailliertes Qualitätssicherungskonzept umfasst alle Phasen eines Qualifizierungsprozesses und geht über Standardevaluationsverfahren für Weiterbildungsmaßnahmen hinaus, indem es zusätzlich zu einer detaillierten Evaluation der Einsatzphase auch noch die Planungs- und Entwicklungsphase und auch die Auswirkungen der Maßnahme (z.B. ROI in der betrieblichen Bildung) sowie Administrations- und Managementprozesse mit einbezieht.

Literatur

Akademie des Deutschen Beamtenbundes (Hrsg.): Beurteilungskriterien für Lernprogramme. In: Akademie des Deutschen Beamtenbundes für die berufliche Fortbildung e.V. Info-Paket, Report Nr. 4, 1986.

Baumgartner, P.: Evaluation vernetzten Lernens: 4 Thesen. In: *Simon, H.* (Hrsg.): Virtueller Campus. Forschung und Entwicklung für neues Lehren und Lernen. Münster 1997b, S. 131–146.

Berendt, B./Stary, J. (Hrsg.): Evaluation zur Verbesserung der Qualität der Lehre und weitere Maßnahmen. Weinheim 1993.

Blease, D.: Evaluating Educational Software. London 1986.

Bliesener, T.: Evaluation betrieblicher Weiterbildung. In: *Schwuchow, K./Gutmann, J.* (Hrsg.): Weiterbildung Jahrbuch 1997. Düsseldorf 1997, S. 163–167.

Brinker, T.: Dialogvideo im Führungskräfte-Training. Eine Studie zur Effektivität und Akzeptanz. Frankfurt am Main 1991.

Brown, J. S./Collins, A./Duguid, P.: Cognitive Apprenticeship, Situated Cognition and Social Interaction, Technical report no. 6886. Cambridge 1988.

Chaiklin, S./Lave, J.: Understanding Practice: Perspectives on Activity and Context. New York 1993.

Collins, A./Brown, J. S./Newman, S. E.: Cognitive apprenticeship: Teaching the crafts of reading, writing, and mathematics. In: *Resnick, L. B.* (Hrsg.): Knowing, learning, and instruction: Essays in honor of Robert Glaser. Hillsdale 1989, S. 453–494.

Cronbach, L. J./Snow, R. E.: Aptitudes and Instructional Methods. New York 1977.

DeJoy, J. K./Mills, H. H.: Criteria for Evaluation Interactive Instruction materials for Adult Self-Directed Learners. In: Educational technology, 1989, S. 2, 29, 39–41.

Dijkstra, S./Seel, N. M./Schott, F./Tennyson, R. D. (Hrsg.): Instructional Design: International Perspectives. Volume II: Solving of Instructional Design Problems. Mahwah 1997.

Ehlers, U.-D.: Qualität beim E-Learning. Empirische Grundlegung und Modellkonzeption einer subjektorientierten Qualitätsentwicklung. Dissertation. Universität Bielefeld 2003.

Ehlers, U.-D./Gerteis, W./Holmer, T./Jung, H. (Hrsg.): E-Learning-Services im Spannungsfeld von Pädagogik, Ökonomie und Technologie. L3-Lebenslanges Lernen im Bildungsnetzwerk der Zukunft. Bielefeld 2003.

Ehlers, U.-D./Pawlowski, J. M./Görtz, L.: Qualität von E-Learning kontrollieren, Die Bedeutung von Qualität im E-Learning. In: *Hohenstein, A./Wilbers, K.:* Handbuch E-Learning, Expertenwissen aus Wissenschaft und Praxis: Strategien, Instrumente, Fallstudien. 2003.

Flanders, N. A.: Analyzing Teaching Behaviour. Reading, 1970.

Fricke, R.: Evaluation von Multimedia. In: *Issing, L. J./Klimsa, P.* (Hrsg.): Information und lernen mit Multimedia. Weinheim 1995.

Fricke, R.: Qualitätsbeurteilung durch Kriterienkataloge. Auf der Suche nach validen Vorhersagemodellen. In: *Schenkel, P.* (Hrsg.): Qualitätsbeurteilung multimedialer Lern- und Informationssysteme. Evaluationsmethoden auf dem Prüfstand. Nürnberg 2000.

Fricke, R.: Evaluation von Multimedia. In: *Issing, L. J./Klimsa, P.* (Hrsg.): Information und lernen mit Multimedia. Weinheim 2002.

Gerl, H./Pehl, K.: Evaluation in der Erwachsenenbildung. Bad Heilbrunn 1983.

Götz, K.: Zur Evaluierung beruflicher Weiterbildung. Band 1: Theoretische Grundlagen. Weinheim 1993.

Gräber, W.: Das Instrument MEDA – Ein Verfahren zur Beschreibung, Analyse und Bewertung didaktischer Software im berufsbildenden Bereich. In: *Dick, A.:* AUDIO VISUELL – neue Technologien: gelungene oder misslungene Medialisierung von lernen, Staatliche Landesbildstelle Hessen. Frankfurt am Main 1991.

Gräber, W.: Kriterien und Verfahren zur Sicherung der Qualität von Lernsoftware in der beruflichen Weiterbildung. Kiel 1996.

Gräber, W./Lauterbach, R.: EPASoft – Instrument zur Bewertung pädagogischer Software. Kiel 1992.

Gröhbiel, U.: Kosten und Nutzen des E-Learning an der Fachhochschule. [URL: http://www.dwi.fhbb.ch/e-learning], (extracted 02/2003).

Holzkamp, K.: Lernen. Subjektwissenschaftliche Grundlegung. Frankfurt, New York 1993.

Jung, H. M.: Multimedia in der Softwareschulung, Frankfurt am Main, 1994.

Kaselaar, G.: Computer und Lernen: der Lehrer als Subjekt oder Objekt. In: *Bogner, C./Burger, H./Weiß, K.* (Hrsg.): Computer und Kulturtechniken. München 1992, S. 132–165.

Kirkpatrick, D. L.: Evaluation Training Programs. The Four Levels. San Francisco 1994.

Kohrt, L.: Probleme und Perspektiven der Evaluation computerunterstützter Instruktion. Arbeiten aus dem Seminar für Pädagogik der TU Braunschweig, Bericht Nr. 1/95. Braunschweig 1995.

Kulik, C.-L./Kulik, J.: Effectiveness of Computerbased Instruction: An Update Analysis. In: Computers in Human Behaviour, 7, 1991, S. 75–94.

Kulik, J.: Meta-analytic studies of findings on computer-based instruction. In: *Baker, E. L./O'Neil, H. F.* (Eds.): Technology Assessment in Education and Training. Hillsdale 1994.

Lange, E.: Zur Entwicklung und Methodik der Evaluationsforschung in der Bundesrepublik Deutschland. Zeitschrift für Soziologie, 12, 1983, S. 253–270.

Lave, J.: Cognition in Practice: Mind, mathematics, and culture in everyday life. Cambridge 1988.

Lave, J./Wenger, E.: Situated Learning: Legitimate Peripheral Participation. Cambridge 1990.

Mandl, H./Heinz, G./Renkl, A.: Lernen mit dem Computer. Empirisch Pädagogische Forschung in der BRD zwischen 1970 und 1990. Forschungsbericht Nr. 7. München 1992.

Mandl, H./Reinmann-Rothmeier, G.: Unterrichten und Lernumgebungen gestalten. Forschungsbericht Nr. 60. München 1995.

Martin, B. L.: A Checklist for Designing Instruction in the Affective Domain. Educational Technology, (29) 8, 1989, S. 7–15.

Meier, A.: Qualitätsbeurteilung von Lernsoftware durch Kriterienkataloge. In: *Schenkel, P./Holz, H.* (Hrsg.) (1995): Evaluation multimedialer Lernprogramme und Lernkonzepte, BIBB-Reihe Multimediales Lernen in der Berufsbildung. Nürnberg 1995, S. 149–190.

Meier, F./Baratelli, S.: Wissenspsychologische Evaluation selbstgesteuerten Lernens mit modernen Medien und rechnergestützten Instruktionen, Medienpsychologie, 3, 1991, S. 109–123.

Prell, S.: Evaluation. In: *Schiefele, H./Krapp, A.* (Hrsg.): Handlexikon zur Pädagogischen Psychologie. München 1981, S. 116–120.

Prell, S.: Evaluation. In: *Sarges, W./Fricke, R.* (Hrsg.): Psychologie für die Erwachsenenbildung-Weiterbildung. Göttingen 1986, S. 208–213.

Reay, D. G.: Evaluating Educational Software in the Classroom. In: *Reid, I./Rushton, J.* (Hrsg.): Teachers, Computers and the Classroom. Manchester 1985, S. 184–195.

Reeves, T. C.: Evaluating Interactive Multimedia. Athens 1992.

Reeves, T. C./Harmon, S. W.: Systematic Evaluation Procedures for Interactive Multimedia for Education and Training. Paper presented at the Annual Meeting of the American Educational Research Association. Atlanta 1994.

Reigeluth, Ch. M.: Instructional design: What is it and why is it? In: *Reigeluth, Ch. M.* (Hrsg.): Instructional Theories and Models: An Overview of Their Current Status. Hillsdale 1983, S. 3–36.

Reinmann-Rothmeier, G./Mandl, H.: Lernen auf der Basis des Konstruktivismus: Wie Lernen aktiver und anwendungsorientierter wird. In: Computer und Unterricht 23/1996, S. 41–44.

Rosenshine, B./Furst, N.: Research in Teacher Performance Criteria. In: *Smith, B. O.* (Hrsg.): Research in Teacher Education. A Symposium. Englewood Cliffs 1971.

Rossi, P. H./Freemann, H. E./Hoffmann, G.: Programm-Evaluation. Einführung in die Methoden angewandter Sozialforschung. Stuttgart 1988.

Schenkel, P.: Zum Thema „Qualität von Lernsoftware". In: Arbeitshilfen für die Erwachsenenbildung, Nr. 4, 1998. [URL: http://www.shuttle.de/pae/ah4-98/schenkel.htm] (extracted 02/2003).

Schenkel, P. (Hrsg.): Qualitätsbeurteilung multimedialer Lern- und Informationssysteme. Evaluationsmethoden auf dem Prüfstand. Nürnberg 2000.

Schenkel, P./Holz, H. (Hrsg.): Evaluation multimedialer Lernprogramme und Lernkonzepte. Berichte aus der Berufsbildungspraxis. Nürnberg 1995.

Schott, F./Krien, F./Sachse, S./Schubert, T.: Evaluation von multimedialer Lernsoftware auf der Basis von ELISE (1.0). Ein Ansatz zu einer theorie-, adressaten- und anwendungsorientierten Methode zur Evaluation von multimedialen Lern- und Informationssystemen. In: *Schenkel, P.* (Hrsg.): Qualitätsbeurteilung multimedialer Lern- und Informationssysteme. Evaluationsmethoden auf dem Prüfstand. Nürnberg 2000.

Schwarz, I./Lewis, M.: Basic Concept Microcomputer Courseware: A Critical Evaluation System for Educators, Educational technology. 1989, S. 5, 29, 16–21.

Seidel, R. J./Park, O.: An historical perspective and a model for evaluation of intelligent tutoring systems. In: Journal of Educational Computing Research, 10, 1994, S. 103–128.

Squires, D./McDougall, A.: Choosing and Using Educational Software: A teachers' guide. London 1994.

Stiefel, R. Th.: Grundfragen der Evaluierung in der Management-Schulung. Lernen und Leistung. Frankfurt am Main 1974.

Stufflebeam, D. L.: Evaluation as enlightenment for decision-making. In: *Worthen, B. R./Sanders, J. R.* (Hrsg.): Educational evaluation: Theory and practice. Worthington 1973.

Stufflebeam, D. L.: Professional Standards for Educational Evaluation: United States. In: *Husén, T./Posthlethwaite, T. N.* (Hrsg.): The International Encyclopedia of Education. Oxford 1994.

Stufflebeam, D.L.: The relevance of the CIPP evaluation model for educational accountability. SRIS Quarterly, 5(1), 1972.

Stufflebeam, D. L.: The CIPP model for evaluation. In: *Stufflebeam, D. L./Madaus, G. F./Kellaghan, T.* (Hrsg.): Evaluation Models. Boston 2000.

Suchman, L.: Plans and Situated Actions: The Problem of Human/Machine Communication. Cambridge 1988.

Tennyson, R. D./Schott, F./Seel, N. M./Dijkstra, S. (Hrsg.): Instructional Design: International Perspectives. Volume I: Theories and Models of Instructional Design. Mahwah 1997.

Thomé, D.: Kriterien zur Bewertung von Lernsoftware. Berlin 1988.

Weidenmann, B.: „Multimedia": Mehrere Medien, mehrere Codes, mehrere Sinneskanäle? In: Unterrichtswissenschaft 2/97, 1997, S. 197–206.

Will, H./Winteler, A./Krapp, A.: Von der Erfolgskontrolle zur Evaluation. In: *Will, H./Winteler, A./Krapp, A.* (Hrsg.): Evaluation in der beruflichen Aus- und Weiterbildung. Konzepte und Strategien. Heidelberg 1987, S. 11–42.

Winship, J.: Software Review or Evaluation: Are They Both Roses Or Is One a Lemon? Paper presented at the Proceedings of the Australian Computer Education Conference. Perth 1988.

Wittmann, W. W.: Evaluationsforschung – Aufgaben, Probleme, Anwendungen. Berlin 1987.

Wottawa, H./Thierau, H.: Lehrbuch Evaluation. Stuttgart 1990.

Wulf, Ch. (Hrsg.): Evaluation. Beschreibung und Bewertung von Unterricht, Curricula und Schulversuchen. München 1972.

Zimmer, G./Psaralidis, E.: Der Lernerfolg bestimmt die Qualität einer Lernsoftware! Evaluation von Lernerfolg als logische Rekonstruktion. In: *Schenkel, P./Tergan, S.-O./Lottmann, A.* (Hrsg.): Qualitätsbeurteilung multimedialer Lern- und Informationssysteme. Evaluationsmethoden auf dem Prüfstand. Nürnberg 2000.

Rolf Schulmeister / Burkhard Vollmers /
Robert Gücker / Klaus Nuyken

Konzeption und Durchführung der Evaluation einer virtuellen Lernumgebung: Das Projekt Methodenlehre-Baukasten

1. Einführung

Die Universität Hamburg implementiert zusammen mit anderen Partneruniversitäten ein E-Learning-Programm, das in der Methodenlehre und Statistikausbildung eingesetzt werden soll. Dieses Programm, der Methodenlehre-Baukasten (MLBK), verfolgt ein didaktisches Konzept, das sich an der kognitiv-konstruktivistischen Lerntheorie von Jean Piaget orientiert und sich an Jerome Bruners Konzept des entdeckenden Lernens anlehnt. Dieses didaktische Modell ist für die Zielgruppe des MLBK, Studierende der Sozialwissenschaften in den Anfangssemestern mit Ängsten und Desinteresse gegenüber Statistik (Statistik-Angst, s.u.), unserer Annahme nach besonders gut geeignet.

Eingesetzt wird der MLBK an den vier beteiligten Universitäten Hamburg, Bremen, Rostock und Greifswald in den grundständigen Studiengängen Psychologie, Erziehungswissenschaften und Soziologie. Im Laufe der Evaluation gilt es zunächst, aus der Stichprobe aller teilnehmenden Studierenden diejenigen zu identifizieren, die unsere Zielgruppe ausmachen. Das geschieht mit Hilfe eines Fragebogens, der die Statistik-Angst misst. Als weiteres Merkmal zur Bestimmung der Zielgruppe erfolgt eine Gruppierung der untersuchten Personen vorab gemäß ihrer kognitiven Lernstile. Die Evaluation des MLBK untersucht systematisch, welche Lernchancen die Zielgruppe durch das Lernsystem erhält. Deshalb wird der Mehrwert des MLBK nicht global und kontextfrei ermittelt, sondern in Relation zu den Bedürfnissen der angestrebten Zielgruppen.

Insgesamt wird im Evaluationsdesign die Interaktion folgender vier Konstrukte und die Differenzierung der Stichprobe in diesen vier Konstrukten untersucht:

- Lernvoraussetzungen
- Usability und Zufriedenheit
- Motivation und Statistik-Angst
- Kognitive Lernstile

Ermittelt werden Differenzierungen zwischen den Gruppen durch die Variable subjektive Lernzufriedenheit (und Usability) und die Variable objektiver Lernerfolg. Bevor das Evaluationsdesign ausführlich dargestellt wird, steht im Folgenden zunächst die Didaktik im Mittelpunkt. So wird deutlich, was unter Statistik-Angst verstanden wird und welche kognitiven Lernstile der didaktische Ansatz des MLBK besonders anspricht.[1]

2. Die zielgruppenspezifische Didaktik des Methodenlehre-Baukastens (MLBK)

Der MLBK richtet sich in erster Linie an Studierende der Geistes- und Sozialwissenschaften in den ersten Semestern. Diese Zielgruppe zeigt erfahrungsgemäß häufig eine starke Abneigung, Statistik als Hilfswissenschaft für ihr Fach zu lernen. Ihre Lernschwierigkeiten im Fach Statistik beruhen größtenteils auf fehlender Motivation, da etlichen Studierenden anfangs der Brückenschlag zwischen Statistik und ihrem Fach nicht gelingt. Diese ungünstige Ausgangslage verstärkt sich durch ungeeignete traditionelle Lehrmethoden. Mit der Vorgabe von mathematischen Formeln und Definitionen durch Statistikexperten in den Rollen der Lehrenden wird oftmals auf einem zu hohen formal-abstrakten Denkniveau angesetzt. Die auf unmittelbarer Anschauung beruhenden Kognitionen und Erwartungen der Studienanfänger werden nicht ausreichend berücksichtigt (Schulmeister 1983). Den Lernenden bleibt die Möglichkeit der Eigenstrukturierung der Lerninhalte verwehrt, so dass für sie der Zusammenhang der Statistik mit anderen Inhalten ihres Studienfaches immer weiter aus dem Blick gerät und sich die Abneigung, Statistik zu lernen, weiter erhöht. Verschiedene empirische Untersuchungen haben diesen spezifischen Lernwiderstand belegt. Das Konstrukt „Statistik-Angst" stammt aus den USA (Dreger/ Aiken 1957) und wurde in Deutschland besonders unter Studienanfängern beschrieben und empirisch untersucht, zunächst in der Psychologie (Heemskerk 1975; Schulmeister 1983), später in der Pädagogik (Renkl 1994; Abel 1999).

Das didaktische Konzept des Methodenlehre-Baukastens hat zum Ziel, erfolgreich zum Abbau von negativen Einstellungen gegenüber dem Statistiklernen beizutragen und Verbindungen zum Fachinteresse der Studierenden herzustellen. Der Methodenlehre-Baukasten hat deshalb zwei konzeptionelle Leitmotive. Das erste Motiv ist die Förderung der Motivation der Studierenden durch Koppelung der Lektionen und Übungen an fachspezifische empirische Untersuchungen. Vorbild für dieses Konzept sind problemorientierte Multimedia-Programme in der Medizin (Schulmeister 2002a), mit dem Unterschied, dass, entsprechend der Fokussierung auf Forschungsmethoden und Statistik statt auf medizinische Diagnosen an Einzelfällen, bevölkerungsrepräsentative empirische

---

1 Dieser Aufsatz geht auf einen Vortrag zurück, den Robert Gücker am 27.11.2003 in Magdeburg auf der Herbsttagung der Sektion Medienpädagogik der DGfE gehalten hat. Das Korreferat stammte von Dr. Ulf Ehlers, dessen wertvolle Hinweise, ebenso wie einige Anregungen aus der nachfolgenden Diskussion, in diesen Aufsatz eingeflossen sind.

Studien das Lernfeld darstellen. In den Erziehungswissenschaften, für deren Module das Interdisziplinäre Zentrum für Hochschuldidaktik in Hamburg (IZHD) verantwortlich zeichnet, ist dies die populäre Shell-Jugendstudie (Jugendwerk der Deutschen Shell 1997). Deren Fragestellungen fließen durchgängig in die Lektionen der deskriptiven und prüfenden Statistik ein. Die anderen Disziplinen übernehmen die Struktur der Lektionen und Übungen von Statistik I und II so, wie sie von den Erziehungswissenschaften erstellt wurden, verwenden aber empirische Studien aus ihrem jeweiligen Gebiet.

Das zweite didaktische Leitmotiv ist das Modell des entdeckenden Lernens als Orientierungspunkt für die Autoren bei der Entwicklung der Lektionen. Dieses Modell geht auf kognitionspsychologische Ideen von Jerome Bruner in den frühen 1960er Jahren zurück (Bruner 1961). Im deutschen Sprachraum wurde es besonders nach der Veröffentlichung des Sammelbandes von Neber (1975) bekannt, der Übersetzungen amerikanischer Aufsätze enthält. Bruner unterstützte die Problemlösefähigkeiten von Schülern, indem er diese selbstständig Lösungen entdecken ließ. Die eigene Entdeckung stellt Bruner zufolge einen Lernprozess dar, in dem die Lernenden ihr Wissen durch eigene Aktivitäten aufbauen. Sie benutzen ihre Vorkenntnisse zu einem Lerngegenstand, um neue Fakten und Zusammenhänge zu suchen und im Hinblick auf eine Lösung zu organisieren.

Dabei gehen die Personen im Idealfall in kleinen kognitiven Schritten vor. Der Lernprozess beginnt bei, aus Sicht der Lernenden, gänzlich neuen Bereichen häufig mit dem Prinzip von Trial and Error. Diese Lernstrategie mündet allmählich in überwiegend Hypothesen überprüfende Verfahren. Der Lernprozess ist insgesamt dadurch gekennzeichnet, dass die Person für sich selbst einen Weg von ihren Vorkenntnissen (naiven Konzepten) zu den möglichen Lösungen (wissenschaftlichen Konzepten) findet (vgl. Abbildung 1). Entdecken bezieht sich somit auf konkrete physische Aktivitäten (wie z.B. Modifizieren von Objekten) und begleitende kognitive Prozesse. Im Ergebnis kommt es zu Umstrukturierungen und Weiterentwicklungen im systematischen Wissen der lernenden Person über den von ihr untersuchten Gegenstandsbereich.

Damit sind die internen Voraussetzungen, die jemand für entdeckendes Lernen benötigt, umrissen: Der Lernende muss über Vorwissen und Problemlöse-

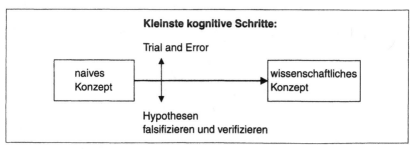

Abbildung 1: Schrittweise Konstruktion des wissenschaftlichen Konzepts

fähigkeiten verfügen und imstande sein, selbst organisiert zu lernen. Eine hohe Motivation ist unabdingbare Voraussetzung. Die Motivation wird aber in Rückkoppelung mit dem Programm durch selbst hergestellte, an das individuelle Vorwissen angepasste Lernerfolge auch wieder gefördert (vgl. Heller 1990). Die Lernziele bauen in den Lektionen aufeinander auf, so dass schrittweises Lernen möglich ist. Erklärungen und Zusammenfassungen, die den Übungen nachfolgen, sorgen dafür, dass die Lernenden die Lernziele auch erreichen können, wenn sie eine Lektion komplett durcharbeiten. Beim MLBK ist kein Mentor oder Teletutor anwesend, um die Lernenden zu unterstützen. Wenn die Lernenden eine Übung durchspielen, so treffen sie häufig auf zu dem jeweiligen Lernziel hinführende Rückmeldungen, die so ähnlich wohl auch ein Mentor im Klassenraum geben würde. Die Übungen mit dem dazugehörigen Feedback zu gestalten, ist für die Autoren keine triviale Aufgabe, müssen doch möglichst viele Alternativen und Lernwege im vorhinein gefunden und durchdacht werden.

Wie die Autoren konkret beim Design von Lektionen und Übungen vorgehen, um den Nutzern später auch tatsächlich entdeckendes Lernen zu ermöglichen und nicht andere Lernformen zu forcieren, wurde an anderer Stelle ausführlich anhand von Übungsbeispielen beschrieben (vgl. Gücker/Nuyken/Vollmers 2003). Ein expositorisch-definitorischer Darstellungsstil, wie in Statistik-Lehrbüchern üblich, verträgt sich auf keinen Fall mit Bruners Konzept. Ebenso wird vermieden, Übungen als Mittel zum Trainieren, Abfragen und Auswendiglernen einzusetzen. Um konsequent die Lernerperspektive zu berücksichtigen, haben explorative interaktive Übungen im Lernprogramm als Möglichkeiten des selbst gesteuerten Eingriffs des Lerners in das Programm ein deutlich größeres Gewicht als theoretische Erklärungen. Über die Manipulation mit den Lernobjekten soll sich sukzessive das Wissen des Lerners, angepasst an das individuelle Vorwissen, entwickeln. Die Bedeutung der Selbstkonstruktion von Wissen durch aktives Ausprobieren für die kognitive Entwicklung hat insbesondere Jean Piaget in seiner genetischen Epistemologie (Piaget 1970) immer wieder untersucht. Gerade von seinen konstruktivistischen Ideen profitieren die Autoren im MLBK in besonderer Weise. Der MLBK zählt deshalb zu den konstruktivistischen Lernumgebungen (vgl. Moallem 2001 hinsichtlich der Designrichtlinien für konstruktivistische Lernsoftware).

3. Evaluationsforschung in der Pädagogik, Psychologie und Didaktik

Die Evaluationsforschung im MLBK steht vor der Herausforderung, die Wirkung und Beurteilung des MLBK auf die weit gefassten Ideen von Bruner und Piaget zu beziehen und gleichzeitig spezifische Wirkungen von Lernobjekten im Sinne klassischer Standards der pädagogischen Evaluationsforschung zu messen.

Gegenstand der empirischen pädagogisch-didaktischen Wirkungsforschung ist die Wirkung spezieller Inhalte, Lernformen, didaktischer Konzepte oder Lehrstile auf Lernerfolg, Zufriedenheit und Motivation derjenigen Personen, die als Teilnehmer bzw. Lerner an Bildungs- und Trainingsangeboten partizipieren. An dieses Grundmodell der empirischen Evaluationsforschung ist auch das Evaluationsdesign von Lernsoftware angelehnt. Die methodischen Problemfelder der Evaluation von Präsenzunterricht oder von Beratungs- und Trainingsmaßnahmen in der Pädagogik einerseits sowie der Evaluation von verschiedenen Lernszenarien, virtuellen Lernumgebungen und Programmen in der empirischen Mediendidaktik andererseits sind im Wesentlichen die gleichen, auch wenn sich die didaktischen Rahmenbedingungen, vor allem aus Lernersicht, unterscheiden.

Die Rolle des Lehrers im Präsenzunterricht, der einem didaktischen Konzept und/oder einem persönlichen Lehrstil folgt, übernimmt beim selbst gesteuerten E-Learning, wenn jemand vor dem Computer Lektionen durcharbeitet, das Computerprogramm. In diesem sind bestimmte didaktische Konzepte vergegenständlicht – in der Art der Präsentation des Stoffs, in der Ansprache des Lerners, in Ausmaß und Form der Interaktivität sowie insgesamt den Möglichkeiten des Eingriffs des Lerners in den Ablauf der Software. Es ist dabei sekundär, ob das jeweilige Lernprogramm mit einem bestimmten, explizit ausformulierten didaktischen Anspruch konzipiert wurde oder nicht. In jedem Programm werden bei genauerer Prüfung unter didaktischen Gesichtspunkten gewisse pädagogische Leitlinien sichtbar.

3.1 Das Dilemma der Evaluationsforschung: Die Nivellierung von Unterschieden und die unendliche Vielzahl von Lernervariablen

Die pädagogische Evaluationsforschung ist seit ihrem Beginn in den USA in der ersten Hälfte des letzten Jahrhunderts am Design des psychologischen Experiments mit Versuchs- und Kontrollgruppe orientiert. Als unabhängige Variablen gehen in die Versuchsbedingungen die Lehr- und Lernformen ein, als abhängige Variable gilt auf Seiten der Lerner in erster Linie der individuelle Lernerfolg. In geringerem Ausmaß finden auch Einstellungen, Denkstile, Motivationslagen und Beurteilungen der Lernsituationen durch die Lerner als abhängige Variablen Berücksichtigung. Versuchspersonen sind zumeist Schüler oder Studenten, deren Lernerfolg im Anschluss an die Lernphase als Klausurnote, Testscore oder Prüfungsleistung gemessen wird.

Bei Durchsicht der empirischen Ergebnisse zur Evaluationsforschung im mediendidaktischen Bereich (vgl. die Auflistung in Schulmeister 2002, S. 387f.) zeigen sich zwei generelle Tendenzen. Auf der einen Seite herrscht eine Unterteilung nach verschiedenen Lernsituationen in den Versuchs- und Kontrollgruppen vor. Die Versuchsleiter verteilen die Lerner per Zufall auf die Versuchsgruppen, um alle Lernvariablen im Einfluss konstant zu halten. Im Ergebnis fallen die Unterschiede zwischen den Lerngruppen trotz ausgefeilter statistischer Methoden nicht ins Gewicht. Die Vielfalt der Lernstile, Einstellungen und Erwartungen unter den Lernern nivellieren die Unterschiede in der Wirkung der unabhängigen Variablen und den verschiedenen Lernsituationen. Auf der anderen Seite gelangt man zu pädagogisch interessanten und statistisch signifikanten Ergebnissen, sobald verschiedene Lernsituationen in Hinsicht auf didaktische Aspekte (z.B. Art der Instruktion im Programm, Ausmaß der Einwirkungsmöglichkeiten durch den Nutzer u.a.) deutlich voneinander abgegrenzt werden und außerdem die diesen unterschiedlichen Lernsituationen ausgesetzten Personen hinsichtlich spezifischer Lernvariablen in Gruppen (z.B. intrinsisch oder extrinsisch motiviert, ganzheitliches oder analytisches Denken u.a.) eingeteilt werden.

Diese beiden gegenläufigen Tendenzen in der Evaluationsforschung gelten für virtuelle wie für nicht-virtuelle Lernformen. Der amerikanische Psychologe Thomas L. Russell hat sich ausführlich mit dem „No Significant Difference Phenomenon" (Russell 1999) in der empirischen Pädagogik und Psychologie befasst und zwei Websites zu diesem Thema eingerichtet. Die eine [http://tele education.nb.ca/significantdifference/][2] beinhaltet Abstracts von anglo-amerikanischen Wirkungsstudien, die zu signifikanten Ergebnissen geführt haben, die andere Website führt eine Reihe von Studien auf, die zu nicht signifikanten Ergebnissen führten [http://teleeducation.nb.ca/nosignificantdifference/][3]. Ende Oktober 2003 betrug das Verhältnis von nicht-signifikanten zu signifikanten Studien 124 zu 51. Die Studien reichen bis in die 1970er Jahre zurück. Die neueren Abstracts beziehen sich überwiegend auf virtuelle, telemediale Lernformen. Auf seiner alten Website hatte Russell Studien aufgelistet, die bis in die dreißiger Jahre des letzten Jahrhunderts reichen. Über 300 davon hatten zu nicht-signifikanten Ergebnissen geführt. Russell kommt zu dem Schluss, dass sich mit empirischer Forschung auf keinen Fall belegen lasse, dass sich eine bestimmte Unterrichtsmethode oder eine bestimmte Lernform grundsätzlich, gänzlich losgelöst von den spezifischen Voraussetzungen und Einstellungen der Lernenden, als anderen überlegen erweist.

Mit Bezug auf die mediendidaktische Evaluation von Lernen mit Software bedeutet das: Es ist verfehlt, allein Lernsituationen miteinander zu vergleichen, etwa Online-Lernen und Präsenzlernen. Derartige Studien führen zwangsläufig zu nicht-signifikanten Ergebnissen (vgl. z.B. Carey 2001). Aus dem Darbietungsmodus der Lerninhalte und der Unterscheidung zwischen verschiedenen Lernmedien sind keine Unterschiede im objektiv messbaren individuellen Lernerfolg oder der von den Lernern subjektiv empfundenen Lernqualität ableitbar. Die Evaluationsforschung muss sich vielmehr darauf konzentrieren, die Beziehung zwischen typischen Lernervariablen einerseits sowie didaktischen Aspekten von Lernsoftware andererseits zu untersuchen. Dazu ist es notwendig, ein auf die Eigenheiten der Lerner zentriertes Evaluationsdesign zu entwickeln, das unterschiedliche Lerntypen anhand diverser kognitiver, motivationaler und kul-

---

2 Abruf am 28.10.2003.
3 Abruf am 28.10.2003.

tureller Variablen differenziert (vgl. z.B. das Modell in Richardson/Turner 2000).

Dieses Vorgehen birgt allerdings auch Gefahren in sich. Je spezifischer die Lernervariablen gefasst werden, desto geringer ist die Chance für Ergebnisse, die sich auf Lernsituationen jenseits der Evaluationsuntersuchung verallgemeinern lassen. Tatsächlich ist eine Tendenz zu einer „hochgradigen Differenzierung im Variablenbereich" (Schulmeister 2002, S. 396) bei der Multimedia-Evaluation unverkennbar. Die Vielfalt der lernrelevanten Variablen (Vorwissen, Vertrautheit mit dem Programm, Denkstile, Kooperationsfähigkeit, Motivationslagen u.a.) auf Seiten der Lerner ist unendlich. Für die Seite der Programme, für ihre Usability und Didaktik, gilt das gleiche.

Betrachtet man die Fülle an Evaluationsstudien, die es, besonders im angloamerikanischen Raum, in der empirischen Medienforschung im Bereich virtuellen Lernens gegeben hat, fallen aber auch konstante Phänomene in den Ergebnissen und gleichförmige Wirkungen häufig untersuchter Variablen auf. Richardson und Turner (2000) berichten, dass sich in den gängigen demografischen Variablen wie Alter und Geschlecht immer wieder die gleichen Unterschiede bei der Beurteilung von Lernsoftware zeigen. Jüngere Personen und Männer beurteilen Software grundsätzlich positiver als ältere Personen bzw. Frauen. Außerdem bewerten analytische Denker, die Probleme abstrakt zergliedern, grundsätzlich virtuelle Lernumgebungen positiver als holistische Denker. Und für jüngere Studenten gilt in besonderem Maße, dass sie als Lerner hoch interaktive Lernprogramme gegenüber passiven, lesenden Lernformen am Computer deutlich bevorzugen.

Weiterhin spielen kognitive Variablen, die sich auf das Ausmaß an bewusster Selbststeuerung und Selbstkontrolle beim Lernen beziehen, eine entscheidende Rolle beim Lernerfolg wie bei der Beurteilung von Lernsoftware. Variablen wie „internal locus of control" vs. „external locus of control" oder „field dependency" bzw. „field independency" führen zu Unterschieden bei den entsprechenden Versuchsgruppen, wenn virtuelle Lernumgebungen beurteilt werden. Dabei gilt, je mehr sich die entsprechenden Personen ihrer eigenen, beim Lernen verwendeten kognitiven Stile auch bewusst sind, desto eher haben sie positive Lernerlebnisse, wenn sie sich zum Lernen mit dem Computer entscheiden (vgl. Summerville 1999).

4. Der MLBK als Beispiel eines komplexen Lehr-Lern-Szenarios

Der Methodenlehre-Baukasten stellt ein umfangreiches multimedial gestütztes Lehr-Lern-Szenario dar, an dem verschiedene Personengruppen (Lerner, Autoren und Lehrende, die das fertige Softwareprodukt einsetzen) beteiligt sind. Alle liefern einen Beitrag zur Didaktik des Gesamtsystems und zur Ausprägung individuell messbarer Variablen des Lernens wie objektiver Lernerfolg oder subjektive Lernzufriedenheit. Evaluationsuntersuchungen können an einzelnen

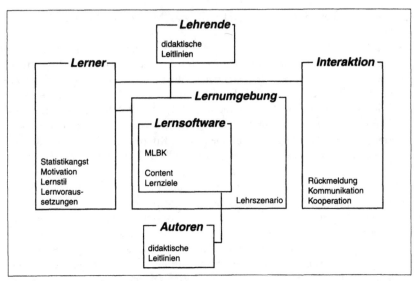

Abbildung 2: Lehr-Lern-Modell im MLBK

Aspekten dieses Szenarios, den Akteuren oder dem Softwareprodukt oder auch an der Interaktion mehrerer Aspekte ansetzen.

Aufgrund der oben referierten Untersuchungen zur Evaluation von Lernsoftware und der Untersuchungen zum Konstrukt Statistikangst ging unsere Vermutung vor Beginn der Evaluation dahin, dass es nicht möglich sein wird, allgemeine Aussagen über den Erfolg des Systems und den Lernerfolg zu treffen, sondern nur differenziert für unterschiedliche Studierendengruppen. Deshalb konzentriert sich die Evaluation im MLBK darauf, verschiedene Nutzergruppen und Lernszenarien miteinander zu vergleichen.

Wir erwarten, dass die Lernerfolge höher und die subjektiven Beurteilungen der mit dem MLBK anvisierten Zielgruppe deutlich positiver ausfallen und im statistischen Sinn auch signifikant werden, wenn man sie mit Lerngruppen vergleicht, die dazu eher den Gegenpol bilden. Der Evaluationsansatz des Methodenlehre-Baukastens ist also ebenso zielgruppenspezifisch wie die Didaktik. Zudem orientieren wir uns an der Ansicht von Zimmer und Psaralidis (2000), dass nur aus der Sicht der Lerner die Qualität einer Lernsoftware beurteilt werden kann. Zimmer und Psaralidis konstatieren, dass „die Qualität erst im Prozess des Lernens von den Lernenden selbst hergestellt wird", deshalb könne es „keinen kausalen Zusammenhang zwischen objektiven Merkmalen und subjektiven Lernerfolgen geben" (S. 265, im Original kursiv).

Für die Evaluation von Multimedia-Produkten ist zudem die Unterscheidung zwischen den Variablen Lernerfolg und Lernerzufriedenheit entscheidend. Beide Bereiche sind im Evaluationsdesign unabhängig voneinander zu erfassen. Der häufig in objektivierten Maßen, etwa Klausurnoten oder Prüfungsleistungen, erfasste Lernerfolg sagt nichts über die subjektive Zufriedenheit des Nutzers mit der Lernsoftware aus (vgl. Kerres 2001 zu dieser Unterscheidung). Lernerfolg ist zudem ein hoch komplexes, widersprüchliches Merkmal. Niedrige Werte in „objektiven" Lernerfolgsmaßen können mit positiven Beurteilungen der Lernsoftware durch einen Nutzer einhergehen und umgekehrt. Im Evaluationsansatz des MLBK gilt dem Faktor Lernerzufriedenheit das Hauptaugenmerk.

4.1 Die Lernertypologie im Evaluationsansatz des MLBK

Auf Seiten der Lerner wird eine Gruppierung hinsichtlich der Variablen Statistikangst, Motivation, Lernvoraussetzungen sowie Lernstil vorgenommen, wobei die letztere Variable durch einen Fragebogen zur Statistikangst, die ersten drei zusammengefasst durch einen anderen Fragebogen zum allgemeinen Lernverhalten erhoben werden. Das Motiv für die Entwicklung des Methodenlehre-Baukastens basiert auf der Erfahrung, dass die Studierenden vor allem in den geistes- und sozialwissenschaftlichen Fächern eine starke Abneigung zeigen, Statistik zu lernen (vgl. oben). Es wird versucht, das Konstrukt Statistik-Angst operationalisiert zu erfassen und dessen spezifische Wirkung als intervenierende Variable für den Lernprozess zu identifizieren. Die Erhebung erfolgt durch einen selbst konstruierten Fragebogen (Martens 2003) unter Berücksichtigung der Skalen der Arbeitsgruppe von Prenzel am Institut für Pädagogik der Naturwissenschaften Kiel (Prenzel/Kramer/Drechsel 2002). Prenzel et al. stützen sich auf die Selbstbestimmungstheorie von Deci und Ryan (1993). Diese unterscheiden intrinsisch versus extrinsisch motiviertes Verhalten, den Grad der Selbstbestimmung bei einer Tätigkeit und die Autonomie- versus Kontrollorientierung als individuelle Persönlichkeitseigenschaften.

Ein noch unveröffentlichter Pretest mit über 300 Studierenden erbrachte ein vorhersagekonformes Ergebnis. Anhand einer Latent-Class-Analyse ließen sich zwei Klassen, d.h. zwei Subpopulationen, aus den 300 Studierenden gewinnen. Der erste Typ (61%) steht der Statistik eher positiv gegenüber (weniger Vorurteile), hat weniger Befürchtungen, erwartet positive Ergebnisse seiner Anstrengungen und traut sich selbst etwas zu (Kompetenzerwartung). Der zweite Typ (39%) hat dagegen Befürchtungen und Vorurteile bezüglich der Statistik, erwartet weniger, traut sich selbst weniger zu und ist geneigt, eher aufzugeben. Es wird erwartet, dass unser didaktischer Ansatz im MLBK besonders diesen zweiten Typ anspricht.

Die weitere Unterscheidung erfolgt nach Lernstilen. Die Lernstile nach Kolb (Learning Style Inventory), welche erstmals 1976 (LSI1) und überarbeitet 1985 (LSI2) publiziert wurden, sind eine der bekanntesten Unterscheidungen in der Lehr-Lernforschung, deren Validität in etlichen empirischen Studien untersucht wurde (vgl. den Überblick bei Willcoxon/Prosser 1996). Lernen ist nach Auffassung von Kolb ein ständig fortschreitender Prozess, der sich durch Erfahrungen generiert (Kolb 1984). Er unterscheidet insgesamt vier Lernstile. Zwei

geben an, wie Erfahrungen gesammelt werden, und die beiden anderen, wie die
Erfahrungen anschließend verarbeitet werden (vgl. Abbildung 3). Auf der
y-Achse finden sich die Pole der Erfahrungssammlung (von abstrakt bis konkret), auf der x-Achse die Pole der Erfahrungsverarbeitung (von experimentie-
rend bis reflektierend). Kolb stellt dann vier Grundtypen auf, denen er eine
Reihe von Eigenschaften sowie bestimmte Stärken und Schwächen zuschreibt
(vgl. Kolb 1984; Smith/Kolb 1986). Die Lerntypen ergeben sich dann jeweils
aus einer spezifischen Kombination, wie Erfahrungen gesammelt und anschließend verarbeitet werden.

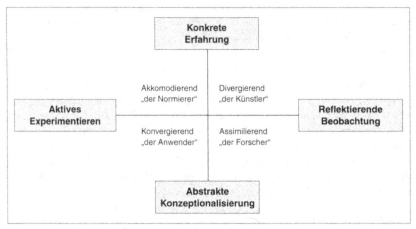

Abbildung 3: Lernstile und Lerntypen nach Kolb

Kolb beschreibt als erstes den divergierenden Typ (Divergierer), dessen bevor-
zugte Lernstile die konkrete Erfahrung und die reflektierende Beobachtung
sind. Dieser Typ stellt die Zielgruppe des MLBK dar. Auf ihn ist die Didaktik
zugeschnitten. Der zweite, der sog. konvergierende Typ (Konvergierer), verfügt
über die Lernstile der abstrakten Konzeptionalisierung und des aktiven Experi-
mentierens. Diese Personen bevorzugen Lernaufgaben, in denen es nur eine
korrekte Lösung gibt. Für diese Personengruppe, so unsere Annahme, reicht die
herkömmliche Statistikausbildung. Der Typ des assimilierenden Lerners (Assimilierer) lernt durch analytisches Begreifen und reflektierendes Beobachten.
Auch dieser Typ zeichnet sich durch Stärken in der deduktiv geführten Statis-
tiklehre aus. Auch ihn rechnen wir unserer Annahme gemäß nicht zur Zielgruppe des MLBK. Der vierte Typ, der Akkomodierer (akkomodierend, konkretes Erfahren und aktives Experimentieren), ist wiederum wie der erste Typus
gut geeignet für die Didaktik des MLBK. Für den ersten und den vierten Typ
erwarten wir hohe Werte für die Variablen Lernerfolg und Zufriedenheit mit
dem MLBK, für die Typen zwei und drei dagegen eher niedrige Werte.
    Die Messung der Lernstile erfolgt durch eine modifizierte Version des Lern-
stilinventars von Kolb (Wolff 2003). In unserer Modifizierung werden kultur-

bedingte Anpassungen im Hinblick auf den Einsatz des amerikanischen Fragebogens im europäischen Raum eingearbeitet. Er setzt sich aus den vier Skalen Konkretes Erfahren, Reflektierendes Beobachten, Abstraktes Konzeptualisieren und Aktives Experimentieren zusammen (s. Abbildung 3). Auch mit dem Lernstilfragebogen fand ein Pretest mit über 400 Studierenden statt. 364 der 400 Probanden aus der Voruntersuchung lassen sich eindeutig einem der Lerntypen zuordnen: 87 der Gruppe der Divergierer, 93 der Gruppe der Assimilierer, 59 der Gruppe der Konvergierer und 125 der Gruppe der Akkomodierer. Unsere erwartete Zielgruppe (Divergierer und Akkomodierer) addiert sich damit auf 212 Studierende von 400 Befragten. Von den ursprünglich 48 in die Voruntersuchung eingegangenen Items (zwölf pro Skala) wurden aufgrund der Itemanalyse 16 Items herausgenommen, so dass der Fragebogen nun insgesamt 32 Items (acht Items pro Skala) enthält.

4.2 Zur grundsätzlichen Bedeutung von Lernertypologien

Typologien von Lernern in der Pädagogik sind, ähnlich wie Persönlichkeitstypologien in der Psychologie, ideelle Abstraktionen. Die Unterscheidungen der Typen gelten nicht für die exakte Abgrenzung einzelner Individuen voneinander. Jeder Mensch trägt Mischformen in sich. Typologien stellen Zusammenfassungen vielfältiger Wirkungen zwischen Faktoren innerhalb eines komplexen Systems dar. Im Fall der Lernstile nach Kolb ist dies das überindividuell mögliche Lernverhalten in verschiedenen Situationen mit unterschiedlichen Lernstoffen. Typologien haben in der empirischen sozialwissenschaftlichen Forschung heuristische Funktionen. Sie dienen den Forschenden als Orientierung innerhalb des von ihnen untersuchten Wirklichkeitsbereiches und fassen diskursive Wissensbestände im jeweiligen Forschungsgebiet zusammen. Nur auf der Basis qualitativer Unterscheidungen wie Typologien sind in der empirischen pädagogischen wie psychologischen Forschung überhaupt quantitative Messungen von Variablen und die Konstruktion quantitativer Zusammenhänge und Abhängigkeiten zwischen Variablen sinnvoll.

Auch wenn die Lernstile von Kolb auf Personen bezogen beschrieben wurden, bedeutet das nicht, dass der individuelle Lernprozess allein auf den persönlichen, inneren Ressourcen eines Menschen beruht. Lernen ist immer das Ergebnis einer Anpassung von Individuum und Umwelt. Gute Lerner mit Lernkompetenzen in unterschiedlichen Fächern sind zumeist flexible Lerner, die potenziell über alle vier von Kolb unterschiedenen Lernstile verfügen und sich damit erfolgreich an verschiedene Lerngegenstände anpassen können.

Was grundsätzlich für Typologien in den Humanwissenschaften gilt, trifft auch auf Typologien von Lernstilen zu, nämlich dass Typologien mit einem hohen Abstraktionsgrad viele verschiedene Lebenssituationen integrieren. Sie geraten daher sehr allgemein. Unterschiede zwischen den Typen in der Wirkung von gemessenen Variablen sind dann oft schwer nachzuweisen. Typologien mit einem niedrigen Abstraktionsgrad sind dagegen spezifischer. Sie differenzieren leichter zwischen Personen, was sich auch in der Messung von Variablenunterschieden niederschlägt. Typologien mit einem niedrigen Abstraktionsgrad haben aber den Nachteil, dass Untersuchungsergebnisse, die auf Basis dieser Typologie gewonnen wurden, schwer zu verallgemeinern sind. Befunde, die an Stichproben gewonnen wurden, die auf Typologien mit hohem Abstraktionsgrad beruhen, sind dagegen eher auf andere Lebenssituationen übertragbar.

Die Typologie der Lerner von Kolb weist einen hohen Abstraktionsgrad auf. Sie integriert empirisch gut bewährte Typologien aus der Kreativitätsforschung (divergierendes vs. konvergierendes Denken), der Wahrnehmungspsychologie (analytisch vs. holistisch, bei Kolb aufgehoben in der Unterscheidung von abstrakter Konzeptualisierung gegenüber konkreter Erfahrung) und der Lernpsychologie (aktives vs. passives Lernverhalten). So sind Vergleiche der Ergebnisse der Evaluation im MLBK mit anderen Evaluationsstudien, soweit diese typologische Unterscheidungen der Lerner bzw. Nutzer beinhalten, möglich.

4.3 Der Evaluationsansatz des MLBK im Überblick

Das Hauptgewicht im komplexen Lehr-Lern-Szenario des MLBK (s.o. Abbildung 1) liegt auf der Untersuchung der Lerner, den wichtigsten Akteuren in diesem Szenario. Wie zufrieden die Lerner mit dem MLBK sind, wird anhand einer Usability-Befragung mit Hilfe des EMIL-Fragebogens (Zehner 2003) erhoben. Der davon unabhängige Lernerfolg wird mittels eines selbst entwickelten Fragebogens (Mühlenfeld 2003) gemessen. Alle Befragungen finden online statt. Zu Anfang müssen die Studierenden sich einen Code zusammenstellen, der sicherstellt, dass der Student auch bei der zweiten Befragung mit den Ausgangsdaten in Verbindung gebracht werden kann. Eine vorab vergebene Identifikationsnummer gewährleistet eine Zuordnung zum jeweiligen Lernszenario. Eine Identifizierung einzelner Studierenden ist an Hand des Codes nicht möglich. Im Übrigen finden für alle Daten die Auflagen des Bundesdatenschutzgesetzes (BDSG) Anwendung.

Weitere Aspekte des Lehr-Lern-Szenarios sind im Evaluationsdesign mit einbezogen. Mit in die Evaluation wird auch die Entwickler- und Autorenperspektive aufgenommen. Wie die Autoren ihre Arbeit bewältigen, welche Strategien sie dazu entwickeln und auf welches Wissen sie dabei zurückgreifen, also das Zusammenführen von theoretischen und praktischen Wissensbeständen, wird im amerikanischen Sprachraum als „personal practical theories" (Pan/Deets/Phillips/Cornell 2003) bezeichnet. Die Untersuchung dieser „personal practical theories" bei den Autoren des MLBK findet anhand von case studies statt (Gücker 2003).

Bei den Lehrenden erfolgt eine Unterscheidung nach verschiedenen Lehrszenarien, die als unabhängige Variable kontrolliert werden sollen, um eindeutige Aussagen über Zusammenhänge zwischen Lernervariablen und Lehrszenarios

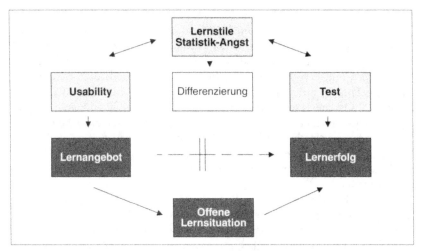

Abbildung 4: Schwerpunkte der Evaluation im MLBK

sowie unserer Lernsoftware, dem MLBK, treffen zu können. Die einzelnen Lernszenarien werden danach festgehalten, wie die Lehrenden beabsichtigen, den MLBK im Unterricht einzusetzen. Es werden eine vorlesungsbegleitende Variante (die Studierenden können den MLBK zusätzlich zur Vorlesung im Selbststudium nutzen), eine tutorielle Variante (die Studierenden nutzen den MLBK im Computerraum in Kleingruppen mit Tutoren) sowie eine Dozenten-zentrierte Variante (der Dozent setzt den MLBK in der Vorlesung ein) unterschieden.

In Bezug auf die Ergebnisse der Evaluation ist unsere Hypothese, dass die Unterscheidung der Lerner (nach der Typologie von Kolb und der Unterscheidung hinsichtlich Statistik-Angst) die Ergebnisse der Bewertung verschiedener Lehrszenarien durch die Nutzer determiniert. Die beiden Lerntypologien definieren den gesamten Untersuchungsrahmen.

In Abbildung 4 ist der Ansatz unserer Evaluation zusammengefasst. Ausgangspunkt unserer Überlegungen ist die Tatsache, dass viele Lerner mit den herkömmlichen Lernangeboten zur Statistik nicht zurechtkommen (in Abbildung 4 durch Doppelstrich symbolisiert). Wir versuchen daher, durch Bereitstellung einer offenen Lernsituation durch geleitetes entdeckendes Lernen eine Didaktik zu verwirklichen, die es dem einzelnen Lerner gemäß seiner kognitiven Struktur erlaubt, seinen eigenen Weg zum Verständnis der Statistik zu gehen. Im Evaluationsdesign wird bei den Lernenden eine Differenzierung vorgenommen, indem nach Ausprägungen der Statistik-Angst und den kognitiven Lernstilen unterschieden wird. Die Zufriedenheit mit dem Lernangebot wird mittels des Usability-Fragebogens erhoben, der Lernerfolg mit Hilfe eines Online-Tests abgefragt. Schließlich werden Zusammenhänge zwischen Zufriedenheit und Lernerfolg mit Statistik-Angst und kognitiven Lernstilen hergestellt (vgl. Abbildung 4).

Die Evaluation im MLBK orientiert sich an generellen Konzepten zur Untersuchung telemedialen Lernens. Fricke (1995) postuliert unter Rückgriff auf die Evaluationsmodelle von Ross und Morrison (1995) sowie Seidel und Park (1994) eine gleichmäßige Berücksichtigung von Instructional Conditions (Lernervariablen und Lernstoffeinflüsse), Instructional Methods (der Wirkung der Lernumgebung in ihren virtuellen und nicht-virtuellen Anteilen) sowie der Instructional Outcomes (der mit dem Einsatz der Software intendierten Lernziele). Zwischen Instructional Methods und Instructional Outcomes bestehe eine Wechselwirkung. Deskriptiv lassen sich Lernziele aus den Besonderheiten der Lernumgebungen ableiten. Häufig sind aber schon in der Planungsphase der Software mit der Bestimmung von Zielgruppen präskriptiv pädagogische Ziele für das Design handlungsleitend.

Der MLBK steht unter der URL http://www.methodenlehre-baukasten.de zur freien Verfügung für Lernende und Lehrende. Es finden ständig noch Entwicklungsarbeiten statt, um fehlende Übungen zu ergänzen oder fehlerhafte zu verbessern oder Teile in Modulen, mit denen wir noch nicht zufrieden sind, zu ersetzen. Rückmeldungen der Nutzer sind uns sehr erwünscht, um diesen Entwicklungsprozess voranzutreiben. Für die Zukunft wird ein Geschäftsmodell erarbeitet, das die Wartung, Pflege und Weiterentwicklung des Systems tragen soll und für die nachhaltige Bereitstellung des Systems sorgen kann.

Literatur

Abel, J.: Probleme der Ausbildung in Empirie und Statistik an erziehungswissenschaftlichen Fachbereichen. Empirische Pädagogik, 4 (13), 1999, S. 355–369.

Bruner, J.: The act of discovery. Harvard Educational Review, 31, 1961, S. 21–32.

Carey, J. M.: Effective Student Outcomes: A Comparison of Online and Face-to-Face Delivery Modes. 2001 [http://www.ed.psu.edu/acsde/deos/deosnews/deosnews11_9.asp] (Abruf am 04.09.2003).

Deci, E. L./Ryan, R. M.: Die Selbstbestimmungstheorie der Motivation und die Bedeutung für die Pädagogik. Zeitschrift für Pädagogik, 2, 1993, S. 223–238.

Dreger, R. M./Aiken L. R.: The identification of number anxiety in a college population. Journal of Educational Psychology, 48, 1957, S. 344–351.

Fricke, R.: Evaluation von Multimedia. In: *Issing, L.J./Klimsa, P.* (Hrsg.): Information und Lernen mit Multimedia. Weinheim 1995, S. 400–413.

Gruber, H./Renkl, A.: Alpträume sozialwissenschaftlicher Studierender: Empirische Forschungsmethoden und Statistik. In: *Lompscher, J./Mandl, H.* (Hrsg.): Lehr-Lernprobleme im Studium – Bedingungen und Veränderungsmöglichkeiten. Bern 1996.

Gücker, R.: Complex statistical problems and guided Discovery Learning: The tasks of the instructional designer. Proceedings of the 4th international conference on information technologies in education. Samos 2003.

Gücker, R./Nuyken, K./Vollmers, B.: Entdeckendes Lernen als didaktisches Konzept in einem interdisziplinären Lehr-Lernprogramm zur Statistik. In: *Kerres, M./Voß, B.* (Hrsg.): Digitaler Campus. Vom Medienprojekt zum nachhaltigen Medieneinsatz in der Hochschule. Münster 2003, S. 250–259.

Heemskerk, J. J.: „Statistikphobie" – Struktur negativer Einstellungen zur Methodenausbildung bei Studenten der Sozial- und Erziehungswissenschaften. Psychologie in Erziehung und Unterricht, 22, 1975, S. 65–77.

Heller, R. S.: The Role of Hypermedia in Education: A Look at the research issues. Journal of Research on Computing in Education, 4 (22), 1990, S. 431–441.

Hunsley, J.: Cognitive Processes in Mathematics Anxiety and Test Anxiety: The Role of Appraisals, Internal Dialogue, and Attributions. Journal of Educational Psychology, 79, 1987, S. 388–392.

Jugendwerk der Deutschen Shell (Hrsg.): Jugend 97. Zukunftsperspektiven, gesellschaftliches Engagement, politische Orientierungen. Opladen 1997.

Kerres, M.: Multimediale und telemediale Lernumgebungen. 2. Auflage, München 2001.

Kolb, D. A.: Experiental Learning. Englewood Cliffs 1984.

Kolb, D. A.: Learning Style Inventory. Boston 1985.

Martens, T.: Statistik-Angst Test. Institut für Psychologie der Universität Bremen 2003.

Moallem, M.: Applying Constructivist and Objectivist Learning Theories in the Design of a Web-Based Course: Implications for Practice. Educational Technology and Society, 4 (3), 2001.

Mühlenfeld, U.: Lernerfolgstest. Institut für Soziologie der Universität Bremen 2003.

Pan, S./Deets, J./Phillips, W./Cornell, R.: Pulling tiger's teeth without getting bitten. Instructional Designers and Faculty. The Quarterly Review of Distance Education, Volume 4(3), 2003, S. 289–302.

Prenzel, M./Kramer, K./Drechsel, B.: Self-determined and interested learning in vocational education. In: *Beck, K.* (Ed.): Teaching – learning processes in vocational education. Foundations of modern training programs. Frankfurt 2002, S. 43–68.

Neber, H. (Hrsg.): Entdeckendes Lernen. 2. Auflage, Weinheim 1975.

Piaget, J.: Genetic Epistemology. New York 1970.

Renkl, A.: Wer hat Angst vorm Methodenkurs? Eine empirische Studie zum Streßerleben von Pädagogikstudenten in der Methodenausbildung. In: *Olechowski, R./Rollett, B.* (Hrsg.): Theorie und Praxis. Aspekte empirisch-pädagogischer Forschung – quantitative und qualitative Methoden. Frankfurt 1994, S. 178–183.

Richardson, J. A./Turner, A.: A Large-Scale local evaluation of students learning experiences using virtual learning environments. Educational technology and Society, 3 (4), 2000.

Ross, St. M./Morrison, G. R.: Evaluating interactive media: Issues and suggested practices. In: *Schenkel, P.* (Hrsg.): Qualität und Evaluation von Lernsoftware. Nürnberg 1995.

Russell, T.L.: The No Significant Difference Phenomenon. Chapel Hill, NC: Office of Instructional Telecommunications, North Carolina State University 1999.

Schulmeister, R.: Angst vor Statistik. Empirische Untersuchungen zum Problem des Statistik-Lehrens und Lernens. Hamburg: Arbeitsgemeinschaft für Hochschuldidaktik 1983.

Schulmeister, R.: Grundlagen hypermedialer Lernsysteme. 3., korr. Auflage. München 2002.

Schulmeister, R.: Zur Komplexität problemorientierten Lernens. In: *Asdonk, J./Kroeger, H./Strobl, G./Tillmann, K.-J./Wildt, J.* (Hrsg.): Bildung im Medium der Wissenschaft. Zugänge aus Wissenschaftspropädeutik, Schulreform und Hochschuldidaktik. Weinheim 2002a.

Schulmeister, R.: Didaktisches Design aus hochschuldidaktischer Sicht. Ein Plädoyer für offene Lernformen. In: *Meister, D./Rinn, U.* (Hrsg.): Didaktik und neue Medien. Münster 2003, S. 19–49.

Seidel, R. J./Park, O.: An historical perspective and a model for evaluation of intelligent tutoring systems. Journal of Educational Computing Research, 10, 103–128, 1994.

Smith, D. M./Kolb, D. A.: User's guide for the Learning Style Inventory. A manual for teachers and Trainers. Boston 1986.

Stark, R./Mandl, H.: Probleme der Methodenausbildung. Analyse und Intervention aus motivationspsychologischer Perspektive. Forschungsberichte der Ludwig Maximilians Universität München, Nr. 116, 2000.

Summerville, J.: Role of awareness of cognitive style in hypermedia. International Journal of Educational Technology, 1 (Inaugural Issue), 1999.

Willcoxson, L./Prosser, M.: Kolb's learning style inventory (1985): Review and further study of validity and reliability. British Journal of Educational Psychology, 66, 1996, S. 251–261.

Wolff, J.: Lernstiltest. Institut für Psychologie der Universität Greifswald 2003.

Zehner, M. L.: Usability-Fragebogen (EMIL). Institut für Geographiestatistik der Universität Rostock 2003.

Zeidner, M.: Statistics and Mathematics Anxiety in Social Science Students: Some Interesting Parallels. The British Journal of Educational Psychology, 61, 1991, S. 319–328.

Zimmer, G./Psaralidis, E.: „Der Lernerfolg bestimmt die Qualität der Lernsoftware!" Evaluation von Lernerfolg als logische Rekonstruktion von Handlungen. In: *Schenkel, P./Tergan, S. O./Lottmann, A.* (Hrsg.): Qualitätsbeurteilung multimedialer Lern- und Informationssysteme. Evaluationsmethoden auf dem Prüfstand. Nürnberg 2000, S. 262–303.

Das diesem Bericht zugrunde liegende Vorhaben wurde mit Mitteln des Bundesministeriums für Bildung und Forschung unter dem Förderkennzeichen 01NM108A gefördert. Die Verantwortung für den Inhalt dieser Veröffentlichung liegt bei den Autoren.

Jennifer Mockenhaupt / Thomas Trebing

Betreutes Monitoring in einer prozessbegleitenden pädagogischen Evaluation (Projekt WiBA-Net)

1. Einleitung: Betreutes Monitoring als Evaluations- und Forschungsmethode

Der folgende Text behandelt den Einsatz des betreuten Monitoring als empirischer, medienpädagogischer Methode im Rahmen von Online-Lehre und Blended Learning.[1] Das betreute Monitoring besteht aus einer computer- und internetunterstützten Datenerhebung, die den realen Prozessen und Kontexten vor Ort, z.b. an der Universität, gegengelesen und den Beteiligten zurückgemeldet wird. Die Methode expliziert der Text exemplarisch anhand des interdisziplinären, universitären Blended Learning BMBF-Projektes WiBA-Net[2]. WiBA-Net umfasst die multimediale Aufbereitung des Lehrstoffes für die Fächer Baustofflehre und Werkstoffmechanik in der Aus- und Weiterbildung von Bauingenieuren und Architekten. Das Lehr- und Lernnetz entwickelten arbeitsteilig Bauingenieure, Architekten, Informatiker, Pädagogen und Webdesigner aus sechs Universitäten. Die Pädagogik hatte dabei eine von 16 Stellen inne.

Das betreute Monitoring wurde als Methode im Rahmen eines Methodenmixes (Triangulation) der prozessbegleitenden Evaluation eingesetzt, die zunächst kurz skizziert wird. Die Methode des betreuten Monitorings beschreibt der Text danach anhand eines Erfahrungsberichtes. Der Erfahrungsbericht umfasst die Konzeption, die Durchführung und die praktische Arbeit mit dem Monitoring in einem Semester im interdisziplinären Projekt WiBA-Net. Den Abschluss bildet eine Forschungsfrage zum angemessenen Seitenumfang von Online-Kursen, für deren Beantwortung das betreute Monitoring Hinweise liefert.

---

1 Wenn die Online-Lehre die traditionelle Präsenzlehre nur ergänzt, sprechen wir aus der Rezipientenperspektive von Angereichertem Lernen oder Augmented Learning. Wenn die Online-Lehre möglichst viele wesentliche Elemente und Prozesse zumindest auch bereitstellt, dann nennen wir das Lernen Blended Learning. Sind wesentliche Elemente und Prozesse ausschließlich online zugänglich bzw. möglich, sprechen wir von Online- oder Telemedialem Lernen.
2 WiBA-Net = Bundesweites multimediales Lehr- und Lernnetzwerk für das Fach Werkstoffe im Bauwesen für Bauingenieure und Architekten. Laufzeit 2001 – 2003. Vgl. www.wiba-net.de

2. Pädagogische Aufgaben im Projekt WIBA-Net

Im Laufe des Projekts haben ein Professor, zwei wissenschaftliche und zwei studentische Mitarbeiter im pädagogischen Team in verschiedenen Umfängen mitgewirkt. Das pädagogische Team des Arbeitsbereiches „Bildung und Technik" des Institutes für Allgemeine Pädagogik und Berufspädagogik der Technischen Universität Darmstadt übernahm im Projekt WiBA-Net folgende Aufgaben:

▶ Umgebungsanalyse des realen Studienalltags des Faches WiBA (z.B. Vorlesung, Übung, Lernorganisation) und der ihn beeinflussenden Größen (z.B. Aufwand für andere Fächer) zu Projektbeginn. Die Rückmeldung der Ergebnisse sollte den Projektpartnern Hinweise geben, wie das Lernnetzwerk nachhaltig in den realen Lehr- und Studienalltag eingefügt werden kann.

▶ Pädagogische Beratung der Autoren und Techniker zu Vermittlungs- und Gestaltungsfragen.

▶ Prozessbegleitende pädagogische Evaluation von einzelnen Lehrpfaden mit Studierenden und des Online-Lernnetzes insgesamt mit Studierenden und Lehrenden.

▶ Redigierung von Lehrpfaden nach pädagogischen Gesichtspunkten. Die pädagogischen Experten nahmen die Sicht von „potenziellen Lernenden" ein und arbeiteten als Fachleute für Vermittlung unter lernerbezogenen Gesichtspunkten von den Autoren ausgewählte Lehrpfade durch.

Der folgende kurze Abschnitt behandelt die Aufgabe der pädagogischen Evaluation, in deren Rahmen das betreute Monitoring zum Einsatz kam.

3. Prozessbegleitende pädagogische Evaluation

Die Evaluation war pädagogisch, weil sie sich am Ideal des *mündigen Bauingenieurs* bzw. *Architekten* orientierte. Im Mittelpunkt standen die nutzenden Lernenden mit ihren Bedürfnissen als Lernende. Die pädagogische Evaluation verstand sich als *Anwalt der Nutzenden*. Nutzende waren vordringlich die Studierenden des Bauingenieurwesens und der Architektur, aber auch Lehrende, Mitarbeiter und Autoren der Lehrpfade. Unmittelbares Ziel der pädagogischen Evaluation war die nachhaltige Nutzung des Online-Lernnetzwerks. Die nachhaltige Nutzung sollte durch die Selbstbestimmung und durch größere Entscheidungsmöglichkeiten gefördert werden, wie mit dem System umgegangen werden kann. Für das System bedeutet das z.B. die Flexibilität oder Adaptierbarkeit und für die Inhaltsaufbereitung die Handlungs- bzw. Problemorientierung. Diese Orientierung kann sich direkt in der sachlichen Anregung bzw. Forderung nach Problemorientierung bei der Stoffaufbereitung ausdrücken, nach dem notwendigen Einbinden von (Selbst-)Tests mit anregend differenzierendem Feedback oder der Orientierung an Aufgaben und Prozessen aus der beruflichen Praxis. Das selbstgesteuerte Lernen und seine Nachhaltigkeit sollen aber besonders verschiedene Integrationsmöglichkeiten für die Lernenden in ihr Studium fördern, d.h. realistisch mögliche und geförderte verschiedene Lerngründe, -orte, -zeiten, -wege, sowohl im System als auch im realen Alltag.

3.1 Integration in den Alltag: Reale Lernumgebung, Relevanz und Mehrwert

Als wichtigste Größe oder Bedingung, die für die nachhaltige Nutzung zu erfüllen sei, erwies sich die Akzeptanz und Integration des Lernsystems in den Alltag der nutzenden Lernenden und Lehrenden. Andere Größen wie die Vollständigkeit, die besonders die Bauingenieure als wichtigste Nutzungsbedingung ansahen, haben sich als weniger bedeutsam gezeigt: Auch das jeweils Vorhandene kann, wenn es von den Lehrenden passend eingesetzt wird, die Integration und damit die Nachhaltigkeit bei Lehrenden und Lernenden ermöglichen bzw. fördern.

Integration und realer Alltagsbezug sind nur unter mindestens drei Bedingungen möglich:

▶ Im Blick muss die *reale Lernumgebung* (der Studierenden[3]) sein, nicht nur eine technisch reduzierte Lernumgebung, wie sie das Online-System selbst darstellt. *Wege, Orte, Zeiten, Sozialformen des Lernens* und der *Stellenwert eines Faches* im Verhältnis zu anderen Fächern fördern oder behindern Integration und Alltagsbezug. Sie müssen berücksichtigt, d.h. erfasst und ausgewertet werden.[4]

▶ Die *Relevanz*, warum und wie das System den Nutzenden nützt, muss für die Lerner transparent sein: Warum muss ich das lernen? Warum ist das wichtig? Was habe ich davon für meinen Lernprozess? Nur wenn dieser *Sinn des Lernens* für die Nutzenden klar ist, können Lernprozesse angestoßen werden.

▶ Das Lernsystem muss den Nutzenden „etwas bringen", d.h. einen deutlichen *Mehrwert* gegenüber herkömmlichen Lernmitteln wie Vorlesung, Skript, Buch oder Übungsklausur für sie darstellen, der auch nutzbar ist. Vorteile können für die Nutzenden sein: alternativer Zugang zum Stoff, knappere Inhalte, besser strukturierte Inhalte, andere, aktivierendere Präsentationsformen als Text (Bilder, Tabellen, Animationen, Simulationen), Übungsmöglichkeiten wie Selbsttests, schneller Zugriff von zu Hause, statt über die Bibliothek, effektivere Prüfungsvorbereitung usf.

Für die Nachhaltigkeit der Nutzung, für die angestrebte Akzeptanz bei den Nutzenden und bei der Integration in den Alltag spielten die reale Lernumgebung, die real vorhandene und transparente Relevanz und der Mehrwert eine entscheidende Rolle.

---

3 Analoges gilt für die reale Lehrumgebung der Lehrenden.
4 In der Literatur heißt dieser Aspekt „Umfeldanalyse" (Blumstengel 1998. Im Hypertext „Bedarfsanalyse" anklicken). Wir nennen ihn „Umgebungsanalyse", um ihn von dem engeren technischen Begriff der „Anforderungsanalyse" abzugrenzen.

3.2 Eingesetzte Methoden

Die prozessbegleitende Evaluation bediente sich insgesamt folgender *Methoden der empirischen Sozialforschung:*

▶ Dokumentanalyse:
- Projektantrag (Zielgruppen, technische und organisatorische Rahmenbedingungen usf.), im Projekt erstellte Papiere.
▶ Experiment:
- *Lehrpfadcheck:* Lernen mit einem Lehrpfad in einer Laborsituation mit anschließender Befragung mittels Leitfadeninterview.
▶ Befragungen:
- Lehrpfadcheck: Qualitative Leitfadeninterviews (face-to-face).
- *Reale Nutzung Studierende:*[5] Kurze qualitative Leitfadeninterviews (telefonisch) mit quantitativen Elementen.
- *Reale Nutzung Lehrende:* Kurze qualitative Leitfadeninterviews (telefonisch) mit quantitativen Elementen.
- Feedback nach den Redigierungen von den Autoren: Kurzfragebogen per E-Mail.
▶ Beobachtungen:
- Nicht teilnehmende Beobachtung des Lernverhaltens am Rechner mit anschließendem Videoprotokoll des Bildschirms beim Laborlernen.
- Teilnehmende Beobachtung der Kommunikation im Shared Workspace BSCW[6] mit den Projektpartnern und in Chat und Forum des Systems mit Projektpartnern und Studierenden.
- Teilnehmende Beobachtung der Kommunikation bei den Projekttreffen und in Arbeitsgruppen.
- Nicht teilnehmende Beobachtung der realen Nutzung durch die Studierenden im *Betreuten Monitoring.* Beobachtet wurden die studentischen Anmeldungen (Logins) und Kursnutzungen im Online-System.

Die Ergebnisse dieser Erhebungen wurden zeitnah ausgewertet[7] und sofort für alle Beteiligten veröffentlicht[8], in Vorträgen bei Projekttreffen und Texten im

---

5 Zum theoretischen Hintergrund vgl. den Vortragstext von Sesink (2002, S. 4): „Im genannten Projekt hatten wir nun (und haben wir noch) den Weg zu gehen von der bildungs- und medienpädagogischen Theorie zur Entwicklung einer in den realen Studienalltag integrierbaren Lernumgebung."

6 BSCW = Basic Support for Cooperative Work. Vgl. zum System BSCW [http://bscw.gmd.de]

7 Die Interviews mit den studentischen Lernexperten wurden nur bis zur Stufe des thematischen Vergleichs ausgewertet, verschiedene Interviews, Kategorien wurden aus dem Fragenkatalog und einem Interview gewonnen und in allen Interviews geprüft. Die Stufen der Sozialwissenschaftlichen Konzeptualisierung und theoretischen Generalisierung haben wir nicht erreicht, unter anderem deshalb, weil wir mit den generierten Kategorien ausreichend (und ressourcenorientiert) die gewünschten Ergebnisse sicherstellen und ins Projekt zurückmelden konnten. Vgl. Meuser/Nagel (1991, S. 441–471).

8 Mayring etwa spricht von der Dokumentation des Forschungsprozesses, um ihn nachvollziehbar (transparent) zu machen. Vgl. Mayring (2002, S. 140–148, hier S. 144).

Shared Workspace BSCW[9]. Die Ergebnisse der Evaluation sind selbstverständlich in die anderen Aufgaben eingeflossen[10], ebenso wie die anderen Aufgaben Hypothesen und Kategorien für die Evaluation erzeugt haben (z.b. „Didaktischer Mehrwert" und „Angst vor Zusatzbelastung" aus unserer Umgebungsanalyse).

Dem Ziel der Integration in den realen Lehr- und Lernalltag dient auch das betreute Monitoring, ein Beobachtungsverfahren, das wir entsprechend mit einem Bezug zur nachhaltigen Nutzung eingesetzt haben. Der Nachhaltigkeit sollen dienen:

▸ *Übersichtlichkeit* durch wenige erhobene Größen, die für die konkrete Entwicklungssituation relevant sind,

▸ zeitnahe, *unmittelbare*, prozessbegleitende *Datenausgabe*,

▸ *große Transparenz* für alle Beteiligten durch Ausgabe für alle direkt im System,

▸ Daten zur *tatsächlichen Nutzung aller* und nicht von einer Stichprobe sowie nicht nur zur subjektiven Zufriedenheit, die nicht notwendig bis zur tatsächlichen Nutzung reicht,

▸ kontinuierliche *Messung über einen größeren Zeitraum*, um Wirkungen auch längerfristig zu beobachten.

4. Betreutes Monitoring in der interdisziplinären Zusammenarbeit

Die funktionierende interdisziplinäre Zusammenarbeit ist – so zeigen es auch die Projekterfahrungen in WiBA-Net – notwendige Bedingung für die Entwicklung von Online-Lernprogrammen. Ein ähnliches Ergebnis zeigen Urs Gröhbiels Forschungen: Nur über eine funktionierende interdisziplinäre Zusammenarbeit vermeidet man Ergebnisse, „welche in einem Fachbereich brillieren, aber schwerwiegende Defizite in anderen Bereichen aufweisen" (Gröhbiel 2001, S. 169). Um etwa Hochglanzprodukte zu vermeiden, die niemand nutzt – die bekannten technischen Ruinen –, bedarf es eines interdisziplinären Zusammenwirkens von Autoren, Informatikern, Didaktikern, Lernpsychologen und Webdesignern. Diese muss dazu aber bestimmten Kriterien genügen, besonders bezüglich der Prozess- und Zielvereinbarung sowie der zu entwickelnden gemeinsamen Sprache. Nur so können „unterschiedliche Vorstellungen zur Gestaltung internetgestützter Lehre", unterschiedliche „Vorgehensweise(n) im Rahmen der Entwicklung" und die Entwicklung in „verschiedenen (Fach-)Sprachen" sinnvoll integriert werden (vgl. Gröhbiel 2001, S. 27).

---

9 Der tägliche Bericht, den das System BSCW nach der entsprechenden Einstellung per Email verschickt – so war es im Projekt auch üblich –, stellt den aktuellen Informationsfluss für alle Projektbeteiligten sicher.

10 Z.B. über die Checkliste, die aus dem Lehrpfadcheck entstanden ist: Deren Kenngrößen – wie angestrebte Kompetenz, eingebundener Test usf. – dienten als den Beteiligten bekannte Maßstäbe für unsere pädagogische Redigierung einzelner Kurse.

Die interdisziplinäre Zusammenarbeit erfolgte im Projekt WiBA-Net bezüglich der prozessbegleitenden Evaluation und Systementwicklung iterativ. Iterativ meint einen projektbegleitenden, kreisförmigen Prozess, in dem die Projektpartner abwechselnd und rückbezüglich arbeiten: Nach vorgegebenen oder ausgehandelten Kriterien erstellen die Bauingenieure erste Lehrpfade, die die Informatiker in das technische System integrieren. Die ersten Lehrpfade evaluieren die Pädagogen, wobei die Ergebnisse in die Gestaltung weiterer Lehrpfade durch die Bauingenieure einfließen. Ebenso werden bei jedem Durchlaufen des Kreises die Anforderungen an die Technik und Evaluationsdimensionen nötigenfalls angepasst oder neu generiert. Die Rahmenbedingungen für dieses iterative Vorgehen hängen u. a. von den Erfahrungen mit Evaluation und technischem Support ab, von den Erwartungen an die Evaluation und an die technische Unterstützung sowie von den Erwartungen an die Form interdisziplinärer Zusammenarbeit.

Das Monitoring passt gut zu einem iterativen Vorgehen, das angemessen nur interdisziplinär durchgeführt werden kann und zugleich integrierend in den Alltag der Nutzenden wirken soll. Das Monitoring kommt dabei auch der Forderung Urs Gröhbiels bezüglich eines spezifischen „iterativen Prozesses" bei der „Entwicklung internetgestützter Lernprogramme" nach. Iterativ soll der Entwicklungsprozess sein zwischen Bedürfnissen der „Anspruchsgruppen", z.B. Autoren, Lehrenden und Studierenden, „Lösungsansätze(n)" und der „Überprüfung der Wirkungen" (Gröhbiel 2001, S. 168). Nur auf dem iterativen Weg, der diese drei Bedingungen erfüllt, so Urs Gröhbiel, könnten die Lernprogramme überhaupt sinnvoll und nutzerorientiert entwickelt werden. Die Verbesserungen und notwendigen Anpassungen bzw. Veränderungen ergäben sich, indem die Wirkungen, z.B. Nutzungszahlen und Nutzungsverhalten, in diesem Prozess „kontinuierlich verbessert werden" (vgl. ebd.).

Aber auch die iterative Wirkungsverbesserung funktioniert nicht ohne den frühzeitigen realitätsnahen Nutzerbezug, d.h. das Einbeziehen der spezifischen Wirkung nicht nur im Labor, sondern auch und besonders im vorgesehenen realen Nutzungsumfeld. Ein iteratives Vorgehen erzwingt für die Evaluation, wenn sie auf die Entwicklung und deren Wirkung zielt, ein formatives, d.h. prozesssteuerndes, mindestens aber ein prozessbegleitendes Design, etwa in beratender Funktion. Eine summative Evaluation könnte den Anforderungen an die Entwicklung internetgestützter Lehre im Punkt Iteration nicht gerecht werden. Das Monitoring im Rahmen einer prozessbegleitenden Evaluation ist danach als Methode der Entwicklung von Online-Lernsystemen in interdisziplinären Teams besonders angemessen.

Die Zusammenarbeit zwischen den Projektpartnern wird in disziplinübergreifenden Kooperationen u.a. problematisch, wenn sich die Projektpartner durch die Evaluation kontrolliert statt beraten fühlen oder wenn sie glauben, in ihrer fachlichen Kompetenz in Frage gestellt zu sein: „Ich lasse mir doch von einem Pädagogen nicht sagen, wie ich einen Lehrpfad zu gestalten habe"; „Warum machen das die Pädagogen? Dann kann ich den Lehrpfad auch meiner

Frau vorsetzen" (Originalzitate). Oder sinngemäß formuliert: „Wir nehmen ausschließlich von fachlich kompetenter Seite Kritik am Inhalt an."
Der letzte Punkt macht deutlich, dass oft nur eine bestimmte Form interdisziplinärer Zusammenarbeit – Experten mit ihren Fachkompetenzen addieren sich – gewünscht ist, die die Disziplingrenzen für die einzelnen Fächer kaum überschreitet. Pädagogen sollen – so die Erwartung – ausschließlich ihre Expertise hinsichtlich der Vermittlung einbringen. Wollen sie jedoch eine Änderung von Inhalten oder Funktionalitäten bewirken, so geht dies, wenn überhaupt, nur vorsichtig und nur unter Bezugnahme auf den Vermittlungsaspekt. Es gibt auch Ausnahmen, aber die sind nicht vom Fach oder der im Projekt üblichen Zusammenarbeit zwischen den Fächern abhängig, sondern von der Einstellung einzelner Personen.

Das betreute Monitoring, als ein Methodenbeispiel aus der Evaluation, soll auch die Besonderheiten der begrenzten, aber durchaus leistungsfähigen interdisziplinären Zusammenarbeit aufzeigen.[11] Begrenzt meint in diesem Fall eine additive Zusammenarbeit, bei der sich die Disziplinen nur innerhalb ihrer jeweiligen Fachgrenze bewegen.

4.1 Konzeption: Bedürfnisse und theoretische Einbettung

Eine von einem Autor angeregte Logfileanalyse ergab eine große Menge an Daten, weil jede Seite einzeln aufgelistet war. Eine Auswertung wäre nur mit großem Aufwand und nur exemplarisch möglich gewesen. Die mit der Evaluation betrauten Pädagogen haben die Anregung zu einer quantitativen Erhebung der tatsächlichen Nutzung allerdings modifiziert aufgenommen und die Methode des betreuten Monitoring konzipiert. Das Monitoring kam den Bedürfnissen der beteiligten Projektpartner – Autoren, Techniker, Projektleitung und Pädagogen – entgegen. Die Partner wünschten sich messbare Daten, die repräsentativ sein sollten. Die qualitativen Erhebungen aus dem Lehrpfadcheck empfanden sie in diesen beiden Hinsichten als ungenügend, weil zu wenige Studierende befragt wurden und dies zu wenig messbare Größen, d.h. in ihren Augen keine Objektivität ergeben habe.

Diese Bedürfnisse wurden aufgenommen und mit den pädagogischen Interessen an die Evaluation verknüpft. Die reale Nutzung sollte der erwünschten gegenübergestellt werden, um eine Nutzungs- bzw. Wirkungskontrolle zu erhalten. Außerdem galt es, die Prozessbegleitung wirksam zu realisieren und sie auch gegen bestehende Vorurteile wirken zu lassen – etwa, dass die Vollständig-

---

11 Diese Beschreibung ist weiterhin orientiert an den disziplinären Projektaufgaben. Die Interdisziplinäre Zusammenarbeit wäre außerdem noch problemorientiert zu thematisieren: Wie geht man mit auftretenden Problemen um, z.B. mit differierenden Zielen von Disziplinen in der gemeinsamen Arbeit, wenn sie in Konflikt geraten? Entwicklung contra Forschung, Lernen contra Lehren, Lernen verbessern contra Innovation, Mehrwert durch Augmented Learning oder Blended bzw. E-Learning usf.

keit der Inhalte notwendige und hinreichende Bedingung für die nachhaltige Nutzung sei. Schließlich sollte die didaktisch sinnvolle reale Nutzung im Vordergrund stehen – nicht die Technik – und es sollte ein schnelles Feedback möglich sein. Das nennt, ergänzend zu den Vorteilen bezüglich der Nachhaltigkeit, die positiven konzeptionellen Gründe für die Auswahl der Methode Monitoring sowie der (wenigen) erfassten, ausgegebenen und ausgewerteten Kriterien: „Anmeldung ins System", „Titel und Anzahl der Kurse" insgesamt und nach Standorten getrennt.

Das eingesetzte Monitoring erfasste nicht, z.B. über eine detailliertere Logfile-Analyse, die Navigation im System, die Nutzung der Suchfunktion oder die Nutzung anderer Funktionalitäten (Chat, Forum) und Inhalte der Lehrpfade. Die Gründe dafür sind vielfältig. Sie ergeben sich aus Grenzen in der Entwicklungsphase:

> ▶ Die *reale Nutzung* war in den anderen Bereichen in der Konzeptionsphase *noch zu gering* – Chat, Forum usf. Das ergaben die Interviews mit den Studierenden.

> ▶ *Inhalte* waren *noch nicht verfügbar* (Infopool, Übungspool, Suchfunktion) oder nur ergänzend *in traditioneller Form* (ältere Vordiplomsklausuren).

> ▶ Die *Aufbereitung* der Inhalte mit Metadaten und einer nutzbaren Ergebnisanzeige war *noch wenig fortgeschritten*, trotz bestehender Funktionalität (Suchfunktion).

Für die pädagogische Arbeit, die als prozessbegleitende Evaluation unmittelbar dem Projekt diente und nur mittelbar Forschungsfragen dienen konnte, waren diese Dimensionen zum Erhebungszeitpunkt daher irrelevant.

Auch der notwendig *ressourcenschonende Umgang mit technischem Support und eigenen Kapazitäten* bezüglich Erhebung und Auswertung machte dieses Vorgehen nötig. Schließlich sind die notwendigen Dienstleistungen von den Projektpartnern aus der Informatik in den Forschungsprojekten noch immer nicht konstitutiv vorgesehen. Der technische Support gilt bisher unmittelbar der Inhaltserstellung. Man war also auf den guten Willen aller Beteiligten angewiesen. Außerdem war der pädagogische Anteil am Projekt mit einer von sechzehn Stellen sehr klein. Die Pädagogen haben daher versucht, die zusätzliche Arbeit für die Kollegen möglichst klein zu halten, die eigene verfügbare Arbeitszeit für die Auswertung realistisch einzuschätzen und nur das zu erheben, was absehbar für Beobachtung und Empfehlungen auch nutzbar und für die Beteiligten hilfreich auszuwerten und zu berichten war.

4.2 Durchführung: Betreutes Monitoring als Verfahren

Das betreute Monitoring im Projekt WiBA-Net besteht aus einer computer- und internetunterstützten Datenerhebung der Nutzung eines Online-Systems, die den realen Prozessen und Kontexten vor Ort an den sechs beteiligten Universitäten gegengelesen und in das interdisziplinäre Entwicklungsteam zurückgemeldet wird. Die Rückmeldung der Erhebungsdaten erfolgt unmittelbar. Sie wird als Statistik für alle Entwickler, Lehrenden und Evaluierenden im Lernsystem unmittelbar angezeigt. Die Pädagogen lesen die Daten wöchentlich aus und melden sie in Form einer Kurzauswertung zurück. Die Daten werden durch Nachfragen zu besonderen Nutzungszunahmen bei den Projektpartnern des Bauingenieurwesens vor Ort ergänzt. Die Rückmeldung mit Empfehlungen für Maßnahmen zur Nutzungsförderung des Online-Systems an den Universitäten erfolgt für ein Semester an dessen Ende als Nutzungsdiagramm mit Kommentaren zu Nutzungshöhepunkten.

Das Monitoring ist als Verfahren etwa zwischen Logfileanalyse und Nutzungsstatistik anzusiedeln. Die folgende Abbildung zeigt die Datenausgabe für die projektbeteiligten Entwickler, Lehrenden, Evaluierenden und Techniker im Projekt WiBA-Net.

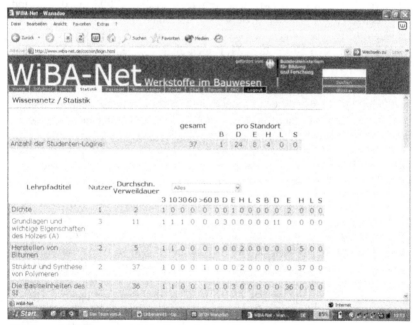

Abbildung 1: Datenausgabe für die Projektbeteiligten

Erfasst wird die Nutzung von Bauingenieurstudierenden in den beteiligten sechs deutschen Universitäten, die das Fach Baustofflehre im Grundstudium studieren und dafür einen Zugang erhalten haben (ca. 500 Accounts). Die Nutzung durch Architekturstudierende war bisher noch unwesentlich. Auf sie entfallen bis heute wenige Accounts und Logins.

Die statistische und nicht personenbezogene Nutzung des Online-Lernsystems pro Woche wird nach folgenden Kriterien erhoben und ausgegeben (vgl. Abbildung 1):

➤ Anzahl der Anmeldungen (Logins) ins System[12],
➤ Anzahl und Titel der besuchten Lehrpfade,
➤ durchschnittliche Verweildauer pro Lehrpfad,
➤ Nutzungszahlen pro Lehrpfad,
➤ Verweildauer pro Lehrpfad.

Die Daten werden in der Regel für alle Studierenden insgesamt und für jeden der beteiligten sechs Universitätsstandorte einzeln erhoben und ausgegeben. Sichtbar sind sie jederzeit unter dem Button „Statistik" für alle beteiligten Autoren, Lehrenden, Evaluierenden und Techniker. Die Studierenden wurden auf Wunsch der Autoren zunächst ausgenommen, um eine demotivierende Nichtnutzung in der Entwicklungsphase, so die Vermutungen der Projektpartner, für sie nicht sichtbar werden zu lassen.

▓ *Anzahl der Anmeldungen (Logins)*
Im Screenshot haben sich zwischen Montag, dem 29.12.2003 um 0 Uhr und dem Beobachtungszeitpunkt „Donnerstag, 1.1.2004, 14 Uhr" 37 Studierende aus vier von sechs beteiligten Universitätsfakultäten ins System WiBA-Net eingeloggt. Die meisten Nutzenden, 24, kamen diese Woche bisher aus Darmstadt (D); aus Leipzig (L) und Stuttgart (S) besuchte bisher niemand das System.

▓ *Anzahl und Titel der Kurse (Lehrpfade)*
Den Lehrpfad mit dem Titel „Struktur und Synthese von Polymeren" besuchten z.B. bisher zwei Studierende aus der beteiligten Bauingenieurfakultät in Hamburg (H). Die durchschnittliche Verweildauer betrug bei ihnen und damit auch insgesamt 37 Minuten Dabei gehen eine kurze Nutzung unter drei und eine lange Nutzung über 60 Minuten ein. Die detaillierte Ausgabe der Zeit macht z.B. unangemessene Mittelwerte sofort sichtbar, auch bei größeren Nutzungszahlen.

▓ *Betreuung: wöchentlich und semestral*
Die Betreuung fand auf mehreren Ebenen statt. Die *wöchentliche Betreuung* bestand im Auslesen, Aufbereiten und Auswerten der Daten. Bei bestimmten Ereignissen – wie besonders ansteigender Nutzung – haben die Pädagogen vor Ort nachgefragt, was dort passiert war bzw. was sie unternommen hatten. Diese *realen Ereignisse* wurden *mit den Daten gekoppelt* und den Beteiligten sofort als kurze Einschätzung (höchstens eine Seite Text zu den Daten) im Shared Workspace BSCW zurückgemeldet. Der tägliche Bericht, den das System BSCW in der Regel per E-Mail verschickt, stellt den aktuellen Informationsfluss für alle sicher. Damit konnten wir zunächst *Hinweise geben*. Schon zu Beginn der Beobachtung war z.B. sichtbar, dass die bloße Vergabe von Accounts noch keine Nutzung bewirkte. Eine Erstnutzung fand nur statt, wenn mindestens eine Ein-

---

12 Mit dem Monitoring erfassen wir zwei der Dimensionen, die Christian Swertz für Online-Evaluationen gefordert hat: Zahl der Anmeldungen ins System und „Start und Ende eines Kurses", in WiBA-Net Lehrpfad genannt (vgl. Swertz o.J., Abschnitt 2, „Aufzeichnung der Daten").

führungsvorlesung, am besten als Online-Präsentation mit typischem Nutzungsweg erfolgte. Schnell sichtbar wurde auch eine Lernquote von zwischen 20 und 30%: Damit eine Lernnutzung über drei Minuten stattfand[13], mussten sich im Schnitt zwischen vier und fünf Personen einen Lehrpfad anschauen. Für einen Lehrpfadbesuch bedurfte es zwei Anmeldungen ins System. Somit lernte in den ersten Wochen des Wintersemesters 02/03 etwa jeder achte bis zehnte, der sich in das System eingeloggt hatte.

Das folgende Bild (Abbildung 2) zeigt die Rückmeldung mit Hinweisen konkreter in der Woche XIV im Beobachtungszeitraum WS 02/03:

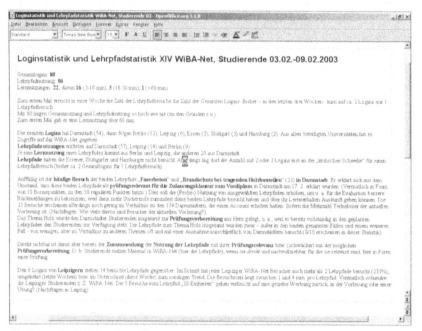

Abbildung 2: Wöchentliche Rückmeldung im Beobachtungszeitraum WS 02/03

Die Hinweise beziehen sich hier auf die Prüfungsrelevanz, die die Nutzung stark und über einige Wochen nachhaltig gefördert hat. Die meisten Vermutungen im Text wurden durch die geplanten Nachfragen vor Ort bestätigt: Es gab eine Einführungsvorlesung mit Online-Präsentation in Leipzig, die erstmals eine Nutzung dort angeregt hatte. Ähnliche Erfahrungen an anderen Standorten führten am Semesterende zu einer entsprechenden Empfehlung. Die Prüfung war nur für etwa 80 von 140 Personen in Darmstadt, die die Vorlesung besuchten, noch relevant. Alle anderen hatten bereits in Prüfungen zuvor oder bei ausländischen Studierenden durch die Anerkennung von Leistungen aus an-

---

13 Nutzungen über drei Minuten waren *Lernnutzungen*. Inhalt und Herkunft der Kategorie werden im Rahmen von möglichen Problemen weiter unten diskutiert.

deren Studienorten die Zulassung zum Vordiplom erlangt. Damit hat im Schnitt jeder, für den die Prüfung relevant war, jeden der beiden Kurse mindestens einmal angeschaut bzw. (offline oder online) mit ihm gelernt. Die Hinweise führten an einem weiteren Standort zu einem ähnlichen Vorgehen bezüglich einer Prüfungseinbindung von Lehrpfaden. Auch dort waren die Ergebnisse sehr gut, besser als im anderen Testteil, so die Rückmeldung auf Anfrage vom zuständigen Mitarbeiter.

Die semesterweise Betreuung erfolgte zudem am Ende eines Beobachtungszeitraums. Am Ende des Semesters entstand eine Grafik, die nach Auffassung des auswertenden Teams die drei wichtigsten beobachteten Größen zeigt.

Weil die Nutzung im ersten beobachteten Semester (WS 02/03) noch gering war, fand zunächst keine Differenzierung nach Universitäten statt:

► Gesamtlogins

► Lehrpfadnutzungen

► Lernnutzungen.

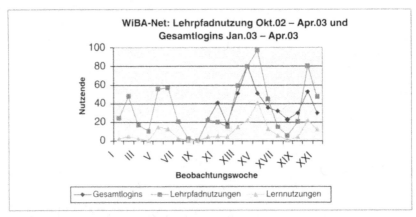

Abbildung 3: Logins und Lehrpfadnutzung im WS 02/03

Auch bei dieser grafisch gestützten Betreuung wurden die *realen Ereignisse* vor Ort *mit den Daten* gekoppelt. Die Ergebnisse haben zwei Pädagogen am Ende gesammelt und zusammen mit einer Grafik (Abbildung 3) zurückgemeldet. Das ergab dann nicht nur Hinweise wie in der wöchentlichen Betreuung, sondern auch Empfehlungen, welche Maßnahmen die nachhaltige Nutzung durch Studierende verbessern können. Die Verbindung von Effekten und realen Prozessen in dieser Form ermöglichte den pädagogischen Partnern die Erfüllung einer doppelten Aufgabe, einen praktischen Nutzen im Projekt zu erzielen und zugleich Forschung zu betreiben:

► Die Beteiligten konnten anhand der Evaluation Entwicklungen sehen und erhielten durch die Evaluation Empfehlungen für das weitere Vorgehen und die weitere Gestaltung.

▶ Die These der notwendigen Integration in den alltäglichen Lehr- und Lernprozess als notwendiger Bedingung von Nachhaltigkeit konnte so an einem Beispiel geprüft und gefestigt werden.

In der Grafik finden sich vier Nutzungshöhepunkte (Abbildung 3):

a) Der erste Nutzungshöhepunkt (Woche II) konnte sowohl auf eine neugierige Nutzung des Neuen zurückgehen (*Hawthorne-Effekt*[14]) als auch auf die ungewollte Messung der Nutzung von Autoren (*fehlende Reliabilität*). Da aber beide Effekte nichts bezüglich der Nutzungsförderung aussagen, brauchte diese Frage nicht geklärt zu werden.

b) Der zweite Nutzungshöhepunkt (Wochen V-VI) geht auf *gezielte Hinweise auf Lehrpfade in der Vorlesung* in Darmstadt zurück. Alle Lernnutzungen und fast alle Lehrpfadnutzungen der Wochen V und VI entfallen auf Darmstadt und auf vier bzw. fünf Lehrpfade zum Thema Beton. Ein Vergleich mit den Folien aus dem Digitalen Hörsaal im Lernsystem (WiBAhö) zeigte, dass Beton in dieser Woche Thema der Vorlesung war. Eine Nachfrage beim Hochschullehrer und seinem Assistenten ergab, dass der Professor in der Vorlesung gezielt auf einzelne Lehrpfade hingewiesen hat.

c) Der dritte Nutzungshöhepunkt (Wochen XIII-XVI) geht auf den *Einsatz von zwei Lehrpfaden in einer Zulassungsprüfung zum Vordiplom* zurück (Darmstadt). Mit ihnen konnte man Bonuspunkte sammeln (+10 Punkte, zur Punktebasis 50). Den Stoff behandelte weder die Vorlesung noch das Skript. Wer ihn bearbeiten wollte, musste auf WiBA-Net zugreifen.

d) Der letzte Nutzungshöhepunkt (Wochen XX und XXI) ging auf den *Einsatz von Animationen in der Sprechstunde* an einer Universität (Berlin) zurück: Erklärungen wurden mit Hilfe von Animationen gegeben, veranschaulicht und im Zusammenhang verdeutlicht. Die Studierenden haben dann über das Internet die Animationen und eventuell zugehörige Informationen erneut aufgerufen und nachbereitet.

Besonders aus den Ergebnissen des betreuten Monitoring des Wintersemesters 02/03 ergaben sich eine Reihe von Empfehlungen:

1. Eine *Online-Präsentation für die Erstnutzung* durchführen, in der das System in spezifischen Nutzungswegen vorgeführt und die Relevanz für das Fach verdeutlicht wird. Nur wenn die direkte Relevanz und der Mehrwert für die Studierenden deutlich wird – Was bringt mir das für meine Prüfung oder meinen Beruf? –, sind viele bereit, den Mehraufwand zu leisten bzw. den Lernweg zumindest ergänzend zu verändern (Online-System statt Skript oder Übungsklausur). Das zeigten die Interviews mit Studierenden.

2. *Gezielte Hinweise auf einzelne Lehrpfade* – nicht nur allgemein auf das System oder verfügbare Informationen – im Kontext von Vorlesung bzw. Übung für eine stetige, möglichst wöchentliche Nutzung geben.

---

14 Vgl. zum Hawthorne-Effekt z.B. Schulmeister (1997, S. 397ff., S. 410) oder Kerres/de Witt/ Stratmann (2003, S. 1).

3. Den *direkten Einsatz in Prüfungen erwägen.* Dem erzwungenen Einsatz ohne
Alternative (Vorlesung, Skript, Buch, Übungsklausur), wie im vorliegenden
Fall, steht allerdings eine pädagogische Skepsis gegenüber. Die Selbstbestimmung fördert dies nur begrenzt und selten, da die Studierenden nur
entscheiden konnten, ob ihnen die normale Vorbereitung genügte – damit
war die Prüfung vollständig zu bestehen – oder ob sie das zusätzliche Angebot nutzen wollten. Für die erste Alternative entschieden sich (wenig überraschend) aber offenbar nur wenige Studierende (zwei von 30 Interviewten
aus Darmstadt antworteten entsprechend). Eine Möglichkeit für ein besse-
res Prüfungsergebnis nutzen die Studierenden, wenn der Aufwand nicht zu
groß ist. Das war der Fall; die zwei ausgewählten Lehrpfade waren angegeben und stofftechnisch überschaubar.

Um aber die Nutzung zu erhöhen und um die Datenerhebung besonders
für die Telefoninterviews mit Studierenden zu verbessern bzw. zu ermöglichen, wurde diesem Pilotexperiment dennoch zugestimmt. Sonst hätte die
Stichprobe (30 von 120) sicher weniger mit dem System gearbeitet und weniger dazu sagen können.

4. Die Beteiligten anregen, *Animationen und Simulationen* nicht nur in der
Vorlesung und Übung einzusetzen, wie es zunächst geplant war, sondern
auch *in der Sprechstunde.* Die *Relevanz* wird so *direkt im Prozess deutlich.*
Die Studierenden sehen, dass auch die Lehrenden WiBA-Net offiziell im
Lehrendenalltag – hier in der Sprechstunde – nutzen. Die Lehrenden iden-
tifizieren sich sichtbar mit WiBA-Net. Die *Integration des Lernsystems in den
Lehr- und Studienalltag* wird dabei soweit *gefördert,* dass die Studierenden
das System mehr nutzen.

Alle beteiligten Partner haben sich sehr positiv über das Verfahren und seine
Ergebnisse geäußert. Über die Rückfragen waren alle Beteiligten eingebunden,
und sie haben auch mehrfach zu den wöchentlichen Auswertungen Stellung genommen oder Kommentare abgegeben. Für die Techniker war der geringe Aufwand angenehm; interessant sind für sie die realen Nutzungszahlen des Systems. Für uns standen der Evaluations- und der Forschungsaspekt im Vordergrund. Für die Unterstützung der Entwicklung und Evaluation in unserem prozessbegleitenden Ansatz, der auf nachhaltige Nutzung zielt, war das Monitoring
sehr hilfreich: Es ist sinnvoll, das unvollständige Produkt bereits in der Entwicklungsphase eines Projektes auszuprobieren und nicht auf das Endprodukt
zu warten. Nutzung und Integration sind bereits jetzt wichtige Faktoren, die
sinnvoll zu evaluieren sind, neben anderen Faktoren wie der Qualität der Inhalte, der Vollständigkeit und der Funktionssicherheit des Systems.

▓ *Probleme der Methode*
Einige mögliche Probleme der Methode seien ebenfalls benannt:
➤ Validität: Kategorie „Lernnutzung"
➤ Reliabilität: Datensicherheit
➤ Effektivität: Verhältnis von Aufwand und Ertrag

➤ Flexibilität: Zahl der erhobenen Größen
➤ Anonymität: Mögliche Überwachungsfunktion des Monitoring.

Nutzungen über drei Minuten waren im vorliegenden Fall Lernnutzungen. Diese Zuordnung ergab sich aus verschiedenen Annahmen und Einschätzungen: In drei Minuten kann der Studierende mindestens eine Seite eines Kurses bearbeiten, so eine orientierende Annahme im Projekt. Sie diente den Autoren neben dem Grundsatz „Eine Seite – ein Inhalt" als orientierendes Limit für die Gestaltung einer Kursseite. Im Videoprotokoll des Bildschirms besuchte die Probandin in drei Minuten zwischen einer und vier Seiten. Danach absolvierte sie erfolgreich, z. T. mit dem kurzen Rückgriff auf Kursseiten, den Test zum Kurs: Sie hatte also, wenn man – wie hier – entsprechende Vorkenntnisse ausschließen kann, mit dem System gelernt. Außerdem haben einige Studierende die Lehrpfad-Seiten in Word kopiert („Copy & Paste"), um sie offline am Computerbildschirm zu Hause oder auf Papier zu bearbeiten. Nicht jede kurze Nutzung war also keine Lernnutzung. Die Grenze von drei Minuten kennzeichnet die pädagogische Annahme, dass darunter nur ein Anschauen der Seiten, aber kein Lernen mit ihnen stattfindet. Die Kategorie „Lernnutzung" kann so zwar begrenzt überprüft und angepasst werden. Sie bleibt aber prinzipiell problematisch, besonders für die Validität, da von der Zeit im Kurs auf das Lernen geschlossen wird. Haben wir das gemessen, was wir messen wollten, Lernen oder doch nur die Zeit oder etwas anderes? Andere Bedingungen und Prozesse können die Zeit stark beeinflussen (Flatrate, Seiten herunterladen). Sie sind außerdem, wie beim Herunterladen von Seiten, u. U. für das Lernen selbst wesentlich. Triangulation begrenzte dieses Problem in seiner Wirkung, sowohl durch Interviewfragen zum Lernen mit dem System für die Prüfung als auch im Vergleich mit den tatsächlichen Prüfungsergebnissen. Die Studierenden hatten mit dem System gelernt, so ihre eigenen Aussagen. Die Prüfungsergebnisse bestätigen diese Aussagen. Die Ergebnisse waren in den betreffenden Aufgaben sogar etwas besser als im restlichen Test. Die Gruppe der Interviewten, 20% der Vorlesungsteilnehmenden und ca. 35% der Prüfungsteilnehmenden am Standort der Prüfung war bezüglich des Prüfungsergebnisses repräsentativ. Der Notendurchschnitt der Gruppen war fast identisch, die Notenverteilung ähnlich.

Hinzu kommt das Problem der Datensicherheit. Sie ist problematisch für die Reliabilität, d.h. die Zuverlässigkeit der Daten. Zu Beginn der Erhebung, das deutete der Text bereits an, wurden nicht nur – wie gewünscht – Studierende, sondern vielleicht auch einige Autoren gemessen. Das Problem kann man etwa mit einer getrennten Accountvergabe, z.B. für Gäste, zwar lösen, aber es bedeutet zu einem frühen Projektzeitpunkt, selbst wenn dies vorgesehen ist, eventuell einen zusätzlichen Aufwand für die Techniker. Ein weiteres Problem stellen verlorene Daten auf dem Server dar. Eine tägliche Sicherung mit getrennter Speicherung oder Überschreiben nur bei größeren Zahlen kann hier zwar eine gewisse Abhilfe schaffen, aber auch diese bedeutet einen technischen Mehraufwand. Für die Hinweise auf Ereignisse war dies unkritisch. Andere Verfahren

(Nachfragen, Interviews) haben zudem die Nutzungszahlen konkretisiert. Ob 15 oder 20 einen Kurs besuchen, ist z.b. für eine quantitative Aussage oder Fehlerrechnung wesentlich. Auch ein Datenverlust in einer Woche ist dann problematisch. Für die verursachende Aktivität und Maßnahmen vor Ort ist die Datensicherheit in diesen Punkten nicht entscheidend, wenn der Fehler nicht sehr hoch ist. Die Interviews und die Prüfungsergebnisse stellten dies sicher (Triangulation).

Mit einer höheren Datensicherheit steigt auch der Aufwand für die Methode (Entwicklung), ebenso durch mehr erhobene Größen (Entwicklung und Betreuung). Dann stellt sich die Frage nach dem Verhältnis von Aufwand und Ertrag sowie nach der ausreichenden Flexibilität der Methode bei steigender Zahl erhobener Größen. Ein Problem besteht schließlich in der möglichen Überwachung durch das Monitoring: Ein Lehrender kann z.B. prüfen, inwieweit seinen Lernempfehlungen gefolgt wird. Bei einer autoritären Lehrperson, die mangelnde Nutzung rügt, kann eine Empfehlung danach u.U. zum problematischen Zwang werden. Wenn die Lerngruppen klein sind, ist eventuell sogar eine Zuordnung von Nutzungen zu Personen möglich. Damit wäre der Datenschutz einer nicht personengebundenen Datenerhebung nicht mehr gewährleistet. Auch in der Weiterbildung, wo der Kontrollaspekt aus ökonomischen Überlegungen leicht im Vordergrund steht, kann dies sicher problematisch sein. Im Kontext der Vorlesungen an der Hochschule vor jeweils 60 bis 140 Personen traten die Probleme des unangenehmen Zwangs (so die Interviewten) und der Kontrolle kleiner Gruppen aber nicht auf.

5. Forschungsfrage: Online-Lernen und Kursumfang

Das Monitoring ergab *Forschungsergebnisse* zur Integration eines Online-Lernsystems in den Alltag als Bedingung von Nachhaltigkeit, zur Prüfung als einem Hauptmotiv der Nutzung und zu didaktischen Empfehlungen. Es erbrachte zusätzlich Daten zum Online-Lernen in Abhängigkeit vom Kursumfang. Die in einem Test in Darmstadt eingesetzten zwei Lehrpfade differierten stark im Umfang. Ein Lehrpfad zum Thema Holz umfasste fünf Seiten, der andere zum Thema Beton 25 Seiten.

Betrachtet man den Besuch über die vier Wochen bis hin zur Prüfung (Wochen XIII-XVI des Beobachtungszeitraumes im WS 02/03), dann ergeben sich für beide Kurse ähnliche Nutzungszahlen, insgesamt 76 bzw. 68. Man sieht diesen Zahlen nicht direkt an, ob wenige Nutzende die Kurse oft angesehen haben oder viele nur einmal. Die Interviews zeigten aber, dass fast alle die Kurse kannten und für die Prüfung auch bearbeitet hatten. In der Tendenz haben viele Nutzende die Kurse jeweils einmal angeschaut.

Alle Nutzungen entfallen auf den einen Standort der anstehenden Prüfung. Die zeitliche Verteilung bezieht sich auf die vier Wochen vor dem Test (XIII-XVI), wobei alle Nutzungen der letzten Woche nur am ersten Tag, dem Montag der Prüfung, stattfanden.

Lehrpfadtitel	Nutzungen/ Wochen XIII-XVI	⌀-Zeit	< 3 min	10 min	30 min	60 min	> 60 min
Brandschutz bei							
tragenden Holzbauteilen	76	8	44 (58%)	14 (18%)	17 (22%)	1 (1%)	0 (–)
Faserbeton	68	16	39 (57%)	10 (15%)	12 (18%)	4 (6%)	3 (4%)

Tabelle 1: Nutzungsdauer in den vier Wochen bis zum Test

Die Durchschnittszeiten ergeben prinzipiell erwartete Werte. Im kurzen Kurs liegt die Besuchszeit pro Kurs im Schnitt bei acht Minuten, im langen Kurs bei doppelt so langen 16 Minuten. Die Verteilung zeigt aber, dass fast 60% der Nutzungen in beiden Fällen unter drei Minuten liegen (vgl. Tabelle 1). Der Mittelwert sagt im vorliegenden Fall also zu wenig aus.

Bei etwa gleichen Nutzungszahlen differiert die aufgewendete Zeit in der Zeitverteilung kaum, obwohl der eine fünf und der andere 25 Seiten umfasst. Nur bei den langen Nutzungen über 30 Minuten gibt es beim langen Kurs erwartungsgemäß mehr Nutzungen, aber nur einige (10% gegenüber 1%, vgl. Tabelle 1). Bei den mittleren Nutzungszeiten (drei – 30 Minuten) gibt es beim kürzeren Kurs im Verhältnis etwas mehr Nutzungen (40% gegenüber 33%). Eindeutig überwiegt aber bei beiden Kursen die kurze Nutzung unter drei Minuten. Die Zeitverteilung der online für einen Kurs verwendeten Zeit bleibt überraschend für die Kurse insgesamt ähnlich. Etwas anders sieht es aus, wenn man nur die letzte vollständige Woche vor dem Test betrachtet (XV). Die folgende Darstellung zeigt die Nutzung:

Lehrpfadtitel	Nutzungen/ Wochen XIII-XVI	⌀-Zeit	< 3 min	10 min	30 min	60 min	> 60 min
Brandschutz bei							
tragenden Holzbauteilen	23	12	8 (35%)	4 (18%)	10 (43%)	1 (4%)	0 (–)
Faserbeton	46	11	32 (70%)	3 (7%)	7 (15%)	2 (4%)	2 (4%)

Tabelle 2: Nutzungsdauer in der Woche vor dem Test

Nur in der Woche vor der Prüfung, wo es unmittelbar um das Lernen für die Prüfung geht, haben fast zwei Drittel der Studierenden, die die beiden Kurse besuchten, den Kurs mit fünf Seiten, für den ca. 10 bis 15 Minuten Lernzeit veranschlagt waren, tatsächlich am Bildschirm online gelernt. (So auch die Bestätigung durch die Telefoninterviews.) Die wesentliche Nutzungszeit des Lehrpfades „Brandschutz bei tragenden Holzbauteilen" liegt über 3 Minuten (15/23 =65%, vgl. Tabelle 2) und zwischen 3 und 30 Minuten (61%). Die im Projekt

angestrebte Lernzeit pro Lehrpfad von höchstens 30 Minuten scheint sich hier
als gute Wahl zu bestätigen, wenn man eine Online-Nutzung anstrebt.

Das Anschauen bzw. die Vorbereitung mit dem langen Kurs „Faserbeton" haben 70% auf die letzte Woche verschoben. Den kurzen Kurs hatten sie sich
auch schon in den Wochen davor zumindest angesehen. Die wenigen, die den
langen Kurs online bearbeitet haben, taten dies vorwiegend schon zwei Wochen
vor dem Test (8 von 9, o. Abbildung). In der letzten Woche haben ihn zwar
auch noch 14 von 46 länger als drei Minuten bearbeitet, aber für die meisten
reichte es nur noch zum Anschauen oder Herunterladen von Seiten (32 von 46,
vgl. Tabelle 2). Dies gaben drei Befragte explizit in den Telefoninterviews an.

Das wegen geringer Nutzungszahlen nur exemplarische und hinweisende Ergebnis ergibt weiteren Forschungsbedarf bzw. mögliche Forschungsfragen. Hat
die Seitenzahl tatsächlich kaum einen Einfluss auf die Bearbeitungszeit online?
Woran liegt das? Welchen Einfluss haben hier die Präsentationsformen? Legt
der in den beiden Kursen vorherrschende Text mit Bildern eher das Herunterladen nahe? Was beeinflusst dann die tatsächliche Bearbeitungszeit (nachhaltig), wenn die Seitenzahl kaum einen Einfluss hat? Stellen z.B. die Kosten für
den Internetzugriff von zu Hause aus eine mögliche oder gar die entscheidende
Größe für die Bearbeitungszeit dar? „Zu Hause" bezeichnet eindeutig den vor-
wiegenden Ort und den Wunschort der studentischen Nutzung von WiBA-
Net, so die Telefoninterviews. Den Punkt „Kosten" benannten in den Telefoninterviews nur wenige Studierende in einer offenen Frage zu Nutzungshinder-
nissen als für sie relevante Nutzungsbedingung. Der Aspekt wurde aber nicht
explizit bei allen erhoben.

Von den Nutzungen unter drei Minuten müssen viele dennoch als Lernnutzungen gewertet werden. Die zugrunde gelegte Kategorie „Lernnutzung" von
drei Minuten muss danach – wie angedeutet – neu bewertet werden. Die Studierenden haben sich zum Teil, das ergaben mündliche Rückmeldungen vom
Assistenten und die Telefoninterviews, Lehrpfadseiten in Worddateien kopiert,
um sie anschließend auszudrucken. Mit diesem Ausdruck haben sie dann wie
üblich gelernt, wie z.B. mit dem Skript. Für diese Gruppe spielt die Lehrpfad-
länge in der letzten Woche der Prüfungsvorbereitung eine Rolle beim Bearbei-
tungsmodus: Den kurzen Kurs haben sie online bearbeitet, den langen aus zeitökonomischen Gründen heruntergeladen und auch nur Ausgewähltes gelernt.

Der genaue Anteil ist allerdings nicht auszumachen, da man den Zahlen
nicht ansehen kann, ob sich hinter ihnen „bloß rein gesehen" oder „Seiten heruntergeladen" verbirgt. Zumal die unvorhergesehene Nutzung des Seiten-He-
runterladens mit zunehmenden Multimediaanteilen schwieriger bis unmöglich
wird: Wie soll ich eine Animation oder Simulation seitenweise herunterladen
und wie sinnvoll ist dies? Der Multimedianutzung kommt in jedem Fall die
Online-Nutzung eher entgegen. Allerdings können die Autoren und Betreiber
eines solchen Lernnetzwerks überlegen, ob sie Versionen der Lehrpfade zum
Ausdrucken verfügbar machen möchten, wie es einige Studierende wünschen,
um ihnen so weit wie möglich eine Nutzung nach ihren Vorstellungen zu er-

möglichen. Oder ob sie das nicht wollen, weil es nicht die Stärken des Mediums – Multimedia – nutzt bzw. fördert, sondern im Gegenteil eher die traditionellen Wege. Diese Frage wurde mit diesen Überlegungen an die Autoren und Betreiber zurückgegeben, damit sie die Entscheidungsnotwendigkeit erkennen und die Frage für sich entscheiden.

6. Fazit: Betreutes Monitoring

Das betreute Monitoring ist eine Methode, die in der Entwicklung, Evaluation, Erforschung und Durchführung von Online-Lernen und Blended Learning sinnvoll einsetzbar ist. Sie kann Hinweise liefern und Empfehlungen zur Nutzungsförderung generieren. Sie kommt den Anforderungen, die interdisziplinäre Entwicklungsgruppen mit sich bringen, bereits mit begrenztem Aufwand entgegen. Für umfangreichere und direkt quantitativ reliable und valide Ergebnisse (genau messen und sicher messen, was man messen möchte), müsste sie entsprechend ausgebaut und angepasst werden. Probleme ergeben sich dann, aber abgestuft auch allgemein, nicht nur für die Zuverlässigkeit der Messergebnisse (Datensicherheit), sondern auch für das Verhältnis von Aufwand und Ertrag sowie bei kleinen Gruppen und bestimmten Kontexten eventuell bezüglich des Datenschutzes und der Kontrollmöglichkeit.

In der begrenzten Form, die hier vorgestellt wurde, kommt das Monitoring iterativen Entwicklungs- und Evaluationsprozessen im Bereich Blended Learning und E-Learning besonders entgegen, die kleine, flexible sowie schnell sichtbare und wirksame Ergebnisse einschließlich Feedback benötigen. Diese Anforderung an kleine, anforderungs- und situationsspezifischer einsetzbare Methoden wird umso bedeutsamer, je umfangreicher der iterative Prozess und je größer das angestrebte Produkt ist.

Bereits mit dem Erfassen, Ausgeben und Auswerten der Anmeldungen ins System (Logins) sind erste, relativ einfach zu erhebende Daten zur tatsächlichen Nutzung des Online-Systems zu gewinnen. In der Verbindung mit dem Erheben von Zugriffen auf Lehrpfade (Titel, Anzahl, Dauer) kann die Nutzung und Akzeptanz des Systems und der Inhalte im Verhältnis dazu sichtbar gemacht werden. Über andere Methoden wie Interviews und Fragebögen sind Rückkopplungen und Vertiefungen in Entwicklung, Evaluation und Forschung sinnvoll möglich bzw. nötig, z.B. zur Kategorie „Lernnutzung" von Online-Inhalten. Auch Detailfragen können untersucht bzw. für die weitere Forschung konkretisiert oder generiert werden.

Literatur

Blumstengel, A.: Entwicklung hypermedialer Lernsysteme. Berlin 1998. Als Hypertext in: http://dsor.uni-paderborn.de/de/forschung/publikationen/blumstengel-diss/main_index_netzwerk.html.

Gröhbiel, U.: Entwicklung internetgestützter Lernprogramme. Am Beispiel des Internet-Lehrgangs „AREA" (Access to Regional Economic Approaches). Dissertation. Basel 2001.

Kerres, M./de Witt, C./Stratmann, J.: E-Learning – Didaktische Konzepte für erfolgreiches Lernen. In: *Schwuchow, K.-H./Guttmann, J.* (Hrsg.): Jahrbuch Personalentwicklung und Weiterbildung. München 2003. Online unter: [http://edumedia.online-campus.net/publications/jahrb-pe-wb-b.pdf] (30.01.2004).

Mayring, Ph.: Methoden der qualitativen Sozialforschung. Weinheim 2002.

Meuser, M./Nagel, U.: Experteninterviews – vielfach erprobt, wenig bedacht. In: *Garz, D./Kraimer, K.* (Hrsg.): Qualitativ empirische Sozialforschung. Konzepte, Methoden, Analysen. Opladen 1991, S. 441–471.

Schulmeister, R.: Grundlagen hypermedialer Lernsysteme. Theorie – Didaktik – Design. 2. aktual. Auflage. München 1997.

Sesink, W.: Theoriebildung und Projekterfahrung. Ein Bericht. Darmstadt 2002. Online unter: www.sesink.de

Swertz, Ch. (in Druck): Selbstevaluation im Online-Lernen. Erscheint in: *Meister, D.* (Hrsg.): Online-Lernen und Weiterbildung, Abschnitt 2, „Aufzeichnung der Daten". Als html-Datei verfügbar unter: www.swertz.de (23.01.2004)

Anke Grotlüschen

Prozesse des Pendelns: Wie empirische Kategorien und theoretische Begriffe zu rekonstruierter Handlungslogik führen

Es stellt eine besondere Herausforderung dar, Lernprozesse zu untersuchen, ohne bei bereits Bekanntem zu verharren: die Theorielage ist hervorragend und wird besonders hinsichtlich einer geeigneten Didaktik für E-Learning kontrovers und sehr lebhaft diskutiert. Was kann eine Rekonstruktion von E-Lerning-Prozessen erreichen, wenn sie sowohl dem Feld als auch der Theorie ihre Berechtigung lassen will? Im nachfolgenden Beitrag wird eine qualitative Untersuchung referiert, welche aus dem permanenten Pendeln zwischen Feld und Theorie ein Set an Begründungsmustern gewinnt. Solche Begründungsmuster kristallisieren sich als Verbindungsstück zwischen empirisch gewonnenen Kategorien und theoretisch bekannten Begriffen heraus. Da der eigentliche Prozess der Kategoriengewinnung in qualitativer Forschung zumeist nicht schriftlich niedergelegt wird, sollen hier einige Weichenstellungen berichtet werden. Zur Verdeutlichung der Ergebnisse verwende ich anschließend diejenigen Teile der Erhebung, die mit Michel Foucaults Disziplinarbegriffen korrespondieren. Dabei wird deutlich werden, wie ein übersehener Begriff zur Sprache kommt – die Zusammenschaltung von Körper und Objekt – und wie ein Teufelskreis in seiner inneren Logik erkennbar wird. Die referierte Erhebung hat zwei weitere Hauptteile, die jedoch hier nur im methodischen Teil zur Sprache kommen.

1. Die empirische Situation

Die Studie „Widerständiges Lernen im Web – virtuell selbstbestimmt?" (Grotlüschen 2003) bezieht sich auf E-Learning aus Sicht der Teilnehmenden. Für die Erhebung wurde ein Sample konzipiert, welches auf betreutes, internetgestütztes Lernen zielt, so dass der Entwicklungsstand virtuellen Lernens im Erhebungsjahr sinnvoll abgebildet wird[1]. Bei der Suche nach Interviewpartnern und -partnerinnen wurde darauf geachtet, dass Lebenssituation, Lerninhalte und Teilnahmedauer variieren. So kommen einerseits Arbeitssuchende und anderer-

---

1 „Unbetreutes, internetgestütztes Lernen" oder auch „unbetreutes, CD-ROM-gestütztes Lernen" entsprach zu dem Zeitpunkt nicht mehr den technischen Möglichkeiten.

seits Angestellte zu Wort, welche die unterschiedlichen Themen „Internet" und „Bewerbung" in vier bzw. acht Wochen entweder zu Ende bearbeitet oder zwischendrin abgebrochen haben. Diese neun Interviews mit Lernenden werden zudem durch drei Tutoren- und Tutorinnen-Interviews kontrastiert.

Die so erhobenen Daten werden nunmehr mit einer Variation der Grounded Theory ausgewertet. Die Auswertung der verschrifteten Interviews sowie des Protokolls der Präsenzveranstaltung wird in zwei Schritten vorgenommen. Im ersten Schritt wird explorativ und gegenstandsbezogen nach Charakteristika *virtuellen Lernens* geforscht. Dabei werden Kategorien, Ähnlichkeiten und Variationen im Originalton kodiert und geordnet (offenes und axiales, in Teilen auch selektives Codieren). Damit wird sichergestellt, dass gegenstandsbezogene Textinhalte auch in die Analyse Eingang finden. Die gesamten Kategorien werden im ersten Schritt induktiv aus dem Interviewmaterial herausgearbeitet. Es handelt sich um *gegenstandsbezogene Kategorien*. Im zweiten Schritt werden die kategorisierten Passagen weitergehend interpretiert. Sie werden mit *übergreifenden, lerntheoretischen Kategorien* konfrontiert. Zur Erhellung zugrundeliegender lerntheoretischer Aspekte werden Theorieelemente nach Klaus Holzkamp (1993) und Michel Foucault (1977) herangezogen. Auf diese Weise werden die kodierten Ergebnisse auf Vollständigkeit geprüft (bzw. nicht erwähnte Aspekte diskutiert) sowie in ihrer Tiefe ausgelotet und nachinterpretiert (insbesondere wurden Begründungen und Widerstände des Lernens weiter untersucht).

2. Entwicklung von Kategorien – Überblick

Zunächst werden Kategorien, Ähnlichkeiten und Variationen im Originalton kodiert (Offenes Codieren). Das darauf folgende Axiale Codieren dient dazu, die Verbindungen zwischen offen entwickelten Kategorien herzustellen (vgl. Strauss/Corbin 1996, S. 75ff.). Die vollständige Aufschlüsselung des Prozesses würde hier zu weit führen, daher soll an einigen exemplarischen Veränderungen aufgezeigt werden, wie die Kategoriensystematik verfeinert wurde.

Der ursprüngliche Versuch, die Geschehnisse chronologisch zu kategorisieren, erwies sich als wenig tragfähig und wurde verworfen – zu viele Geschehnisse verlaufen parallel und bedürfen deshalb thematischer statt chronologischer Trennungen. Beispielsweise verläuft die „Interaktion mit den Lehrenden" parallel zur „Arbeit mit dem Lerngegenstand" sowie zu den „technisch-methodischen Erlebnissen". Der zwischenzeitlich erwogene Ansatz, gemäss der Forschungsfrage „Virtuell ist selbstbestimmt? – Widerständiges Lernen im Web" ausschließlich Widerständen nachzugehen, war ebenso zum Scheitern verurteilt – es wären zu viele erfolgreiche Lernhandlungen verloren gegangen. Weiterhin wurde das Codierparadigma der Grounded Theory als Ordnungshilfe herangezogen. Die Idee, Kategorien nach Begründungen, Phänomenen, Strategien und Konsequenzen zu ordnen, schien zunächst tragfähig. Dennoch erwies es sich als schwierig, die Interviewpassagen in z.B. Phänomene und Begründungen zu

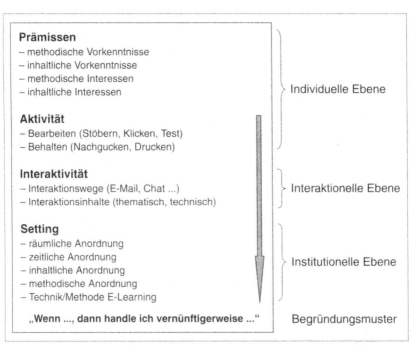

Prämissen
– methodische Vorkenntnisse
– inhaltliche Vorkenntnisse
– methodische Interessen
– inhaltliche Interessen

Individuelle Ebene

Aktivität
– Bearbeiten (Stöbern, Klicken, Test)
– Behalten (Nachgucken, Drucken)

Interaktivität
– Interaktionswege (E-Mail, Chat ...)
– Interaktionsinhalte (thematisch, technisch)

Interaktionelle Ebene

Setting
– räumliche Anordnung
– zeitliche Anordnung
– inhaltliche Anordnung
– methodische Anordnung
– Technik/Methode E-Learning

Institutionelle Ebene

„Wenn ..., dann handle ich vernünftigerweise ...“   Begründungsmuster

Abbildung 1: Kategorienbaum nach offenem, axialem und teilweise selektivem Codieren aller Interviews sowie der Konfrontation mit der Drei-Ebenen-Systematik und lerntheoretischem Begründungsdiskurs

trennen – zumeist schildern die Interviewten die Geschehnisse mit ihren Gründen und Konsequenzen in einem Atemzug. Weiterhin war eine Vermischung von Interviewaussagen über eigene Erlebnisse mit Interviewaussagen über abstrakte Annahmen zum E-Learning zu klären. In der Hauptkategorie „Virtuell selbstbestimmt?" deutete sich eine Gegenüberstellung von Mythen und Realitäten an, die jetzt innerhalb der Kategorie eingezogen ist. Trennendes Element der Unterkategorien ist die Konkretheit der Textpassage: Wird von eigenem Erleben gesprochen, gehört die Passage zur Realität zeitlicher, örtlicher, inhaltlicher oder methodischer Wahlentscheidungen. Wird von generell angenommenen Eigenheiten des E-Learnings gesprochen, gehört die Passage zur Mythologie. Insgesamt entstand durch solcherart axiales Codieren ein Kategorienbaum, der mit den Fragestellungen der Arbeit korrespondiert und statt einer chronologischen Ordnung eine thematische Ordnung beinhaltet.

3. Konfrontation mit theoretischen Kategorien: Ebenen-Systematik

Im zweiten Hauptschritt wurde das Kategoriensystem mit einer vorab verwendeten Drei-Ebenen-Systematik konfrontiert. Es handelt sich hier um eine formale Unterscheidung nach individueller, interaktioneller und institutioneller Ebene des Lernens. Die axial hergestellte „innere Ordnung" erwies sich dabei als tragfähig und wurde beibehalten. Innerhalb dieses Rahmens fanden die meisten Kategorien reibungslos Platz. Brüche zeigten sich jedoch bei zwei wichtigen Kategorien unter den Titeln „Interessen" und „Widerstände". Hier war eine Kategorienklärung angezeigt: Interessen werden in der Erhebung als handlungsbegründend verstanden und zur Erklärung der Lernhandlungen herangezogen. Die vorgefundenen und codierten Widerstände (Vermeiden, Abbruch ...) sind jedoch selbst Handlungen und eher durch fehlende oder gegenläufige Interessen begründet. Somit wurde die Interessen-Kategorie an die erste Stelle gesetzt und stärker gewichtet. Die Widerstände wurden mit den betroffenen Lernaktivitäten dargestellt: Widerstände fanden sich sowohl beim Durcharbeiten (z.B. Abbruch) als auch bei Übungen oder Chats (z.B. Vermeiden). Sie wurden somit im Zusammenhang mit den korrespondierenden Lernhandlungen bearbeitet und zudem – wie alle anderen Handlungen auch – auf ihre Begründungen befragt.

Durch diese Arbeitsschritte veränderte sich die Struktur der Kategorien nochmals. Die Systematisierung nach Ebenen erlaubte die vollständige Überwindung der unscharfen chronologischen Kategorienordnung. Sie stellt nunmehr mit der individuellen Ebene auch das Subjekt an die erste Stelle und erkennbar in den Vordergrund. Die Hauptkategorien-Ebene und die erste Subkategorien-Ebene sind hier mit ihren Trenneigenschaften abgebildet (siehe Abbildung 2).

Die Ebenen-Logik hatte zudem gezeigt, dass ehemals als „Interesse" codierte Passagen nur einen Teil der Handlungsgründe wiedergeben: Jede Handlung, auch der kleinste Schritt, enthält eine subjektive Logik, die bisher im Kategoriensystem nicht beschrieben ist. In der Konsequenz heißt das, dass die hier logisch zu rekonstruierenden *Lerngründe allen Kategorien immanent* sind. Dies führte zur der Frage, wie diese Gründe nunmehr systematisch und unter Einbezug lerntheoretischer Kenntnisse wieder in den Vordergrund zu holen sind.

4. Konfrontation mit theoretischen Kategorien: Lerntheorie

An dieser Stelle fand die Konfrontation mit lerntheoretischen Kategorien in den Begrifflichkeiten von Klaus Holzkamp und seinem Rückgriff auf Michel Foucault statt. Diese lassen sich den systematischen Ebenen zuordnen; dabei wird unterschieden in:

> eine individuelle Ebene, die nach der primären Handlung, nach Diskrepanzerfahrungen und daraus aktualisierten Lerngegenständen sowie Lernhaltungen und Situiertheiten und daraus begründeten Lernhandlungen oder Lernwiderständen fragt,

> eine Ebene der Interaktion zwischen Lehrenden und Lernenden, die nach Bewertungen, vorwissenden Fragen und vorausgesetzten unabänderlichen

Haupt-kategorie	Erste Sub-kategorie	Zuordnung	Beschreibung und weitere Subkategorien
Prämissen			a) Vorkenntnisse und b) Interessen
	Methodische Vorkenntnisse	Individuell	Bisherige Erfahrungen mit E-Learning oder Fernstudium
	Inhaltliche Vorkenntnisse	Individuell	Bisherige Erfahrungen mit den Inhalten „Internet" bzw. „Bewerbungstraining"
	Methodische Interessen	Individuell	Interesse an der Methode E-Learning oder Bestandteilen, z.B. Chatten
	Inhaltliche Interessen	Individuell	Interesse am Inhalt „Internet" bzw. „Bewerbung" mitsamt Handlungsbezügen
Aktivität	Stöbern, Klicken, Test Nachgucken, Drucken	Individuell	Geschehnisse, die sich auf die individuelle Arbeit an den Inhalten „Internet" bzw. „Bewerbung" beziehen: Durcharbeiten der Lektionen, Tests, Übungen, Nachgucken, Drucken.
Interaktivität			Geschehnisse im Kontakt mit anderen
	Interaktions-wege	Interaktionell	Aussagen darüber, welcher Interaktionsweg aus welchen Gründen genutzt oder verweigert wurde: Chat, E-Mail, Forum, Online-Übungen
	Interaktions-inhalte	Interaktionell	Aussagen über den Inhalt der Interaktion: technisch, organisatorisch, thematisch
	Interaktions-stil	Interaktionell	Aussagen über den Stil der Interaktion, keine Subkategorien. Enthält Aussagen über die Antwortgeschwindigkeit, Rückmeldungen, Bewertung
Setting			Reale und mythologische Entscheidungsfreiheiten der Lernenden, einschließlich Initiative und Abschluss
	Räumliche Anordnung	Institutionell	Entscheidungen über die Lernorte
	Zeitliche Anordnung	Institutionell	Entscheidungen über die Lernzeiten incl. Gesamt-Zeitraum, Tageszeit, Dauer der Lernzeit, Unterbrechungen
	Inhaltliche Anordnung	Institutionell	Entscheidungen über die Lerninhalte
	Methodische Anordnung	Institutionell	Entscheidungen über die Methode des Lernens, hier: E-Learning
	Technik & Methode	Institutionell	Geschehnisse, die sich auf die Methode WBT beziehen, überwiegend technische Angelegenheiten (Firewall, Cookies, Zertifizierte Verbindung, Abstürze, Einloggen ...)

Abbildung 2: Empirische Kategorien in der Ebenen-Systematik

Festsetzungen des Gegenstandes durch die Lehrenden und daraus begründeten Lernhandlungen oder Lernwiderständen fragt, sowie

➤ eine Ebene der institutionellen Rahmenbedingungen, die nach der Manifestation von Macht in zeitlichen, räumlichen und disziplinarischen Strukturen und daraus begründeten Lernhandlungen oder Lernwiderständen fragt.

Es erschien wenig sinnvoll, die jeweiligen Begrifflichkeiten (z.B. expansives Lernen, Dimensionen des Lerngegenstands, personale Situiertheit, Lehrlernen, Klausur, Zeitökonomie ...) im Einzelnen mit dem Material zu konfrontieren – dies hätte lediglich zu einer exemplarischen Unterfütterung der Theorie geführt. Gleichzeitig entstand mit der Darstellung der ersten Auswertungsteile die Frage nach dem Ergebnis: Wie lässt sich die beschriebene E-Learning-Szenerie zusammenfassen? Hier löste die Struktur der verwendeten subjektwissenschaftlichen Theorie das Problem – die Lernhandlungen wurden mit den Aussagen der Interviewten oder mit Hilfe theoretischer Kenntnisse erklärt und zusammengefasst als „typisches Begründungsmuster". Das heißt, nach der Darstellung jeder Subkategorie wurde an die zitierten Interviewpassagen die Frage gerichtet, warum so und nicht anders gehandelt wurde. Ein Begründungsmuster folgt daher immer derselben Struktur als subjektiv vernünftige Begründung aus Sicht der Lernenden: „*Wenn ich dieses erlebe, dann handle ich vernünftigerweise in jener Weise.*"

Dabei ist es unerheblich, ob die Ausprägungen des Erlebens im konkreten Fall positiv oder negativ vorliegen: entscheidend ist der rekonstruierte Zusammenhang. Ein Begründungsmuster verdeutlicht dies beispielhaft: *Wenn ich meine Handlungen als digital protokolliert erlebe, werde ich vernünftigerweise versuchen, mich diesem Protokoll durch Untätigkeit zu entziehen.* Verallgemeinert lässt sich hier erkennen, dass Tracking einen Grund zur Untätigkeit darstellt. Ist die Situation für die Lernenden positiv gewendet, im Beispiel also ohne digitale Kontrollen, greift dieselbe Handlungslogik in der entgegengesetzten Richtung: *Wenn ich mich unkontrolliert fühle, erlaube ich mir vernünftigerweise eigene Tätigkeiten*[2]. Die subjektive Formulierung von Begründungsmustern stellt somit immer eine Verallgemeinerung der aufgeworfenen Logik dar und stellt diese auch zur Debatte. Exemplarisch stelle ich nunmehr einen Teil der Ergebnisse der institutionellen Ebene dar.

---

2 Es wird im empirischen Teil noch deutlich werden, dass dieses Beispiel verkürzt ist – die Abwesenheit von Tracking stellt keinen alleinigen Grund zur Lernhandlung dar, das Begründungskonglomerat ist wie immer vielschichtiger. Die Überwindung des Problems entsteht erst beim Wechsel der „Hoheit" über die Tracking-Daten: Erst wenn Lernende über ihre Protokolle verfügen und diese freiwillig den Lehrenden eröffnen, kann das Instrument als „defensive Hilfe innerhalb expansiver Lernprozesse" verwendet werden.

5. Empirische Ergebnisse auf institutioneller Ebene

Institutionelle Fragen werden hier als Anordnungen betrachtet, die für das Subjekt Handlungsgründe darstellen. Aufgenommen wurden diejenigen Dimensionen, die von den Lernenden erwähnt wurden oder für ihre Sichtweise relevant sind. Für diesen Beitrag konzentriere ich mich auf räumliche, zeitliche und inhaltliche Wahlmöglichkeiten. Im Ergebnis wird deutlich, welche Reichweiten die institutionellen Flexibilitäten eigentlich haben und an welche Grenzen E-Learning auf institutioneller Ebene stößt. Dabei wird leider auch deutlich werden, dass mannigfaltige Fremdsteuerungen für die Lernenden den Schluss nahe legen, es gäbe hier für sie nichts zu beeinflussen – so dass es unvernünftig wäre, darüber nachzudenken, in welche Richtung sie etwas beeinflussen möchten. Diese Interesselosigkeit veranlasst wiederum die Lehrenden dazu, alle Entscheidungen vorab zu treffen, insbesondere die Wahl der Inhalte. Zusammen betrachtet handelt es sich hier um sich gegenseitig begründende Handlungen, die in einem „Teufelskreis" der Fremdbestimmung miteinander verquickt sind.

Zur Erklärung des Geschehens auf institutioneller Ebene wird die Begrifflichkeit von Michel Foucault innerhalb der subjektwissenschaftlichen Lerntheorie herangezogen. Eine Sondersituation ist dabei herauszuheben: Über die bereits von Holzkamp verwendeten Foucaultschen Begriffe hinaus wird hier die *„Zusammenschaltung von Körper und Objekt"* (Foucault 1977, S. 196) mit eingebunden: Hierbei geht es um die Zwangsbindung von Körpern und den Produktionsmaschinen bzw. Gewehren – bisher ein für Schul- und Erwachsenenbildungsgeschehen unbrauchbarer Begriff. Hinsichtlich E-Learning wird dieser Begriff nunmehr relevant: Die Lernenden werden tatsächlich auf völlig neue Weise an ein Objekt, nämlich den Computer, gebunden.

5.1 Räumliche Anordnung

Hinsichtlich der räumlichen Strukturen sehen die Wahlmöglichkeiten der Interviewten eher begrenzt aus. Der überwiegende Teil hat keinerlei Alternativen und hat insofern auch nicht darüber nachgedacht, ob es andere Lernorte geben könnte. Dabei hat aus der Angestellten-Gruppe eine interviewte Person zu Hause gelernt (T2). Sie äußert:

T2: 114   *Also das kann man wirklich vergessen, hier im Büro das zu machen. Kann man Samstag oder Sonntags herkommen. Gut, aber dann kann man auch gleich zu Hause bleiben. Und zu Hause gab es eigentlich keine irgendwie andere Nebensachen. Außer man hat eben kurzfristig mal ein wichtiges Telefonat oder Besuch oder was auch immer.*

Auch T2 hat nicht zwischen zwei oder mehreren funktionierenden Alternativen gewählt, sondern letztlich den einzig möglichen Lernort genutzt. Dies setzt sich bei ihren Kollegen und Kolleginnen fort, sie blieben im Büro, da die dortige

Ausstattung besser sei als zu Hause (T3, T4 und T5). Die Bewerbungs-Gruppe lernte zu Hause (T6-T10). Die räumliche Alternativlosigkeit scheint zunächst unproblematisch. Sie widerspricht zwar der landläufig postulierten Flexibilität telematischen Lernens, hat aber offenbar keine Auswirkungen auf das Lerngeschehen selbst – immerhin haben alle Beteiligten die Möglichkeit, die Kursumgebung mit einem funktionierenden PC zu nutzen. Bei näherem Hinsehen zeigt sich jedoch, dass diese Strukturen auf zwei Ebenen Begründungen für defensives Lernen nahe legen. Erstens endete eine Auseinandersetzung um die betriebliche Firewall, die das Forum und den Chat für die Angestellten-Gruppe unzugänglich machte, zu Ungunsten der Lernenden. Da diese nunmehr fast keine Alternative hatten – etwa zu Hause ohne Firewall zu chatten –, fiel ein wesentlicher methodischer und inhaltlicher Teil vollkommen aus. Zweitens führt die Alternativlosigkeit zu der Schlussfolgerung, dass es möglicherweise nicht sinnvoll ist, mir um mein Lernarrangement besondere Gedanken zu machen, da es hier ohnehin nicht viel zu entscheiden gibt. Die institutionell-räumliche Struktur legt in ihrer Vorbestimmtheit ein Begründungsmuster nahe: *Wenn ich auf die räumlichen Gegebenheiten kaum Einflussmöglichkeiten habe, dann halte ich mich vernünftigerweise an das, was mir vorgegeben wird und gewöhne mir ab, über bessere Alternativen nachzudenken.*

Auf theoretischer Diskussionsebene lohnt die räumliche Flexibilität einen weiteren Blick. Geht man davon aus, dass virtuelles Lernen prinzipiell die räumlich-physische Anwesenheit aufhebt, könnte man annehmen, dass die von Foucault kritisch herausgestellten räumlichen Festsetzungen nunmehr aufgehoben wären. Diese Festsetzungen sind beschrieben als „Klausur" und „Parzellierung" (vgl. Foucault 1977, S. 181 und S. 183) mit dem Ziel der Kontrollierbarkeit. Hier sind zunächst Wege baulicher Abschließung gemeint. Im virtuellen Lernen ist die Klausur auf den ersten Blick aufgehoben. Im untersuchten Setting sind jedoch Elemente der Klausur auf neue Weise vorhanden, und zwar als *Virtuelle Klausur.* Durch die Vergabe von Benutzerkennungen und Passworten wird festgelegt, wer im virtuellen Raum Zugang hat und wer nicht. Obendrein wird organisatorisch festgelegt, dass das virtuelle Lernen in ebendiesem Raum[3] stattfindet. Die Klausur ist somit virtuell vorhanden. Bei synchronen Sitzungen wird dies besonders deutlich: Zu festen Zeiten finden Chat-Sitzungen statt, die ebenfalls den Charakter der Klausur aufweisen. Die Individuen sind zwar im physischen Raum verteilt, im virtuellen Raum jedoch anwesend, kontrollierbar und im Sinne einer Klausur durch die Vergabe von Passworten virtuell abgeschlossen. Damit ist auch das Phänomen *Virtueller Parzellierung* angesprochen: Durch die Identifizierung am Rechner wird mir mein Platz zugewiesen. Via Cookie wird mein Rechner erkannt. Erst dann sind meine Lesezeichen und

---

3 Der virtuelle Raum kann durch eine Lernplattform gegeben sein. Bereits bei der einfachsten und offensten Form einer WebSite (übersetzt: Netz-Ort) ist der Zugang nur jenen möglich, die über die virtuelle Adresse (URL) verfügen, auch wenn der Zugang nicht durch Passwörter geschützt ist (ein Schulgebäude verlangt beim Eintritt auch keine Ausweiskontrolle).

mein bisheriger Lernstand verfügbar. Das Festsetzen der Individuen mit dem Zweck der Kontrollierbarkeit ist also gegeben.

Nachdem aus den Lernenden-Interviews deutlich wurde, dass kaum über diese virtuelle Parzellierung reflektiert wurde (einzig die Cookies waren teilweise Thema der Diskussion), wurden die TutorInnen explizit danach gefragt, ob es ihrer Meinung nach Möglichkeiten gab, die Identifizierung und Kontrollierbarkeit zu unterlaufen und wie sie solche Aktivitäten sehen würden. Zunächst stellt die Tutorin der Internet-Gruppe für alle ihre E-Learning-Gruppen fest, dass jede Person ihren eigenen Rechner mit eigener ID hat (TUT1: 42). Durch die ID wird jede weitere Aktivität der so identifizierten Person zugeschrieben, etwa auch Beiträge im Forum oder die Anwesenheit im Chat (vgl. TUT1: 126). Auch im Bewerbungs-Kurs wurde „jedem Individuum ein Platz und jedem Platz ein Individuum" zugeordnet. Auf die Frage, ob dieses System unterlaufen werden könne, formuliert die Tutorin der Internet-Gruppe, dass so etwas möglich sei und letztlich Diebstahl von Lernsoftware beinhalte:

> *TUT1: 42 Ja, wenn der Andere das Passwort rausgibt, ja. Oder sie sitzen an einem Rechner und teilen sich das. Logt sich einer mit seinem Log-In ein und der Andere guckt halt auch mal mit rein, wies geht. Das kann ich auch nicht kontrollieren. (...) Ja. Software-Klau* (vgl. über Diebstahl auch TUT2: 28).

Die Tutorin der Bewerbungs-Gruppe kann sich nicht vorstellen, wozu solche virtuellen Nomadisierungen, etwa die Nutzung einer ID durch zwei Personen, gut sein sollten. Sie vergleicht mit dem Arbeitsplatz:

> *TUT2: 26 Also, ich wüsste nicht, aus welchem Grund das von Vorteil wäre. Also, ich mein, man hat ja so eigentlich immer seine eigene ID, um sich einzuloggen am Arbeitsplatz oder sonst wo.*

Hier zeigt sich auf doppelter Ebene die Selbstverständlichkeit von virtueller Klausur und virtueller Parzellierung: Die Lernenden finden es völlig selbstverständlich, sich mit ihrer Identität auszuweisen, bevor sie den virtuellen Lernraum betreten, die Lehrenden finden die Vorstellung unterwanderter Identitätszuweisungen abwegig, unüblich oder gar – bei kostenpflichtigen Lernumgebungen – kriminell. Die *virtuell-räumliche Festsetzung* der Lernenden ist insofern ein subtiles System der virtuellen Sichtbarmachung bei gleichzeitiger physischer Auflösung von Raumordnungen. Für die Lernenden stellt dieses gesellschaftliche Gefüge – die virtuell-räumliche Festsetzung und ihre fast tabuisierte Selbstverständlichkeit – eine historisch konkrete, subjektiv erfahrene Möglichkeit dar. Sie wird jedoch erst handlungsbegründend, wenn aus diesem Gefüge Konsequenzen entstehen oder mit guten Gründen erwartet werden. Die Konsequenzen räumlicher Festsetzung und Vereinzelung sind die von Foucault später genannten Kontrollen und Bewertungen (vgl. Hierarchische Überwachung und Normierende Sanktion bei Foucault 1977, S. 221 und S. 229). Auf institutioneller Ebene werden somit alle Vorkehrungen getroffen, mich als Lernende bewerten zu können. In diffuser Kenntnis solcher Möglichkeiten entsteht für die Lernenden das Begründungsmuster: *Wenn ich mich bei jeglichem virtuellen*

Lernschritt vereinzelt und festgesetzt erlebe, obendrein nicht weiß, was der andere über mich weiß, dann lerne ich vernünftigerweise genau so, wie es (soweit ich das erkennen kann) von mir verlangt wird.

5.2 Zeitliche Anordnung

Die bis hierhin entwickelte Begründungsfigur findet ihre Ergänzung in der zeitlichen Anordnung. Die virtuell-räumliche Festsetzung beinhaltet per se auch eine zeitliche Festsetzung. Trotz oberflächlicher Flexibilität findet eine genaueste Mitschrift meiner virtuellen Bewegungen und Lernzeiten statt. Auf diese Weise wird die Festsetzung genauer und umfassender, bis sie letztlich alle für das E-Learning eingeräumten Zeit-Flexibilisierungen unterwandert hat.

Die Idee zeitlicher Flexibilität ist den Interviewten bekannt. Im Gespräch über E-Learning schildern sie ihre Ansichten dazu. Es handelt sich um hypothetische Aussagen, die im Widerspruch zu den realen Erfahrungen stehen, insofern bezeichne ich sie als „Mythen". Kennzeichnend ist die Vorstellung, man könne selbst bestimmen, wann man lerne. T3 hat hypothetische Vorstellungen darüber, wie sie zu Hause per WBT gelernt hätte (sie hat real ausschließlich im Büro gelernt). Sie vergleicht die WBT mit einem Wochenend-Seminar und hebt die Flexibilität der WBT heraus:

> T3: 168   *Ja, für mich ist das einfach besser. (...) ich bin sowieso ein Nachtmensch, das ist*
> *mir denn eigentlich egal. Und wenn ich mich dann um neun noch mal hinsetze*
> *oder später für ein, zwei Stunden oder so, wenn dann am Wochenende Zeit ist*
> *zwischendurch, bin ich flexibler, als wenn ich sag: So, jetzt sind zwei Tage an*
> *einem Wochenende, das ist ja dann irgendwie dann weg. Verloren. Ich kann*
> *mir das einfach besser einteilen damit.*

In dieser Vorstellung wird die Lernzeit in die Nacht verlegt, während der Tag gewonnen ist für andere Handlungen. Zudem wird die Flexibilität gewonnen durch die Zerstückelung der Lernzeit in wenige Stunden „zwischendurch" – durch die wiederum der Rest des Wochenendes gewonnen ist. Nicht nur am Wochenende soll hypothetisch so vorgegangen werden, auch der Abend in der Woche ist bei T3 zum Lernen nutzbar. Weniger extrem, aber mit derselben Widersprüchlichkeit reflektiert T4 die Einheit von virtuellem Lernen und zeitlicher Selbstbestimmung:

> T4: 16   *Also, so im Nachhinein denke ich, ist das ne gute Sache, weil man sich das auch*
> *selber einteilen kann und fand ich schon gut. (Jemand kommt herein) Tut mir*
> *Leid.*

T4 hat den Internet-Kurs aus Zeitmangel nach der Hälfte der Lektionen abgebrochen. An ihrem Arbeitsplatz herrscht viel Betrieb, wie an der Interviewsituation erkennbar ist: Noch während sie von selbst einteilbarer Zeit spricht, betritt jemand ihr Büro und unterbricht das Gespräch. Dennoch: der Mythos „virtuell ist selbstbestimmt" hält sich hartnäckig. Auch T8 stellt auf die Frage nach dem wichtigsten Unterschied zwischen virtuellem und klassischem Lernen heraus:

T8: 23   *Dass man sich die Zeit einteilen kann, ja, wann man in diese Lernebenen geht. Nun hab ich keine Familie, aber ich denke, gerade für Leute, die Familie haben, die können, wenn die Kinder z.B. im Bett sind oder was, auch noch mal sich hinsetzen und was tun.*

Auch T9 schildert die Zeitflexibilität als Vorteil und weist darauf hin, dass sie ihre Lernzeiten hätte wählen können (T9: 22), sie hat die WBT aufgrund konkurrierender Prioritäten jedoch kaum verwendet.

Zusammengefasst heißt zeitliche Selbstbestimmung im virtuellen Lernen etwa Folgendes: Zwischen zwei Arbeitsaufträgen, nach dem Kinder-zu-Bett-Bringen, nachmittags, nachts und am Wochenende kann ich ein bis zwei Stunden lernen. Subjektiv gewendet: *Wenn ich mein Zeitbudget optimal einteilen will, lerne ich vernünftigerweise in kurzen Abschnitten zu Tageszeiten, die nicht von anderen Aufgaben besetzt sind.* Tatsächlich fanden die Aktivitäten eher nachmittags, abends und am Wochenende statt und hatten eine Dauer von einer halben Stunde (T4: 24) bis zu drei Stunden (T6: 22). Diese realen zeitlichen Anordnungen waren jedoch kaum selbst gewählt, sondern vielfach von Prioritäten und Störungen bestimmt. Die Dauer der WBT war in beiden Gruppen durch den Arbeitgeber bzw. Bildungsträger vorgegeben. Die Tageszeit ist prioritätengesteuert: T2 lernt abends zu Hause, nachdem er eine Pause für familiäre Belange eingelegt hat (T2: 40). Hier wird für das Lernen eine „zweite Schicht" eröffnet und von T2 als Führungskraft auch akzeptiert. Etwas anders gehen die Sachbearbeiterinnen T3 und T4 vor: Sie lernen im Büro und stellen dabei fest, dass die Vormittagsarbeit keine Lernzeiten zulässt. T3 müsste vormittags die Lernhandlungen zu stark zerstückeln und dazwischen schieben:

T3: 50   *Ich meine, wenn ich so was mach, ich muss auch dran bleiben. Ich kann es nicht irgendwo dazwischen schieben, kann ich nicht sagen. Ich warte die Zeit ab. Ab einer gewissen Uhrzeit, sage ich mal, flaut das ja ein bisschen ab, dass man sagen kann, man setzt sich hin* (vgl. zum Vormittag auch: T3: 61).

Hier ist auf den Charakter des Vormittags im Büro verwiesen – der den prioritären Arbeitsaufgaben gehört – sowie auf eine Eigenheit des Lernens: es kann nicht beliebig zergliedert werden. Daran scheitert das Lernen stellenweise; T4 hat zum Beispiel versucht, ihre Lernzeiten „einzuschieben" (T4: 29). Dies steht im Kontrast zu T3's Einschätzung, sie könne virtuelles Lernen nicht „dazwischen schieben". Folgerichtig erlebt T4, dass sie gehäuft von vorne anfangen muss, um sich zu erinnern, was sie zuvor durchgearbeitet hatte (vgl. T4: 172). In der anderen Gruppe wurde weniger regelmäßig gelernt: T6 lernt am Wochenende, T7 nutzt die Lernumgebung ohnehin kaum, T8 lernt abends, T9 bricht früh ab und T10 äußert sich nicht explizit. Die typischen Lernzeiten wurden nicht in Minuten oder Stunden berichtet, sondern bezogen auf die Lektionen. Die inhaltliche Geschlossenheit der Lerneinheiten ist somit begründend für die Lerndauer. Bei Unterbrechungen geht das bereits Gelesene nahezu verloren, wie T4 beschreibt:

T4: 172   *Es war eben, wie gesagt, wenn ich denn gerade am Lesen war und denn kam ir-*
gendwas dazwischen, dann musste ich eben später wieder neu anfangen. Und
das meine ich eben mit diesem von vorne anfangen. Denn hab ich wieder von
vorne angefangen und –, weil ich da eben unterbrochen wurde (vgl. auch: T4:
161).

Auch ihr Vorgesetzter T5 erlebt die Problematik zerstückelter Lerneinheiten. Er beschreibt, wie er das kurz eingeschobene Lernen erlebt und stellt fest, dass er geschlossene Einheiten bearbeiten müsste, um sie sich merken zu können (T5: 82). Die Konsequenz stimmt mit den Handlungen und Aussagen der anderen Interviewten überein und macht deutlich, dass die Lerndauer nicht durch Konzentration, verfügbare Zeitfenster oder anderes begründet ist, sondern durch die Geschlossenheit der bearbeiteten Inhalte und die daraus entstehende, notwendige Lernzeit. Subjektiv gewendet: *Wenn ich mich mit den Lerninhalten beschäf-*
tige, bearbeite ich vernünftigerweise ein geschlossenes Kapitel mitsamt Test. Wie steht es nun um die Möglichkeiten, Lerneinheiten in inhaltlichem Zusammenhang zu lernen? Wie zu erwarten war, haben die Angestellten mit der Priorität der Arbeitsaufgaben zu kämpfen. Dabei stellt T2 klar:

T2: 31   *Hier geht alles vor, also das tägliche Geschäft geht natürlich vor.*

Lernen hat hier keine Chance, mit Priorität gegenüber den Arbeitsabläufen ausgestattet zu werden. Für eine eintägige Seminarabwesenheit hätte T2 demgegenüber Zeit (vgl. T2: 33). Die Lernumgebung ist auch bei den anderen Interviewten nicht mit Priorität ausgestattet, wobei für T3 noch eine Vorgesetzten-Problematik mit hineinspielt: Selbst wenn sie dem Lernen gern Priorität einräumen würde, nimmt sie doch wahr, dass ihr Vorgesetzter ihrer Arbeit mehr Priorität einräumt (T3: 44). Hier kollidiert der Mythos selbstbestimmter Lernzeiten mit fremdbestimmten beruflichen Strukturen. T4 formuliert ebenfalls Probleme der Zeiteinteilung und stellt fest, dass sie die Bearbeitung zeitlich nicht mehr geschafft habe (T4: 100). Sie war im betreffenden Zeitraum von ca. sieben Uhr bis ca. halb sechs im Büro (T4: 123) – hat insofern ohnehin schon Überstunden geleistet – und äußert:

T4: 122   *Und um das alles zu schaffen, war das denn eben nicht mehr drin. Das konnte*
ich mir so einfach nicht einteilen.

Die Möglichkeit, nach halb sechs zu lernen, hält sie nicht für sinnvoll, weil ihr nach der Arbeitsbelastung die Konzentration fehlt (T4: 123). Auch T5 berichtet über seine Zeitprobleme. Die Wortwahl verweist auf die Intensität seiner Schwierigkeiten. Anders als T4 hat er die Kursinhalte weitgehend bearbeitet, dabei zeigt sich jedoch seine Anstrengung sehr deutlich:

T5: 153   *... ich hab auch nur mit Mühe und Not das Ziel erreicht, zeitlich. Es lagen*
dann mal Tage von 'ner ganzen Woche dazwischen. Und dann war irgend-

wann auch kurz vor der Urlaubszeit, dann hab ich mir auch gesagt: Das muss noch, muss ich mindestens durchziehen.

Zu Hause scheitert er vollständig an anderen Aufgaben, obwohl er die Lernumgebung unbedingt auch von dort testen wollte (T5: 193). Dies wird von der Bewerbungs-Gruppe anders erlebt: Hier werden zwar auch Prioritäten gegen Lernen gesetzt, jedoch erscheinen diese weniger fremdbestimmt. T6 hat seine Wochenenden zum Lernen nutzen können (T6: 179) und auch für die anderen Interviewten war es offenbar möglich, über ihre Zeitnutzung selbst zu entscheiden. Interessant sind an dieser Stelle die Gründe der beiden Abbrecherinnen, T7 und T9: Während T7 vor allem technischen Ärger anführt und darauf hinweist, dass sie die Inhalte bereits kennt – hier also keine Zeitprobleme berichtet –, hat T9 mit konkurrierenden Aufgaben zu tun. Für die Interviewten lässt sich insofern auf zwei verschiedenen Ebenen formulieren: *Wenn ich prioritäre, möglicherweise existenzsichernde Aufgaben zu bewältigen habe, stelle ich virtuelles Lernen vernünftigerweise hinten an.* Anders stellen T3 und T4 die Situation dar: Sie lassen erkennen, dass sie gern mehr Priorität auf virtuelles Lernen legen würden, erleben jedoch fremdgesetzte Prioritäten durch ihre Vorgesetzten. Hier heißt das Begründungsmuster: *Wenn ich meine berufliche Existenz sichern will, übernehme ich vernünftigerweise die Prioritätendefinition meiner Vorgesetzten – auch wenn diese kaum Spielraum zum Lernen lässt.*

In der hier anstehenden Perspektive – Zeitfestlegungen auf institutioneller Ebene – handelt es sich letztlich um Versuche, die verfügbare Arbeits- und Freizeit flexibel für Lernen zu nutzen, oder mit Foucault formuliert: die Zeit erschöpfend nutzbar zu machen (Foucault 1977, S. 192ff.). Hierbei ist es nicht notwendig, von virtueller Zeitökonomie (in Analogie zur virtuellen Klausur, s.o.) zu sprechen – Zeit ist ohnehin nicht physisch-materiell, so dass beim E-Learning dieselbe Kategorisierung trägt wie beim Präsenzlernen. Was beim E-Learning auf den ersten Blick nach Flexibilität im Sinne selbstbestimmter Zeit aussieht, erweist sich mehr und mehr als implizites, institutionell durchgesetztes Ausnutzen meiner Zeit, Zeitlücken, Zeiträume und -räumchen. Ganz nebenbei wird auch die private Zeit nutzbar gemacht, Feierabend, Mittagspause, Nacht und Wochenende werden – teils real, teils hypothetisch – zum Lernen freigegeben, und auch das bringt Widerständigkeiten mit sich: T2 und T6 haben nach einem wohlgenutzten Arbeits- oder Seminartag schlichtweg keine Lust mehr auf noch erschöpfendere Ausnutzung ihrer Abende in der Woche. Innerhalb der Lerneinheiten führt das zeitökonomische Implikat auch noch zur Eile: T3 hetzt regelrecht durch die Lektionen und nutzt so die einmal gegen alle Prioritäten durchgesetzten Zeiträume so gut wie möglich aus:

T3: 207   *Also, ich hab mir eigentlich immer vorgenommen, das in ner Stunde, einein-halb Stunden zu schaffen, was natürlich sehr schnell war. (...) Das hab ich meistens dann auch in der Zeit so geschafft dann. Aber man muss es dann auch sehr intensiv machen (...). Und man arbeitet jetzt das und das regelrecht ab dann.*

Es ist fast müßig, darauf hinzuweisen, dass gerade T3 mit ihrem empirisch erkennbaren hohen Interesse an „E-Commerce" bei dieser Zeiteinteilung überhaupt nicht auf die Idee kommen konnte, über den Zusammenhang des Internet-Kurses mit ihrem Lerninteresse nachzudenken.

Die hier institutionell errichtete Ausnutzung von Zeit ist kein Zufall. T5 verweist darauf, dass das Unternehmen das Lernen in die Freizeit verlegen möchte (T5: 8). Die Ideenfindung über derartige Möglichkeiten hat bereits ein sehr konkretes Stadium erreicht, mit der die Zeitökonomie bereits die Grenzen der Arbeitszeit überschreitet:

T5: 189   *Denn es könnte ne Variante sein, dass man sagt: Der Arbeitgeber zahlt die Teil-*
nahme, der Mitarbeiter trägt durch seine Zeit dazu bei. Das kann dann hier
nach Dienstschluss oder irgendwo während des Diensts sein, nur dass man es
nicht zählt oder er kann es zu Hause machen.

Somit entlässt man die Lernenden nach Hause – jedoch nicht, ohne sie in perfektem Disziplinarblick kontrollieren zu können: Die digitalen Kontrollmöglichkeiten (Tracking) erlauben die minutiöse Kontrolle und Aufzeichnung der jeweiligen Lernzeiten. Sie entsprechen auf perfide Weise dem, was Foucault als Hierarchische Überwachung (Foucault 1977, S. 221) formuliert: Die digitale Sichtbarkeit der Lernenden bedeutet letztlich auch, dass die Lernenden selbst nicht erfahren können, ob ihre Lernzeiten gesehen oder nicht gesehen werden – und noch weniger wird den Lernenden ermöglicht, ihre digitalen Protokolle selbst zu betrachten. Hier erhält der temporäre Disziplinarblick durch digitale Aufzeichnung eine neue Dimension: Auch lange nach meinem Lernen oder Nichtlernen kann der hierarchische Blick auf meine Handlungen fallen. Ein zufälliges Nicht-Gesehen-Worden-Sein ist nunmehr unmöglich.

Die virtuelle Verteilung der Lernenden, ihre institutionell untergeschobene Nutzbarmachung mitsamt digital-hierarchischer Überwachung funktioniert hier allerdings in spezifischer Weise anders als beim Präsenzlernen. Überwachungsaufgaben sind ihrerseits eine aufwendige Angelegenheit, so dass es institutionelle Anordnungen gibt, die diese Überwachungen vereinfachen. Will ich eine lernende Person im (Disziplinar-)Blick behalten und ihre Aktivität mit der Maschine betrachten, lohnt sich eine vollkommen eindeutige Zuordnung – mit Foucault: Zusammenschaltung – des Menschen mit der Anlage. Diese von Foucault im Hinblick auf industrielle Produktionsanlagen und militärische Waffen herausgearbeitete Kategorie hatte bisher keine Bedeutung für Lernanordnungen. Sie wird erst mit dem E-Learning interessant. Die digitale Kontrolle der Lernenden ist nur durch die E-Learning-typische *Zusammenschaltung von Körper und Objekt* (Foucault 1977, S. 196) möglich: Wenn ich einen der zusammengeschalteten Vorgänge kontrollieren kann, kann ich den anderen ebenfalls kontrollieren. Anders gesagt, wenn ich weiß, wo der Rechner steht und zu welcher Zeit er mit welcher Lektion der Lernsoftware verbunden war, kann ich nicht nur die Maschine, sondern den damit zusammengeschalteten Menschen digital überwachen. Der zwingende Blick wird damit subtiler.

Dabei darf nicht übersehen werden, dass diese institutionelle Formation aus Zeitökonomie und Kontrolle für die Lernenden als Handlungsbegründung aufscheint. Einerseits erleben sie sich als kaum noch selbstbestimmt gegenüber der Unumstößlichkeit beruflicher Prioritäten, andererseits erleben sie Widerstände (Lustlosigkeit) gegenüber der zeitökonomischen Umdefinition ihres Feierabends – und letztlich ist die digitale Kontrolle mitsamt der Zusammenschaltung von Mensch und Rechner so vollends selbstverständlich, dass sie nicht thematisiert werden kann und nur im Untergrund als quasi lautloses Murren nachklingt. Aus dieser Verwobenheit begründen sich Abbrüche (T4), Widerwillen (T2), eiliges Durcharbeiten (T3) und dergleichen mehr. *Dabei ist vernünftigerweise jeder Versuch, meine Interessen im Lernarrangement unterzubringen, überflüssig – ich reflektiere dementsprechend nicht mehr über eigene Handlungsproblematiken und ihren Zusammenhang mit dem angebotenen Lerninhalt.*

5.3 Inhaltliche Anordnung

Über die inhaltlichen Wahl- und Flexibilisierungserscheinungen gab es keinerlei positive Äußerungen. Die Lernenden haben durchweg das Angebot bekommen, an den Kursen teilzunehmen und haben zugesagt (T3: 17, T4: 7, T5: 8, T6: 8, T7: 12, T8: 5, T9: 10 und T10: 6). Keine Interviewperson ist aus eigenen, inhaltlichen Gründen so weit gegangen, sich einen geeigneten Lerninhalt zu suchen und am entsprechenden Seminar (virtuell oder nicht) teilzunehmen. Das bereits in räumlicher und zeitlicher Achse strapazierte Begründungsmuster liegt auch hier nahe: *Wenn man ohnehin über mich hinweg entscheidet, gebe ich mir vernünftigerweise keine weitere Mühe, eigene Vorstellungen zu entwickeln und durchzusetzen.* Nun wäre es theoretisch möglich, dass die Lernenden innerhalb der Kursphase eigene Schwerpunkte setzen und somit zumindest teilweise inhaltliche Wahlentscheidungen treffen würden.

Auf der hier angesprochenen Ebene ist deshalb das Phänomen linearen Durcharbeitens ohne eigene Auswahl nochmals zu befragen (vgl. Grotlüschen 2003, S. 169ff.). Dabei erscheint besonders die dort herausgearbeitete Begründung, die Kurse seien inhaltlich linear aufgebaut, von Bedeutung. Das Organisationsschema des Internet-Kurses entspricht einer Art fachwissenschaftlicher Ordnung der Informatik, nach der die Ebenen der Internet-Technologie von „unten" (technischer Aufbau und Zusammenspiel im Rechnernetz, TCP/IP-Protokoll, URLs, IP-Nummern, DENIC) nach „oben" (Dienste, WWW, Browser) aufgebaut sind, bis hin zu dem, was dem Anwender auf dem Bildschirm sichtbar erscheint. Eine praxisbezogene Ordnung – um eine Alternative zu nennen – kommt für TUT1 zumindest für Einführungskurse nicht in Betracht. Dabei erkennt sie durchaus, dass sie hier ihren eigenen Gewohnheiten als Kursentwicklerin folgt und diese den Lernenden vorgibt:

TUT1: 100 Grad wenn man irgendwo in ein Thema einführt, dann also – ich als Entwickler, wenn ich so'n Kurs entwickle, dann bin ich immer linear irgendwie gepolt. Dass ich sag: Ich muss jetzt erst mal was erklären und darauf bau ich dann auf. Und dementsprechend möchte ich auch, dass der Teilnehmer das so durchgeht.

Ein etwas anderes Organisationsschema weist der Bewerbungskurs auf: Er folgt weniger dem Prinzip aufeinander aufbauender Erklärungen in fachwissenschaftlicher Ordnung, sondern er folgt der Logik einer Bewerbungshandlung. TUT2 beschreibt das Endprodukt – eine fertiggestellte Bewerbungsmappe – als strukturierendes Merkmal (TUT2: 86). Beide WBT enthalten folglich entweder aus der Fachwissenschaft entliehene oder an Arbeitsprozessen orientierte Ordnungsstrukturen. Diese sind jedoch nur auf den ersten Blick zwingend im Gegenstand vorgegeben. Es wäre durchaus möglich, das Thema Internet von einem völlig anderen Startpunkt aus zu bearbeiten und im Verlauf der Lernschritte die einzelnen Fachbegriffe aufzunehmen. Auch der Bewerbungskurs muss nicht zwingend mit der Auswahl einer interessanten Stellenanzeige beginnen. Es wäre ohne weiteres möglich, zuerst einen eleganten Lebenslauf zu erstellen und anhand dessen die eigenen Stärken und Schwächen zu formulieren. Die hier als notwendig postulierten Ordnungen stellen insofern nur eine von mehreren möglichen inhaltlichen Strukturvorgaben dar – werden jedoch als einzige Möglichkeit transportiert. Hier entsteht erneut die latente Begründungslage für die Lernenden: *Wenn andere das Themen-Feld schon für mich (auf die einzig richtige Weise) geordnet haben, folge ich vernünftigerweise dieser inhaltlichen Ordnung und lasse meine eigenen inhaltlichen Ideen beiseite.*

Selbst bei strukturell offeneren Veranstaltungen ist allerdings immer noch impliziert, dass Lernen ohne inhaltliche Ordnung nicht möglich sei. Hintergrund dafür ist die Annahme, dass Lernen „effizient" zu sein hat, deshalb gut geplant und zügig durchgeführt werden soll. Dazu dienen die inhaltlichen Anordnungen mitsamt ihrer Ausgrenzung aller weiteren denkbaren themenrelevanten Inhalte. Die von den Lernenden erkannte und von den TutorInnen bestätigte aufbauende Inhaltsstruktur der Kurse entsteht folglich nicht zufällig, sondern sie folgt institutionell-disziplinären Normen. Bei genauerem Hinsehen – und unter Zuhilfenahme Foucaultscher Begrifflichkeit – entpuppt sich diese Norm als Manifestation institutioneller Festsetzung der Lernenden. Anders als bei raumzeitlichen Festsetzungen geht es hier um die inhaltliche *Organisation von Entwicklungen* (Foucault 1977, S. 201ff.), mit der ein Fortschreiten der Lernenden in kleinen, kontrollierbaren Schritten vorbereitet und optimiert werden soll. Es handelt sich um die Technik, das Lernen der Einzelnen in Abschnitte zu zergliedern, welche einem Schema folgen, jeweilige Abschlüsse haben und dann wiederum ineinandergeschachtelt werden. Hinsichtlich der Organisation der Inhalte, die wie selbstverständlich vorausgesetzt werden und letztlich eine Manifestation immerwährend geforderter Effizienz des Lernens in sich tragen, sind sämtliche Entscheidungen schon vor Beginn des telematischen Lernens durch die TutorInnen oder anderweitige Autorenschaft der Lernmodule getroffen worden (vgl. ausführlicher Zimmer 1997, S. 114). Begründungslogisch zeigt sich somit: *Wenn ich effizient lernen will und muss, dann benutze ich vernünftigerweise einen geordneten, gut strukturierten inhaltlichen Ablauf – der mir mit Sicherheit von den Lehrenden angedient werden wird.*

Bezogen auf die inhaltlichen, zeitlichen und räumlichen Selbstbestimmungsmöglichkeiten zeigt sich immer wieder eine teufelskreisartige Doppelstruktur von äußerst engen Spielräumen und daraus begründeter Resignation: Die Lernenden sehen sich festgesetzt und geben es – mit gutem Grund – auf, die Inhaltsentscheidungen noch zu beeinflussen. Möglicherweise kommen sie nicht einmal mehr auf die Idee, dass es hier etwas für sie zu beeinflussen gäbe, so dass sie auch nicht mehr darüber nachdenken, welche Inhalte sie in einem Internet- oder Bewerbungs-Seminar eigentlich behandeln möchten. Deutlicher formuliert: *Die allgegenwärtige Fremdbestimmung begründet die Gewohnheit, über eigene Lerninteressen nicht zu reflektieren.* Bei näherem Hinsehen zeigt sich weiterhin, dass die Entpersonalisierung dieser Strukturen auch den Zugriff der Lernenden verhindert: Mangels physisch greifbarer Gegenspieler ist es den Lernenden kaum noch möglich, ihre inhaltlichen Interessen zu vertreten.

Ein sinnvoller Weg aus den geschilderten Schwierigkeiten müsste meines Erachtens über die schrittweise Entwicklung von Lernfähigkeiten führen. Nur so ließe sich die bekannte Entweder-oder-Debatte überwinden, denn E-Learning lässt sich bei näherem Hinsehen weder als Teufelszeug noch als Rettungsanker mystifizieren. Vielmehr haben wir es mit einer Entwicklung zu tun, die uns wie ein Brennglas quasi verschärft vor Augen führt, welche Problematiken des Lernens heute noch bestehen. Lernende sind jedoch durchaus imstande, diese Schwierigkeiten zu erkennen und schrittweise zu überwinden, wenn sie dabei Unterstützung finden und in diesen Meta-Handlungen einen Sinn für ihre persönliche Weiterentwicklung erkennen können.

Literatur

Foucault, M.: Überwachen und Strafen. Die Geburt des Gefängnisses. Frankfurt a. M. 1977.
Grotlüschen, A.: Widerständiges Lernen im Web – virtuell selbstbestimmt? Eine qualitative Studie über E-Learning in der beruflichen Erwachsenenbildung. Münster u.a. 2003 (= Internationale Hochschulschriften).
Holzkamp, K.: Lernen. Subjektwissenschaftliche Grundlegung. Frankfurt a.M./New York 1993.
Strauss, A./Corbin, J.: Grounded Theory: Grundlagen Qualitativer Sozialforschung. Weinheim 1996.
Zimmer, G. M.: Mit Multimedia vom Fernunterricht zum Offenen Fernlernen. In: *Issing, L. J./ Klimsa, P.* (Hrsg.): Information und Lernen mit Multimedia. Weinheim 1997, S. 337–352.

Sigrid Blömeke / Christiane Buchholtz

Veränderung von Lehrerhandeln beim Einsatz neuer Medien. Design für die theoriegeleitete Entwicklung, Durchführung und Evaluation einer Intervention

Mit dem Einzug neuer Medien in die Schulen entstehen neue Möglichkeiten des Lehrens und Lernens, so lautet der programmatische Anspruch vieler Initiativen, die sich auf die Einführung von Computern in die Schule richten. Mit der Formel „Neue Medien – neues Lernen" wird unterstellt, dass sich Lehrerhandeln im Unterricht quasi automatisch, nur durch die Verwendung einer neuen Technologie, in didaktisch-methodischer Hinsicht verändert. Angesichts der tradierten Dominanz fragend-entwickelnder Unterrichtsgespräche richtet sich die Hoffnung dabei v.a. auf selbstentdeckendes, aktiv-konstruierendes Lernen der Schülerinnen und Schüler.

Doch obwohl der Einsatz neuer Medien in den alten Bundesländern seit fast zwanzig Jahren und in den neuen Bundesländern mittlerweile auch bereits seit rund zehn Jahren intensiv durch Fortbildungen der Lehrerinnen und Lehrer begleitet wird, sind die erreichten Veränderungen eher gering. Offensichtlich kann nicht von einer automatischen Verkopplung der neuen Technologien mit der Nutzung ihres Potenzials für neue Lernformen ausgegangen werden. Die Gestaltung mediengestützter Lehr- und Lernprozesse stellt vielmehr eine tief greifende unterrichtliche Innovation dar, zu deren Bewältigung Lehrpersonen komplexe Qualifikationen benötigen. Deren Erwerb erfordert eine ebenso komplexe Fortbildungsmaßnahme, die insbesondere den Forschungsstand zur Veränderung von Lehrerhandeln berücksichtigt. Im Anschluss an einen Problemaufriss werden daher zunächst entsprechende theoretische Grundlagen dargelegt. Auf ihrer Basis erfolgt die Entwicklung einer Intervention zur Veränderung von Lehrerhandeln beim Einsatz von neuen Medien im Unterricht, bevor auf forschungsmethodische Fragen ihrer Evaluation eingegangen wird. Ein Ausblick auf zu erwartende Ergebnisse einer solchen Intervention schließt den Beitrag ab.

1. Problemaufriss

Neue Medien – in Anlehnung an Reusser (2003, S. 176) verstanden als „computerisierte, meist digitale Informations- und Kommunikationssysteme, -medien, -techniken, -werkzeuge und -produkte" – besitzen grundsätzlich das Potenzial, schülerorientierte Lehr-Lernformen zu unterstützen. Die technische Entwicklung erlaubt den Zugriff auf große Informationsmengen über Internet und Datenbanken, ermöglicht einen Austausch von digitalen Daten, und es stehen einfach zu bedienende Programme zur Verarbeitung dieser Daten und Informationen zur Verfügung. Die Chancen computergestützten Lernens liegen damit in der selbstständigen Beschaffung, Aufbereitung und Präsentation von Informationen sowie in neuen Kommunikations- und Kooperationsformen (vgl. u.a. Kerres 2000, S..26; Blömeke 2003a). Dadurch bieten neue Medien im unterrichtlichen Kontext gute Voraussetzungen für die Umsetzung der Prinzipien gemäßigt-konstruktivistischen bzw. problemorientierten Lernens: Authentizität und Situierung der Lernprobleme, Komplexität des Lerngegenstands, Eigenaktivität und selbstorganisiertes Lernen.

Es gibt jedoch keine Hinweise, dass bereits ein Lehren mit computergestützten Medien an sich bestimmte unterrichtliche Prinzipien bedingt. Clark (1994, S. 445) betrachtet das Medium sogar lediglich als ein „Vehikel" für den Lerninhalt, das keinerlei didaktisch-methodische Entscheidungen präjudiziere. Andere vertreten die leicht abgeschwächte Position, dass im mediengestützten Unterricht erst das Zusammenwirken von Medium und Lernmethode für den Lernerfolg verantwortlich ist (vgl. Kozma 1994, S. 13; Hasebrook 1998, S. 122; Tulodziecki 2001, S. 288). Insgesamt zeichnet sich der Konsens ab, dass erst gezielt für bestimmte Lernzwecke sinnvoll durchkonstruierte Lehr-Lernangebote mit neuen Medien deren Möglichkeiten sinnvoll ausschöpfen.

Wie selten solche medialen Lehr-Lernangebote in der Alltagspraxis noch sind, zeigen aktuelle Forschungsarbeiten zum schulischen Einsatz neuer Medien. Zwar werden Computer und Internet in der Schule immer präsenter, wird die Geräteausstattung zunehmend besser und wächst aufgrund breiter Basisschulungen – 85% der Lehrpersonen geben an, Computerschulungen besucht zu haben – die Bedienkompetenz der Lehrkräfte (vgl. MPFS 2003, S. 43). Der Einbezug von Computern in den Unterrichtsalltag fällt dagegen sehr gering aus. Insbesondere an Gymnasien konnte sich der PC nicht als gleichberechtigtes Unterrichtsmedium etablieren, nur 17% der Lehrerinnen und Lehrer geben an, regelmäßig den Computer einzusetzen, 12% setzen regelmäßig das Internet ein (vgl. ebd., S. 40). Diese Tatsache kann als Anhaltspunkt dafür gelten, dass die Öffnung des Unterrichts für ein Lernen mit neuen Technologien für Lehrerinnen und Lehrer eine größere Herausforderung bedeutet als oftmals angenommen.

Des Weiteren stellt sich die Frage, in welcher Weise Lehrpersonen, die Computer und Internet einsetzen, diese in den schulischen Unterricht einbeziehen. In der Forschungsliteratur wird dazu die These formuliert, dass Lehrerinnen und Lehrer neue Medien weitgehend in ihre routinisierten Unterrichtsabläufe integrieren und damit deren Potenzial weitgehend vertun (Michaels 1990, S. 253; Veen 1993, S. 8; De Corte 1994; Fischer/Mandl 2002, S. 634; Blömeke 2002). Laufende Forschungsprojekte führen hierzu empirische Untersuchungen durch, deren vorläufige Ergebnisse diese Annahme stützen (vgl. Blömeke/Eichler/Müller 2003; Blömeke/Müller/Eichler 2004). Hieran zeigt sich, dass erhebliche Qualifikationsdefizite in Bezug auf didaktisch-methodische Kenntnisse, Fertigkeiten und Fähigkeiten bestehen. Untermauert wird diese Problemfeststellung dadurch, dass mehr als zwei Drittel der Lehrkräfte angaben, an unterrichtsbezogenen Fortbildungen zum Einsatz Medien interessiert zu sein (MPFS 2003, S. 45).

Vor diesem Hintergrund stellt sich die Frage nach Interventionen, die dazu beitragen, das Handeln der Lehrperson soweit zu verändern, dass ein *neues* Medium eingesetzt wird und damit zugleich *neue* Lehr-Lernformen realisiert werden. Anhaltspunkte dazu liefern Erkenntnisse aus der Wissensforschung zu handlungsleitenden Kognitionen bei Lehrpersonen (im Einzelnen s.u. Abschnitt 2): Im unterrichtlichen Handeln werden neben Subjektiven Theorien (vgl. Groeben et al. 1988; Dann 1994) so genannte Unterrichtsskripts wirksam, die maßgeblich unterrichtliche Abläufe und damit prinzipielle Lehr- und Lernformen bedingen. Unterrichtsskripts sind als Kognitionen, die durch Erfahrungen aus der eigenen Schulzeit und der langjährigen Unterrichtstätigkeit als Lehrperson erworben wurden, relativ stabil und veränderungsresistent (vgl. Schank/Abelson 1977; Aebli 1983, 1988). Sollen unterrichtliche Muster verändert werden, muss eine Fortbildungsmaßnahme zum einen an den subjektiven Theorien – durch Reflexion und Erwerb neuen Wissens – sowie zum anderen an den individuellen unterrichtlichen Abläufen ansetzen – durch Aufzeigen und Einüben neuer Handlungsroutinen. Auf die entsprechenden theoretischen Grundlagen wird im folgenden Abschnitt eingegangen.

2. Theoretische Grundlagen

2.1 Rolle und Funktion neuer Medien im Instruktions- bzw. Problemlöseparadigma

Eine theoriegeleitete Gestaltung von Unterricht mit neuen Medien ist auf Erkenntnisse der Allgemeinen Didaktik und der Mediendidaktik angewiesen. Bei aller Vielfalt der Ansätze lassen sich in beiden Didaktiken zwei Paradigmen identifizieren: das Problemlöseparadigma und das Instruktionsparadigma. Diesen lassen sich die meisten didaktischen Ansätze in ihrer Grundausrichtung zurechnen (wobei einige Ansätze Prinzipien aus beiden Paradigmen in sich vereinen). Problemlöse- und Instruktionsparadigma unterscheiden sich vor allem hinsichtlich ihrer lehr-lerntheoretischen Fundierung, der avisierten Lehr-Lernziele sowie der Art der Lehr-Lerninhalte. Während das Instruktionsparadigma in Übereinstimmung mit kognitivistischen Lerntheorien der Vorstellung einer Wissensvermittlung durch didaktische Aufbereitung des Lernstoffes entspringt und demzufolge ein angeleitetes Lernen mit abgestufter Lernziel- bzw. Aufgabenprogression befürwortet wird (vgl. z.B. Ausubel 1968), lassen sich konstruktivistisch orientierte Ansätze des Problemlöseparadigmas auf die Grundannahme zurückführen, dass Wissensaufbau als ein aktiv-konstruierender Prozess entdeckendes Lernen an komplexen Problemstellungen erfordert (vgl. z.B. Jonassen 1991).

Brunner und Tally (1999, S. 23ff.) übertragen diese Paradigmen auf das Unterrichten mit neuen Medien. An ihrem *instructional delivery model* und dem *inquiry model* zeigen sie die Funktionen und Wirkungen computergestützter Medien auf, indem sie zwei prototypische Unterrichtsszenarien gemäß des Instruktions- und des Problemlöseparadigmas entwerfen (vgl. im Folgenden ebd.). Im Szenario des *instructional delivery models* fungieren die neuen Medien als Darbietungs- und Vermittlungsinstanz, um sich vorgegebene Inhalte anzueignen. Der Computer leistet die Präsentation von vorstrukturierten Inhalten und übernimmt die Tutorfunktion beim Üben und Anwenden. Im *inquiry*-Modell haben Medien eine andere Funktion: Als Werkzeug, Material- und Informationsquelle unterstützen sie den aufgabengeleiteten Arbeitsprozess der Lernenden.

Die Gegenüberstellung der beiden Modelle unterstreicht einmal mehr die Erkenntnis, dass den neuen Medien kein didaktisches Potenzial inhärent ist, sondern dass die didaktische Konzeption der Software bzw. die Gestaltung der unterrichtlichen Lernumgebung durch die Lehrperson ausschlaggebend sind. *Instructional delivery model* und *inquiry model* wirken jeweils auf andere Unterrichtsziele hin, so dass unterschiedliche Wissensarten und Fähigkeiten erworben werden und ein unterschiedliches Ausmaß an kognitiver Aktivierung bzw. sozialer Interaktion stattfindet. Eine einseitige Ausrichtung von Lehrpersonen auf das eine oder andere Modell ist dementsprechend wenig sinnvoll. Allerdings birgt der Einsatz neuer Medien ungleich mehr Potenzial für das *inquiry*-Modell bzw. das Problemlöseparadigma. Während im *instructional delivery*-Modell vom Medium vornehmlich Lehr(er)funktionen (i.e. Aufbereitung, Präsentation, Kontrolle/Monitoring) übernommen werden, bieten Medien im *inquiry*-Modell eine Erweiterung der unterrichtlichen Möglichkeiten hinsichtlich der selbstständigen Gewinnung von Informationen, der Gestaltung von Lernprodukten und der flexiblen Steuerung von Arbeitsprozessen durch die Schülerinnen und Schüler.

Fortbildungsbedarf ergibt sich vor diesem Hintergrund v.a. dahingehend, subjektive Theorien und Unterrichtsskripts der Lehrerinnen und Lehrer in Richtung auf das Problemlöseparadigma zu verändern, da sich die Mehrzahl der Lehrpersonen gemäß altgewohnter Handlungsmuster eher am Instruktionsparadigma orientiert (vgl. Cortina/Baumert et al. 2003, S. 520).

2.2 Lehrerwissen – Lehrerhandeln: Das Theorie-Praxis-Problem

Neue Formen des Unterrichthandelns verlangen neues Wissen. So folgerichtig dieser Zusammenhang ist, so ungesichert ist dessen Umkehrung: neues Wissen ermögliche neue Handlungsformen. Die Kluft zwischen Wissen und Handeln ist ein viel diskutiertes Problem: Wissen, das in Lernkontexten erworben wird, erweist sich zu erheblichen Teilen als nicht nutzbar, d.h. der Transfer in tatsächlich anwendbares, sich in Handlungen manifestierenden Wissens gelingt nur in geringem Maße (vgl. Gruber/Renkl 2000; Neuweg 2000; Stark/Mandl 2000). Als bekanntes Beispiel können die Ergebnisse jüngster Schulleistungsstudien gelten, die zeigen, dass Schülerinnen und Schüler in der Schule erlerntes Wissen nur unter Schwierigkeiten in außerschulischen Kontexten anwenden können (vgl. z.B. Baumert et al. 1997, 2002). In gleicher Weise zeigt sich diese Problematik im Bereich der Aus- und Fortbildung für Erwachsene, etwa in der Lehrerfort- und -weiterbildung: Wissen, das in Aus- oder Fortbildungssituationen erworben wurde, wird in neuen Anwendungssituationen kaum genutzt (vgl. Mutzeck 1988; Wahl 1991, 2001). Für den Lehrerbildungskontext bedeutet das, dass neue Erkenntnisse der Lehr- und Lernforschung wohl Gegenstand von Fortbildungen sind, dass sie jedoch kaum Eingang in den Unterrichtsalltag finden, um dort neue Unterrichtsformen anzuregen und zu etablieren (Fischler/Schröder 2003, S. 44). Die in Fortbildungen erworbenen Kenntnisse über neue Lehr- und Lernformen erweisen sich damit oftmals als „träges" Wissen (Renkl 1996).

Zu der Beobachtung fehlender Wissensanwendung liegen verschiedene Erklärungsversuche vor. Im Rahmen von klassischen Transfertheorien geht es um den Grad der Ähnlichkeit der Lernsituation und der Anwendungssituation. Entsprechend behavioristischer Denkweise ist eine hohe Ähnlichkeit der (Reiz-) Situationen dem Transfer von Wissen (Reaktion) förderlich. Die Mehrzahl der kognitionstheoretisch orientierten Erklärungsansätze folgt der Annahme, dass Wissen in einer bestimmten Form vorliegen muss bzw. bestimmte Merkmale aufweisen muss, um tatsächlich zu Handlungen zu befähigen (vgl. Anderson 1982; Hatano/Inagaki 1992). Ansätze motivationspsychologischer Provenienz führen die Tatsache, dass Wissen nicht genutzt wird, maßgeblich auf Faktoren zurück, die den Abruf des Wissens beeinflussen, z.B. motivationale oder volitionale Faktoren (vgl. Schiefele/Schreyer 1994). Dabei wird die Rezeption der Ansätze erheblich dadurch erschwert, dass von den Autoren sowohl unterschiedliche Begriffe von Wissen als auch unterschiedliche Annahmen über mentale Wissensrepräsentationen zugrunde gelegt werden.

In der Forschung zum Lehrerhandeln erfährt jener Ansatz eine hohe Akzeptanz, bei dem davon ausgegangen wird, dass handlungsrelevantes Wissen in einer bestimmten Weise beschaffen sein muss. Professionelles Lehrerhandeln ist komplex und vielschichtig. Im laufenden Unterrichtsgeschehen müssen Lehrfunktionen umgesetzt und Kommunikationsprozesse mit den Schülerinnen und Schülern organisiert und unterstützt werden. Die unterrichtliche Situation ist dabei durch eine hohe Eigendynamik und eine gewisse Intransparenz gekennzeichnet (Wahl 1991). Unter diesen Bedingungen ist von Lehrpersonen oftmals schnelles zielgerichtetes Handeln ohne Gelegenheit zur bewussten Reflexion gefordert. Dies wird nur durch eine besondere Qualität des Wissens ermöglicht.

Es wird angenommen, dass handlungsleitendes Wissen von Lehrpersonen zu einem Teil in Form von „verdichteten Strukturen" vorliegt und einen hohen Automatisierungsgrad aufweist (Wahl 1991, S. 50ff.; Bromme 1992, S. 137; Dann 1994, S. 169). Solche Wissenskognitionen sind wenig differenziert, aber schnell abrufbar und der Rückgriff darauf kann vor allem bei Routinehandlungen schnell und ohne besonderen Reflexionsaufwand erfolgen. Insbesondere bei erfahrenen Lehrpersonen kann von einem festen Bestand verdichteten professionellen Lehrerwissens ausgegangen werden (Bromme 1997), das routinisierten Handlungen zugrunde liegt.

Vor diesem Hintergrund scheint es sich bei der Beobachtung, dass in Fortbildungen erworbenes Wissen nicht in der Praxis angewendet wird, allerdings nicht um ein Transferproblem im engeren Sinne zu handeln. Die eigentliche Ursache fehlender Wissensanwendung besteht dann nicht im Unvermögen, das erworbene Wissen auf neue Situationen zu übertragen, sondern darin, dass das Wissen nicht als nutzbares Handlungswissen verfügbar ist. Entsprechende Umwandlungs- und Umstrukturierungsprozesse, die den Weg vom Wissen zum Können markieren, haben als Teil des Lernprozesses nicht stattgefunden.

2.3 Handlungsleitende Kognitionen im Lehr-Lernkontext

Der Begriff des „professionellen Lehrerwissens" lässt sich über mehrere inhaltliche Kategorien der Lehrerkognitionen aufspannen, die von fachlich-pädagogischem Wissen über curriculares Wissen bis zu Vorstellungen über die Philosophie eines Unterrichtsfachs reichen (Bromme 1997, S. 196ff.). In der hier diskutierten Frage zum Zusammenhang zwischen Wissen und Handeln, ist jedoch die *strukturelle* Dimension zentral, d.h. im Mittelpunkt steht die Frage nach der Beschaffenheit der handlungsleitenden Kognitionen von Lehrerinnen und Lehrern. Ohne dass sich beide Fragen vollständig voneinander trennen lassen, soll hier zunächst geklärt werden, welche Wissenskognitionen konkret im unterrichtlichen Geschehen handlungsleitend wirken, denn soll Handeln verändert werden, müssen diese zum Gegenstand einer Modifikation gemacht werden. In der Forschung zu Lehrerwissen und -handeln werden dazu überwiegend zwei Konzepte herangezogen: Subjektive Theorien und Unterrichtsskripts. Während sich entsprechende Forschungsvorhaben in der Regel entweder auf das eine oder auf das andere Konzept beziehen, liegt unseren Arbeiten ein Modell handlungsrelevanter Wissenskognitionen zugrunde, das beide Konzepte integriert. Die verschiedenen Ebenen unterrichtlichen Handelns lassen sich auf diese Weise präziser erklären, und in Interventionen zur Veränderung von Lehrerhandeln kann an den betreffenden Ebenen angesetzt werden. Im Folgenden werden die beiden Konzepte zunächst getrennt dargestellt, bevor wir unser Integrationsmodell präsentieren.

Im Rahmen des Forschungsprogramms Subjektive Theorien konnte die Bedeutung Subjektiver Theorien für das Handeln von Lehrpersonen empirisch überzeugend belegt werden (vgl. neben Groeben et al. 1988; z.B. Dann/Humpert 1987; Schlee/Wahl 1987; Dann et al. 1999). Dabei weisen die Ergebnisse der Studien darauf hin, dass eine Umsetzung erlernten Handlungswissens vor allem dann gelingt, wenn eine Modifizierung Subjektiver Theorien stattgefunden hat. Unter Subjektiven Theorien werden komplexe Kognitionssysteme mit einer zumindest impliziten Argumentationsstruktur verstanden, in denen sich die Welt- und Selbstsicht des Individuums manifestiert. In Form von Subjektiven Hypothesen erfüllen sie analog zu objektiven Theorien für die individuelle Person die Funktion der Erklärung, Prognose und Technologie (vgl. Groeben et al. ebd., S. 19). Subjektive Theorien erstrecken sich über ein Kontinuum verschiedener „Reichweiten" bzw. verschiedener „Verdichtungsgrade". Damit sind die Abstraktionsebenen angesprochen, auf denen die Wissenskognitionen organisiert sind. Auf höherer Abstraktionsebene beziehen sich Subjektive Theorien auf Ursachen, Bedingungen oder Funktionen von z.B. Schülerverhalten, auf niederer Ebene (hoher Verdichtungsgrad) betreffen sie konkrete Handlungskonzepte für bestimmte situative Bedingungen bzw. spezifische Ziele, wie z.B. Reaktionen auf Schülerverhalten (vgl. Dann 1994, S. 168f.).

Das zweite Konzept, mit dem sich verdichtete Bereiche des Professionswissens von Lehrpersonen erfassen lassen, sind kognitive Skripts. Der Skriptbegriff entstammt der von Schank und Abelson (1977) begründeten Skripttheorie und beschreibt „a predetermined, stereotyped sequence of actions that defines a well-known situation" (Schank/Abelson 1977, S. 41), also Wissenskognitionen, die immer wiederkehrenden und damit routinisierten Handlungsabläufen zugrunde liegen. Einzelne Skripts stellen eine durch eine bestimmte Zielvorstellung aktivierte kausale Kette von Handlungen und Subhandlungen (Aebli 1981) dar. Im Unterschied zu Handlungsfolgen, die bei neuen Handlungsabsichten Schritt für Schritt entworfen werden, sind sie Teile eines „Repertoires von fertigen Handlungsabläufen" (Aebli 1983, S. 185), die nicht mehr vollständig auf der reflexiv-bewussten Ebene liegen und zumindest in Teilen automatisiert sind (ebd., S. 190). Angestoßen von seiner Verwendung in der TIMMS-Videostudie, wird in mehreren aktuellen Forschungsvorhaben der Begriff des „Unterrichtsskripts" herangezogen (vgl. Blömeke 2002; Pauli/Reusser 2003; Seidel 2003), aber auch zuvor wurde bereits im Lehr-Lernkontext auf den Skriptbegriff zurückgegriffen (Hofer 1986; Leinhardt et al. 1991). Er bietet für Forschungsfragen, die sich mit didaktisch-methodischen Aspekten des Lehrerhandelns und damit mit unterrichtlichen Mustern und Abläufen beschäftigen, ein Modell mit hohem Erklärungswert für die in diesem Zusammenhang relevanten kognitiven Strukturen, insbesondere in Bezug auf ihre Veränderungsresistenz. Es reduziert Komplexität, ohne – wie im Fall der Reduktion in Laborstudien – der Gefahr defizitärer Übertragbarkeit zu unterliegen.

Subjektive Theorien und Unterrichtsskripts werden von uns in ein heuristisches Modell über handlungsleitende Kognitionen im Lehr-Lernkontext integriert, das Anhaltspunkte zur Frage des Stellenwertes von Unterrichtsskripts bei der Handlungssteuerung liefert. Danach sind verschiedene Ebenen handlungsleitender Kognitionen – von bewusst zugänglichen umfassenderen Kognitionen bis zu stark verdichteten Formen – auf einem Kontinuum angesiedelt, das in der Vertikalen von einem umfassenden zu einem konkreten Handlungsbezug und damit in Richtung einer abnehmenden Gelegenheit für reflexive Prozesse in der Handlungssituation verläuft. Wir gehen davon aus, dass es sich bei dem gesamten Komplex um Subjektive Theorien handelt, die als Subjektive Theorien mittlerer Reichweite umfassendere Einsichten über Prinzipien und Prozesse abbilden und als Subjektive Theorien kurzer Reichweite verdichtetes Handlungswissen betreffen. Im Bereich der verdichteten Kognitionen hat sich eine bestimmte Prägung von Wissenskognitionen, nämlich Unterrichtsskripts, herausgebildet, die im Gesamtkontext des Lehrerhandelns die unterrichtlichen Ablaufroutinen bedingt. Bei einem schnellen zielgerichteten Handeln, das in der Unterrichtssituation typischerweise gefordert ist, wird also von einem Zusammenspiel verdichteter Subjektiver Theorien und Skriptwissen ausgegangen. Verdichtete Subjektive Theorien sind hierbei unmittelbar operativ und damit direkt handlungsleitend. Sie berücksichtigen – anders als Skripts – auch die spezifischen Situationsbedingungen, von denen der konkrete Handlungsverlauf abhängt. Unterrichtsskripts sind demgegenüber auf einer etwas höheren Abstraktionsebene angesiedelt, aber noch im Bereich der verdichteten Kognitionen. In ihnen sind typische Aktivitätsabläufe organisiert, die die *Grund*struktur des Handlungsablaufs abbilden, auf die sich alle Verlaufsvarianten der verdichteten Subjektiven Theorien als gemeinsamen Nenner zurückführen lassen.

Auf die unterrichtliche Realität übertragen, lässt dieses Modell folgende Deutung zu: Der Lernprozess „Begriffsbildung" wird von der Lehrperson X typischerweise durch folgende Schritte gestaltet: a) Erarbeitung der Merkmale an einem prototypischen Beispiel im gelenkten Unterrichtsgespräch, b) selbstständige Erarbeitung der Merkmale an weiteren Beispielen in Gruppenarbeit, c) Anwendung oder Erweiterung des Begriffs in einem anderen Kontext als Hausaufgabe. Während angenommen werden kann, dass diesem Grundmuster des Vorgehens ein Unterrichtsskript zugrunde liegt, sind Entscheidungen – wie z.B. in einem konkreten Fall wegen störenden Schülerverhaltens statt der Arbeitsgruppen Einzelarbeit anzusetzen – auf verdichtete Subjektive Theorien zurückzuführen. Vor diesem Hintergrund können Unterrichtsskripts als ausschlaggebend für die Gestaltung von Unterricht nach bestimmten didaktischen Paradigmen gelten. Sie besitzen eine *strukturelle* Ausprägung, die sich auf das äußere Ablaufarrangement der Lehr- und Lernformen bezieht, und eine *qualitative* Ausprägung, die eher die Tiefenstruktur von Unterricht im Sinne der didaktischen Zielsetzung betrifft.

3. Entwicklung einer Intervention zur Veränderung von Lehrerhandeln beim Einsatz neuer Medien

Soll die Lernumgebung im Zuge des Einsatzes von neuen Medien auch nach neuen Prinzipien gestaltet werden, ist eine Umorientierung im Lehrerhandeln und in verschiedenen Punkten der Unterrichtsorganisation notwendig. In erster Linie sind davon die Unterrichtsskripts betroffen. Skripts sind jedoch in den Gesamtkomplex handlungsrelevanter Kognitionen eingebunden, die eng miteinander in Beziehung stehen und erst in ihrem Zusammenwirken handlungsleitend sind. Insofern erscheint es notwendig, Veränderungsbemühungen auf das gesamte Kognitionsgefüge zu beziehen.

Zur Modifizierung Subjektiver Theorien, insbesondere unter Berücksichtigung ihrer verdichteten Formen, liegen für den pädagogischen Bereich erprobte Verfahren (vgl. z.B. Tennstädt et al. 1995; Mutzeck 1999; Humpert/Dann 2001; Wahl 2002) sowie begleitende Evaluationen dazu vor (vgl. Tennstädt/Dann 1987; Schmidt/Wahl 1999). Auf die Veränderung von Subjektiven Theorien mittlerer Reichweite zielt etwa ein Vorgehen, das Einblicke in neue Lehr-Lernkonzepte zur theoretischen Begründung methodischer Entscheidungen gewährt und modellhafte Unterrichtsverläufe präsentiert. Um in alltagsrelevantes Handlungswissen einzugehen, müssen jedoch Verdichtungsprozesse stattfinden, die durch praktisches Umsetzen und konkrete Erfahrungen mit den neuen Handlungsentwürfen angeregt werden. Erst von solchen Maßnahmen kann angenommen werden, dass sie eine Modifikation verdichteter Kognitionen wie Unterrichtsskripts bewirken. Die im Folgenden vorgestellte Intervention kombiniert diese beiden Prinzipien.

In Anlehnung an Wahl (2000, 2001, 2002) umfasst unsere Intervention drei Prozesselemente, die theoriebezogen auf unseren Zielkontext ausgestaltet werden. Als Zielgruppe des ersten Durchlaufs richtet sich die Fortbildung an Englischlehrerinnen und -lehrer, die in der Sekundarstufe I und II unterrichten. Didaktische Orientierung bietet in allgemeindidaktischer Hinsicht der Ansatz zum gemäßigt-konstruktivistischen bzw. problemorientierten Lernen, der die Balance zwischen konstruktivistischen und traditionell-instruktionalen Lehr-Lern-Modellen anstrebt (vgl. Gerstenmaier/Mandl 1995; Reinmann-Rothmeier/Mandl 2001, S. 625ff.), und in mediendidaktischer Hinsicht das *inquiry model* (s.o.). In der Fremdsprachendidaktik bieten dazu der *task-based approach* (vgl. Willis 1996), sowie hinsichtlich des Erwerbs von Lernstrategien das autonome Fremdsprachenlernen Anknüpfungspunkte (vgl. Rampillon 2000). Konkret wird es z.B. um die Entwicklung und Erprobung von Unterrichtsvorhaben unter Einbeziehung des Computers als Informationsquelle und als Werkzeug anhand des Modells der *WebQuests* (Dodge 1995; March 1998; Moser 2000) gehen.

Ziel der ersten Phase – der *Reflexion* – ist es, die vorherrschenden Unterrichtsskripts und Subjektiven Theorien zum Einsatz neuer Medien im Unterricht als Ausgangspunkt für eine Weiterentwicklung bzw. Veränderung bewusst zu machen. Methodisch wird auf den so genannten „Pädagogischen Doppeldecker" zurückgegriffen, d.h. die Teilnehmerinnen und Teilnehmer lernen mit genau der Methode, die sie als Lehrende einsetzen sollen. Als Voraussetzung einer Modifikation soll in der Kombination von Reflexion alter Unterrichtsmuster und Information über innovative Alternativen einerseits die Akzeptanz der Veränderungsbedürftigkeit bestimmter Handlungsmuster und die Erkenntnis des Nutzens der neuen Formen angebahnt werden.

Die zweite Phase umfasst die *Modifikation der vorhandenen Subjektiven Theorien* durch Wissenserwerb. Die Erarbeitung neuer Handlungsprinzipien zur Förderung problemorientierten Lernens unter Nutzung der Möglichkeiten neuer Technologien soll eine Veränderung der Subjektiven Theorien mittlerer Reichweite initiieren. In dieser Trainingsphase wird den Teilnehmern zunächst zu dem gewählten Thema theoretisches und methodisches Handlungswissen angeboten: in Bezug auf Prinzipien und Konzepte zur Gestaltung von medialen Lernumgebungen, zur Formulierung von Aufgabenstellungen, in Bezug auf Methoden zum Training von Arbeitstechniken und in Form von beispielhafte Unterrichtsideen. Die Teilnehmerinnen und Teilnehmer wählen auf dieser Grundlage Themen und Vorgehensweisen aus, die sie daraufhin in einer auf ihre Lehrsituation zugeschnittenen Unterrichtsplanung konkretisieren.

Ein *Transfer* wird in der dritten Phase angestrebt. Die Umsetzung des neuen Wissens im geschützten Kontext der Lehrerfortbildung, d.h. die Vorstellung und Diskussion des Planungsergebnisses und die Reflexion der Ausführung dessen in der realen Situation des eigenen Unterrichts, soll Umstrukturierungs- bzw. Verdichtungsprozesse zu nutzbarem Handlungswissen und neuen Unterrichtsskripts unterstützten. Die Erprobung der neuen Unterrichtsmuster erfolgt also nicht im Anschluss an die Fortbildung auf sich allein gestellt, sondern ist Teil der Maßnahme. Auf diese Weise kann das Zustandekommen erster Praxiserfahrungen gewährleistet werden und es eröffnet sich die Möglichkeit, eventuelle Hemmnisse zu reflektieren oder Misserfolge aufzufangen. Mit einer individuellen Unterstützung bei den Anfangsschwierigkeiten soll die weitere Praktizierung der neuen Methode gesichert werden, um diese im Handlungsrepertoire der Teilnehmer fest zu verankern.

4. Empirische Evaluation der Intervention zur Veränderung von Lehrerhandeln

4.1 Methodologische und methodische Überlegungen

Mit der dargelegten Intervention wird eine Veränderung des Lehrerhandelns in Richtung einer Unterrichtsgestaltung, die problemorientiertes Lernen mit neuen Medien fördert, angestrebt. Vor diesem Hintergrund wird die Form einer Ergebnisevaluation gewählt, in der das Ausmaß der Handlungsveränderung und die Übereinstimmung mit den zugrunde liegenden Lehr-Lernmodellen überprüft wird (Will et al. 1987; Fricke 2002, S. 457). Es handelt sich also um ein output-orientiertes, nicht-vergleichendes Vorgehen – d.h. die Fragestellung richtet sich nicht auf einen Vergleich mehrerer Verfahren, sondern auf eine bestimmte Zielstellung – sowie größtenteils um eine Fremdevaluation, um Effekte durch eine Orientierung an der Erwünschtheit bestimmter Aussagen zu vermeiden (vgl. Wottawa/Thierau 1998).

Ausgehend von der Annahme, dass entsprechende neue Unterrichtsmuster erst dann stabil praktiziert werden können, wenn auf kognitiver Ebene eine Modifizierung der Unterrichtsskripts sowie der Subjektiven Theorien gelungen ist, ergeben sich die folgende Schritte für das Vorgehen in der Evaluation: Da als Voraussetzung einer potenziellen Veränderung von Handlungsmustern die *Bereitschaft* dazu gegeben sein muss, besteht das erste Teilziel der Maßnahme darin, durch Einsatz eines Fragebogens zu erfassen, ob eine grundlegende Akzeptanz der Grundprinzipien des problemorientierten Lernens auch für das eigene unterrichtliche Handeln gegeben ist. Hier liegen gleichzeitig ein Zwischenziel und eine Bedingung für eine erfolgreiche Skriptmodifikation. Die Hauptzielstellung der Evaluation besteht darin zu prüfen, ob eine nachhaltige Veränderung unterrichtlicher Handlungsmustern in Richtung problemorientierten Unterrichts gegeben ist. Auf der Basis dieser Ergebnisse kann sodann auf eine Modifikation von Unterrichtsskripts rückgeschlossen werden.

Die hier beschriebene Evaluation in Form einer Wirkungsanalyse erfordert ein Pre-Post-Design, das in Vor- und Nacherhebungen mögliche Veränderungen der unterrichtlichen Muster aufzeigt. Um situative Einflüsse so weit wie möglich auszuschließen, ist eine Voruntersuchung zu zwei Zeitpunkten vorgesehen. Auch die Nachuntersuchungen finden zu zwei, allerdings weiter auseinander liegenden Zeitpunkten statt, damit Aussagen über die Nachhaltigkeit der Veränderung getroffen werden können. Zur Repräsentativität der Stichprobe ist anzumerken, dass sich die Teilnehmerinnen und Teilnehmer freiwillig zur Teilnahme an der Intervention melden müssen, so dass mit Verzerrungen im Vergleich zur Gesamtheit der Englischlehrerinnen und -lehrer zu rechnen ist. Wichtiger Bestandteil der Vortests ist daher die Erhebung charakteristischer Merkmale der Stichprobe, die aus 14 Lehrpersonen mit Kenntnissen im Umgang mit Computer und Internet besteht.

4.2 *Indikatoren und Untersuchungsinstrumente*

In der Fortbildung sollen die Lehrerinnen und Lehrer in die Lage versetzt werden, Lernumgebungen zu gestalten, die ein problemorientiertes Lernen mit neuen Medien ermöglichen. Insofern werden das Handeln und die Unterrichtsgestaltung der Lehrperson erfasst. Ausgehend von den Grundprinzipien problemorientierten Lernens wurden deshalb unterrichtliche Handlungs- bzw. Gestaltungsprinzipien entwickelt, die Indikatoren für ein problemorientiertes Unterrichtshandeln darstellen. Wir legen mit Reinmann-Rothmeier/Mandl (2001,

S. 626) zugrunde, dass problemorientiertes Lernen selbstgesteuert, aktiv-konstruierend, kooperativ sowie situativ ist, wobei von der Lehrerperson instruktionale Unterstützung gewährt wird. Als Anforderungen an das Lehrerhandeln sowie für die Gestaltung der Lernumgebung ergibt sich hieraus, dass den Lernenden im Lernprozess *Freiraum und Zeit* gewährt werden muss, dass die *Themenwahl bzw. Aufgabenstellung adäquat gestaltet* und dass das *Potenzial neuer Medien* genutzt wird. Diese unterrichtlichen Gestaltungsprinzipien bedingen ganz wesentlich Ablaufmuster und didaktische Zielrichtung des Unterrichts, und damit Art und Struktur des Unterrichtsskripts, so dass sich die Wahl bzw. Entwicklung der Untersuchungsinstrumente auf die Erfassung dieser Gestaltungsprinzipien richtet.

Bei der Erhebung von Unterrichtsskripts ist der Unterrichtsverlauf zentral, d.h. die Anordnung und Dauer bestimmter Phasen muss in den Blick genommen werden. Diese sollen mit einem von uns entwickelten Verlaufsskizzen-Instrument erfasst werden und damit Aussagen über die strukturelle Beschaffenheit des Unterrichtsskripts, also der Abfolge und zeitlichen Verlaufstruktur von Sozialformen und Lehr- und Lernaktivitäten, ermöglichen. Die Erhebungsgruppe bilden dabei die Schülerinnen und Schüler, da nach Clausen (2002, S. 185, 188) durch Schülerbefragungen globale und typische Unterrichtsmerkmale am besten zu erfassen sind und mögliche Effekte durch vermeintliche Erwünschtheit von Aussagen, die bei Befragung der Lehrpersonen wahrscheinlich sind, vermieden werden sollen. Die aggregierten Daten der Schülerangaben zum Verlauf des Unterrichts zu je zwei Untersuchungszeitpunkten bilden das strukturelle Muster des Unterrichtsskripts vor und nach der Intervention ab.

Wie oben ausgeführt, zeichnen sich Unterrichtsskripts nach unserer Definition nicht nur durch die strukturelle, sondern auch eine qualitative Dimension aus, die mit einem zweiten und dritten Instrument erhoben werden. Dabei handelt es sich einmal um einen Schülerfragebogen zu Unterrichtsbereichen, die für problemorientierten Unterricht bedeutsam sind, und zur Art und Weise des Medieneinsatzes. Dazu wird ein Fragebogen der Salzburger „Lektions-Unterbrechungsmethode (LUM)", mit dem Schülerinnen und Schüler konstruktivistische Unterrichtsmerkmale einschätzen (Patry/Schwetz/Gastager 2000, S. 278) herangezogen, der für den Einsatz im Englischunterricht in der Oberstufe adaptiert wurde. Weitere Daten über die qualitative Dimension des Unterrichtsskripts werden durch die Analyse der gestellten Aufgaben, als einer wesentlichen Steuerungsinstanz in der Unterrichtsgestaltung, gewonnen: Als drittes Untersuchungsinstrument wurde auf Grundlage des *Task Design Coding Systems* von Johnson (2003, S. 150f.) ein Kategoriensystem zur Erfassung der Aufgabenmerkmale theoriegeleitet entwickelt und fachdidaktisch fundiert. Es erfasst Merkmale wie Authentizität, Komplexität und Situiertheit der Aufgabe sowie Art der kognitiven und logistischen Anforderung zur Lösung der Aufgabe.

Mit diesem Evaluationsmodell wird zum einen die „äußere Seite" von Unterricht, die Raum-Zeit-Struktur und die Inszenierung von Lehr-Lernformen, und zum anderen die „innere Seite", die Kommunikationsstruktur und Art der Lehrer- und Schüleraktivitäten sowie leitende methodisch-didaktische Prinzipien berücksichtigt (vgl. Meyer 1987, S. 230f.). Erst in der Kombination der drei Erhebungsinstrumente sehen wir die Möglichkeit, Unterrichtsskripts in ihren beiden Dimensionen zu erfassen und damit begründet ihre Modifikation anzunehmen. Mit dieser Zielstellung ist der Zugang über die Schülerperspektive ebenfalls wesentlich. Da verdichtete Kognitionen der Lehrpersonen expliziert werden sollen, die zum Teil im nicht voll bewusstseinsfähigen Bereich angesiedelt sind, sind aus der Außenperspektive, hier der Schülerperspektive, validere Ergebnissen zu erwarten als etwa eine reine Befragung von Lehrpersonen erbringen würde.

5. Ausblick auf zu erwartende Ergebnisse

Die dargelegte Intervention wird im September 2004 in Kooperation mit dem Berliner Landesinstitut für Schule und Medien als externe Fortbildung durchgeführt. Erste Ergebnisse sind im Frühjahr 2005 zu erwarten. Sollte ein Erfolg der Maßnahme im Sinne veränderter Unterrichtsmuster beim Einsatz neuer Medien im Englischunterricht nachgewiesen werden, kann die Modifizierung von Unterrichtsskripts zunächst im Kontext der fremdsprachlichen Lehrerfortbildung zum Computereinsatz als eine effektiver Ansatz für Fortbildungsmaßnahmen gelten, was allerdings durch Evaluationen folgender Durchgänge weiter gestützt werden muss. Über den fremdsprachlichen Bereich hinaus bestünde in einer empirisch belegten Wirksamkeit der Intervention eine Relevanz für die Theoriebildung des gesamten Arbeitsbereichs Lehrerfortbildung. Da die Intervention in ihrer Grundkonzeption prinzipiengeleitet angelegt ist und lediglich die konkreten Fortbildungsinhalte für den Fachkontext spezifiziert sind, ließe sie sich auf andere Fächer und Schulstufen übertragen. Sollten die Ergebnisse dieser Untersuchung zeigen, dass mit einer gelungenen Veränderung der Unterrichtsskripts die Anwendung des in der Fortbildung vermittelten Wissens in der schulischen Praxis sichergestellt werden kann, eröffnet dies die Perspektive auf weitere Interventionen auf gleicher theoretischer Grundlage in anderen fachlichen Kontexten.

Literatur

Aebli, H.: Denken: das Ordnen des Tuns. Bd. 1: Kognitive Aspekte der Handlungstheorie. Stuttgart 1980.
Aebli, H.: Zwölf Grundformen des Lehrens. Eine Allgemeine Didaktik auf psychologischer Grundlage. Stuttgart 1983.
Anderson, J. R.: Acquisition of cognitive skill. In: Psychological Review 89 (1982), S. 369–406.
Ausubel, D. P.: Educational psychology: A cognitive view. New York 1968.
Baumert, J./Lehmann, R./Lehrke, M. et al.: TIMSS – Mathematisch-naturwissenschaftlicher Unterricht im internationalen Vergleich. Deskriptive Befunde. Opladen 1997.

Baumert, J./Klieme, E./Neubrand, M./Prenzel, M. et al.: PISA 2000. Basiskompetenzen von Schülerinnen und Schülern im internationalen Vergleich. Opladen 2002.

Blömeke, S.: Handlungsmuster von Lehrerinnen und Lehrern beim Einsatz neuer Medien im Unterricht der Fächer Deutsch, Informatik und Mathematik und Physik. Antrag auf Gewährung einer Sachbeihilfe an die Deutsche Forschungsgemeinschaft (DFG) v. 10.05.2002.

Blömeke, S.: Lehren und Lernen mit neuen Medien. Forschungsstand und Forschungsperspektiven. In: Unterrichtswissenschaft 31 (2003) 1, S. 57–82.

Blömeke, S./Eichler, D./Müller, Ch.: Rekonstruktion kognitiver Strukturen von Lehrpersonen als Herausforderung für die empirische Unterrichtsforschung. In: Unterrichtswissenschaft 31 (2003) 2, S. 103–121.

Blömeke, S./Müller, Ch./Eichler, D.: Handlungsmuster von Lehrerinnen und Lehrer beim Einsatz neuer Medien. Grundlagen eines Projekts zur empirischen Unterrichtsforschung. In: *Bachmair, B./Diepold, P./de Witt, C.* (Hrsg.): Jahrbuch Medienpädagogik 4. Opladen 2004.

Bromme, R.: Der Lehrer als Experte: Zur Psychologie des professionellen Wissens. Bern u.a. 1992.

Bromme, R.: Kompetenzen, Funktionen und unterrichtliches Handeln des Lehrers. In: *Weinert, F. E.* (Hrsg.): Psychologie des Unterrichts und der Schule. Enzyklopädie der Psychologie; D, 1, 3. Göttingen u.a. 1997, S. 177–212.

Brunner, C./Tally, W.: The New Media Literacy Handbook. New York 1999.

Clark, R. E.: Media will Never Influence Learning. In: Educational Technology Research and Development, 42 (1994) 2, S. 21–29.

Clausen, M.: Unterrichtsqualität: Eine Frage der Perspektive? Münster 2002.

Corte E., De: Toward the Integration of Computers in Powerful Learning Environments. In: *Vosniadou, St./Corte, E. De/Mandl, H.* (Hrsg.): Technology-Based Learning Environments. Psychological and Educational Foundations. Berlin/Heidelberg 1994, S. 19–25.

Cortina, K./Baumert, J./Leschinsky, A./Mayer, K. U./Trommer, L. (Hrsg.): Das Bildungswesen in der Bundesrepublik Deutschland. Strukturen und Entwicklungen im Überblick. Reinbek 2003.

Dann, H.-D.: Pädagogisches Verstehen: Subjektive Theorien und erfolgreiches Handeln von Lehrkräften. In: *Reusser, K./Reusser-Weyeneth, M.* (Hrsg.): Verstehen. Psychologischer Prozess und didaktische Aufgabe. Bern 1994, S. 163–182.

Dann, H.-D./Diegritz, Th./Rosenbusch, H. S. (Hrsg.): Gruppenunterricht im Schulalltag: Realität und Chancen. Erlanger Forschungen. Erlangen 1999.

Dann, H.-D./Humpert, W.: Eine empirische Analyse der Handlungswirksamkeit subjektiver Theorien von Lehrern in aggressionshaltigen Unterrichtssituationen. In: Zeitschrift für Sozialpsychologie 18 (1987) 1, S. 40–49.

Dodge, B.: Some Thoughts About WebQuests. Internetdokument: http://webquest.sdsu.edu/about_webquests.html, 1995 [09.02.2004].

Fischer, F./Mandl, H.: Lehren und Lernen mit neuen Medien. In: *Tippelt, R.* (Hrsg.): Handbuch Bildungsforschung. Opladen 2002, S. 623–637.

Fischler, H./Schröder, H. J.: Fachdidaktisches Coaching für Lehrende in der Physik. In: Zeitschrift für Didaktik der Naturwissenschaften, 9 (2003), S. 43–62.

Fricke, R.: Evaluation von Multimedia. In: *Issing, L.J./Klimsa, P.:* Information und Lernen mit Multimedia und Internet. Weinheim 2002, S. 445–463.

Gerstenmaier, J./Mandl, H.: Wissenserwerb unter konstruktivistischer Perspektive. In: Zeitschrift für Pädagogik 41 (1995), S. 867–888.

Groeben, N./Wahl, D./Schlee, J./Scheele, B.: Das Forschungsprogramm Subjektive Theorien. Eine Einführung in die Psychologie des reflexiven Subjekts. Tübingen 1988.

Gruber, H./Renkl, A.: Die Kluft zwischen Wissen und Handeln: Das Problem des trägen Wissens. In: *Neuweg, G. H.* (Hrsg.): Wissen – Können – Reflexion. Innsbruck u.a. 2000.

Hatano, G./Inagaki, K.: Desituating cognition through the construction of conceptual knowledge. In: *Light, P./Butterworth, G.* (Hrsg.): Context and Cognition: Ways of learning and knowing. Hillsdale 1992, S. 115–133.

Hasebrook, J.: Wem nützt Multimedia und warum? In: *Pfammatter, R.* (Hrsg.). Multi Media Mania: Reflexionen zu Aspekten Neuer Medien. Konstanz 1998, S.101–123.

Hofer, M.: Sozialpsychologie erzieherischen Handelns: Wie das Denken und Verhalten von Lehrern organisiert ist. Göttingen u.a. 1986.

Humpert, W./Dann, H.-D.: KTM kompakt. Basistraining zur Störungsreduktion und Gewaltprävention in pädagogischen und helfenden Berufen auf der Grundlage des ,Konstanzer Trainingsmodells'. Bern 2001.

Johnson, K.: Designing Language Teaching Tasks. Hampshire und New York 2003.

Jonassen, D. H.: Objectivism versus Constructivism: Do we need a new philisophical paradigm? In: Educational Technology Research and Development 39 (1991) 3, S. 5–14.

Kerres, M.: Medienentscheidungen in der Unterrichtsplanung. Zu Wirkungsargumenten und Begründungen des didaktischen Einsatzes digitaler Medien. In: Bildung und Erziehung 53 (2000) 1, S. 19–39.

Kozma, R.: Will Media Influence Learning? Reframing the Debate. In: Educational Technology Research and Development, 42 (1994) 2, S. 7–19.

March, T.: Why WebQuests? – An introduction. Internetdokument: http://www.ozline.com/webquests/intro.html, 1998. [09.02.2004].

Medienpädagogischer Forschungsverbund Südwest (MPFS) (Hrsg.): Lehrer/-innen und Medien 2003: Nutzung, Einstellungen, Perspektiven. Baden-Baden 2003.

Meyer, H.: Unterrichtsmethoden I: Theorieband. Frankfurt 1987.

Michaels, S.: The computer as dependent variable. Theory into Practice, 29 (1990) 4, S. 246–256.

Moser, H.: Abenteuer Internet. Lernen mit WebQuests, Zürich 2000.

Mutzeck, W.: Von der Absicht zum Handeln. Weinheim 1988.

Mutzeck, W.: Kooperative Beratung – Grundlagen und Methoden der Beratung und Supervision im Berufsalltag. Weinheim und Basel 1999.

Neuweg, G. H.: Lehrerhandeln und Lehrerbildung im Lichte des Konzepts des impliziten Wissens. In: Zeitschrift für Pädagogik, 48 (2002) 1, S. 10–29.

Patry, J.-L./Schwetz, H./Gastager, A.: Wissen und Handeln. Lehrerinnen und Lehrer verändern ihren Mathematikunterricht. In: Bildung und Erziehung 53 (2000) 3, S. 271–286.

Pauli, C./Reusser, K.: Unterrichtsskripts im schweizerischen und im deutschen Mathematikunterricht. In: Unterrichtswissenschaft 31 (2003) 3, S. 238–272.

Leinhardt, G./Putnam, R. T./Stein, M. K./Baxter, J.: Where subject knowledge matters. Bd. 2. In: *Brophy, J.* (Hrsg.): Advances in research on teaching: Teacher's subject matter knowledge and classroom instruction. Greenwhich, C.T. 1991, S. 87–113.

Rampillon, U.: Aufgabentypologie zum autonomen Lernen. Ismaning 2000.

Reinmann-Rothmeier, G./Mandl, H.: Unterrichten und Lernumgebungen gestalten. In: *Krapp, A./ Weidenmann, B.* (Hrsg.): Pädagogische Psychologie. Weinheim: Psychologie Verlags Union 2001, S. 601–646.

Renkl, A.: Träges Wissen: Wenn Erlerntes nicht genutzt wird. Psychologische Rundschau 47 (1996), S. 78–92.

Reusser, K.: „E-Learning" als Katalysator und Werkzeug didaktischer Innovation. Beiträge zur Lehrerbildung 21 (2003) 2, S. 176–191.

Schank, R. C./Abelson, R. P.: Scripts, Plans, Goals and Understanding. An Inquiry into Human Knowledge Structures. The Artificial Intelligence Series. Hillsdale, N.J. 1977.

Schiefele, U./Schreyer, I.: Intrinsische Lernmotivation und Lernen. Ein Überblick zu Ergebnissen der Forschung. In: Zeitschrift für Pädagogische Psychologie 8 (1994) S. 1–13.

Schlee, J./Wahl, D.: Veränderung Subjektiver Theorien von Lehrern. Oldenburg 1987.

Schmidt, E. M./Wahl, D.: Kooperatives Lehren lernen: Die Wirkung kommunikativer Praxisbewältigung in Gruppen (KOPING) auf den Lernprozess von ErwachsenenbildnerInnen. In: Gruppendynamik 30 (1999) 3, S. 281–293.

Seidel, T.: Lehr-Lernskripts im Unterricht. Münster 2003.

Stark, R./Mandl, H.: Das Theorie-Praxisproblem in der pädagogisch-psychologischen Forschung – ein unüberwindbares Transferproblem? Forschungsbericht Nr.118. Ludwig-Maximilians-Universität, Lehrstuhl für Empirische Pädagogik und Pädagogische Psychologie. München 2000.

Tennstädt, K.-Ch./Dann, H.-D.: Das Konstanzer Trainingsmodell (KTM). Bd.3: Evaluation des Trainingserfolgs im empirischen Vergleich. Bern 1987.

Tennstädt, K.-Ch./Krause, F./Humpert, W./Dann, H.-D.: Das Konstanzer Trainingsmodell (KTM). Bd.1: Trainingshandbuch. Bern 1995.

Tulodziecki, G.: Medien in Erziehung und Bildung. Bad Heilbrunn 1997.

Tulodziecki, G.: Nutzung von Multimedia – ein Weg zur Verbesserung schulischen Lehrens und Lernens? In: *Aufenanger, S./Schulz-Zander, R./Spanhel, D.* (Hrsg.): Jahrbuch Medienpädagogik 1. Opladen 2001, S. 283–300.

Veen, W.: How teachers use computers in instructional practise – Four case studies in a Dutch secondary school. In: Computers & Education 21 (1993) 1/2, S. 1–8.

Wahl, D.: Handeln unter Druck. Weinheim 1991.

Wahl, D.: Das große und das kleine Sandwich: Ein theoretisch wie empirisch begründetes Konzept zur Veränderung handlungsleitender Kognitionen. In: *Dalbert, C./Brunner, J.* (Hrsg.): Handlungsleitende Kognitionen in der pädagogischen Praxis. Baltmannsweiler 2000, S. 155–168.

Wahl, D.: Nachhaltige Wege vom Wissen zum Handeln. In: Beiträge zur Lehrerbildung 19 (2001) 2, S. 157–174.

Wahl, D.: Mit Training vom trägen Wissen zum kompetenten Handeln. In: Zeitschrift für Pädagogik 48 (2002) 2, S. 227–241.

Will, H./Winteler, A./Krapp, A.: Von der Erfolgskontrolle zur Evaluation. In: *Will, H./Winteler, A./Krapp, A.:* Evaluation in der beruflichen Aus- und Weiterbildung. Konzepte und Strategien. Heidelberg 1987, S. 11–42.

Willis, J.: A Framework for Task-Based Learning. Harlow 1996.

Wottawa, H./Thierau, H.: Lehrbuch Evaluation. Bern 1998.

Teil II
Forschungsmethoden zur Mediennutzung

Klaus Peter Treumann / Eckhard Burkatzki /
Mareike Strotmann / Claudia Wegener

Zur Rekonstruktion einer Typologie jugendlichen Medienhandelns gemäß dem Leitbild der Triangulation

Die im Folgenden dargestellten Ergebnisse sind im Rahmen des von der DFG geförderten Forschungsprojekts „Eine Untersuchung zum Mediennutzungsverhalten 12- bis 20-Jähriger und zur Entwicklung von Medienkompetenz im Jugendalter" entstanden, das gemeinsam von Klaus Peter Treumann, Uwe Sander und Dorothee Meister geleitet wird. Das Forschungsprojekt untersucht das Medienhandeln Jugendlicher sowohl hinsichtlich Neuer als auch alter Medien. Zum einen fragen wir dabei nach den Ausprägungen von Medienkompetenz in verschiedenen Dimensionen und zum anderen konzentrieren wir uns auf die Entwicklung einer empirisch fundierten Typologie jugendlichen Medienhandelns. Methodologisch ist die Untersuchung an dem Leitbild der Triangulation orientiert und kombiniert qualitative und quantitative Zugänge zum Forschungsfeld in Form von Gruppendiskussionen, leitfadengestützten Einzelinterviews und einer Repräsentativerhebung.

1. Fragestellung

Das Medienhandeln Jugendlicher umfasst nach unserem Verständnis nicht nur Variablen der Mediennutzung, sondern schließt darüber hinaus solche Konzepte ein, wie sie in verschiedenen systematischen Entwürfen zur Medienkompetenz entwickelt worden sind. Als theoretische Folie nutzen wir vor allem das Bielefelder Medienkompetenz-Modell (Baacke 1996a, 1996b; Baacke u.a. 1999), um das Medienhandeln Jugendlicher zum einen facettenreich zu operationalisieren und zum anderen inhaltlich in voneinander unterscheidbare Teilbereiche zu untergliedern. Im *quantitativen* Teil der Studie haben wir explorativ – u.a. mit Hilfe des multivariaten Verfahrens der Clusteranalyse – vor allem die folgenden Fragen in den Mittelpunkt der Untersuchung gestellt: (a) Lassen sich die Jugendlichen in unterschiedliche Mediennutzungstypen aufteilen, die sich in ihren Interessen und medienbezogenen Umgangsformen bedeutsam voneinander unterscheiden? (b) Welche Differenzen zeigen sich bei den unterschiedlichen „Nutzungstypen" mit Blick auf die einzelnen Dimensionen des Medienkompetenz-Modells, also der Mediennutzung, der Mediengestaltung, der

Medienkritik sowie des Medienwissens? (c) Lassen sich zwischen der Zugehörigkeit zu den einzelnen Clustertypen und externen Variablen (individuelle Interessenlagen, soziokulturelle Orientierungen etc.), d.h solchen, die *nicht* bei der Clusteranalyse berücksichtigt wurden, inhaltlich plausible und statistisch signifikante Zusammenhänge finden? Im *qualitativen* Teil schlossen sich dann Leitfadeninterviews mit prototypischen Fällen aus den einzelnen Clustern an, die vertiefend den verschiedenen Ausprägungen des Medienhandelns sowie unterschiedlichen Formen der Medienkompetenz innerhalb eines Clusters nachgingen. Forschungsmethodologisch ging es uns gemäß dem Leitbild der Triangulation ganz besonders darum, eine möglichst enge Verknüpfung qualitativer und quantitativer Methoden zu erproben und die dazu notwendigen Verfahrensschritte bis ins Einzelne zu dokumentieren, was am Beispiel des Clustertyps der *„Konsumorientierten"* verdeutlicht wird.

2. Theoretischer Bezugsrahmen

(Medien-)Theoretische Ansätze, die für die Operationalisierung der Variablen der quantitativen Untersuchung und für die Interpretation der Ergebnisse der Clusteranalysen sowie für die qualitativen Einzelinterviews und deren Auswertung in dieser Untersuchung herangezogen worden sind, umfassen den Uses-and-Gratifications Approach, das Habituskonzept und den Kapitalsortenansatz, das Bielefelder Medienkompetenz-Modell, den Sozialökologischen Ansatz und die Wissenskluft-Hypothese. Aus Platzgründen können sie hier nicht entfaltet werden, sondern es wird auf ihre Darstellung in unserem Beitrag verwiesen, der im Jahrbuch Medienpädagogik 4 erschienen ist (Treumann u.a. 2004).

3. Forschungsdesign und Methodologie der Studie

3.1 Triangulation als Leitbild

Auch wenn heute die meisten medienpädagogischen Autoren die Notwendigkeit von Medienkompetenz betonten, existieren bislang kaum empirische Studien über Medienkompetenz bei Jugendlichen. Zudem können Differenzen zwischen einzelnen Gruppen von Jugendlichen – beispielsweise Geschlechter-, Bildungs- oder sozialräumliche Unterschiede – lediglich vermutet werden. Weiterhin ist die Entwicklung von Medienkompetenz, also ihre Genese und die Faktoren der Förderung beziehungsweise Schwächung bislang kaum untersucht worden. Die Bearbeitung eines derart komplexen Forschungsdesiderats macht es erforderlich, ein Forschungsdesign zu konzipieren, welches der inhärenten *Mehrperspektivität* des Untersuchungsproblems gerecht wird. Daher legen wir unsere Studie von ihrem Design her so an, dass verschiedene Erkenntnisstrategien miteinander kombiniert und aufeinander bezogen werden können.

Ein solches Vorgehen steht in der noch relativ jungen Tradition des methodologischen Konzeptes der *Triangulation* (Treumann 1986, 1998; Flick 1991, 1995). Dieser Begriff wurde von Denzin (1970, 1989) eingeführt und stammt ursprünglich aus der Landvermessung. Er bedeutet dort eine exakte Positionsbestimmung eines Punktes von mindestens zwei unterschiedlichen anderen Punkten aus. In dieser von Denzin verwendeten Metapher spiegelt sich die Hoffnung wider, die Gültigkeit der Ergebnisse einer Studie durch die Kombination unterschiedlicher Erkenntnisstrategien – insbesondere qualitativer und quantitativer Methoden – zu verbessern (Kelle/Erzberger 1999; Treumann 1998; Engler 1997; von Saldern 1995; Wolf 1995). Dieses methodologische Prinzip scheint besonders geeignet zu sein, um die Wahrnehmungen und Deutungen von Subjekten mit den lebensweltlichen Kontexten und geronnenen sozialen Strukturen, in denen sie agieren, zu verknüpfen. Eine so verstandene Mehrperspektivität der zu bearbeitenden Forschungsfrage lässt sich auf insgesamt vier Ebenen realisieren (vgl. Treumann 1998, S. 155–157):

▶ *Theorien-Triangulation:* Eine solche Forschungsstrategie beinhaltet die Anwendung unterschiedlicher theoretischer Perspektiven und Hypothesen, um Daten zu generieren und zu interpretieren.

▶ *Forscher-Triangulation:* Diese Ebene beinhaltet die Forderung, dass mehr als eine Wissenschaftlerin oder ein Wissenschaftler dieselbe Situation untersucht, um Verzerrungen, die in der Person der Forscherin oder des Forschers liegen können, aufzudecken und zu reduzieren.

▶ *Daten-Triangulation:* In Abgrenzung zur Verwendung verschiedener Forschungsmethoden per se, die der Generierung von Daten dienen, ist mit dieser Strategie die Nutzung unterschiedlicher Datenquellen gemeint, die bei der Untersuchung sozialwissenschaftlicher Phänomene zu verschiedenen *Zeitpunkten* und an differierenden *Orten* und bei mehreren *Personen* – als isolierte Untersuchungseinheiten, Interaktionen praktizierend oder in sozialen Kollektiven agierend – entstehen.

▶ *Methoden-Triangulation:* Im Anschluss an Webb u.a. (1966) unterscheidet Denzin zwischen der Triangulation *innerhalb* einer Methode („within-method") und *zwischen* unterschiedlichen Methoden („between-methods"). Entscheidend für die zweite Konstellation ist, dass verschiedene qualitative und quantitative Methoden der Datenerhebung und -auswertung gemäß der jeweiligen Forschungsfrage angewendet und miteinander *kombiniert* werden.

Die ursprüngliche Absicht, die Denzin (1970) mit der Forschungsstrategie der Triangulation intendiert hat, nämlich durch einen Mehrmethodenansatz notwendigerweise zu *verlässlicheren* und *gültigeren* Ergebnissen als bei Anwendung einer einzigen Forschungsmethode zu kommen – *„Integrationsthese"* (Treumann 1998) bzw. *„Konvergenzmodell"* (Kelle/Erzberger 1999) – steht inzwischen in Konkurrenz zu einer methodologischen Position, die besagt, dass die Methoden-Triangulation aufgrund der unterschiedlichen Theorietraditionen, aus denen qualitative und quantitative Methoden entstammen, *breitere, vielfältigere* und *tiefere* Erkenntnisse über die untersuchten sozialen Phänomene zu liefern imstande ist (*„Komplementaritätsthese"*, Treumann 1998).

3.2 Design

Unsere Studie muss nicht beim „Stande Null" beginnen, sondern kann auf einen relativ breit gefächerten Kanon entwickelter Konzepte und Theorien der Medienforschung zurückgreifen, insbesondere auf das Bielefelder Medienkompetenz-Modell (Baacke 1996a, b). Um die Fragestellungen und Zielsetzungen des Projektes bearbeiten zu können, ist es daher erkenntnistheoretisch möglich und gerechtfertigt, das „klassische" Phasenmodell der Methodenkombination (zuerst qualitative Verfahren zur Hypothesenkonstruktion und danach quantitative Methoden zur Hypothesenüberprüfung einzusetzen) aus forschungsmethodologischen Gründen *umzukehren*. Daher wurden ausgewählte Konzepte der Medienkompetenz, des Nutzenansatzes und der Wissenskluft-Perspektive bzw. -Hypothese mit Hilfe von Items eines standardisierten Fragebogens operationalisiert. Daneben wurden beispielsweise Freizeitaktivitäten von Jugendlichen im Allgemeinen, ihre Zugehörigkeit zu Vereinen, Gruppen, Organisationen und jugendkulturellen Szenen, ihre Genre-Präferenzen im Hinblick auf Sendungen und Spielfilme im Fernsehen, ihre Vorgehensweisen beim Erlernen der Bedienung von Mediengeräten und zur Lösung bei der Arbeit mit dem Computer („Coping-Strategien"), ihre medial vermittelten Vorbilder und Idole sowie soziostrukturelle Variablen erhoben. Der Erhebungsplan für die standardisierte Befragung der Jugendlichen war als Querschnittstudie angelegt.

3.3 Stichprobe

Die Grundgesamtheit setzte sich aus Jugendlichen der drei Bundesländer Mecklenburg-Vorpommern, Nordrhein-Westfalen und Sachsen-Anhalt zusammen, die zum Befragungszeitraum ein Lebensalter von 12 bis einschließlich 20 Jahren erreicht hatten, Deutsch als Muttersprache beherrschten,[1] mindestens drei Jahre in demselben Ort und jeweils in einem der drei folgenden Sozialräume wohnten: (a) Ländliche Wohngegenden (< 25.000 Einw.), (b) Mittelstädte (< 50.000 Einw.) und (c) Großstädte (> 100.000 Einw.): Aus der Grundgesamtheit wurde zum einen eine zweifach geschichtete Flächenstichprobe gezogen, die sich zum einen auf die drei Bundesländer und zum anderen auf die drei Sozialräume bezog. In einem letzten Schritt wurde in den drei ausgewählten Sozialräumen per Zufall mindestens je eine Hauptschule, Realschule beziehungsweise Sekundarschule, ein Gymnasium, eine Gesamtschule (für NRW)

---

1 Das Medienhandeln von Jugendlichen aus türkischen Migrantenfamilien wird in einem gesonderten Dissertationsvorhaben von Mareike Strotmann analysiert, das den Arbeitstitel „Mediennutzung im Alltag türkischer Jugendlicher" trägt.

und eine Berufsschule ausgewählt und die Jugendlichen aus mindestens einer Schulklasse pro Schülerjahrgang von der siebenten Jahrgangsstufe oder dem ersten Ausbildungsjahr an aufwärts befragt. Es ergab sich über alle Bundesländer hinweg eine *bereinigte Nettostichprobe* von insgesamt n = 3.271 Jugendlichen. Diese Stichprobe bildete den Ausgangspunkt für sämtliche nachfolgenden Untersuchungen.

3.4 Methoden der Datenerhebung

3.4.1 Standardisierte Befragung

Die Umfrage zum Mediennutzungsverhalten und zur Medienkompetenz Jugendlicher erfolgte mit Hilfe eines standardisierten Fragebogens, der insgesamt 121 Fragen(-komplexe) umfasste (siehe auch Abschnitt 3.2) und zuvor einem Pretest unterzogen wurde. Der Erhebungszeitraum erstreckte sich von Mitte Oktober bis Anfang Dezember 2001.

3.4.2 Leitfadengestützte qualitative Einzelinterviews

Aus den sieben Clustern der Clusteranalyse (siehe Abschnitt 4.1.2) wurden jeweils diejenigen fünf Jugendlichen ausgewählt, die einen möglichst geringen Abstand zum Clustercentroid beziehungsweise -schwerpunkt aufwiesen. Insgesamt wurden daher 7 × 5 = 35 Jugendliche mit Hilfe eines Leitfadens qualitativ interviewt.[2] Zentrale inhaltliche Themenschwerpunkte sind in Abschnitt 4.3.1 aufgeführt. Die qualitativen Interviews mit den ausgewählten Jugendlichen wurden in allen drei Bundesländern von Juni bis Juli 2002 geführt.

3.5 Methoden der Datenanalyse

Den Ausgangspunkt der nachfolgenden multivariaten Analysen bildeten m = 141 Variablen (z.B. Fragebogenitems/Schätzskalen), mit Hilfe derer acht der neun Unterdimensionen des Bielefelder Medienkompetenz-Modells operationalisiert wurden (nicht berücksichtigt wurde die innovative Mediengestaltung, da uns die valide Erfassung bzw. Messung von Veränderungen und zur Weiterentwicklung des Mediensystems mit Hilfe von standardisierten Fragebogenitems nicht adäquat umsetzbar erschien).

---

2 In Abweichung von der allgemeinen Vorgabe konnten im Clustertyp der „Konsumorientierten" sechs Fälle leitfadengestützt interviewt werden.

3.5.1 Hauptkomponentenanalysen

Für jede der acht Unterdimensionen des Medienkompetenz-Modell wurde zwischen den entsprechenden Variablen eine Korrelationsmatrix errechnet und mit Hilfe der Hauptkomponentenanalyse (vgl. Backhaus u.a. 1996; Bortz 1999; Tabachnik/Fidell 1996) eine Reihe von Komponenten extrahiert. Die Bestimmung der Anzahl der zu extrahierenden Hauptkomponenten erfolgte durch eine kombinierte Anwendung des Kaiser-Guttman-Kriteriums, des Scree-Tests nach Catell sowie aufgrund inhaltlicher Gesichtspunkte. Danach wurden die Komponenten zu ihrer besseren Interpretierbarkeit gemäß dem Varimax-Kriterium auf eine orthogonale Einfachstruktur hin rotiert. In einem weiteren Auswertungsschritt wurden die Hauptkomponentenwerte für jeden der befragten Jugendlichen auf den 32 Hauptkomponenten berechnet. Sie sind als z-Werte skaliert und lassen sich als Ausprägungen interpretieren, welche die Jugendlichen auf den einzelnen Hauptkomponenten erreichen. Diese varianzstarken bzw. erklärungsmächtigen Variablenbündel, die auf einer höheren Abstraktionsstufe als die Eingangsvariablen liegen und damit einen größeren Verallgemeinerungsgrad besitzen, bilden die Ausgangsdaten für die von uns durchgeführten Clusteranalysen. Über die Ergebnisse der Hauptkomponentenanalysen und die sich aus ihnen ergebenden Konsequenzen für die Rekonstruktion der Binnenstruktur der vier Dimensionen des Bielefelder Medienkompetenzmodells ist bereits an anderer Stelle berichtet worden (siehe Treumann u.a. 2004). Die 32 erhaltenen Komponenten bilden die Abszisse des Profildiagramms der Clustertypen (siehe Abbildung 2).

3.5.2 Clusteranalysen

Das Ziel der vorliegenden Arbeit, nämlich die Entwicklung einer empirisch gestützten Typologie des Medienhandelns Jugendlicher, deren theoretische Fundierung vor allem im Bielefelder Medienkompetenz-Modell liegt, wird mit Hilfe des multivariaten Verfahrens der Clusteranalyse (vgl. Arabie/Hubert/de Soete 1996; Bacher 1996, 2002; Bailey 1994; Eckes/Rossbach 1980; Everitt 1993; Gordon 1999) zu erreichen versucht. Folgende Hypothese wurde zugrunde gelegt. Es lassen sich in Bezug auf ihre Medienkompetenz *inhaltlich voneinander unterscheidbare Gruppen* von Jugendlichen rekonstruieren. Der Zweck der hier applizierten Clusteranalysen ist es, unterschiedliche Gruppen von Jugendlichen aufgrund ihrer Ausprägungen auf den Hauptkomponenten der verschiedenen Unterdimensionen der Medienkompetenz derart zu klassifizieren, dass die Heranwachsenden innerhalb einer Gruppe bzw. eines Clusters sehr wenig differieren (Prinzip der *Homogenität*) und Jugendliche aus unterschiedlichen Gruppen sich möglichst stark voneinander unterscheiden (Prinzip der *Heterogenität*). Die Klassifikation der 12- bis 20-Jährigen auf der Basis ihrer Medienkompetenz erfolgte in mehreren Schritten:

Zuerst wurden aus dem Datensatz diejenigen Jugendlichen ausgeschieden, die auf den 32 Hauptkomponenten mehr als zehn fehlende Werte (Missing Values) aufwiesen[3]. Es ergab sich eine Analysestichprobe von insgesamt n = 1.662 Heranwachsenden. Danach ist als Proximitätsmaß zwischen den Personenpaaren der Stichprobe – bezogen auf die Hauptkomponenten – die quadrierte Euklidische Distanz berechnet worden. *Hierarchische Clusteranalysen* nach Ward wurden deswegen durchgeführt, um die Anzahl der Personencluster und die Anfangsschätzungen für die Clusterschwerpunkte zu bestimmen. Aufgrund der Ergebnisse des inversen Scree-Tests und gemäß dem Kriterium einer möglichst großen inhaltlichen Prägnanz entschieden wir uns für eine Sieben-Cluster-Lösung. Da die hierarchischen Clusteranalyseverfahren den Nachteil besitzen, irreversibel zu sein, d.h. also auch bei Vorliegen weiterer Informationen keine neuen Zuordnungen der Personen zu einem anderen Cluster zu ermöglichen, wenn die Entscheidung über die Zugehörigkeit zu einem Cluster erst einmal gefallen ist, wurde in einem abschließenden Schritt die *Clusterzentrenanalyse* (K-means-Verfahren) angewendet. Ausgehend von der über das Wardsche Verfahren ermittelten Clusteranzahl sind die zu clusternden Personen mit Hilfe eines Austauschalgorithmus so lange hin- und hergeordnet worden, bis eine Minimierung der Distanz zwischen der jeweiligen Person und dem Clusterzentroid und damit eine maximale Homogenität innerhalb des entsprechenden Clusters erreicht wurde.

4. Ergebnisse

Da in dieser Veröffentlichung der methodologische Ansatz der *Methodentriangulation* den Schwerpunkt bildet, führen wir inhaltliche Ergebnisse vor allem zur Illustration der von uns gewählten Auswertungsstrategie an. Sie sind damit – schon allein aus Platzgründen – sehr selektiv. Eine systematische und differenzierte Darstellung der Einzelergebnisse wird in einer Buchpublikation erfolgen, die im Laufe des Jahres 2004 erscheinen wird.

4.1 Ergebnisse der Clusteranalysen

Im Rahmen der quantitativen Analysen lässt sich eine aus insgesamt sieben Cluster bestehende Typologie rekonstruieren, die das Medienhandeln Jugendlicher angemessen und prägnant beschreibt. Bevor im Folgenden mit den „Konsumorientierten" einer der von uns ermittelten Cluster ausführlicher dargestellt wird, soll der Blick zunächst auf die empirische Verteilung der Clusterzugehö-

---

3 Wir folgen einer Auswertungsheuristik, die Bacher (2002; 1996) für den Umgang mit fehlenden Werten bei der Anwendung von Clusteranalysen empfiehlt.

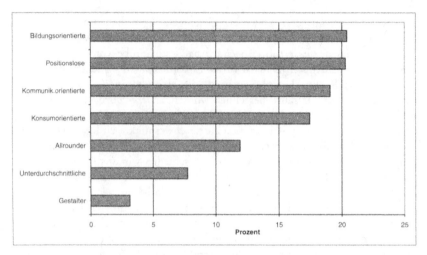

*Abbildung 1: Zur Verteilung der Clusterzugehörigkeit in einer Auswahlstichprobe
von Jugendlichen zwischen 12 und 20 Jahren (n = 1662)**

* Ausgeschlossen aus den Analysen wurden die Fälle, die auf den 32 Hauptkomponenten jugendlichen Medienhandelns mehr als zehn fehlende Werte aufwiesen.

rigkeiten in unserer Untersuchungsstichprobe gerichtet werden, um anschließend kurz auf die einzelnen Clustertypen einzugehen.

Bezogen auf die Auswahlstichprobe der in die Clusteranalyse einbezogenen
Fälle lässt sich an dieser Stelle zunächst konstatieren, dass die Anteile der auf
die verschiedenen Cluster entfallenden Jugendlichen in ihrer Höhe variieren
(vgl. Abbildung 1). Den jeweils größten Anteil stellen mit 20,4 bzw. 20,3 Prozent die *Bildungsorientierten* und die *Positionslosen* unter den von uns befragten
Jugendlichen dar. Die *Bildungsorientierten* zeichnen sich im Kollektiv der jugendlichen Mediennutzer insbesondere durch eine weit überdurchschnittliche
Nutzung von Belletristik und Sachliteratur sowie von Zeitungen aus. Typisch
und prägnant für die Bildungsorientierten ist ferner, dass sie die Gruppe mit
dem mit Abstand fundiertesten literarischen Bildungswissen sind. Schaut man
sich die soziodemographische Verteilung innerhalb des Clusters an, wird deutlich, dass es insbesondere die höher gebildeten Mädchen sind, die den Bildungsorientierten zuzuordnen sind. Die Präferenz für Bücher scheint demnach
nach wie vor geschlechtsspezifisch ausgeprägt zu sein. So konnte die Studie
„Medienwelten Jugendlicher" bereits Ende der 80er Jahre nachweisen, dass Bücher deutlich höher in der Gunst der Mädchen als in der der Jungen stehen
(vgl. Baacke/Sander/Vollbrecht 1990).

Die auf dem zweiten Rang stehenden *Positionslosen* stellen geradezu ein Kon-
trastpaar zu den Bildungsorientierten dar. Dem stark überdurchschnittlichen
Gebrauch von Printmedien und der unterdurchschnittlichen Nutzung der audiovisuellen Medien bei den Bildungsorientierten steht die deutlich unterdurchschnittliche Printmediennutzung und die überdurchschnittliche Nutzung

audiovisueller Medien der Positionslosen gegenüber. Ähnliche Gegenläufigkeiten finden sich auch im Bereich informativen Medienkunde: So sind die Positionslosen hier mit vergleichsweise sehr geringen Kenntnissen ausgestattet. Ihren Namen verdanken die Positionslosen aber ihren durchgängig extrem unterdurchschnittlichen Kennwerten im Bereich der medienkritischen Einstellungen. Nicht völlig ausgeschlossen ist, dass sich gerade in der unkritischen Haltung ein Alterseffekt widerspiegelt; sind es doch eher die jüngeren und zudem männlichen sowie schließlich unterdurchschnittlich Gebildeten, die dieses Cluster vornehmlich repräsentieren.

Deutlich mehr als 15 Prozent unter den Jugendlichen machen die *Kommunikationsorientierten* aus. Das Profil ihres Medienhandelns ist in Abbildung 2 dargestellt.[4] Sie bilden einen kontrastierenden Gegentypus zu dem weiter unten ausführlicher beschriebenen Cluster der *Konsumorientierten*. Die Kommunikationsorientierten – eher die weiblichen Jugendlichen jüngeren Alters – zeichnen sich durch ein stark überdurchschnittliches Nutzungsinteresse an Musik, Infotainment und Unterhaltung aus, verbunden mit einer stark ausgeprägten kommunikativen Orientierung, die sich insbesondere im Umgang mit Neuen Medien zeigt. Sowohl auf dem Gebiet des literarischen Bildungswissens als auch im Bereich des Wissens über das Mediensystem weist dieses Cluster unter-

---

4 Während auf der Abszisse die 32 Hauptkomponenten als empirisch rekonstruierte Teilaspekte der vier Dimensionen des Bielefelder Medienkompetenz-Modells platziert wurden, sind auf der Ordinate die z-Werte abgetragen. Die Profillinie für ein bestimmtes Cluster ergibt sich aus der Verbindung der Koordinaten seines Centroids bzw. Schwerpunkts im 32-dimensionalen Raum, der durch alle Hauptkomponenten aufgespannt wird. Beispielsweise ergibt sich ein z-Wert von rund 0,9 für das Cluster der Konsumorientierten auf der Hauptkomponente „Kopieren und Duplizieren" als einem Teilaspekt der rezeptiven Mediennutzung dadurch, dass die z-Werte aller Angehörigen des Clusters der Konsumorientierten, ihre individuellen Ausprägungen auf dieser Komponente darstellen, gemittelt werden, d.h. in unserem Fall aufaddiert und durch n = 290 dividiert werden. Alle z-Werte mit einem *positiven* Vorzeichen sind größer und alle z-Werte mit einem *negativen* Vorzeichen sind kleiner als der Mittelwert der z-Skala, der gleich *Null* ist und dem Durchschnitt der *Gesamtstichprobe* der Jugendlichen entspricht. Der sich in unserem Beispiel als arithmetischer Mittelwert von z = + 0,9 ergebende Profilpunkt für die Hauptkomponente „Kopieren und Duplizieren" bedeutet, dass die Konsumorientierten im Vergleich zur Gesamtstichprobe *aller* Jugendlichen – sie wird durch den Wert z = 0 symbolisiert – dieser Medienaktivität in weit überdurchschnittlichem Ausmaß nachgehen. Ein negativer z-Wert, wie etwa –0,75 für das „selbstgesteuert-systematische Lösungsverhalten" bei Problemen im Umgang mit Medien, signalisiert, dass ein solches Verhalten von den Konsumorientierten vergleichsweise sehr selten praktiziert wird. Unter der Voraussetzung, dass die Hauptkomponentenwerte für die einzelnen Komponenten der Stichprobe aus normalverteilten Grundgesamtheiten stammen, lassen sich in erster Näherung die z-Werte mit Hilfe von Prozenträngen, die ihnen jeweils zugeordnet werden können, anschaulich interpretieren. Der Prozentrang gibt an, wie groß der Anteil von Personen ist, deren Werte unterhalb einer bestimmten Merkmalsausprägung (z.B. eines z-Wertes) liegen. So entspricht im obigen Beispiel ein z-Wert von + 0,9 einem Prozentrang von 81,6% (siehe z.B. Abel/Möller/Treumann 1998, Tabelle A, S. 190–191), d.h. ein Jugendlicher der dem Clustertyp der Konsumorientierten angehört und ganz in der Nähe des Clusterzentroids läge, überträfe mit seiner Ausprägung auf der Hauptkomponente „Kopieren und Duplizieren" 81,6% der Jugendlichen der *Gesamtstichprobe*. Oder anders ausgedrückt: Nur 19,4% (= 100% – 81,6%) aller Jugendlichen würden – im Vergleich zu einem Jugendlichen, der im Schwerpunkt des Clusters läge – extremere Ausprägungen auf dieser Hauptkomponente aufweisen.

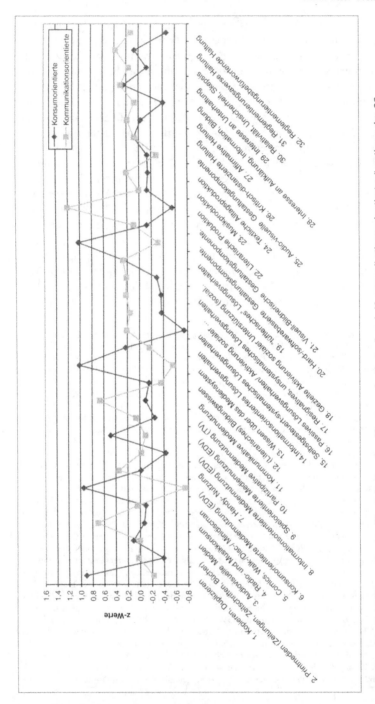

Abbildung 2: Profildiagramm des Clustertypen der „Konsumorientierten" und „Kommunikationsorientierten" entlang der 32 Hauptkomponenten jugendlichen Medienhandelns*

* Die Kommunikationsorientierten werden in dieser Abbildung lediglich zu Illustrationszwecken als Gegentypus zu den Konsumorientierten dargestellt. Eine ausführliche Darstellung dieses Clusters bleibt einer späteren Veröffentlichung vorbehalten.

durchschnittliche Kenntnisse auf. Anstatt sich Wissensvorräte langfristig umfänglich anzueignen, erschließen sich die Kommunikationsorientierten dieses Wissen möglicherweise je nach Bedarf über soziale Kontakte oder Netzwerke.

Ein weiteres kontrastierendes Paar hinsichtlich der Struktur ihres Medienhandelns stellen die *Allrounder* und *Unterdurchschnittlichen* dar, die für sich gesehen jeweils 11,9 und 7,8 Prozent der Gesamtstichprobe umfassen. Kennzeichnend für die sog. *Allrounder* ist unseren Analysen zufolge, dass sie – verglichen mit der Nutzungsintensität anderer Jugendlicher – sowohl von alten als auch von den Neuen Medien mit stark überdurchschnittlicher Häufigkeit Gebrauch machen. Bei den Angehörigen dieses Clusters beschränkt sich der Umgang mit Neuen Medien allerdings nicht auf deren anwendungsbezogene Nutzung. Typisch und prägnant für die Allrounder ist vielmehr, dass sie sich ebenfalls gestalterisch an ihren Medien betätigen. In übergreifender Betrachtung stellen sie unter den Jugendlichen diejenige Gruppe dar, die intensiver und zugleich selbstbestimmter als andere die Klaviatur der Medien für ihre eigenen Zwecke nutzen können. Erwartungsgemäß weisen sie ein überdurchschnittliches Wissen über die Sachzusammenhänge des Mediensystems auf. Unter soziodemografischen Gesichtspunkten handelt es sich bei den Allroundern um ein stark männlich dominiertes Cluster von Jugendlichen jüngeren und mittleren Alters (12 bis 17 Jahre), in dem insbesondere die Gruppe der Realschüler stark überrepräsentiert ist.

Im Gegensatz zu den Allroundern handelt es sich bei den *Unterdurchschnittlichen* um ein Cluster, das als Typus jugendlichen Medienhandelns – bezogen auf die verschiedenen Dimensionen des Bielefelder Medienkompetenzmodells – vorwiegend defizitär bestimmt ist. So weisen die Angehörigen dieses Clusters im Vergleich zur Gesamtstichprobe fast durchgängig in allen Bereichen der Mediennutzung – mit Ausnahme der Rezeption audiovisueller Medien (Fernsehen, Video, Kino) – unterdurchschnittliche Kennwerte der Mediennutzung auf. Dies gilt sowohl für den Bereich der rezeptiven als auch für den der interaktiven Mediennutzung. Auch gestalterisch treten die Unterdurchschnittlichen im Umgang mit den ihnen verfügbaren Medien mit einem vergleichsweise geringen Engagement in Erscheinung. Sie haben ein nur sehr geringes Wissen über die Gegebenheiten des Mediensystems und weisen entsprechend im Umgang mit Problemen, die im Kontext des Mediengebrauchs auftreten, kein aktiv strukturiertes Handlungsprofil auf. Auf der Ebene ihrer medienkritischen Einstellungen fallen die Angehörigen dieses Clusters im Weiteren durch ein relativ hohes Vertrauen in den Realitätsgehalt medialer Wirklichkeitsdarstellungen auf. Unter soziodemografischen Gesichtspunkten handelt es bei den Unterdurchschnittlichen um ein Cluster vorwiegend männlicher Jugendlicher jüngeren Alters aus dem unteren und mittleren Bildungssegment (Hauptschulen, Sekundarschulen, Realschulen).

Eine deutliche Minderheit innerhalb der Untersuchungspopulation stellen schließlich die *Gestalter* dar. Unter 32 Jugendlichen findet sich im Durchschnitt nur ein einziger, der mit den audiovisuellen Medien gestalterisch umgeht. Entsprechend verdanken die Gestalter, bei denen es sich überraschenderweise eher um die jüngeren, niedriger gebildeten Jugendlichen handelt, ihren Namen ihren ausgeprägt gestalterischen Ambitionen im Umgang mit Medien. Diese Zuschreibung gilt in herausragender Weise für den kreativen Umgang mit audiovisuellen Medien in der Freizeit (z.B. Radiosendungen moderieren, Hörspiele gestalten, Filme drehen), aber auch für den Bereich der literarischen Produktion. Die Gestalter sind damit das einzige Cluster, das auf beinahe allen Ebenen der kreativen Mediengestaltung überdurchschnittliche Werte vorweisen kann. Anders, als man es in diesem Cluster möglicherweise erwarten würde, verfügen Gestalter auf dem Gebiet der informativen Medienkunde jedoch über keinen überdurchschnittlichen Kenntnisreichtum. Ihr literarisches Bildungswissen ist knapp unterdurchschnittlich, ihr Wissen über das Mediensystem bewegt sich auf einem ähnlichen Niveau.

▪ *Konsumorientierte*

Auf das Cluster der Konsumorientierten entfallen etwa 17 Prozent der Jugendlichen aus der für die Clusteranalysen herangezogenen Auswahlstichprobe. Das Profil des Medienhandelns für diesen Clustertyp ist in Abbildung 2 dargestellt.

Die Konsumorientierten zeichnen sich im Kollektiv jugendlicher Mediennutzer dadurch aus, dass ihr Mediengebrauch in erster Linie Zwecken des Konsums und der Unterhaltung dient. Sie zeigen in diesem Zusammenhang – ähnlich wie die Allrounder – eine sehr starke Zuwendung zu dem Bereich der Neuen Medien. Ihr Nutzungsstil dieser Medien ist dabei aber nur wenig durch gestalterische Aktivitäten geprägt.

In dem Bereich der rezeptiven Mediennutzung zeigen Konsumorientierte einen extrem überdurchschnittlichen Grad der Beschäftigung mit dem Kopieren und Duplizieren medialer Inhalte und sind hier noch etwas aktiver als die Gruppe der Allrounder. Parallel hierzu zeigt sich ein stark unterdurchschnittlicher Nutzungsgrad des Printmediensektors, und zwar sowohl von Romanen und Sachbüchern als auch – mit leicht mäßigerer Ausprägung – von Zeitungen und Zeitschriften. Die Nutzungsintensität audiovisueller Medien wie Fernsehen, Video und Kino fällt leicht überdurchschnittlich, die von Radio und Musikkassetten eher unterdurchschnittlich aus. Analog hierzu findet auch der Gebrauch des Walk- oder Discmans in dieser Gruppe eine leicht unterdurchschnittliche Resonanz.

Neuen Medien gegenüber sind die Konsumorientierten, wie bereits angedeutet, sehr aufgeschlossen. Dies zeigt sich bei den Angehörigen dieses Clusters sowohl an der extrem überdurchschnittlichen Nutzungsintensität von Computer und Internet als auch an dem immerhin durchschnittlichen Nutzungsgrad des Handys. In der Art der Nutzung dieser Medien spiegelt sich aber ihr überragendes Konsum- und Unterhaltungsinteresse wider. So weisen sie einerseits einen extrem überdurchschnittlichen Kennwert auf der Ebene der konsumorientierten EDV-Nutzung (Downloading von Software, Herunterladen und Anhören von Musikdateien, Abwicklung von Kaufgeschäften über das Internet etc.) auf.

Zum anderen neigen sie in stark erhöhtem Maße zur spielorientierten Nutzung von Computer und Internet. Stark unterdurchschnittlich fällt hier hingegen das Ausmaß der informationsorientierten Mediennutzung aus. Gleiches gilt im Weiteren für alle Formen der partizipativen Mediennutzung, die in der von uns gewählten Operationalisierung ein Nachfragen nach Informationen bei öffentlichen und privaten Sendeanstalten mit einschließt.

Gestalterisch beschränkt sich der Aktivitätsradius der Konsumorientierten auf hard- und softwarebasierte Gestaltungsaktivitäten, deren Häufigkeit bei ihnen im Vergleich zu den anderen Clustern allerdings extrem überdurchschnittlich ausgeprägt ist. Abgesehen von ihrem tüftlerischen Engagement am EDV-Gerät weisen bei ihnen die Aktivitätswerte in dem Bereich der kreativen Mediengestaltung mittel bis stark unterdurchschnittliche Werte auf. Dies gilt für den visuell-bildnerischen und den audio-visuellen Bereich, für die literarische und textliche Alltagsproduktion wie auch für den Bereich musikalischer Aktivitäten.

Prägnant ist im Weiteren die Art des bevorzugten Lösungsverhaltens, das Konsumorientierte im Umgang mit technischen Problemen im Kontext der Mediennutzung zeigen. So haben sie einerseits eine leicht überdurchschnittliche Präferenz für informationsorientierte und tüftlerische Lösungsansätze. Hiermit einher geht prekärerweise aber eine extrem unterdurchschnittliche Häufigkeit in der Anwendung selbstgesteuert-systematischer Lösungsstrategien. Sehr unterdurchschnittlich fällt im Weiteren auch die Häufigkeit für solche Strategien aus, die für Zwecke der Problemlösung auf die mehr oder weniger gezielte Aktivierung sozialer Unterstützung setzen. Betrachtet man den Bereich der informativen Medienkunde, so treten Konsumorientierte auch hier mit einem eigenen Kompetenzprofil in Erscheinung. Ein eher durchschnittliches literarisches Bildungswissen kombiniert sich auf diesem Gebiet mit einem extrem überdurchschnittlich ausgeprägten Wissen über das Mediensystem.

In dem Bereich der medienkritischen Einstellungen weisen Konsumorientierte ebenfalls ein typisches Einstellungsmuster auf. Auf der Ebene der analytischen Medienkritik zeigen sie sich gegenüber der Wirklichkeitsdarstellung in den Medien in leicht überdurchschnittlichem Maße kritisch-distanziert. Mit anderen Worten: Sie sind sich implizit bewusst, dass Realitätsdarstellungen in den Medien strukturellen Verzerrungen unterliegen. Dabei ist jedoch gleichzeitig ein durchschnittliches Grundvertrauen in die Mediendarstellung gegeben.

Im Weiteren haben Konsumorientierte, so zeigen die Analysen zur reflexiven Medienkritik, im Zuge der Rezeption medialer Inhalte ein stark unterdurchschnittliches Interesse an Bildung und Aufklärung. Stark überdurchschnittlich ist demgegenüber, wie oben bereits angedeutet, ihr Interesse an Unterhaltung und Infotainment. Mit Blick auf die Frage, wie weit sie richtige von falschen Mediendarstellungen unterscheiden können, sind Skepsis und Unsicherheit leicht unterdurchschnittlich ausgeprägt.

Hinsichtlich der ethischen Kritikdimension fällt auf, dass Konsumorientierte Reglementierungsversuchen im Hinblick darauf, was in den Medien gezeigt werden darf, extrem kritisch gegenüber stehen. Aversionen gegenüber Reglements sind entsprechend – verglichen etwa mit den Bildungsorientierten – relativ stark ausgeprägt, wenngleich sie bei den Angehörigen dieses Clusters nur ein insgesamt durchschnittliches Niveau erreichen.

4.2 Bivariate Zusammenhänge zwischen der Zugehörigkeit zum Clustertypus der „Konsumorientierten" und ausgewählten externen Variablen

Die vorliegende Untersuchung bleibt aber nicht bei der Entwicklung einer empirisch fundierten Typologie des Medienhandelns Jugendlicher stehen, sondern *evaluiert* in einem weiteren Schritt die gewonnene clusteranalytische Lösung, indem sie danach fragt, ob sich zwischen der Zugehörigkeit zu einem bestimmten Cluster und einer Reihe von *externen* Variablen inhaltlich plausible und statistisch signifikante Zusammenhänge ergeben. Externe Merkmale sind solche, die *nicht* in die clusteranalytisch Typenbildung eingegangen sind. Aus Platzgründen beschränken wir uns zum einen auf das Cluster der *Konsumorientierten* und zum anderen auf eine Teilmenge der externen Variablen. Da die Konsumorientierten die Neuen Medien intensiv nutzen (z.B. zum Kopieren und Duplizieren), gehen wir aufgrund mediensozialisatorischer Überlegungen davon aus, dass in diesem Cluster ein signifikant höherer Anteil Jungenanteil und komplementär dazu ein geringerer Prozentsatz von Mädchen zu erwarten ist.[5] Wenn eine derartige Vorhersage mit den empirisch erhobenen Daten zur Geschlechterverteilung kompatibel ist, dann darf ein solcher Befund als ein Beleg (neben anderen) für die *Gültigkeit* dieses Clustertyps angesehen werden. In diesem Beitrag wird über die Enge bzw. Stärke der Zusammenhänge zwischen der Zugehörigkeit zum Cluster der Konsumorientierten und den externen Variablen der Geschlechterrolle der Jugendlichen, ihren individuellen Interessenlagen (hier dem Technikinteresse), ihren informellen Zugehörigkeiten oder Selbstzuschreibungen zu jugendkulturellen Szenen (von Computerfreaks über Umweltschützer bis hin zu Menschenrechtlern), den situativen und sozialen Kontexte ihrer Computer- und Internetnutzung sowie über das Ausmaß ihrer Praktizierung von nicht-medienbezogenen Freizeitaktivitäten berichtet.

Ähnlich wie bei den Neuen Medien gegenüber ebenfalls aufgeschlossenen Allroundern handelt es sich auch bei den Konsumorientierten um ein *männlich* dominiertes Cluster (vgl. Abbildung 3). 90 Prozent aller konsumorientierten Jugendlichen in unserer Untersuchungsstichprobe sind männlich, nur etwa 10 Prozent weiblich. Hiermit in Einklang steht – geschlechtsspezifische Rol-

---

5   Wir prüfen also anhand des Assoziationsmaßes Cramers V und der sich ergebenden Prozentanteile in den betreffenden Merkmalsausprägungen, ob sich ein solcher statistisch bedeutsamer und inhaltlich substanzieller Zusammenhang zwischen dem Cluster der Konsumorientierten (zugehörig versus nicht zugehörig) und dem Geschlecht (männlich oder weiblich) ergibt. Zur Verdeutlichung und Kontrastierung sind in den Abbildungen ebenfalls die prozentualen Häufigkeiten der entsprechenden Merkmalsausprägungen in der Gesamtstichprobe angegeben.

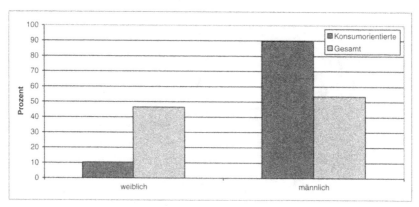

Abbildung 3: Prozentualer Anteil von Jungen und Mädchen im Cluster der Konsumorientierten und in der Gesamtstichprobe (n [Gesamt] = 1662; n [Konsumorientierte] = 290)*

* Ausgeschlossen aus den Analysen wurden die Fälle, die auf den 32 Hauptkomponenten jugendlichen Medienhandelns mehr als zehn fehlende Werte aufwiesen.
Cramers V = 0,33 (p < 0,001).

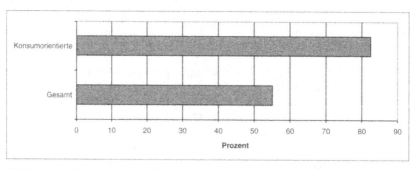

Abbildung 4: Prozentualer Anteil von technikinteressierten Jugendlichen in der Gesamtstichprobe und im Cluster der Konsumorientierten (Für die Darstellung wurden die Kategorien „ziemlich" und „sehr" zusammengefasst; n [Gesamt] = 1647; n [Konsumorientierte] = 290)*

* Die Angaben zum Technikinteresse der Jugendlichen sind der Frage Nr. 25 des Fragebogens: „Interessierst du dich für Technik oder interessierst du dich nicht dafür?" entnommen. Die Beantwortung der Frage erfolgte auf Grundlage einer vierstufigen Skala mit den kategorialen Ausprägungen (1) gar nicht, (2) wenig, (3) ziemlich und (4) sehr. Ausgeschlossen aus den Analysen wurden die Fälle, die auf den 32 Hauptkomponenten jugendlichen Medienhandelns mehr als zehn fehlende Werte aufwiesen.
Cramers V = 0,28 (p < 0,001).

lenklischees bestätigend – das ausgeprägte *Technikinteresse* der in diesem Cluster versammelten Jugendlichen (vgl. Abbildung 4): So geben 82 Prozent aller Konsumorientierten an, dass sie sich „ziemlich" oder „sehr" für technische Zusammenhänge interessieren. In der Untersuchungsstichprobe insgesamt beträgt der entsprechende Anteil nur rund 55 Prozent.

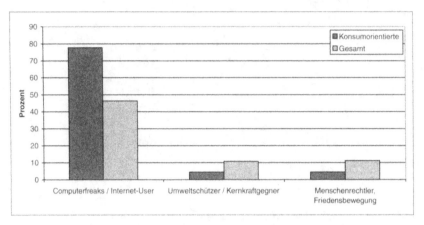

Abbildung 5: *Informelle Szenezugehörigkeiten in der Gesamtstichprobe und im*
Cluster der Konsumorientierten
(n [Gesamt] = 1639 bis 1641; n [Konsumorientierte] = 288)*

* Die Angaben zu den informellen Szenezugehörigkeiten sind der Frage Nr. 29 des Fragebogens:
„Fühlst du dich einer der folgenden Gruppierungen zugehörig oder nicht zugehörig?" entnommen. Die Beantwortung der Frage erfolgte durch einfaches Ankreuzen der in Frage stehenden
informellen Szenen. Ausgeschlossen aus den Analysen wurden die Fälle, die auf den 32 Hauptkomponenten jugendlichen Medienhandelns mehr als zehn fehlende Werte aufwiesen.
Computerfreaks/Internet-User: V = 0,29 (p < 0,001); Umweltschützer/Kernkraftgegner: V = 0,09
(p < 0,001); Menschenrechtler/Friedensbewegung: V = 0,10 (p < 0,001).

Für die Beschreibung dieses Clusters scheinen die *informellen Szenezugehörigkei-*
ten von Bedeutung zu sein (vgl. Abbildung 5). In Einklang mit dem großen Interesse der Konsumorientierten für den Bereich Neuer Medien steht so etwa,
dass Jugendliche, die sich der Szene der Computerfreaks und Internetuser zugehörig fühlen, in diesem Cluster mit etwa 78 Prozent – verglichen mit der Gesamtstichprobe (46,4 Prozent) – signifikant überrepräsentiert sind. Im Weiteren zeigen die Konsumorientierten eine verstärkte Distanz gegenüber solchen
Jugendszenen, die sich gesellschaftspolitischen Zielsetzungen verpflichtet fühlen. So sind Jugendliche, die sich der Szene der Umweltschützer und Kernkraftgegner oder auch den Menschenrechtlern und Friedensbewegten verbunden
fühlen, in diesem Cluster mit Anteilswerten von jeweils etwa 4,5 Prozent (Gesamtstichprobe: Umweltschützer und Kernkraftgegner: 10,8 Prozent; Men-
schenrechtler und Friedensbewegte: 11,1 Prozent) signifikant unterrepräsentiert.

Deutet man die subjektiven Szenezugehörigkeiten der Jugendlichen im Sinne
dominierender *sozialer Orientierungsmuster,* so hat es den Anschein, als ob die
Angehörigen dieses Clusters kommunitär-gemeinschaftlichen und gesellschaftspolitischen Belangen – verglichen mit anderen Jugendlichen – eher distanziert
gegenüberstehen. Die subjektive Zugehörigkeit zur Szene der Computerfreaks
und Internetuser deutet im Weiteren darauf hin, dass das verstärkte Interesse an
Neuen Medien bei den Angehörigen dieses Clusters auch mit Blick auf die Aufnahme von Peer-Kontakten von Relevanz zu sein scheint.

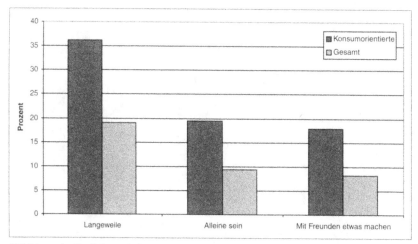

Abbildung 6: Soziale und situative Kontexte der Computer- und Internetnutzung in der Gesamtstichprobe und im Cluster der Konsumorientierten (n [Gesamt] = 1545 bis 1623; n [Konsumorientierte] = 265 bis 283)*

* Die Angaben zu den sozialen und situativen Kontexten der Computer- und Internetnutzung sind der Frage Nr. 33 des Fragebogens: „Welches Medium nutzt du bevorzugt in folgenden Situationen?" entnommen. Als situative Kontexte der Mediennutzung wurden hier in der Form einzelner Frageitems genannt: „Wenn ich mich langweile", „Wenn ich mich gezielt über etwas informieren will", „Wenn ich abschalten will", „Wenn ich allein sein möchte" und „Wenn ich gemeinsam etwas mit Freunden machen möchte". Die Beantwortung der Frage erfolgte auf Grundlage einer neunstufigen polytomen Skala mit den Ausprägungen: (1) „TV", (2) „Radio", (3) „Kino", (4) „Video", (5) „Computer/Internet", (6) „Zeitung/Zeitschrift", (7) „Comic", (8) „Bücher" und (9) „Keins davon". Ausgeschlossen aus den Analysen wurden die Fälle, die auf den 32 Hauptkomponenten jugendlichen Medienhandelns mehr als zehn fehlende Werte aufwiesen.
Langeweile: V = 0,23 (p < 0,001); Alleine sein: V = 0,19 (p < 0,001); Mit Freunden etwas machen: V = 0,17 (p < 0,001).

In Betrachtung der *sozialen und situativen Kontexte der Mediennutzung* bei den Konsumorientierten fällt im Weiteren auf, dass diese den Neuen Medien Computer und Internet in den verschiedenen Bereichen medienbezogener Aktivitäten übergreifend eine sehr viel höhere Nutzungspriorität einräumen als andere Jugendliche (vgl. Abbildung 6). Neue Medien haben für sie eine instrumentelle Funktion sowohl in Situationen, in denen sie allein sein möchten, als auch unter Umständen, in denen sie sich langweilen oder gemeinsam mit Freunden etwas unternehmen wollen. Offenbar haben die Konsumorientierten den Bereich der *Neuen Medien* nicht nur in ihren multifunktionalen Verwendungsmöglichkeiten für ihr individuelles Alltagshandeln erschlossen, sondern nutzen sie ebenfalls explizit für gemeinsame Aktivitäten mit Peers.

Schließlich zeigen die bivariaten Analysen, dass sich Konsumorientierte partiell auch in den Bereichen *nicht-medienbezogener Freizeitaktivitäten* von anderen Jugendlichen unterscheiden (vgl. Abbildung 7). So sind Jugendliche, die in ihrer Freizeit Zuhause „Hilfsdienste" leisten resp. sich in Kirchen, Vereinen oder Parteien engagieren, unter den Angehörigen dieses Clusters signifikant unterrepräsentiert. Ebenfalls deutlich seltener als andere Jugendliche besuchen sie

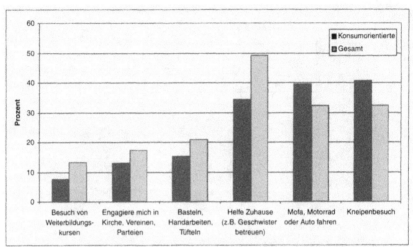

Abbildung 7: Nicht medienbezogene Freizeitaktivitäten in der Gesamtstichprobe und
              im Cluster der Konsumorientierten (Für die Darstellung wurden die
              Kategorien „manchmal" und „häufig" zusammengefasst;
              n [Gesamt] = 1658 bis 1662; n [Konsumorientierte] = 290)*

* Die Angaben zu den nicht medienbezogenen Freizeitaktivitäten der Jugendlichen sind der Frage
  Nr. 23 des Fragebogens: „Wie häufig beschäftigst du dich in deiner Freizeit mit den folgenden
  Dingen?" entnommen. Den Jugendlichen wurde im Weiteren eine Anzahl verschiedener Freizeitaktivitäten genannt, mit der Bitte anzugeben, mit welcher Häufigkeit sie diesen Aktivitäten nachgehen. Die Beantwortung der Frage erfolgte über eine vierfach abgestufte Häufigkeitsskala mit
  den Ausprägungen (1) „nie", (2) „selten", (3) „manchmal" und (4) „häufig". Ausgeschlossen aus
  den Analysen wurden die Fälle, die auf den 32 Hauptkomponenten jugendlichen Medienhandelns mehr als zehn fehlende Werte aufwiesen.

Besuch von WB-Kursen : $V = 0,10$ ($p = 0,001$); Engagement in Kirche, Vereinen, Parteien:
$V = 0,07$ ($p = 0,031$); Basteln, Handarbeiten, Tüfteln: $V = 0,13$ ($p < 0,001$); Helfe Zuhause: $V = 0,17$
($p < 0,001$); Mofa, Motorrad oder Autofahren: $V = 0,09$ ($p = 0,005$); Kneipenbesuch: $V = 0,10$
($p = 0,001$).

in ihrer Freizeit außerschulische Weiterbildungskurse oder gehen kreativ-künst-
lerischen Aktivitäten nach (Basteln, Handarbeiten, Tüfteln). Demgegenüber
treffen sie sich signifikant häufiger als andere mit ihren Freunden in Kneipen
oder fahren mit dem eigenen Mofa, Motorrad oder Auto. Insgesamt hat es so
den Anschein, als ob das Medienhandeln dieser Jugendlichen auch auf der Ebene dieser nicht-medienzentrierten Freizeitaktivitäten in einen stärker *konsumtiv
ausgerichteten Lebensstil* eingebettet ist.

4.3 Die mit Hilfe von qualitativen Methoden gewonnenen Portraits
der Clustertypen – am Beispiel der „Konsumorientierten"

Im Folgenden werden am Beispiel der interaktiven Mediennutzung einzelne Ergebnisse aus den Inhaltsanalysen der Interviews mit Jugendlichen aus dem
Cluster der „Konsumorientierten" vorgestellt, um das methodische Vorgehen
nach dem Leitbild der Triangulation zu verdeutlichen. Zunächst wird jedoch

der Ablauf der Datenerhebung und der Generierung der Interpretationen kurz dargestellt.

4.3.1 Forschungsmethodischer Exkurs: Auswahl der Interviewfälle, Leitfadenkonstruktion, qualitative Inhaltsanalyse

Um als Interviewpartner möglichst prototypische Fälle befragen zu können, wurden zunächst alle Personen eines jeden Clusters hinsichtlich ihrer Nähe zum Clusterschwerpunkt – gemessen über die Größe der quadrierten euklidischen Distanz zwischen dem jeweiligen Jugendlichen und dem Clustercentroid – einem Ranking unterzogen und anschließend versucht, möglichst rangniedrige Fälle zu einer Teilnahme zu motivieren. Da dieses methodische Vorgehen erfolgreich verlief, konnten jene Jugendlichen befragt werden, die sehr nahe am Clusterzentrum[6] lagen. Alle Interviews wurden im Zeitraum von Juni bis Juli 2002 mit Hilfe eines Leitfadens von den Projektmitarbeitern durchgeführt. Bei der Konzeption des Leitfadens war darauf Wert gelegt worden, zum einen alle Dimensionen des Bielefelder Medienkompetenzmodells abzubilden und insbesondere Medienkritik zu thematisieren. Zum anderen sollten die Wahrnehmungen und Deutungen der Jugendlichen in ihren lebensweltlichen Kontexten und die ihnen zur Verfügung stehenden Handlungsmöglichkeiten hervortreten können. Alle Interviews wurden nach den von Rosenthal (1987) formulierten Transkriptionsregeln verschriftlicht und anschließend in einem ersten Auswertungsschritt in Fallbeschreibungen zusammengefasst. In einem zweiten Schritt wurden die Interviews des Clusters der „Konsumorientierten" mit dem Programm MaxQDA (Kuckartz 1999) computergestützt einer qualitativen Inhaltsanalyse unterzogen, die als Ergebnis ein Portrait der jeweiligen Clustertypen jugendlichem Medienhandelns lieferte. Die qualitative Inhaltsanalyse der sechs Interviews des Clusters wurde nach Mayring durchgeführt (Mayring 1997, 2002) und die erstellten Interpretationen anschließend im gesamten Forschungsteam diskutiert, um zu möglichst deckungsgleichen Deutungen zu gelangen.

4.3.2 Ergebnisse der qualitativen Analysen

Die Ergebnisse der qualitativen Analysen zur interaktive Mediennutzung der Jugendlichen des Clusters der „Konsumorientierten" können allein schon aus Platzgründen im Folgenden nur an Beispielen illustriert werden. Die „Konsumorientierten" weisen aufgrund der *quantitativen* Auswertung beim Umgang mit Computer und Internet weit überdurchschnittliche Nutzungszeiten auf, die sie häufig mit dem Downloaden unterschiedlicher medialer Inhalte, dem Installie-

---

6 Im Cluster der „Konsumorientierten" konnten so die Fälle der Ränge 1, 2, 3 , 6, 7 und 9 von den insgesamt 290 Personen des Clusters befragt werden.

ren von Programmen und dem Aufenthalt im Internet verbringen. Hierbei sind ihre Nutzungszeiten noch höher als die des Clusters der „Allrounder".

Die Analysen der *qualitativen* Interviews zeigen jedoch weitere Gründe auf, die zu derart langen Nutzungszeiten führen (und diese relativieren). Zum einen benutzen die „Konsumorientierten" den Computer in besonderem Maße als „Multifunktionsanlage", d.h. er dient als Musikanlage, Heimkino und Datenzentrale, in der sie ihre persönlichen Besitzstände (z.b. Lieder, Videos, DVDs) archivieren und zur Verfügung halten. Der Computer wird von vielen „Konsumorientierten" für mehr als nur die „klassischen" Funktionen der Textverarbeitung, Kommunikation, Spiele und Recherche genutzt: *„PC, da mach ich eigentlich alles drüber bei mir im Zimmer, da hab ich meine Musikanlage daran gekoppelt, und (...) halt auch meine Spiele so"* (Johannes, 17 Jahre, 114–115[7]). Funktionen, die der Unterhaltung der Rezipienten dienen, wie etwa einen selbst kopierten Film zu sehen oder Musik zu hören, nehmen einen großen Raum im Medienhandeln der „Konsumorientierten" ein. Jan nutzt, wie Felix, Sascha und Johannes auch, seinen PC als Musikanlage: *„Ich hör mit dem Computer viel Musik. Weil ich hab alle meine CD's, die ich so hab, (...) in so'n MP3 Format"* (Jan, 15 Jahre, 326–327) und jener Jugendliche beschreibt dies anschließend als die für ihn wichtigste Funktion am Rechner, denn er hat *„so über tausend Lieder (...) drauf"* (Jan, 15 Jahre, 331) und durch den PC einen schnellen Zugriff auf sein Musikarchiv.

Der PC wird von den Jugendlichen zumeist sofort in Betrieb genommen, wenn sie von der Schule oder der Ausbildung nach Hause kommen *[„meistens (...) dann direkt an den Rechner"* (Felix, 17 Jahre, 109–110); *„Als ich gestern zu Hause war, bin ich eigentlich direkt an den Computer gegangen"* (Boris, 19 Jahre, 12)] oder *„läuft eh die ganze Zeit"/"ist eh immer an"*. Zum anderen ist der PC mit seinen unterschiedlichsten Möglichkeiten für diese Jugendlichen auch das Medium, welches sie am liebsten nutzen, um Zeitlücken zwischen Aktivitäten oder Terminen zu überbrücken, oder um sich die Langeweile zu vertreiben. So hebt der 17-jährige Felix als erstes bei der Beschreibung seines Interesses am Internet hervor, dass *„man (...) ziemlich viele Sachen (hat), die man machen kann, wenn einem langweilig ist oder so was"* (Felix, 17 Jahre, 830–831), und Tim ergänzt: *„Es gibt ellenviele Seiten, wo man was finden kann"* (Tim, 13 Jahre, 324). Auch der 19-jährige Sascha surft zur Beschäftigung durchs WWW und nutzt nicht nur die Möglichkeiten zum Downloaden und zur Informationsrecherche, sondern sitzt regelmäßig am Computer, wenn er nach den Hausaufgaben *„nicht mehr viel zu tun"* (Sascha, 19 Jahre, 106) hat und er sich weder mit den Freunden noch mit seiner Freundin treffen kann. Jan spielt zwar auch gerne Computerspiele, denn *„der Computer (...) macht auch Spaß, aber das (ist) mehr so zur Beschäftigung"* (Jan, 15 Jahre, 200). Der PC ist für viele „Konsumorientierte" ein Medium, das sich für sie besser als andere Medien dazu eignet, *„um den Tag vorüber gehen zu lassen"* (Felix, 17 Jahre, 748).

---

7 Angabe der Zeilennummern des transkribierten Interviews.

4.4 Zur Triangulation der quantitativ und qualitativ gewonnenen Befunde: Konvergenz, Komplementarität oder was?

Zunächst einmal ist zu konstatieren, dass sich das Leitprinzip der Triangulation im Kontext der von uns dargestellten Studie sowie deren Ergebnissen erfolgreich bewährt hat. Die Kombination verschiedener Erkenntnisstrategien wurde der Mehrdimensionalität des Untersuchungsproblems nicht nur gerecht, sondern führte darüber hinaus zu Ergebnissen und Befunden, mit deren Hilfe es möglich ist, die unterschiedlichen Dimensionen von Medienkompetenz im Jugendalter differenziert zu entfalten. Im Gegensatz zu zahlreichen Jugendstudien, die versuchen, ein einheitliches Bild von Jugend zu zeichnen, konnte die vorgestellte Untersuchung deutlich machen, dass pauschale Aussagen über medienkompetentes Handeln auch bei Heranwachsenden zu einem verkürzten Blickwinkel auf das Phänomen führen. Wie die von uns durchgeführten clusteranalytischen Untersuchungen zeigen, scheint es vielmehr gewinnbringend, eine differenzierende Betrachtungsweise zu forcieren, die nachvollzieht, dass sich die Generation der heutigen Jugendlichen – bezogen auf die Struktur ihres Medienhandelns – durchaus nicht homogen, sondern heterogen darstellt. Die von uns vorgenommene Zuordnung von Jugendlichen zu verschiedenen Typen des Medienhandelns versucht, diesem Sachverhalt Rechnung zu tragen.

Die Architektur der vorgestellten Studie orientierte sich sowohl in theoretischer als auch in methodologischer Hinsicht am Leitprinzip der Triangulation. Unter Berücksichtigung der *Theorien-Triangulation* konnte die Ausprägung von Medienkompetenz im Jugendalter umfassend und vor allem mehrperspektivisch beleuchtet werden. Aus dem Uses-and-Gratifications-Ansatz abgeleitete Untersuchungsfragen machten deutlich, dass Jugendliche sich ihre mediale Umwelt aktiv aneignen und sich dabei gemäß ihrer Bedürfnisse und angestrebten Gratifikationen unterschiedlicher Medien bedienen. Auch diese, so der Befund unserer Studie, differieren nach unterschiedlichen Clustern. Die empirischen Analysen machten so etwa für das Cluster der Konsumorientierten deutlich, dass es bei dessen Angehörigen insbesondere das Unterhaltungsbedürfnis sowie konsumtive Interessen sind, die den Umgang mit Medien leiten. Diese spezifischen Interessen werden in jugendkulturellen Szenen weiter ausformuliert und unterstützt. Zu einer Aktivierung sozialen Kapitals, beispielsweise in Form von Unterstützung bei Problemen im Umgang mit den Neuen Medien, führt dieses – zumindest in der Gruppe der Konsumorientierten – allerdings nicht. Die Perspektive des Bourdieu'schen Kapitalsortenansatzes ermöglichte es in diesem Zusammenhang, entsprechende Erkenntnisse theoretisch einzuordnen und so zentrale Rahmenbedingungen des Erwerbs und der Ausübung von Medienkompetenz in den Blick zu nehmen. In das theoretische Konzept der Wissenslufthypothese schließlich lassen sich Untersuchungsergebnisse einordnen, die sich in der Dimension des Medienwissens ergeben. Dabei zeigt sich, dass Kompetenz in dieser Dimension keineswegs pauschal als Wissen oder Unwissen klassifiziert werden kann. So zeigen die Konsumorientierten ja ein eher

durchschnittliches literarisches Bildungswissen, weisen aber ein extrem überdurchschnittlich ausgeprägtes Wissen über das Mediensystem auf. Die Ergebnisse machen deutlich, dass der von uns gewählte mehrperspektivische Ansatz
zu differenzierten Aussagen führt, die sich gemäß der Theorien-Triangulation
ergänzen und zu einem umfassenden Bild des Medienhandelns Jugendlicher
führen.

Entsprechende Differenzierungen lassen sich auch durch die *Methoden-Triangulation* erzielen, die wir durch die Kombination qualitativer und quantitativer Verfahren erreichten. Dabei hat es sich unter den Prämissen unserer Studie
(vgl. Abschnitt 3.2) bewährt, das „klassische" Phasenmodell der Methodenkombination, gemäß dem zuerst qualitative Verfahren zur Hypothesenkonstruktion
und danach quantitative Methoden zur Hypothesenüberprüfung eingesetzt
werden, umzukehren. Nachdem zunächst durch eine repräsentative Erhebung
Aussagen über Häufigkeitsverteilungen von Merkmalskonstellationen sowie vor
allem über Zusammenhänge zwischen Variablen in der Grundgesamtheit der
Jugendlichen gemacht werden konnten, gelang es uns anschließend, die befragten Jugendlichen in ihrem vielfältigen Medienhandeln auf einige wenige Cluster zu „verdichten". Die *Validität* der clusteranalytischen Lösung konnte durch
das Heranziehen externer Variablen belegt werden. So bestätigte sich beispielsweise im Cluster der Konsumorientierten die Annahme, dass eine Gruppierung
Jugendlicher, die eine Nutzung insbesondere der Neuen Medien intensiv praktiziert, eine signifikant höheren Anteil männlicher und komplementär dazu einen geringeren Prozentsatz weiblicher Heranwachsender aufweist. Auch bestimmte informelle Szenezugehörigkeiten der befragten Jugendlichen fungier-
ten als relevante Einflussgrößen. Bezogen auf das Cluster der Konsumorientierten bestätigte sich auch hier die Erwartung, dass sich die Angehörigen dieses
Clusters überzufällig der Szene der Computerfreaks und Internetuser zuordnen
und ein ausgeprägtes Technikinteresse aufweisen. Die sich anschließenden qualitativen Interviews konnten die erzielten Ergebnisse im Sinne des „*Konvergenzmodells*" bzw. der „*Integrationsthese*" bestätigen, so dass die Verlässlichkeit und
Gültigkeit der Aussagen der quantitativen Befragung gestützt wurde. Die Anlage der qualitativen Untersuchung machte es aber darüber hinaus möglich, er-
gänzende Informationen zu sammeln, die – nun im Sinne der „*Komplementaritätsthese*" – zu *breiteren, vielfältigeren* und *tieferen* Erkenntnisse über das Medienhandeln Jugendlicher und die Ausprägung von Medienkompetenz führten.
So zeigt sich im Cluster der Konsumorientierten, dass die unterhaltungsorien-
tierte Nutzung der Neuen Medien nicht mit grundsätzlicher Passivität zu verbinden ist, sondern durchaus kreative Formen des Medienumgangs beinhaltet,
wenn der PC als „Multifunktionsanlage" genutzt wird. Auch wird deutlich,
dass Mediennutzung trotz Konsumorientierung nicht zum allumfassenden Le-
bensinhalt wird, der andere Interessen nachhaltig in den Hintergrund treten
lässt. Ist der PC zwar einerseits ein beliebtes Unterhaltungsmedium der Konsumorientierten, nutzen sie diesen andererseits aber vornehmlich dann, wenn
Zeitlücken zu überbrücken sind. Die Erfassung des sozialen Kontextes sowie

der Deutungen und Pläne der in ihm handelnden Subjekte erlaubt es somit, die Einbettung von Medien und deren Nutzung in die Lebenswelten und Biographien von Jugendlichen zu rekonstruieren. Die dabei entstehenden Deutungsmuster und Handlungsperspektiven ermöglichen ein umfassendes Bild jugendlichen Medienhandeln, das die Aussagen quantitativer Daten bestätigt und ergänzt. Am Beispiel des Clusters der Konsumorientierten haben wir deutlich gemacht, dass das Leitprinzip der Triangulation sowohl im Sinne des Konvergenzmodells als auch im Sinne der Komplementaritätsthese – verstanden als Methoden-Triangulation – zu umfassenderen und weitreichenderen Forschungsergebnissen führt, als es bei der Anwendung nur einer Methodenart der Fall wäre, um Profile von Medienhandeln im Jugendalter differenziert zu beschreiben. Der Erkenntnisgewinn ist dabei keine Frage der isolierten Anwendung quantitativer oder qualitativer Forschungsmethoden, sondern ergibt sich gerade aus deren Kombination.

Literatur

Abel, J./Möller, R./Treumann, K. P.: Einführung in die Empirische Pädagogik. Stuttgart 1998.

Arabie, P./Hubert, L.J./de Soete, G.: Clustering and Classification. Singapore u.a. 1996.

Baacke, D.: Medienkompetenz als Netzwerk. Reichweite und Fokussierung eines Begriffs, der Konjunktur hat. In: Medien praktisch, Heft 2, 1996a, S. 4–10.

Baacke, D.: Medienkompetenz – Begrifflichkeit und sozialer Wandel. In: *von Rein, A.* (Hrsg.): Medienkompetenz als Schlüsselbegriff. Bad Heilbrunn 1996b.

Baacke, D./Sander, U./Vollbrecht, R.: Lebenswelten sind Medienwelten. Opladen 1990.

Baacke, D./Sander, U./Vollbrecht, R./Kommer, S.: Zielgruppe Kind. Kindliche Lebenswelten und Werbeinszenierungen. Opladen 1999.

Bacher, J.: Clusteranalyse. Anwendungsorientierte Einführung. 2. Aufl. München/Wien 1996.

Bacher, J.: P 36, P 37 Clusteranalyse. Handbuch zum Almo Statistik System. Linz 2002.

Backhaus, K. u.a.: Multivariate Analysemethoden. 8. Aufl. Berlin u.a. 1998.

Bailey, K. D.: Typologies and Taxonomies. An Introduction to Classification Techniques. Thousand Oaks u.a. 1994

Bortz, J.: Statistik für Sozialwissenschaftler. 5. Aufl. Berlin u.a. 1999.

Denzin, N. K.: The Research Act: A Theoretical Introduction to Sociological Methods. 3. Aufl. New York 1989. (1. Aufl. 1970).

Eckes, T./Rossbach, H.: Clusteranalysen. Stuttgart u.a. 1980.

Engler, S.: Zur Kombination von qualitativen und quantitativen Methoden. In: *Friebertshäuser, B./Prengel, A.* (Hrsg.): Handbuch Qualitativer Forschungsmethoden in der Erziehungswissenschaft. Weinheim/München 1997, S. 119–130.

Everitt, B. S.: Cluster Analysis. 3. Aufl. London u.a. 1993.

Flick, U.: Qualitative Forschung. Theorie, Methoden, Anwendung in Psychologie und Sozialwissenschaften. Reinbek bei Hamburg 1995.

Flick, U. u.a. (Hrsg.): Handbuch qualitative Sozialforschung. Grundlagen, Konzepte, Methoden und Anwendungen. München 1991.

Gordon, A. D.: Classification. 2. Aufl. Boca Raton (Florida) u.a. 1999.

Kelle, U./Erzberger, C.: Integration qualitativer und quantitativer Methoden. Methodologische Modelle und ihre Bedeutung für die Forschungspraxis. In. Kölner Zeitschrift für Soziologie und Sozialpsychologie, Jg. 51, 1999, Heft 3, S. 509–531.

Kuckartz, U.: Computergestützte Analyse qualitativer Daten. Opladen u. Wiesbaden 1999.

Mayring, P.: Qualitative Inhaltsanalyse. Grundlagen und Techniken. 6. Aufl. Weinheim 1997.

Mayring, P.: Einführung in die qualitative Sozialforschung. 5. Aufl. Weinheim 2002.

Rosenthal, G.: „... wenn alles in Scherben fällt ...". Von Leben und Sinnwelt der Kriegsgeneration. Typen biographischer Wandlungen. Opladen 1987.

Saldern, M. von: Zum Verhältnis von qualitativen und quantitativen Methoden. In: König, E./Zedler, P. (Hrsg.): Bilanz qualitativer Forschung. Band 1: Grundlagen qualitativer Forschung. Weinheim 1995, S. 331–371.

Tabachnick, B. G./Fidell, L. S.: Using Multivariate Statistics. 3. Aufl. New York 1996.

Treumann, K. P.: Zum Verhältnis qualitativer und quantitativer Forschung. In: Heitmeyer, W. (Hrsg.): Interdisziplinäre Jugendforschung. Fragestellungen, Problemlagen, Neuorientierungen. Weinheim 1986.

Treumann, K. P.: Triangulation als Kombination qualitativer und quantitativer Forschung. In: Abel, J./Möller, R./Treumann, K. P.: Einführung in die Empirische Pädagogik. Stuttgart 1998, S. 154–182.

Treumann, K. P./Burkatzki, E./Strotmann, M./Wegener, C.: Hauptkomponentenanalytische Untersuchungen zum Medienhandeln Jugendlicher: In: Bachmair, B./Diepold, P./de Witt, C.: Jahrbuch Medienpädagogik 4. Wiesbaden 2004, S. 145–168.

Webb, E. u.a.: Unobtrusive Measures. Chicago 1966.

Wolf, W.: Qualitative versus quantitative Forschung. In: König, E./Zedler, P. (Hrsg.): Bilanz qualitativer Forschung. Bd. I: Grundlagen qualitativer Forschung. Weinheim 1995, S. 309–329.

Ben Bachmair / Clemens Lambrecht / Claudia Raabe / Klaus Rummler / Judith Seipold

Fernsehprogrammanalyse in der Perspektive kindlicher Fernsehnutzung. Methode des Projektes „Jährliche Bestandsaufnahme zum Kinderfernsehen – qualitative und quantitative Fernsehprogrammanalyse in der Sicht der Kinder"

1. Überblick

Die Kasseler Arbeitsgruppe erhebt seit 1998 in einer jährlichen Stichprobe von drei Tagen einer Woche das Programm der für Kinder relevanten, in Deutschland lizenzierten Fernsehsender. Eine Datenbank verbindet die Sendedaten der einzelnen Programmelemente, die Kodierung und die dazugehörigen standardisierten Fernsehnutzungsdaten. Dabei geht es um die Frage, welche alltagsweltlichen massenmedialen Interpretationsangebote Kinder als Fernsehpublikum aufgreifen. Dazu werden Fernsehprogrammpräferenzen der Kinder als Zuschauergruppe mit Hilfe der vorliegenden Quoten der Fernsehbeteiligung erfasst. Diese Quoten repräsentieren quantitativ das Programmauswahlhandeln als Verknüpfungspunkt kindlicher Fernsehaneignung im Alltagsleben mit dem Fernsehangebot.

Von den Programmpräferenzen ausgehend wird das Programmangebot qualitativ darauf hin untersucht, welche Vermittlungsmöglichkeiten in den Programmangeboten für das Verhältnis von Kindern zu sich und zu ihrer Umwelt angelegt sind. Dies geschieht in vier Arbeitsbereichen, in denen der mögliche Beitrag des Programmangebotes

(a) für die Persönlichkeitsentwicklung von Kindern sowie
(b) für die Orientierung in der Alltags- und Lebenswelt,
(c) in der „Welt der Dinge und Ereignisse" und
(d) in der „Welt der Kultur und der Medien" qualitativ bestimmt wird.

Zudem werden die Intentionen der Sender (u.a. ob sie Programm explizit für Kinder anbieten) mit den Nutzungspräferenzen des Kinderpublikums verglichen. Auf der Website zum Forschungsprojekt „Bestandsaufnahme zum Kinderfernsehen"[1] [www.kinderfernsehforschung.de] werden seit 2000 regelmäßig Auswertungen und Ergebnisse veröffentlicht.

---

1 Arbeitstitel des Projekts, der im Weiteren für „Jährliche Bestandsaufnahme zum Kinderfernsehen – qualitative und quantitative Fernsehprogrammanalyse in der Sicht der Kinder" steht.

Forschungsverfahren

Das Projekt „Bestandsaufnahme zum Kinderfernsehen" verwendet die „Einschaltquoten zu Fernsehsendungen" als Ausgangspunkt für qualitative Programmanalysen. Die Einschaltquoten sind ein Instrument der von der Marktforschung und angewandten Fernsehforschung entwickelten standardisierten Erhebung der Fernsehnutzung nach Reichweiten (Sehbeteiligung in Millionen Zuschauern und prozentualen Marktanteilen von Fernsehprogrammen). Die Gesellschaft für Konsumforschung (GfK) wendet dieses Instrument im Auftrag der Arbeitsgemeinschaft Fernsehforschung (AGF) kontinuierlich für deutsche Fernsehsender an. Anhand von Sehbeteiligungen und Marktanteilen von Fernsehprogrammen lassen sich Programmpräferenzen von Zuschauergruppen herausarbeiten, die anhand der Programmwahl beim Ein- und Ausschalten von Programmangeboten erfasst werden. Von einem Modell der Massenkommunikation aus gesehen, verbinden Zuschauer mit Akten der Programmwahl bzw. -abwahl das Angebot von Fernsehsendern mit ihrem Alltagsleben. Die standardisierten Nutzungsdaten Sehbeteiligung und Marktanteil repräsentieren somit den Verknüpfungspunkt von zwei Feldern der mittels Fernsehen organisierten Massenkommunikation, und zwar das der industriell organisierten Programmerstellung bzw. -verteilung einerseits und das der individuellen Rezeption im Prozess des Alltagslebens andererseits. Diese quantitative Repräsentation reduziert sich jedoch auf Präferenzen von Publikumsgruppen für Elemente des gesamten Fernsehprogrammangebots und ermöglich weder Aussagen über alltagsbezogene Rezeptionsprozesse noch über individuelle Nutzung bzw. Präferenzen.

Da die Gesellschaft für Konsumforschung (GfK) die Werte der Sehbeteiligung und des Marktanteils nach Alter, Geschlecht sowie zudem nach einem einfachen Schema regionaler Zuordnung differenziert zur Verfügung stellt, lassen sich auch Programmpräferenzen von Kindergruppen nach Alter und Geschlecht erschließen.[2] Die GfK-Daten (hier Sehbeteiligung und Marktanteil) erlauben Aussagen über

(a) die nutzenden Kindergruppen (differenziert nach Alter und Geschlecht),
(b) die Nutzungszeiten,
(c) die genutzten Sender und
(d) die genutzten Programme.

Die mittels Wahlaktivitäten von Zuschauergruppen quantitativ beschreibbaren Programmpräferenzen bilden die empirische Basis, um die Perspektiven von Kindergruppen auf Fernsehen abzuschätzen. Im Vordergrund stehen dabei die Interpretationsmöglichkeiten, die in einem von Kindergruppen präferierten Fernsehangebot angelegt sind. Von den quantitativen Nutzungsdaten ausgehend wird das Fernsehprogrammangebot qualitativ nach den in diesen Programm-Texten angelegten Interpretationsmöglichkeiten untersucht. Dies ist

---

2 Die Variablen Wohnregion Ost bzw. Wohnregion West werden im Rahmen der „Bestandsaufnahme zum Kinderfernsehen" nicht ausgewertet.

möglich bzw. es ist sinnvoll, die Kategorie der Interpretation in diesem Zusammenhang zu betrachten, weil am Verknüpfungspunkt der Massenkommunikation zwischen Angebot und Alltag immer etwas zu Interpretierendes steht, das als Interpretationsmöglichkeit in das Alltagshandeln eingeht. Die Kategorie der Interpretation schließt weitere Alltagsfunktionen nicht aus, die jedoch mit der gewählten methodologischen Verknüpfung von qualitativer Programmanalyse und quantitativer Nutzungsanalyse (GfK-Daten) nicht zu erfassen sind. Diese weiteren Alltagsfunktionen sind jedoch mit den Programmpräferenzen und der darin erscheinenden Interpretation verbunden.

Für die Fernsehprogrammanalyse anhand der Einschalt- bzw. Ausschaltaktivitäten der Zuschauer, mit dem Schwerpunkt auf der Nutzergruppe der Kinder und Jugendlichen, sind zwei Verfahrenabschnitte methodisch prägend:

> ▶ die **Erhebung** der Fernsehprogrammelemente (siehe 2.1.2 Stichprobe), deren Kodierung (siehe 2.1.3 Kodierung der Fernsehprogrammelemente) und ihre Verknüpfung mit den sog. GfK-Daten (siehe 2.1.2 Programmpräferenzen) in einer Datenbank (siehe 2.1.4 Datenbank),

> ▶ die **Auswertung** der Fernsehprogrammelemente nach Präferenzen der Kinder (siehe 2.2.1 Hitlisten, 2.2.2 Nutzungsverläufe, 2.2.3 Nutzungsflächen, 2.2.4 Senderaffinitäten) und nach inhaltlichen Kriterien für die Auswahl von Fernsehprogrammelementen (siehe 2.2.5 Marker und Filter, 2.2.6 Heuristische Verfahren).

2. Verfahrensabschnitte Erhebung und Auswertung

2.1 Erhebung

2.1.1 Fernsehprogrammstichprobe

Das Fernsehprogrammangebot unterliegt strukturellen Veränderungen u.a. durch schwer kalkulierbare Verschiebungen von Programmrechten z.B. für Fußball und Formel1, durch institutionelle Veränderungen z.B. der Zusammenbruch der Kirch-Gruppe oder durch ökonomische Wachstumszyklen, welche die Summe der Werbung im Fernsehen und damit die Finanzierung von Programmen beeinflussen. Auch politische Ereignisse wie z.B. die Geschehnisse des 11. Septembers 2001 oder der Irakkrieg 2003 haben kurzfristig einen großen Einfluss auf die Programmgestaltung der Sender. Deswegen ist eine jährlich wiederkehrende Stichprobe ein Mittel, um Fernsehprogramme aktuell und repräsentativ zu erfassen und abzubilden.

■ *Kriterien für die Auswahl der Wochentage, der Jahreszeit und der Sender*
Ziel der Stichprobe ist die repräsentative Abbildung des für Kinder relevanten, in Deutschland lizenzierten Fernsehangebots. Basis ist das Programmangebot von drei Tagen einer Woche. Die Stichprobe muss die beiden Tage des Wo-

chenendes (Samstag und Sonntag) einschließen, da sich an diesen beiden Tagen sowohl Programmangebot als auch Programmnutzung voneinander und von Werktagen wesentlich unterscheiden. Die Wochentage Montag, Dienstag, Mittwoch und Donnerstag ähneln sich sowohl in Programmangebot als auch in Programmnutzung, weshalb einer dieser Tage exemplarisch für die anderen stehen kann. Das Freitagsprogramm zeigt sich in seiner Struktur als Start ins Wochenende und unterscheidet sich schon leicht von den übrigen Wochentagen, aber auch noch deutlich vom Wochenende. Deshalb kann er weder für einen Wochentag noch für das Wochenende repräsentativ stehen.

Die Auswahl der Stichprobenwoche im Frühjahr erfolgt in Absprache mit der Programmstichprobe der „Kontinuierlichen Fernsehprogrammforschung der Landesmedienanstalten", die je eine Programmwoche im Frühjahr und Herbst sichtet.[3] Durch die Kontinuität der Kasseler Stichprobe im Frühjahr lassen sich längerfristige Tendenzen in Programmangebot und seiner Nutzung ausreichend gut nachvollziehen. Zudem sind für die Auswahl die Ferienzeiten der bevölkerungsstarken Bundesländer sowie Feiertage zu berücksichtigen, da die Sender zu diesen Zeiten oft ein für den Rest des Jahres untypisches Programm ausstrahlen.

Die Auswahl der Sender erfolgt aufgrund folgender Kriterien:
▶ das für Kinder relevante Tagesprogramm der großen Anbieter ARD, ZDF, RTL, SAT.1, PRO7, RTL2 und SuperRTL in der Zeit von 6.00 Uhr bis 23.00 Uhr. Wird explizites Kinderprogramm vor 6.00 Uhr morgens gesendet, so wird auch dieses aufgezeichnet,
▶ das gesamte Programm des Kinderkanals „Ki.Ka" (6.00 Uhr bis 21.00 Uhr)[4] und
▶ das explizite Kinderprogramm der Dritten Programme der ARD.
Dabei wurden alle Sender berücksichtigt, die frei empfangbar sind, eine ausreichende technische Reichweite aufweisen[5], explizites Kinderfernsehen anbieten (Kinderkanal, ARD, ZDF, Dritte, RTL, RTL II, SuperRTL, PRO7, SAT.1) oder einen relevanten Marktanteil bei den Kindern verzeichnen, was in den meisten Fällen korreliert. Um die Entwicklungen des Angebots für Kinder im Pay-TV zu verfolgen, wurde in den Jahren 2001 und 2002 exemplarisch für die Kinderprogramme auf der Pay-TV-Plattform Premiere das Programm des Senders FOX Kids aufgezeichnet.

---

3 *Weiss, H.-J.:* Auf dem Weg zu einer kontinuierlichen Fernsehprogrammforschung der Landesmedienanstalten. Eine Evaluations- und Machbarkeitsstudie, Berlin 1998, und *Weiss/Trebbe:* Fernsehen in Deutschlang 1998–1999, Berlin 2000.
4 Seit 2003 wird das Programm des Ki.Ka bis 21.00 Uhr ausgestrahlt, in den Jahren davor bis 19.00 Uhr.
5 Dadurch lässt sich das möglicherweise interessante, jedoch für die Gesamtheit der Kinder in Deutschland aufgrund der geringen technischen Reichweite nicht relevante Programm regionaler Kleinanbieter wie das der Offenen Kanäle oder der Stadtsender sowie das Programm der bspw. nur auf Satellit digital empfangbaren Sender ausklammern.

2.1.2 Fernsehnutzungsdaten (die sogenannten Einschaltquoten)

Die „Bestandsaufnahme zum Kinderfernsehen" nutzt für ihre qualitativen und quantitativen Analysen die standardisierten Fernsehnutzungsdaten der Gesellschaft für Konsumforschung (GfK). „Seit 1985 führt die GfK Fernsehforschung in Nürnberg die kontinuierliche quantitative Fernsehzuschauerforschung in Deutschland durch – seit 1988 im Auftrag der AGF."[6]

▓ *Das Panel der GfK*
Die Abbildung der Fernsehnutzung in privaten Haushalten basiert auf einer flächen- und bevölkerungsrepräsentativen Stichprobe. Aus den rund 35 Millionen privaten Haushalten in Deutschland[7] werden 5.640 ausgewählt. 13.000 Personen repräsentieren folglich rund 75 Millionen Menschen. Bei dieser Auswahl werden verschiedene demografische Kriterien berücksichtigt wie das Bundesland, der Regierungsbezirk, die Gemeindegröße, die Empfangsebenenzugehörigkeit (terrestrischer, Kabel- oder Satellitenempfang), die Haushaltsgröße, das Alter des Haushaltvorstandes, Zahl und Alter im Haushalt lebender Kinder usw. Da sich die Zusammensetzung unserer Gesellschaft dynamisch ändert, wird das Panel ständig angepasst.

▓ *Die Stichprobe der GfK*
Jeder im Panel aufgenommene Haushalt erhält einen speziellen Decoder für jedes im Haushalt befindliche Fernsehgerät und dazugehörige Fernbedienungen. Zum einen melden sich die Personen über diese Fernbedienung an und ab, zum anderen nutzen sie das Gerät zum Zappen. Die korrekte Bedienung wird mit Hilfe von Kontrollanrufen überprüft. Der mit dem Telefonnetz verbundene Decoder speichert sekundengenau alle An- und Abmeldungen sowie alle Umschaltvorgänge und leitet diese nachts an die GfK weiter. Hier werden die eingehenden Daten auf Plausibilität geprüft (ist eine Person an zwei Geräten angemeldet oder hat jemand vergessen, sich abzumelden, wenn eine Nutzung während der ganzen Nacht vorliegt?) und dann mit den Sendeprotokollen der Sender, in denen neben Uhrzeit und Dauer auch die Art des Programmelements aufgeführt ist, verknüpft. Auch diese Sendeprotokolle werden auf Plausibilität geprüft (Regionalfenster usw.). Es erfolgt eine automatische Kodierung aus der vorhandenen Datenbibliothek, die den größten Teil des Programms erfasst. Nach der Kodierung der neuen Sendungen werden die Daten der Programmbibliothek zugeführt.

▓ *Die Nutzungsdaten der GfK*
Bei der „Bestandsaufnahme zum Kinderfernsehen" stehen zwei Arten der Nutzungsdaten im Vordergrund: die Sehbeteiligung und der Marktanteil. Die **Sehbeteiligung** ist, in erster Näherung, die Anzahl der zuschauenden Personen. Al-

---

6 [http://www.agf.de/fsforschung/]. Zuletzt gesehen am 31.01.2004.
7 Im GfK-Panel sind deutsche Fernsehhaushalte und Haushalte, deren Mitglieder in Deutschland leben und aus einem anderen Land der Europäischen Union stammen.

lerdings muss man sich der Unschärfe dieser Vereinfachung bewusst sein. Genau betrachtet ist die Sehbeteiligung einer Sendung die Summe der Einzelzeiten, die alle Panelteilnehmer zusammen diese Sendung gesehen haben, dividiert durch die Länge des Programmelements. Ein Beispiel zur Verdeutlichung: 2.000 Personen sehen sich die ersten 10 Minuten einer 20minütigen Sendung an und schalten alle gleichzeitig ab. Dann wurde insgesamt 20.000 Minuten diese Sendung gesehen, was durch 20 Minuten geteilt eine Panelnutzung von 1.000 Personen ergibt. Diese Zahl steht dann für ungefähr 5,7 Millionen Zuschauer bundesweit. Es ist wichtig, sich dieser Tatsache bewusst zu sein, denn eine Deutung der Sehbeteiligung als Zahl zuschauender Menschen verleitet zu der Annahme, *alle* ermittelten Zuschauer hätten die Sendung von Anfang bis Ende verfolgt.

Der **Marktanteil** ist der Anteil der Sehbeteiligung der Sendung an der Gesamtsehbeteiligung aller Panelmitglieder, die zu dieser Zeit fernsehen. Auch hier ein Beispiel zur Verdeutlichung: Die einzig empfangbaren Sender A, Sender B und Sender C senden je eine Sendung, die alle gleichzeitig starten und enden. Nun sehen 25% der Panelmitglieder die Sendung des Senders A, 10% die des Senders B, 15% die des Senders C und 50% zu dieser Zeit gar kein Fernsehen. Dann hat die Sendung des Senders A einen Marktanteil von 50% (Sender B 10% und Sender C 30%), das heißt die Hälfte aller Fernsehenden zu dieser Zeit schaut das Programm des Senders A.

2.1.3 Kodierung der Fernsehprogrammelemente

Ziel der Kodierung ist, die einzelnen Programmelemente des Fernsehprogrammangebots inhaltlich und formal Kategorien zuzuordnen und dabei in einer Datenbank abzubilden.[8] Grundlage für die Kodierung sind vier qualitative und zwei quantitative Arbeitsbereiche. Die erhobenen Daten sind also in erster Linie nicht zur Quantifizierung von Programm und seinen Inhalten gedacht. In der fertigen Datenbank haben die einzelnen Variablen dann auch vorrangig eine Filterfunktion, um Programme für die qualitative Diskussion des Fernsehprogramms sichtbar und auswählbar zu machen. Die Kodierer betrachten in Bereichen, die eine Bewertung von Inhalten erfordern (z.B. gewalthaltige oder diskriminierende Darstellungen), das Fernsehprogramm aus Sicht der Kinder und setzen mit Hilfe der entsprechenden Variablen Markierungen (sogenannte Marker, siehe 2.2.5). Obwohl Wissen der Kodierer über die qualitativen Fragestellungen durchaus hilfreich ist, steht das offensichtlich Erkennbare des Pro-

---

8 Kodiert wird alles aufgezeichnete Programm innerhalb der Zeitgrenzen 6.00 Uhr bis 23.00 Uhr. Explizites Kinderprogramm und für Kinder relevantes Programm wird auch dann kodiert, wenn es bereits vor 6.00 Uhr ausgestrahlt wurde. Bei den Dritten Programmen wird nur das explizite Kinderprogramm kodiert, einschließlich der Rahmenprogramme (max. 15 Minuten vor und 15 Minuten nach der relevanten Sendung), um evtl. Aussagen über die Platzierung von möglicherweise für Kinder problematischen Inhalten um ein Kinderprogramm herum treffen zu können.

gramms im Vordergrund. Vorwissen der Kodierer über Sendungen ist zweitrangig. Es kommt nur dann zum Tragen, wenn es um eine allgemeine Sendungsbeschreibung geht, die sich bei seriellen Formaten nicht auf die einzelne betrachtete Folge bezieht, sondern folgenübergreifend eine Serie beschreibt.[9] Der Codeplan umfasst zurzeit Rund 50 Variablen. Der Datenstock der GfK, Grundlage für quantitative und qualitative Programmanalysen, ist in den „allgemeinen Sendungsdaten" zusammengefasst. Die Bestimmung dieser Variablen erfolgt im Vorfeld der Kodierung anhand der Sendeprotokolle der einzelnen Sender, die auf Konsistenz überprüft werden. Die fortlaufende Nummer der Programmelemente, der Name der Sender, deren Organisationsform sowie Titel, Name, Datum, Beginn, Dauer und Länge des Programmelements sind Teil dieser Kategorie. Ergänzt werden die „allgemeinen Sendungsdaten" der GfK durch eigene Bereiche, z.b. der Kategorisierung der Sender über ihre Organisationsform (z.B. Pay-TV). Diese Daten sind bereits vor Beginn der Kodierung in die Datenliste integriert und werden in Teilen in der Eingabemaske angezeigt. Auch die Nutzungsdaten (Sehbeteiligung und Marktanteile) sind bereits vor Kodierungsbeginn in die Datenliste aufgenommen.

Aktiv kodiert werden die „Filtervariablen zur Kennzeichnung von Programmelementen". Sie umfassen Kategorien zur formalen Kennzeichnung[10] von Programmelementen, zu deren Themen, Inhalten und Handlungsformen[11], zu den Protagonisten[12], Ästhetik von Programm[13] und Kategorien zu tendenziell problematischen Bereichen[14]. Werbeblöcke (Spotkategorie, Kinderbeteiligung und Kinder als Adressaten) und Trailer (Trailername, Zeitabstand, Zeitpunkt, Einzeltrailer/Kombitrailer/Split-Screentrailer) werden ebenfalls erfasst, jedoch nicht nach denselben Variablen wie die restlichen Programmelemente kodiert.

Sendungen werden als Einheiten begriffen und, umfassen sie mehrere Programmelemente, programmelementübergreifend kodiert. D.h. mehrere Teile einer Sendung, unterbrochen durch Werbung, Trailer o.ä., werden gleich kodiert (durch „kopieren" und „einfügen"), auch dann, wenn sich bspw. die Personenkonstellation in den verschiedenen Teilen ändert. Wiederholungen einzel-

---

9 Um Inhalte von Programmen schnell zu erfassen, greifen die Kodierer auch auf Fernsehzeitschriften und Internet als Informationsquellen zurück. Fernsehzeitschriften sind insbesondere ein nützliches Hilfsmittel für Sendungsbeschreibungen von Spielfilmen. Das Internet hingegen erweist sich vor allem für die Suche nach Namen der Protagonisten und deren Schreibweisen sowie für allgemeine Sendungsbeschreibungen von Serien oder Magazinen als hilfreich.

10 Zum Beispiel Unterhaltung/Information, Fiktionsanteil, Darstellungsform, Sendungsform, Gegenstandsbereich, Serialität, Präsentator/in, explizites Kinderprogramm, Lernen, Zeitpunkt der Handlung, Spielort, Bezug zu Regionen in Deutschland, Musik im Sendungsintro.

11 Zum Beispiel Beschreibung, Schlagworte, Handlungsformen und Handlungsmuster, Repräsentation der kindlichen Alltags- und Lebenswelt, Lifestyle, Ethnische Gruppierungen, Medien- und Genrekompetenz.

12 Zum Beispiel Protagonistengeschlecht, Protagonisteneinbindung, Protagonistenalter, Familienstrukturen.

13 Zum Beispiel Alltagsnähe der Personen und der Personenkonstellationen, Realitätsnähe der Handlung, des Handlungsverlaufes und der Auflösung, Realitätsnähe des Handlungsortes.

14 Zum Beispiel Gewalt, Sexualisierung, diskriminierende/missverständliche Darstellungsweisen.

ner Folgen sowie unterschiedliche Folgen einer Serie oder Reihe hingegen werden jedes Mal unabhängig voneinander kodiert. Damit lässt sich nicht nur Objektivität der Kodierer prüfen, sondern es werden auch Veränderungen innerhalb einer Sendung, z.B. betreffend Protagonistengeschlecht, erfasst.

Neben der inhaltlichen Kodierung wird von jedem Programmelement ein Standbild (Snapshot) aufgenommen und in einem Ordner (sein Name entspricht dem des jeweiligen Senders) unter der Nummer des laufenden Programmelements abgespeichert. Diese Bilder helfen, um schnell und zunächst ohne Zugriff auf die Datenbank einen groben Überblick über die formale Kennzeichnung von Programmelementen zu erhalten.

2.1.4 Die Datenbank als Verfahrensinstrument der Fernsehprogrammanalyse in der Perspektive der kindlichen Nutzung

Die Datenbank ist neben der Videostichprobe der wichtigste Datenspeicher der „Bestandsaufnahme zum Kinderfernsehen" und das zentrale Instrument für quantitative und qualitative Auswertungen zur Programmstichprobe. Nach der Aufzeichnung werden die Sendungsabläufe mit den Einschaltquoten von der MediaControl gekauft und auf deren Grundlage die Datenbank erstellt. Mit dem Einfügen der Codes in die Datenbank werden die Daten für die Kodierung verfügbar gemacht.

■ Aufbau der Datenbank und der zentralen Tabelle
Im Wesentlichen besteht die Datenbank aus einer zentralen Tabelle, in der die Daten zur jährlichen Stichprobe gesammelt sind. Die Daten in dieser Tabelle lassen sich in drei Teile fassen: Teil 1 besteht aus den allgemeinen Daten einer Sendung wie Sender, Titel der Sendung, Ausstrahlungszeitpunkt und seine Dauer. Teil 2 sind die Kodierungsdaten des Videomaterials. Im Teil 3 finden sich die Fernsehnutzungsdaten zur jeweiligen Sendung. Jedes Programmelement ist zusätzlich durch eine eindeutige Zahl im Zehnerschritt ansteigend indiziert, wodurch die Möglichkeit entsteht, zusätzliche Tabellen und Auswertungen mit der zentralen Tabelle zu verknüpfen.

Jede Zeile der zentralen Tabelle der Datenbank stellt einen Fall dar und jeder Fall bezeichnet im Rahmen der Bestandsaufnahme ein Programmelement (PE). Ein Programmelement ist die kleinste von den Sendern in ihren Sendeprotokollen aufgeschlüsselte Einheit und beschreibt den maximalen Zeitraum zwischen den Wechseln verschiedener Sendungsformen, wie z.B. Werbeinseln, Trailer, Moderationen oder Sendungen im alltagssprachlichen Sinn. Diese kleinsten Elemente bilden die Grundlage für den Sendungsablauf, der für die Codierung verwendet wird. Dieser chronologische Ablauf der Programmelemente ist ein Teil der Nutzungsdaten der GfK (siehe 2.1.2). In Abhängigkeit von der Zahl der Sender, die in der Stichprobenpopulation enthalten sind, und der Struktur des jeweiligen Sendungsablaufs verändert sich die Zahl der Programmelemente in der Datenbank. Die Zahl der Programmelemente liegt in den sechs Stichproben zwischen 1998 und 2003 im Schnitt bei etwa 5.000. Dieser Ablauf wird dann in der Datenbanktabelle mit den Nutzungsdaten als dritter Teil der Datenbank verbunden.

▒ *Verfahrensinstrumente für die Arbeit mit der Datenbank*
Für die Arbeit mit der Datenbank gibt es drei Verfahrensinstrumente, die qualitative Suche über Textteile in der Datenbank, die quantitative Suche über Codes und Rechenoperationen über Zahlenformate.

▒ *Qualitative, textbasierte Suche*
Die übliche Darstellungsweise der Datenbank ist eine tabellarische Ansicht mit Spalten als Kategorien und ihren Ausprägungen sowie Zeilen, in denen die Programmelemente abgebildet sind. Die Standardsortierung der Datenbank entspricht dem zeitlichen Ablauf der Sendungen in Abhängigkeit vom Sender, sodass man die einfache Tabellenansicht nutzen kann, um sich beim Browsen über die Tabellenansicht ein Bild vom Tagesprogramm der einzelnen Sender zu machen. So können z.b. Sendungstitel, Schlagwörter oder Beschreibungen der Sendungen überflogen werden. Die meisten Tabellenprogramme bieten die Möglichkeit nach Begriffen innerhalb einer Tabelle zu suchen. Diese Funktion ist hilfreich zur heuristischen Datengewinnung, z.b. um Sendungen zu finden, die näher oder entfernt etwas mit einem bestimmten Suchbegriff zu tun haben. Die meisten Treffer sind in den Spalten Sendungstitel, Folgentitel und Schlagwörter zu erwarten, da diese Spalten ausführliche Textinformationen enthalten.

▒ *Quantitative, codebasierte Suche*
Die Möglichkeit des Sortierens und Filterns bildet die Grundlage zur Erstellung von Hitlisten und anderen Ranglisten. Möchte man z.B. die Magazine des expliziten Kinderfernsehens ermitteln, die in der Stichprobe von den meisten 3- bis 13-Jährigen gesehen werden, wählt man aus allen Programmelementen die mit der Sendungsform (V4) „Magazin" und gleichzeitig alle PEs, die als explizites Kinderprogramm (V9c) kodiert wurden. Anschließend wird diese Liste nach der Sehbeteiligung der 3- bis 13-Jährigen absteigend sortiert. Die ersten 10 bis 20 Programme stellen die Top 10 oder Top 20 der Magazine im expliziten Kinderfernsehen dar. Das Filtern und Sortieren ist also ein einfaches Mittel, um je nach Fragestellung eine übersichtliche Liste mit handhabbaren Daten zu erhalten.

▒ *Rechenoperationen*
Neben dem einfachen Aufbewahren der Daten sowie dem Sortieren und Filtern der Daten dient die Datenbank im MS Access Format auch dazu, Rechenoperationen mit den Daten und Zahlen durchzuführen. Rechenoperationen lassen sich mit Datums- und Uhrzeitformaten wie z.B. der Dauer des Programmelements durchführen oder auch mit Zahlenformaten wie z.B. Sehbeteiligungen und Marktanteilen. Die Auswertung der Daten in der Datenbank mit Rechenoperationen wird hauptsächlich für quantitative, statistische Fragestellungen verwendet.

2.2 Auswertung

Die Datenbank der Bestandsaufnahme zum Kinderfernsehen bietet verschiedene Zugangsmöglichkeiten für die qualitative Arbeit. Als Relevanzkriterien dienen unterschiedliche Filter, die sich auch mit ausschließenden Variablen verknüpfen lassen. Neben der klassischen Arbeit mit Hitlisten haben sich Nutzungsverläufe und Nutzungsflächen[15] als sinnvolle Ergänzung erwiesen. Im Folgenden geht es um Möglichkeiten und Grenzen der einzelnen Zugänge zum Programm.

2.2.1 Hitlisten

Zu jedem Programmelement gibt es die entsprechenden Nutzungsdaten. Diese werden zur Erstellung einer Hitliste für alle Sendungen, die aus mehreren Programmelementen bestehen (oft werden Sendungen durch Trailer oder Werbung unterbrochen), zeitlich gewichtet zusammengefasst. Nun steht eine Liste zur Verfügung, die nicht mehr auf die kleinste Einheit Programmelement heruntergebrochen ist, sondern aus einzelnen Sendungen besteht (Werbung und Trailer werden bei der Erstellung der Hitlisten ausgeblendet). Diese werden nun absteigend nach Sehbeteiligung der jeweiligen Alters- bzw. Geschlechtergruppe sortiert. So entstehen Hitlisten, die eine leicht vermittelbare, schnelle Orientierung im von den Kindern favorisierten Programm ermöglichen. Welche Aussagen sich mit Hitlisten über Programmnutzung treffen lassen, wird in Teil 3 demonstriert.

2.2.2 Nutzungsverläufe

Anhand des Auswertungsinstruments *Nutzungsverläufe* lassen sich Verweil- und Wechselphasen der Kinder als Gruppe visualisieren (vgl. Abbildung 1). Auf der Basis der Nutzungsdaten (Sehbeteiligung) für jedes einzelne Fünf-Minuten-Intervall und jeden Sender wird ein Sehbeteiligung/Zeit-Diagramm erstellt. Dazu wird auf der Vertikalen die Sehbeteiligung gegen die Uhrzeit auf der Horizontalen abgetragen. Ein weiteres Beispiel zu Nutzungsverläufen findet sich in Teil 3.

---

15 Dieses Verfahren wurde innerhalb der Bestandsaufnahme zum Kinderfernsehen 1999 von Ole Hofmann entwickelt.

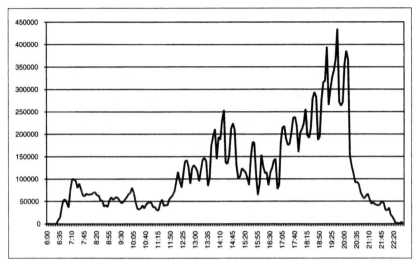

Abbildung 1: Nutzungsverlauf der 3- bis 13-jährigen Kinder am Donnerstag, dem 11.04.2002 bei SuperRTL

2.2.3 Nutzungsflächen

Was sehen viele Kinder, wenn sie länger ein Programm anschauen? Dies ist die Frage, die mittels Nutzungsflächen beantwortet werden kann. Obwohl viele Kinder die Fernsehzeitungen als Orientierung nutzen,[16] um sich ihr favorisiertes Programm zusammenzustellen und gezielt anzusteuern, sehen sie sich selten „trennscharf" eine Sendung an. Es entstehen durch „davor Gesehenes" und „danach noch dranbleiben" Nutzungsflächen. Diese Nutzungsflächen sagen mehr über die Präferenzen der Zuschauenden aus als die einfachen Hitlisten. Aber wie entwickelt man ein sinnvolles Verfahren, um diese Flächen zu bestimmen? Anhand der Nutzungsverläufe über den Tag betrachtet wird eine sinnvolle Sehbeteiligung als Grenze gesucht, wann von „vielen Kindern" gesprochen werden kann. Als ein Beispiel soll hier der Nutzungsverlauf der 3- bis 13-jährigen Kinder am Donnerstag, den 11.04.2002 beim Sender SuperRTL dargestellt werden.

Dieses Diagramm zeigt zwei recht deutliche Nutzungsschwerpunkte an diesem Tag. Einer liegt ungefähr zwischen 13.40 und 14.50 Uhr und der zweite zwischen 17.05 und 20.30 Uhr. Beide zeichnen sich durch eine überdurchschnittliche Sehbeteiligung von mindestens 150.000 Kindern über einen längeren Zeitabschnitt aus. Im Folgenden wird dann von einer Nutzungsfläche ge-

---

16 Vgl. Feierabend/Klingler: KIM-Studie 2002. Kinder und Medien. Computer und Internet, S. 22.

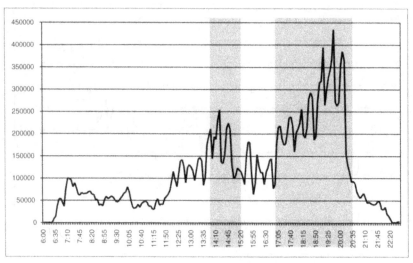

Abbildung 2: Nutzungsschwerpunkte am Donnerstag, den 11.04.2002 bei SuperRTL

sprochen, wenn mindestens 150.000 Kinder für mindestens 20 Minuten dem Programm eines Senders folgten.

Wie sieht so eine Nutzungsfläche konkret aus? Das soll der Blick in eine „Programmzeitschrift" verdeutlichen:

Uhrzeit	Sendung	
16:10	Art Attack	
16:32	Jimmy Neutron	
16:40	Was ist was TV	
17:06	Jimmy Neutron	
17:12	Die Tex Avery Show	
17:26	Die Tex Avery Show	
17:51	Sei behutsam	
17:55	Darkwing Duck	
18:20	Chip und Chap	Nutzungsfläche der 10- bis 13-Jährigen am Samstag, den 13.04.2002 bei SuperRTL
18:46	Disneys Pepper Ann	
19:13	Doug	
19:36	Jimmy Neutron	
19:43	Super Toy Club	
20:15	Edgar Wallace: Die unheimlichen Briefe	
22:03	Das ist dein Ende	

Weitere Beispiele zu Nutzungsflächen finden sich in Teil 3.

2.2.4 Senderaffinität

Die Top 100-Liste der Programmelemente der zu untersuchenden Alters- bzw. Geschlechtergruppe entsteht durch absteigende Sortierung nach Sehbeteiligung. Nun wird die Zeit, die Kinder innerhalb dieser 100 meistgesehenen Programmelemente bei einem bestimmten Sender verbracht haben, aufsummiert. Diese Summierung wird für jeden Sender durchgeführt und die Summen werden dann prozentual zur Gesamtzeit der 100 Programmelemente dargestellt. Diese recht abstrakte Methode ermöglicht einen strukturierten Zugriff auf Veränderungen. Dabei kann es sich je nach Fragestellung um Veränderungen im Programm in unterschiedlichen Stichprobenjahren oder auch um Veränderungen der Präferenzen der Kinder mit zunehmendem Alter handeln (siehe auch Teil 3).

2.2.5 Marker und Filter

Die Datenbank beinhaltet pro Jahr ca. 5000 Programmelemente, die nach verschiedenen Variablen kodiert sind. Daraus ergibt sich eine unübersichtlich große Datenmenge, die durch den Einsatz von Filtern und Markern für die Auswertung der Fragestellungen aus den Arbeitsbereichen[17] auf eine überschaubare und handliche Menge in Bezug auf die Fragestellung reduziert werden muss. Einige Variablen sind quantifizierbar[18], was in erster Linie für die quantitativen Auswertungsbereiche 5 und 6 wichtig ist. Dazu müssen die Variablen bestimmte Vorraussetzungen erfüllen: Die Ausprägungen müssen trennscharf zueinander sein und gleichzeitig zusammengenommen die Gesamtheit des Programms beschreiben (d.h. alle Programmelemente werden durch genau eine Ausprägung beschrieben). Ein Beispiel für einen vielverwendeten Filter ist die Variable V9, die aus den Ausprägungen „kein Kinderprogramm" und „explizites Kinderprogramm" besteht. Die Ausprägungen sind trennscharf und umfassen doch das ganze Programm. Dieser Filter ermöglicht beispielsweise während der Vorbereitung einer qualitativen Analyse eine Fokussierung auf das explizite Kinderprogramm.

Oft sind es nur wenige Sendungen, die einer bestimmten Variable entsprechen, aber für die Auswertung verfügbar gemacht werden sollen. In diesen Fällen macht es oft keinen Sinn, auf eine Quantifizierbarkeit zu bestehen. Diese Art der Variablen soll das Programm nicht auf verschiedene Ausprägungen aufteilen, sondern eher wie Fähnchen bestimmte Programmelemente in der riesi-

---

17 Der Beitrag des Programmangebotes für die Persönlichkeitsentwicklung von Kindern (1), die Darstellung der kindlichen Lebenswelt und die Formen sozialer Orientierung (2), die Darstellung der Welt der Dinge und Ereignisse (3) und die Darstellung der Welt der Kultur und der Medien (4) sowie die Überblick über das Programmangebot der Sender (5) und der Überblick über die Nutzungspräferenzen der Kinder (6).

18 Das heißt, es können valide Aussagen über die Häufigkeit gemacht werden, und es ist eine Fehlerrechung möglich und sinnvoll.

gen Datenmenge wiederauffindbar machen. Diese Variablen nennt man Marker. Sie haben meist nur eine einzige oder aber unabsehbar viele Ausprägungen. Marker sind insbesondere in Bereichen hilfreich, die tendenziell eine genauere Betrachtung der Inhalte erfordern (z.B. gewalthaltige oder diskriminierende Darstellungen). Hier sind die Kodierer aufgefordert, das Fernsehprogramm aus Sicht der Kinder zu betrachten und so mit Hilfe der entsprechenden Variablen Markierungen zu setzen. Ein typisches Beispiel für Marker sind auch die Schlagwörter in der offenen Eingabe der Schlagwortliste. Diese frei eingebbaren Schlagwörter ermöglichen eine flexible Kodierung, die Sendungen für verschiedenste Fragestellungen wiederauffindbar macht. Die Schlagwortliste liefert sicherlich die umfangreichste Menge an Markierungen. Um die Datenmenge zunächst einzugrenzen, wird eine Liste aller Schlagwörter erstellt, die in dem jeweiligen Jahr in der Datenbank vorkommen. In ihr können mögliche Suchbegriffe nachgeschlagen werden.

■ *Liste der Programmelemente als Marker*
Ein wesentliches Orientierungsinstrument bei der Kodierung ist die fortlaufende Liste der Programmelemente, die ausgedruckt vor jedem Kodierer liegt. Sie beinhaltet Angaben zu (von links nach rechts) der laufenden Datensatznummer, der Nummer des Programmelements, dem Sendernamen, Titel des Programmelements, seinem Ausstrahlungsdatum, seiner Ausstrahlungsuhrzeit, der Dauer der Sendung und abschließend noch einmal der Datensatznummer. Auf diesen Listen vermerkt jeder Kodierer den Beginn und das Ende seines zu bearbeitenden Abschnitts. Nach Kodierung eines Programmelements wird es aus der Liste gestrichen. Anmerkungen zu Falschauszeichnungen, eventuelle Fehler bei der Aufzeichnung sowie Hinweise für qualitative Auswertungen werden in die Liste eingetragen. So dienen sie bei der Zusammenführung der Datenbanken als Kontrollwerkzeug und für die qualitative Auswertung als Tipps für beachtenswerte Inhalte.

2.2.6 Heuristische Verfahren

Für die Bearbeitung einiger Fragestellungen, wie z.B., ob die Sender ihren Zuschauern Orientierung bei der Programmauswahl mit Hilfe von Programmhinweisen (sogenannte Trailer) bieten, ist eine heuristische Herangehensweise eine erste Möglichkeit. Hierfür war insbesondere der Zugang über die Snapshots (siehe 2.1.3) sehr hilfreich. Da die Frage nach Orientierungshilfen durch Programmhinweise (Trailer) nicht in Variablen kodiert war, boten die Snapshots einen ersten Überblick über die Vielfalt von Programm-Trailern. Die bildliche Oberfläche der Trailer eröffnete den Blick auf die in ihnen angelegten optisch wahrnehmbare Muster und Strukturen und ermöglichte so kategoriale Zuordnungen, die sich in zeitlichen und inhaltlichen Orientierungsangebote und ihre ästhetischen Orientierungsmerkmale ausdifferenzieren.[19]

---

19 Siehe dazu: *Seipold, J.:* Trailer als Orientierungsangebote und Logos als Ordnungs- und Klä-

3. Beispiele und Ergebnisse

Anhand einiger Ergebnisse soll im Folgenden der Einsatz unterschiedlicher Verfahrensinstrumente aufgezeigt werden. Beispiel 1 („Beispiel zum Diskurs der PISA-Studie: Welche Sendungsformen (Unterhaltungsshow, Informations- und Wissenssendungen) bevorzugen Jugendliche?") demonstriert unter Bezugnahme auf Ergebnisse der PISA2000-Studie den Einsatz von Hitlisten. In Beispiel 2 werden ebenfalls mittels Hitlisten die Top 10 der 3- bis 13-jährigen Zuschauer im Stichprobenzeitraum 2002 ermittelt. Beispiel 3 verdeutlicht anhand von Nutzungsverläufen, dass Kinder das Kinderprogramm gezielt einschalten und nach seinem Ende auch wieder abschalten. In Beispiel 4 werden mittels Nutzungsflächen die Veränderungen in den Programmpräferenzen der 3- bis 13-jährigen Zuschauer vom Jahr 2001 auf das Jahr 2002 herausgestellt. In Beispiel 5 wird mittels Filtern und Markern das Programm des Ki.Ka aufgelistet, das mit der Variable „Ethnische Gruppierungen" kodiert wurde.

■ *Beispiel 1: Zum Diskurs der PISA-Studie: Welche Sendungsformen (Unterhaltungsshow, Informations- und Wissenssendungen) bevorzugen Jugendliche?*

Die PISA2000-Studie[20] fragt nach der Mediennutzung der Jugendlichen. Bei der Fernseh- und Videonutzung steht in der PISA2000-Studie zunächst die Frage nach der Nutzungsdauer pro Tag im Vordergrund. Etwa ein Drittel der Schülerinnen und Schüler gibt dabei an, zwischen einer und fünf Stunden am Tag fern zu sehen. Weiterhin geht es um die Frage nach den inhaltlichen Präferenzen der Jungen und Mädchen. In welchem Maß sehen 15-Jährige Porno-, Horror- und Gewaltfilme (Fernseh- und Videoprogramm) und informative Sendungen (Nachrichten, Sportsendungen und politische Magazine). Das Ergebnis der PISA-Befragung ist, dass weit mehr Jungen als Mädchen angeben Porno-, Horror- und Gewaltfilme zu sehen. Zu fragen ist, wie valide dieses Ergebnis ist. Mit Hilfe der Fernseh-Einschaltquoten lässt sich feststellen, ob Jugendliche im Fernsehen Porno-, Horror- und Gewaltfilme einschalten.

Eine Auswertung der Sehbeteilung zeigt, dass Jungen entgegen der Ergebnisse der PISA2000-Studie keine Sendungsformen und Sendungen wie Porno-, Horror- und Gewaltfilme präferieren. Vielmehr bevorzugen sie Unterhaltung in Form von Comedy, Sitcoms, Familienprogrammen, Informations- und Wissenssendungen. Die Hitlisten (siehe 3.1) der 14- bis 19-jährigen Jungen und Mädchen aus der *Bestandsaufnahme zum Kinderfernsehen* geben Einblick in die

rungsmöglichkeiten. Auf: *Bachmair, B.* [www.kinderfernsehforschung.de]. Erstveröffentlichung Juli 2001, 3., überarbeitete und erweiterte Version März 2002 sowie *Bachmair, B./Seipold, J.:* Intertextuelle und intramediale Bezüge als Orientierungsangebot – systematische Überlegungen und exemplarische Untersuchungen zu Verweisen auf das Fernsehangebot. In: *Bachmair, B./Diepold, P./de Witt, C.* (Hrsg.): Jahrbuch Medienpädagogik 3. Opladen 2003, S. 51–81.
20 *Deutsches PISA-Konsortium* (Hrsg.): PISA 2000, Basiskompetenzen von Schülerinnen und Schülern im internationalen Vergleich, Leske + Budrich, Opladen 2001

Hitliste (Top 20) der 14- bis 19-jährigen Mädchen im Stichprobenzeitraum 2000

Rang	Sender	Titel	Datum	Uhrzeit	Dauer	Sendungsform	Seh 14–19 Mädchen
1	RTL2	Big Brother – der Talk Folge 13 Teil 1	28. Mai. 00	21:15:12	0:09:49	Unterhaltungsshow	290.000
2	RTL2	Big Brother Folge 77 Teil 3	30. Mai. 00	20:59:33	0:07:10	Soap	280.000
3	RTL2	Big Brother Folge 77 Teil 2	30. Mai. 00	20:31:55	0:20:50	Soap	270.000
4	RTL	Wer wird Millionär? Folge 17 Teil 3	28. Mai. 00	19:52:48	0:14:32	Gameshow	260.000
5	RTL	Gute Zeiten, schlechte Zeiten Folge 1992 Teil 3	30. Mai. 00	20:12:22	0:02:28	Soap	250.000
6	RTL2	Big Brother – die Woche Folge 13 Teil 3	28. Mai. 00	20:58:56	0:16:02	Soap	240.000
7	RTL	Gute Zeiten, schlechte Zeiten Folge 1992 Teil 2	30. Mai. 00	19:44:22	0:21:10	Soap	240.000
8	RTL2	Big Brother – der Talk Folge 13 Teil 2	28. Mai. 00	21:31:29	0:15:28	Unterhaltungsshow	240.000
9	RTL2	Big Brother – die Woche Folge 13 Teil 2	28. Mai. 00	20:32:22	0:19:49	Soap	220.000
10	RTL2	Big Brother – der Talk Folge 13 Teil 3	28. Mai. 00	21:54:49	0:15:00	Unterhaltungsshow	220.000
11	RTL	Wer wird Millionär? Folge 17 Teil 2	28. Mai. 00	19:32:58	0:12:32	Gameshow	210.000
12	RTL2	Big Brother Folge 77 Teil 1	30. Mai. 00	20:15:09	0:09:06	Soap	210.000
13	RTL2	Big Brother – die Woche Folge 13 Teil 1	28. Mai. 00	20:14:43	0:10:04	Soap	190.000
14	PRO7	Buffy – im Bann der Dämonen Teil 3	27. Mai. 00	17:23:29	0:20:02	Serie	190.000
15	PRO7	Buffy – im Bann der Dämonen Teil 2	27. Mai. 00	17:06:18	0:10:39	Serie	190.000
16	PRO7	Buffy – im Bann der Dämonen Teil 1	27. Mai. 00	17:01:16	0:03:02	Serie	190.000
17	RTL	Wer wird Millionär? Folge 17 Teil 1	28. Mai. 00	19:08:04	0:18:55	Gameshow	180.000
18	PRO7	Sabrina – total verhext Teil 2	27. Mai. 00	15:51:42	0:10:24	Sitcom	180.000
19	RTL	Medicopter 117 – jedes Leben zählt Folge 33 Teil 4	30. Mai. 00	21:10:55	0:04:30	Serie	180.000
20	PRO7	Charmed – zauberhafte Hexen Teil 4	27. Mai. 00	16:52:30	0:08:11	Serie	180.000

Seh 14–19 bedeutet Sehbeteiligung der 14- bis 19-Jährigen

Quelle: Bestandsaufnahme Kinderfernsehen 2000, AGF/GfK PC#TV 2000

Hitliste (Top 20) der 14- bis 19-jährigen Jungen im Stichprobenzeitraum 2000

Rang	Sender	Titel	Datum	Uhrzeit	Dauer	Sendungsform	Seh 14–19 Jungen
1	PRO7	Die Simpsons Teil 1	30. Mai. 00	18:27:44	0:08:36	Serie	300.000
2	RTL	Waterworld Teil 3	28. Mai. 00	21:28:34	0:22:23	Film	290.000
3	PRO7	Die Simpsons Teil 2	30. Mai. 00	18:44:10	0:13:58	Serie	290.000
4	RTL	Waterworld Teil 4	28. Mai. 00	21:58:07	0:30:58	Film	280.000
5	RTL	Waterworld Teil 2	28. Mai. 00	20:54:44	0:26:39	Film	270.000
6	RTL	Waterworld Teil 1	28. Mai. 00	20:15:31	0:32:18	Film	260.000
7	RTL	Wer wird Millionär? Folge 17 Teil 3	28. Mai. 00	19:52:48	0:14:32	Gameshow	250.000
8	RTL	Wer wird Millionär? Folge 16 Teil 3	27. Mai. 00	19:57:38	0:09:15	Gameshow	250.000
9	PRO7	Die Simpsons Teil 2	30. Mai. 00	18:13:01	0:14:13	Serie	240.000
10	PRO7	Prosieben Kurznachrichten	30. Mai. 00	18:42:48	0:00:20	Nachrichten/Wetter	230.000
11	RTL2	Big Brother – Der Talk Folge 13 Teil 3	28. Mai. 00	21:54:49	0:15:00	Unterhaltungsshow	230.000
12	RTL	Wer wird Millionär? Folge 17 Teil 2	28. Mai. 00	19:32:58	0:12:32	Gameshow	220.000
13	RTL	Waterworld Teil 5	28. Mai. 00	22:36:13	0:14:36	Film	220.000
14	RTL	Wer wird Millionär? Folge 16 Teil 2	27. Mai. 00	19:29:07	0:21:05	Gameshow	210.000
15	SAT1	Asterix bei den Briten Folge 5 Teil 5	27. Mai. 00	21:52:49	0:07:38	Film	200.000
16	SAT1	Die Wochenshow Folge 144 Teil 2	27. Mai. 00	22:27:18	0:20:22	Comedy	190.000
17	RTL2	Big Brother – Der Talk Folge 13 Teil 1	28. Mai. 00	21:15:12	0:09:49	Unterhaltungsshow	190.000
18	PRO7	Die Simpsons Teil 1	30. Mai. 00	17:59:26	0:07:40	Serie	190.000
19	PRO7	The Game Teil 4	27. Mai. 00	22:06:08	0:21:26	Film	190.000
20	SAT1	Die Wochenshow Folge 144 Teil 1	27. Mai. 00	22:00:43	0:17:35	Comedy	180.000

Seh 14–19 bedeutet Sehbeteiligung der 14- bis 19-Jährigen

Quelle: Bestandsaufnahme Kinderfernsehen 2000, AGF/GfK PC#TV 2000

über die bei den Jugendlichen beliebten Sendungen. Hierzu wird die Datenbank (siehe 2.4) der Stichprobe (siehe 2.1) 2000[21] nach Sehbeteiligung (siehe 2.2) der 14- bis 19-jährigen Jungen und Mädchen jeweils absteigend sortiert. Um eine übersichtliche Liste zu erhalten, wird das im Stichprobenzeitraum 2000 ausgestrahlte Programm auf redaktionelle Programmelemente[22] reduziert, indem Werbung, Sponsorings, Trailer und Spots ausgeklammert werden.

■ *Was sehen die Mädchen?*
Die Top 20 der Mädchen bestehen hauptsächlich aus seriellen Formaten. Dabei dominiert das Format der Daily Soap-Opera, insbesondere *Gute Zeiten, Schlechte Zeiten* und *Big Brother.* An Big Brother scheint für Mädchen nicht nur die „Hauptsendung" interessant zu sein, sondern auch andere Sendungselemente, die zu diesem Medien- und Ereignisarrangement gehören wie z.B. *Big Brother – der Talk* mit Interviews, Gästen im Studio und Hintergrundgeschichten zu den Darstellern oder *Big Brother – die Woche*, ein Zusammenschnitt der Geschehnisse der vergangenen Woche. Diese Nachnutzungen von Big Brother lassen sich auch in gewisser Weise in die Kategorie Informationssendungen einordnen, da hier Hintergrundinformationen zum Komplex Big Brother geliefert werden.

Weiterhin fällt an der Liste die Reihe der Mystery- und Hexenserien auf. *Buffy – im Bann der Dämonen, Sabrina – total verhext* und *Charmed – zauberhafte Hexen* sind Serien bzw. Sitcoms, in denen es um besondere Fähigkeiten, die Mädchen und Frauen haben, geht. Speziell geht es in *Buffy – im Bann der Dämonen* und *Charmed – zauberhafte Hexen* um eine Gruppe zumeist jugendlicher, weiblicher Personen, die gemeinsam in einer spannenden Geschichte Hexen, Vampire und Dämonen, also eine Art Gegenspieler jagen. *Sabrina – total verhext* ist dagegen eine Sitcom mit einem Familienartigen Setting, in dem Sabrina mit ihren zwei Tanten unter einem Dach leben. Alle drei können hexen, wobei dabei immer wieder amüsante Missgeschicke passieren. Nicht zu vergessen ist die Sendung *Wer wird Millionär,* in der Allgemeinwissen auf eher schulische Art abgefragt wird.

■ *Was sehen die Jungen?*
In den Top 20 der Jungen fallen zunächst die großen Samstag- und Sonntagabendfilme auf. Für die Jungen ist dabei der Endzeit-Fantasy-Film *Waterworld* und der Thriller *The Game* interessant, d.h. sie schalten diese Sendung ein. Die Nutzungszahlen zum Zeichentrickfilm *Asterix bei den Briten* und zur Zeichentrickserie *Die Simpsons* deuten auf die Beliebtheit von Zeichentrick hin, was

---

21 Stichprobenzeitraum: Samstag 27., Sonntag 28. und Dienstag 30. Mai 2000
22 Ein Programmelement ist die kleinste Einheit der Sendeprotokolle der Sender und damit auch der Datenbank der Bestandsaufnahme Kinderfernsehen. Ein Programmelement kann z.B. ein Werbeblock, ein Trailer, ein Spot, eine ganze Sendung oder auch nur der Teil einer Sendung sein. Oft sind längere Sendungen werbeunterbrochen und bestehen so aus mehreren Teilen, von denen jeder ein Programmelement darstellt.

auch Birgit van Eimeren[23] feststellt. Ähnlich wie bei den Mädchen findet sich in den Top 20 der Jungen auch *Big Brother – der Talk* als Informationslieferant für Hintergrunddetails zu *Big Brother*. Wie bei den Mädchen steht in den Top 20 der Jungen die Sendung *Wer wird Millionär*. Diese Beobachtung unterstützt die Erkenntnisse aus der PISA2000-Studie und der JIM 98[24], nämlich die Beliebtheit von Sendungen wie z.b. *Wer wird Millionär* bei Jugendlichen, wenn man die Sendung im weiteren Sinne als Informations- und Wissenssendung versteht. Als einzige Nachrichtensendung finden sich die *ProSieben Kurznachrichten* in den Top 20 der Jungen. Dieses Programmelement ist nur 20 Sekunden lang und liegt zwischen den zwei Teilen der *Simpsons*. Es ist daher unklar, ob die Jungen die Nachrichten nur deshalb nicht abschalten, weil danach die *Simpsons* gleich wieder weiterlaufen, oder ob sie die Nachrichten tatsächlich als Lieferant für Nachrichten des aktuellen Tagesgeschehens nutzen. Das gleiche Phänomen ist über die Jahre hinweg bei Kurznachrichten auf RTL2 u.a. zu beobachten.

Das Beispiel legt nahe, dass 15-Jährige, das ist die Altersgruppe der PISA-Studie, aus dem Fernsehen keine Porno-, Horror- und Gewaltfilme beziehen. (Möglicherweise nutzen sie als Quellen Internet-, Video- und DVD-Material.) Vielmehr bevorzugen sie Unterhaltung in Form von Comedy, Sitcoms, Familienprogrammen, Informations- und Wissenssendungen.

■ *Beispiel 2: Hitlisten – Die Top 10 der 3- bis 13-jährigen Zuschauer im Stichprobenzeitraum 2002*

Zur Erläuterung des Auswertungsinstruments *Hitlisten* dient im Folgenden ein Beispiel des Senders RTL2.

■ *Eingrenzung/Bestimmung der interessanten Altersgruppen:*
Dazu dient die mit den in den 100 meistgesehenen Sendungen (absteigend nach Sehbeteiligung geordnet) vorhandenen RTL2-Angeboten verbrachte Zeit. Die 3- bis 5-jährigen Jungen und Mädchen verbringen ca. 2% der Zeit, die sie bei ihren Top 100 Sendungen zuschauen, bei RTL2. Bei den 6- bis 9-Jährigen steigt dieser Anteil auf 9% an. Die Gruppe, die für RTL2 am interessantesten erscheint, sind die 10- bis 13-jährigen Jungen und Mädchen, die 11% ihrer Top 100-Nutzung mit RTL2 verbringen.

■ *Erstellen der Hitliste:*
Die Liste aller Sendungen wird nach absteigender Sehbeteiligung der 10- bis 13-jährigen Kinder sortiert. Der Anfang dieser Liste gibt die Programmfavori-

23 Dipl.-Psych. *Birgit van Eimeren:* Mediennutzung und Fernsehpräferenzen der 10- bis 15-Jährigen. In: Internationales Zentralinstitut für das Jugend- und Bildungsfernsehen (IZI), TELE-VIZION, 13/2000/2, München, 2002, S. 45ff.
24 Medienpädagogischer Forschungsverbund Südwest: JIM 98, Basisuntersuchung zum Medienumgang 12-19jähriger in Deutschland. Baden-Baden 1998.

ten dieser Altersgruppe wieder. Im Falle der Stichprobe von 2002 stehen folgende Sendungen bei den Pre-Teens ganz oben:

Hitlisten – Hits der 10- bis 13-Jährigen

Sender	Titel	Datum	Start	Dauer	Seh-beteiligung
RTL2	Dragon Ball Z	11.04.02	19:29:59	0:21:05	460.000
RTL	Formel 1 – San Marino, das Rennen	14.04.02	14:00:00	1:20:10	410.000
RTL2	Schlagzeilen	11.04.02	19:45:28	0:00:20	390.000
ARD	Mäusejagd	13.04.02	20:16:53	1:29:05	380.000
RTL	Gute Zeiten, schlechte Zeiten	11.04.02	19:36:35	0:24:10	380.000
RTL2	Dragon Ball Z	11.04.02	19:00:29	0:21:30	370.000
RTL	Alarm für Cobra 11 – die Autobahnpolizei	11.04.02	20:14:57	0:46:30	350.000
RTL	Formel 1 – San Marino, Siegerehrung	14.04.02	15:33:48	0:16:05	320.000
RTL2	Schlagzeilen	11.04.02	19:15:20	0:00:20	300.000
RTL	Die 80er Show	13.04.02	21:14:57	0:57:35	270.000

Die Formel 1-Übertragung und der Spielfilm *Mäusejagd* stellen typisches Familien-, *Gute Zeiten, schlechte Zeiten* ein typisches Jugendprogramm dar. Da *Dragon Ball Z* im Erhebungszeitraum gerade sehr aktuell war, überrascht die hohe Sehbeteiligung nicht. Interessant ist die Tatsache, dass so viele 10- bis 13-Jährige *Schlagzeilen* ansehen. Dieses Phänomen erklärt sich durch den Ausstrahlungstermin im Umfeld von *Dragon Ball Z*. Die Schlagzeilen, die deutliche Orientierung am Lifestyle zeigen, bieten aber doch eine Möglichkeit, Kinder an das Nachrichtenformat heranzuführen.

■ *Beispiel 3: Nutzungsverläufe – Eine bunte Programmmischung bindet Kinder länger an einen Sender*

Obwohl viele Kinder Programmzeitschriften zur Orientierung benutzen und auch sichtbar zum Beginn bestimmter Sendungen zuschalten, verweilen sie jedoch unterschiedlich lang im Programmfluss des Senders. Eine abwechslungsreiche Mischung von Formaten und Darstellungsformen, von Information und Unterhaltung, wie z.B. sonntags bei SuperRTL, „kommt" bei vielen Kindern „gut an". Isolierte Kindersendungen im Erwachsenenprogramm finden, wenn überhaupt, auch nur isoliert ein Publikum (vgl. Abbildung 3).

Hier zeigt sich, dass viele 6- bis 9-Jährige (helle Linie) zielsicher den *Tigerenten Club* finden und dann auch bis zum Ende verfolgen. Besonders auffällig ist das Nutzungsmuster aller Altersgruppen für *Die Sendung mit der Maus*, zu der sich die Kinder exakt zum Start zu und auch ebenso exakt zum Ende wieder wegschalten.

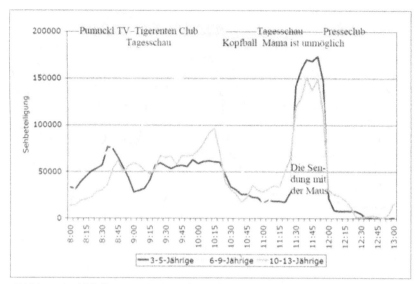

Abbildung 3: ARD Sonntag, 14.04.2002, 8.00 bis 13.00 Uhr

Noch einmal *Die Sendung mit der Maus* am Sonntagvormittag (zeitgleich von 11.30 bis 12.00 Uhr auf ARD und Ki.Ka).

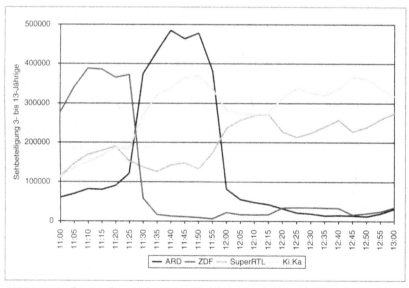

Abbildung 4: Sehbeteiligung der 3- bis 13-Jährigen zwischen 11.00 und 13.00 Uhr bei ARD, ZDF, SuperRTL und Ki.Ka

Ganz deutlich werden anhand dieses Diagramms noch einmal die isolierte Nutzung der Sendung bei der ARD, das abrupte Ende des Kinderprogramms beim ZDF (dunkelgrau Linie) mit dem Wechsel der Kinder zur *Sendung mit der Maus* bei der ARD (schwarz) um 11.30 Uhr und der gleichzeitige leichte Rückgang der Sehbeteiligung bei SuperRTL (mittelgrau) verbunden mit einem leichten Anstieg beim Kinderkanal (hell). Nach der Maus steigt die Sehbeteiligung bei SuperRTL wieder an, der Kinderkanal kann mit dem Sonntagsmärchen nicht alle „Ki.Ka-Maus-Seher" an sich binden.

Ein letztes Diagramm soll noch einmal kurz auf die geschlechterspezifischen Gemeinsamkeiten und Unterschiede exemplarisch hinweisen.

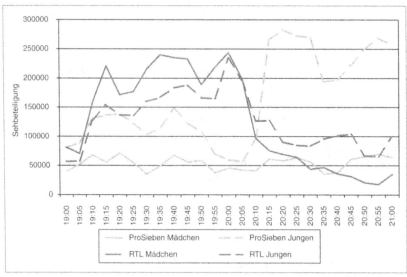

Abbildung 5: Geschlechterspezifische Gemeinsamkeiten und Unterschiede

Am Beispiel des Sonntag abends von 19.00 bis 21.00 Uhr bei RTL (dunkle Linien) und ProSieben (helle Linien) zeigen sich zwei unterschiedliche Varianten. Auf RTL läuft von 19.07 bis 20.10 Uhr die Reality-Serie *Notruf,* für die sich Jungen und Mädchen gleichstark interessieren – die Sehbeteiligungen sind ungefähr gleich hoch, die Werbeeinschnitte gleich ausgeprägt (außer im ersten Teil). Danach folgt der Kinofilm *The Rock – Fels der Entscheidung* um 20.15 Uhr, bei dessen Beginn die meisten Jungen und Mädchen schon ab- oder umgeschaltet haben. Während auf ProSieben die Sehbeteiligung der Mädchen bei *Welt der Wunder* (19.00 bis ca. 19.55 Uhr), bei Den Nachrichten und bei *Die Rückkehr der Jedi-Ritter* (ab 20.15 Uhr) relativ konstant bleibt, erweist sich gerade dieser Kinofilm als Jungen-affin – die Sehbeteiligung steigt zu Beginn des Film deutlich an. Diese Nutzungsverläufe zeigen deutlicher als die Hits, ob Kinder nur schon oder noch „dran sind", oder ob sie ein Programm zielgenau auswählen.

▨ *Fazit*

Es gibt für die Kinder bestimmte Sendungen, die einen festen Platz in ihrem Tagesablauf haben und diese werden zielsicher angewählt. Viele Kinder kennen sich im Programm gut aus und benutzen auch Fernsehzeitschriften zur Orientierung. Oft folgen sie aber auch dem angebotenen Programmfluss eines Senders, besonders wenn dieser abwechslungsreich gestaltet und nicht von für sie nicht interessanten Nicht-Kindersendungen unterbrochen ist. Kinder suchen und kennen das Kinderprogramm.

▨ *Beispiel 4: Nutzungsflächen – Veränderung in der Nutzung zwischen 2001 und 2002*

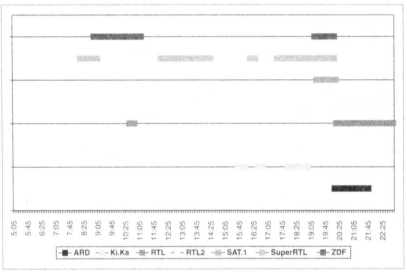

Abbildung 6: Alle Nutzungsflächen der 3- bis 13-jährigen Kinder am Samstag, den 13.04.2002

Samstags haben Kinder mehr Zeit zum Fernsehen, und sie sehen auch länger.[25] Dadurch entstehen auch mehr Nutzungsflächen.

Beim ZDF starten viele Kinder um 8.55 Uhr mit dem *Kinderstudio* und schauen sich danach *Flipper & Lopaka* und *Löwenzahn* an und bleiben dann fast eineinhalb Stunden bei *Tabaluga tivi*. Abends suchen sich viele die Realserie *Unser Charly* aus. Dabei schalten sie sich in die vor der Serie laufende Nachrichtensendung *heute* ein und lassen sich noch das *Wetter* vorhersagen, um beim Start von *Unser Charly* rechtzeitig dabei zu sein.

---

25 Vgl. auch *Feierabend/Simon:* Was Kinder sehen. Eine Analyse der Fernsehnutzung 2000 von Drei- bis 13-Jährigen. In: Media Perspektiven 4/2001.

▨ *Die Flächen von SuperRTL*

Die lange Vorabendfläche: Nach der *Tex Avery Show* sehen viele Kinder den Spot *Sei behutsam* und dann die Animationen *Darkwing Duck, Chip und Chap, Disneys Pepper Ann, Doug Jimmy Neutron* und die Spielshow *Super Toy Club*. SuperRTL hat wieder die ausgeprägtesten Nutzungsflächen. SuperRTL-Fläche 1 (ganz links): Nach dem Real-Kurzfilm *Ein Rätsel* steht die Vorschulserie *Bob, der Baumeister* auf dem Programm (besonders der 3- bis 5-Jährigen). *Oswald Oktopus, Willys große böse Wolf-Show* und der Real-Kurzfilm *No Nature – No Fun* beschließen die Fläche, während der ersten Minuten der Zeichentrickserie *Wayne Wilson* schalten viele weg. SuperRTL-Fläche 2 (am frühen Nachmittag): Während der Zeichentrickserie *Chip und Chap* steigt die Sehbeteiligung an. Der danach folgende Real-Kurzfilm *Schule – Analphabeten* interessierte genauso viele Kinder wie die Zeichentrickserien *Disneys Pepper Ann, Doug* und *Die Tex Avery Show*. Danach bleiben sie noch bis zum Ende der Real-Serie *Liebling, ich habe die Kinder geschrumpft* bei SuperRTL. SuperRTL-Fläche 3 (die ganz kurze Fläche zwischen 16 und 17 Uhr): Das Bastelmagazin *Art Attack*.

▨ *Die Fläche von SAT.1*

Das gilt auch für die Nutzungsfläche bei SAT.1, die aus verschiedenen Teilen der Sportsendung ran besteht. Während der Ausstrahlung der Aufzeichnung des Bühnenkonzertes von *DJ Bobo & Friends* auf RTL2 fällt die Sehbeteiligung zweimal kurz unter die Grenze von 150.000. Allerdings lässt sich an der Länge der Nutzungsfläche ein deutliches Interesse der Kinder ablesen.

▨ *Die Fläche von RTL*

Zur Zeit der Stichprobe liefen im Vormittagsprogramm von RTL am Samstag fünf Folgen von *Gute Zeiten, schlechte Zeiten* hintereinander. Die letzte davon wurde dauerhaft von mehr als 150.000 Kindern gesehen. Am Abend folgten viele 3- bis 13-Jährige dem Programmverlauf mit *Wer wird Millionär?, Die 80er Show* und *Krüger sieht alles* (Letzteres wurde hauptsächlich von den Älteren gesehen).

▨ *Die Fläche des KI.KA*

Beim Kinderkanal gibt es drei kürzere Flächen. Erst schauen viele Kinder eine knappe halbe Stunde in den *Tigerenten Club* rein, dann gibt es einen Nutzungsrückgang, der genau mit dem Nutzungsanstieg bei SuperRTL (*Art Attack*) korreliert. Nach dem Ende von *Art Attack* schalten sich wieder viele Kinder in den *Tigerenten Club* ein und verfolgen diesen bis zum Ende. Nach einer weiteren Pause steigt die Sehbeteiligung zum Ende der Sendezeit des Kinderkanals bei *Schloss Einstein*, den *Haiopeis*, der *Bambus-Bären-Bande* und *Unser Sandmännchen* wieder an.

▨ *Die Fläche der ARD*

Die Fläche der ARD besteht aus der Nutzung des Spielfilms *Mäusejagd*, der alle Alters- und Geschlechtergruppen der Kinder ansprach.

Im Vergleich zum Vorjahr zeigt sich eine deutlich geringere Nutzung des Samstagvormittags. Die Zeichentrickserien *Classic Cartoon, Disneys Abenteuer mit Timon und Pumbaa, Pepper Ann, Disney Club, Classic Cartoon, Hercules, Disney Club, Doug* und *Disneys Große Pause*, die 2001 den Programmplatz der GZSZ-Fläche im Jahre 2002 einnahmen, kamen bei den Kindern wesentlich besser an. Am Programm von SAT.1 hat sich nichts Grundlegendes geändert. Trotzdem folgten 2002 weniger Kinder der Zeichentrick-Kinderfläche, die durch das Zwischenelement *Junior TV Wrap Around* definiert ist. Ähnlich ergeht es auch dem *Tigerenten Club* auf dem Kinderkanal. Ob es sich hierbei um einen Trend oder um eine Ausnahme handelt, kann aufgrund der Stichprobengröße nicht entschieden werden.

▨ *Verteilung kindlicher Fernsehnutzung nach Sendern*
Aus den Datenbanken der Stichproben 2001 und 2002 wurden Listen mit den Top 100 der meistgesehenen Programmelemente (nach absteigender Sehbeteiligung geordnete, von Werbung, Trailern und Programmtafeln bereinigte Listen) erstellt. Die folgenden Diagramme stellen die Zeitverteilung auf die einzelnen Sender innerhalb der Top 100 der jeweiligen Alters- und Geschlechtergruppen dar (vgl. Abbildung 7).

▨ *Was änderte sich in den Top 100 der 3- bis 5-jährigen Mädchen?*

▨ *Der Anteil von SuperRTL und ProSieben ging zurück.*
Sabrina – total verhext (ProSieben) sahen sich 2002 schon viele 3- bis 5-jährigen Mädchen an. *Die Rückkehr der Jedi-Ritter* (2002) war allerdings im Vergleich zu *Deep Impact* (2001) weniger interessant für diese Altersgruppe. Da die Sehbeteiligung von *Inspektor Gadget* (2002) nicht mehr für eine Platzierung in den Top 100 ausreichte und einige Formate, die 2001 noch in den Tops vertreten waren, in der Stichprobe 2002 nicht mehr gesendet wurden (Die Serien *Die fantastischen Abenteuer von Sindbad dem Seefahrer, Sylvester & Tweety* und ein Spielfilm wie *Big Bully – Mein liebster Feind*) fiel der Anteil von ProSieben um dreizehn Prozentpunkte. Auch SuperRTL verlor in dieser Altersgruppe sieben Prozentpunkte auf 27%. Obwohl auch hier, wie bei den gleichaltrigen Jungen einige Formate erfolgreich zur SuperRTL wechselten (*Doug* und *Pepper Ann* von RTL) und zahlreiche Formate in der Stichprobe 2001 (noch) nicht vorhanden waren (*Chip und Chap, Darkwing Duck, Der Zauberpudding, Jimmy Neutron, Kids, Power Puff Girls, Sei behutsam* und *Was ist was TV*) und andere den Sprung in die Top 100 schafften (*Liebling ich habe die Kinder geschrumpft, Die Tex Avery Show, Oggy & die Kakerlaken* und der *Super Toy Club*) fehlen doch einige 2001 noch viel gesehene Zeichentrickserien in der Stichprobe 2002 (*Der rosarote Panther, Die Dinos, Disneys Dschungelbuch-Kids, Im Auftrag des Planeten Nerva, Jellabies, Käpt'n Balu, Pocket Dragon Abenteuer, Prudence Petitpas* und *Thomas, die Lokomotive*). Einige Serien verloren an Sehbeteiligung, so dass sie sich 2002 nicht mehr in den Top 100 befanden (*Bob, der Baumeister, Catdog* und *Popeye*).

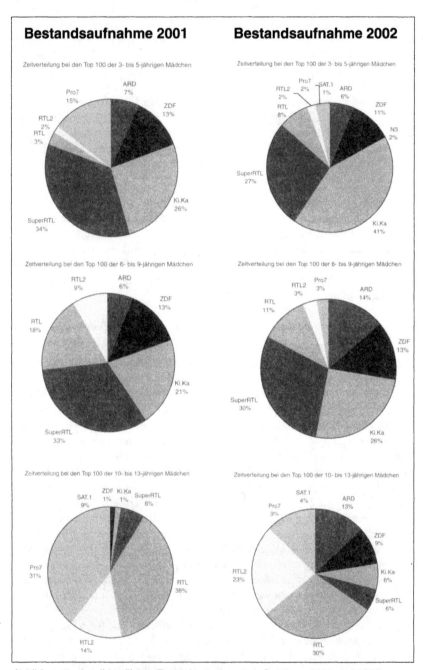

Abbildung 7: Anteil kindlicher Fernsehnutzung nach Sendern, 2001 und 2002
Quelle: Bestandsaufnahme Kinderfernsehen 2000 und 2001

▓ *Auch die 3- bis 5-jährigen Mädchen schauen Formel 1.*
Dazu gewonnen hat RTL. *Wer wird Millionär?* wird schon von recht vielen
Mädchen im Kindergartenalter gesehen und die verlorenen Anteile der 2001
vielgesehene *Bravo Super Show* wurden von der Übertragung des Formel 1-Ren-
nens und von der Reality-Serie *Notruf* ersetzt.

▓ *Ein Gewinner bei den 3- bis 5-jährigen Mädchen: der Ki.Ka.*
Der Ki.Ka ist mit einem Zugewinn von 15 Prozentpunkten deutlich der wichtigste Sender in dieser Altersgruppe geworden. Obwohl die *Biene Maya, Monty,
ein Hund mit Brille, Abenteuer in den Sümpfen, Familie Superschlau, Schafe,
Tims Kuscheltiere* und *Waldo* nicht mehr in der Stichprobe 2002 gesendet wur-
den, die Sehbeteiligung der Serien *Bananas in Pyjamas* und *Hippo Hurra* gesun-
ken sind und *Die Sendung mit der Maus* nur noch am Sonntag ausgestrahlt
wurde, stieg der Anteil von 26% auf 41%. *Die Abenteuer von Paddington Bär,
Alfred J. Kwak, Alle meine Freunde, Am Zoo 64, Angelina Ballerina,* die *Mumins,
Briefe von Felix, Die Bambus-Bären-Bande, Wissen macht Ah!* und *Die Rinks* sind
Serien, die in der Stichprobe von 2001 nicht auftauchten, genauso wie der
Fernsehfilm *Mein Freund der Scheich.* Wegen höherer Sehbeteiligung in die
Top 100 aufgestiegen sind *Löwenzahn, Musik Box, Pur, Rudis Rabenteuer,* die
Sesamstraße, Siebenstein, Tabaluga tivi und der *Tigerenten Club.*

▓ **Was änderte sich in den Top 100 der 6- bis 9-jährigen Mädchen?**

▓ *Die Anteile der Top 100 von RTL und RTL2 gehen zurück.*
Die Sendungen *Der verrückte Professor, Big Brother, Bravo Supershow, Woody
Woodpecker, Simsalsbim Sabrina, Hercules, Disney Club* und *Doug* (2002 auf Su-
perRTL) fanden sich in den Top 100 des Jahres 2001, wurden aber 2002 von
RTL nicht mehr ausgestrahlt. Teile der *80er-Show,* der Formel 1-Übertragung
und der Krimiserie *Alarm für Cobra 11 – die Autobahnpolizei* schafften es in die
Top 100 der von den 6- bis 9-jährigen Mädchen meistgesehen Sendungen der
Stichprobe insgesamt verringert sich der Anteil der viel genutzten Angebote von
RTL. Ähnlich geht es RTL2, aus deren Programm sich viele Mädchen in der
Stichprobe 2001 noch zahlreiche Zeichentrickserien angesehen haben (*Digimon, Monster Rancher, Pokémon, Dragon Ball, Die Dschungelbande, Flint Hammerhead* und *Alvin und die Chipmunks*). 2002 interessierten sich viele Mädchen
im Grundschulalter für die Animé-Serien *DoReMi* und *Dragon Ball Z.* Dadurch
sank der Anteil von RTL II an den Top 100 auf 3%.

▓ *ARD und Kinderkanal werden mehr gesehen.*
Für die Zunahme der Nutzung der ARD sind in erster Linie die *Lindenstrasse*
und der Spielfilm *Mäusejagd* interessanterweise mit der auch viel gesehenen, davor liegenden *Tagesschau* verantwortlich. Beim Kinderkanal gibt es einen
Wechsel in den Favoriten. Es gibt Formate, die in der Stichprobe 2002 nicht
ausgestrahlt wurden (*Die Biene Maya, Alfons Zitterbacke, Hilfe! Ich bin ein Fisch*
und *Abenteuer in den Sümpfen*), jedoch haben sich auch die Interessen an eini-

gen Formaten geändert (2001 in den Top 100 und nicht 2002: *Fix und Foxi, Reläxx, 1,2 oder 3* und der *Tigerenten Club;* 2002 in den Top 100 und nicht 2001: *Auweia, Achterbahn, Schloss Einstein, Tabaluga tivi, Tierisch was los* und die *Musik Box*). Zudem kamen im Vergleich mit 2001 neue Formate neu in die Top 100 (*Die Abenteuer von Paddington Bär, Die Bambus Bären Bande, Lassie, die Koch-Charts, Haiopeis, Die Rinks, Kikiana* und *Tom, Jerry und Co*). Insgesamt stieg der Anteil des Ki.Ka auf 26%.

▨ *Was änderte sich in den Top 100 der 10- bis 13-jährigen Mädchen?*
Die größte Änderung gab es bei den Sehpräferenzen der 10- bis 13-jährigen Mädchen. Der Anteil der öffentlich-rechtlichen Sender vergrößerte sich von 2% auf 27%. Auch RTL2 wurde 2002 viel mehr gesehen. Dafür schauten die weiblichen Preteens weniger Angebote von ProSieben und RTL. Die Trends im Einzelnen:

▨ *Der Anteile von Pro Sieben und von SAT.1 gehen zurück.*
In der Stichprobe 2001 sahen viele Mädchen die Kino- und Spielfilme *Deep Impact* und *Cable Guy – die Nervensäge, Verschollen – allein auf der* Pirateninsel, die Serien *Roswell* (lief 2002 nicht mehr) und *Welt der Wunder* (hat 2002 an Sehbeteiligung verloren) und die Shows *Talk Talk Talk* (hat 2002 an Sehbeteiligung verloren) und *Rosen vom Ex* (lief in der Stichprobe 2002 nicht mehr) auf ProSieben. Neu in die Top 100 sind 202 nur zwei Formate aufgestiegen, die neue Serie *Malcolm mittendrin* und die Sitcom *Friends.*

Auch bei SAT.1 interessierten sich die Mädchen in der Stichprobe 2001 für einen Kinofilm: *Der erste Ritter.* Daneben sahen sie noch die Serie *Sommer und Bolten*, die 2002 nicht in der Stichprobe war und *Die Wochenshow*, deren Sehbeteiligung 2002 zu niedrig für die Top 100 lag. Dafür schauten viele Mädchen bei den Krankenhausserien *Für alle Fälle Stefanie* und *Klinikum Berlin Mitte – Leben in Bereitschaft* zu.

▨ *Auch der große Anteil von RTL geht zurück.*
Selbst der wichtigste Sender RTL hat in dieser Altersgruppe zugunsten der öffentlich-rechtlichen Sender Anteile verloren. Auch hier liegt es zum einen an dem Kinofilm *Der verrückte Professor*, den 2001 viele Mädchen sahen. *The Rock – Fels der Entscheidung* war für alle Kindergruppen weniger interessant als der lustige Eddie Murphy als verliebter Professor. Auch das epochale Ereignis *Bravo Super Show* und die Real-Life-Soap *Big Brother* sahen sich 2001 viele Kinder an. Die weiblichen Preteens schauten aber auch bei den Magazinen *Explosiv* und *Spiegel TV* und bei den Zeichentrickserien *Classic Cartoon* und *Disneys Große Pause* und bei dem Spielfilm *Die Schatzinsel* zu. Das Formel 1-Rennen, die *80er-Show* und die Comedy-Formate *Krüger sieht alles* und *Olm* sind 2002 neu in den Top 100. Trotzdem verliert RTL acht Prozentpunkte.

▨ *RTL2 gewinnt mit Musikevents Anteile hinzu.*
Genau anders herum sieht es bei RTL2 aus. Durch die Musikevents *Britney Spears in Las Vegas, Teenstar* und *DJ Bobo & Friends* in der Stichprobe 2002,

die Mysterie-Serie *X-Faktor – das Unfassbare* und die Animé-Serien *Dragon Ball Z* und *DoReMi* schauen viele Mädchen deutlich mehr RTL2 (von 14% auf 23%). Und das obwohl 2002 kein Big Brother mehr läuft und die Zeichentrickformaten *Monster Rancher* (lief im Stichprobenzeitraum nicht), *Digimon* und *Flint Hammerhead* und die Serie *Der Prinz von Bel-Air* nicht mehr in den Top 100 zu finden sind.

▓ *ARD und ZDF gewinnen bei den 10- bis 13-jährigen Mädchen am meisten hinzu.*

Der große Zugewinn des ZDF resultiert aus dem für die weiblichen Preteens anscheinend interessanten Kinofilm *Notting Hill*, der am Sonntagabend ausgestrahlt wurde. Genauso wie der Zugewinn der ARD neben der Serie *Berlin – Berlin* und einem größeren Interesse an der *Lindenstraße* auch hauptsächlich auf einen großen Abendfilm (*Mäusejagd* am Samstagabend) zurückzuführen ist. Beim Kinderkanal sehen sich 2002 viele 10- bis 13-jährigen Mädchen die neue Realserie *The Tribe* an und mehr als in der Stichprobe 2001 interessieren sich für die Realserien *Schloß Einstein* und *Fabrixx*.

▓ *Mädchen schauen sich mehr öffentlich-rechtliche Angebote an.*

Insgesamt lässt sich 2002 im Vergleich zu 2001 eine deutlich stärkere Fokussierung der Mädchen auf die Angebote der öffentlich-rechtlichen Sender beobachten, was auch mit dem Angebot an Realserien zu tun haben kann. Sie verbringen im Vergleich zu gleichaltrigen Jungen mehr Zeit mit ARD und ZDF und bleiben auch dem Kinderkanal länger treu. Dafür spielt bei den Mädchen SuperRTL keine so dominante Rolle wie bei den jüngeren Jungen.

▓ *Beispiel 5: Filter und Marker*

Ein Marker ist die Variable V55 (Ethnische Gruppierungen), die auch als freie Eingabe konzipiert ist. Kodierungsanweisung für die Variable V55:

V55 Orientierungsvariable: Ethnische Gruppierungen (freie Angabe)

Darstellung von Zeichen ethnischer Gruppierungen stehen im Vordergrund der Sendung. Dabei müssen diese Zeichen wirklich thematisiert werden. Zum Beispiel würde das reine Erscheinen eines Kopftuchs bei einer muslimischen Frau nicht kodiert werden. Zu den Zeichen gehören die äußere Erscheinung (Kleidung, Hautfarbe, Sprache), religiöse Zeichen, kulturtypische Gewohnheiten bzw. Rituale.

Mit Hilfe dieser Variable können aus der Datenbank des Jahres 2003 73 Programmelemente herausgefiltert werden. Die freie Eingabe ermöglicht eine erste Übersicht über die Themen der Sendung und gleichzeitig eine Entscheidungshilfe für die Auswahl, der qualitativ weiter zu bearbeitenden Sendungen. Kombiniert mit dem Filter „Sender: Ki.Ka" reduziert sich die Liste auf 16 Einträge, hier werden also alle Sendungen des Kinderkanals aufgelistet, die einen Marker (ein Fähnchen) bezüglich der Variable V55 (Ethnische Gruppierungen) haben.

Titel	Datum	Start	Variable V55 (Freie Eingabe)
Fabrixx	29.03.03	14:05:22	Aktion für Freundschaft und Toleranz – Thema der Sendung: Faschos im Fabrixx
KI.KA Spezial gi'me 5	29.03.03	14:28:42	Aktion für Freundschaft und Toleranz – u.a. Farbige Frau aus Ghana mit Studio
Fabrixx	29.03.03	14:45:26	Aktion für Freundschaft und Toleranz – Thema der Sendung: Faschos im Fabrixx
KI.KA Spezial gi'me 5	29.03.03	15:09:38	Aktion für Freundschaft und Toleranz – u.a. Farbige Frau aus Ghana mit Studio
ReläXX	29.03.03	17:43:38	Marc begrüßt die Gäste in ihrer Landessprache; internationale Kindergäste im Studio;
KI.KA Spezial gi'me 5	29.03.03	17:59:09	Aktion für Freundschaft und Toleranz – u.a. Farbige Frau aus Ghana mit Studio
Schloss Einstein	29.03.03	18:01:20	Streiterei/Ungerechtigkeit wegen farbigem Jungen,
KI.KA Spezial gi'me 5	29.03.03	19:24:50	Aktion für Freundschaft und Toleranz
Imûhar – das andere Leben	29.03.03	19:29:40	Film über das Leben in Niger
Musik Box	29.03.03	20:51:35	Kinder verschiedener Kulturen sind zu sehen
ReläXX	30.03.03	6:32:46	Kinder unterschiedlicher Herkunft werden in ihrer eigenen Sprache begrüßt
Infomagazin: PuR	30.03.03	10:00:17	gi'me 5, Kinder stellen ihre Freunde aus verschiedenen Ländern vor. Sprachen, ein Mädchen aus Sri Lanka beschreibt ihr Leben in den zwei Kulturen (ihrer Eltern und ihrer Freunde – Schule), Hinduismus, was kommt aus anderen Ländern (Mode, Sport usw.)?
Schloss Einstein	30.03.03	10:25:13	Streiterei/Ungerechtigkeit wegen farbigem Jungen,
Moderation/Hinweis/ Sonstiges	30.03.03	11:25:03	Kopftuch; Moslem; „So lebe ich in Galiläa"
Tabaluga tivi	30.03.03	15:31:20	Toleranz verschiedener Kulturen, „Toleranz" als Thema
ReläXX	30.03.03	20:39:45	Kinder unterschiedlicher Herkunft werden in ihrer eigenen Sprache begrüßt

Horst Niesyto / Peter Holzwarth

Qualitative Forschung auf der Basis von Eigenproduktionen mit Medien. Erfahrungswerte aus dem EU-Forschungsprojekt CHICAM – Children In Communication About Migration

Einleitung

Visuelle Methoden haben in verschiedenen Bereichen qualitativer Forschung eine wichtige Bedeutung. Zu nennen sind vor allem die visuelle Soziologie und die visuelle Anthropologie. Fotografie und Video werden bei teilnehmender Beobachtung zusätzlich zu Feldnotizen eingesetzt. Video dient zur Dokumentation von Interviews und Gruppendiskussionen. Bilder oder Filmsequenzen sind geeignet, um Kommunikation im Rahmen von Interviews zu stimulieren („photo-elicitation", vgl. Prosser/Schwartz 1998, S. 123). In Pierre Bourdieus Arbeiten lassen sich einige interessante Beispiele für diesen Ansatz finden (Bourdieu 1987, S. 87). Eine weitere Möglichkeit besteht darin, bereits existierende visuelle Darstellungen von Subjekten zum Gegenstand der Analyse zu machen (z.B. Kinderzeichnungen oder Graffiti-Malereien; vgl. Neuß 1999; Holzwarth 2001). Interessante Erfahrungswerte gibt es auch im umfangreichen Gebiet des ethnologischen Films (u.a. Curtis, Flaherty, Mead, Rouch), insbesondere das dialogische Vorgehen bei Rouch (die Kamera als integraler Bestandteil der Erfahrung und Erkenntnis sozialer Wirklichkeit; vgl. Friedrich 1984).

Teilbereiche der Jugendforschung in Deutschland öffneten sich auch für visuelle Methoden der Erhebung und Dokumentation. Zu erwähnen sind in diesem Zusammenhang u.a. Foto-Portraits im Rahmen der Shell-Jugendstudie von 1992 (Jugendwerk der Deutschen Shell 1992), einzelne Projekte im Rahmen des DFG-Schwerpunktprogramms „Pädagogische Jugendforschung" (1980–1986) sowie Projekte der Jugendforschung auf der Basis von Eigenproduktionen mit Video (zusammenfassend: Niesyto 2001a). Diese Eigenproduktionen können als Forschungsdaten genutzt werden; es lassen sich über sie auch weitere verbale Äußerungen anregen. Vor allem dann, wenn die sprachlichen Kompetenzen der Subjekte gering bzw. noch wenig ausgeprägt sind (Kinder, Migranten, Menschen aus benachteiligenden sozialen Milieus), ist es wichtig, non-verbale Äußerungsformen anzubieten. In einer Zeit, in der Wahrnehmung und Welterleben von Kindern und Jugendlichen stark von Medienerfahrungen geprägt sind, eröffnet Forschung auf der Grundlage von Eigenproduktionen einen ergänzenden bzw. alternativen Zugang zu deren Lebenswelten.

Der folgende Beitrag fasst im *ersten Teil* die bisherige Entwicklung des Ansatzes „Eigenproduktionen mit Medien als Gegenstand qualitativer Forschung" zusammen (Horst Niesyto). Der *zweite Teil* stellt das aktuelle EU-Forschungsprojekt CHICAM vor – „Children in Communication about Migration"[1] (Peter Holzwarth). Das Projekt, das im Herbst 2001 begann, befindet sich derzeit am Beginn der Auswertungsphase. Wir werden anhand der angewendeten Methoden erste Erfahrungswerte vorstellen, die Beispiele für visuelle Methoden im Zusammenspiel mit anderen Methoden der Datenerhebung zeigen.

1. Qualitative Forschung auf der Basis von Eigenproduktionen mit Medien

Der spezifische Erkenntnisgewinn visueller Methoden verbindet sich mit der Dokumentation subjektiver Repräsentationsformen, die mit sprachgebundenen Methoden nicht oder nur eingeschränkt möglich sind. So liegt die besondere Qualität des Einsatzes der *Fotografie* vor allem in der Reduktion auf Momenteindrücke, in der emotional starken Wirkung einzelner Bilder, in der Darstellung räumlicher Kontexte, in projektiven Verfahren (z.B. Fotobefragung). Es gibt auch Ansätze, Fotos nicht nur als Beleg- und Illustrationsmaterial und als Stimuli in biografischen Fotointerviews einzusetzen, sondern Jugendliche und junge Erwachsene zu ermuntern, eigene Fotoaufnahmen zu bestimmten Themen zu machen (vgl. Fuhs 1997, S. 281; 2003, S. 51).

Im Unterschied zur Fotografie ermöglicht die *videografische* Dokumentation und Gestaltung besonders das Darstellen von Bewegungs- und Handlungsabläufen in Bild und Ton, die Dokumentation komplexer non-verbaler Ausdrucksformen (Mimik, Gestik, Haptik, z.B. in Gruppensituationen), die symbolische Verarbeitung von Erfahrungen und den Ausdruck von Gefühlen und Stimmungen im Zusammenspiel von Bildern, Musik und Sprache. In selbst erstellten Videofilmen haben Jugendliche die Chance, eigene Bilder des Welterlebens über körper- und gegenstandsbezogene sowie über mehr abstrahierende Symbolisierungen auszudrücken. Gerade jenen Jugendlichen, die Probleme mit sprachgebundenen Forschungsmethoden haben, bietet das Medium Video die Möglichkeit, sich mehr auf einer präsentativ-symbolischen Ebene auszudrücken. Besonders emotional besetzte und tabuisierte Themen, Lebensgefühle und Stimmungen können mit eigenem und fremdem Bild- und Tonmaterial dargestellt werden (Niesyto 1991, S. 81f.; Witzke 2003).

---

1 Gefördert von der Europäischen Union (5. Rahmenforschungsprogramm).

1.1 Mediale Eigenproduktionen – Skizzierung der Forschungssituation

Die meisten bisherigen Projekte im Bereich der Jugendforschung, die visuelles Material in Forschungsdesigns integrierten, nutzten Fotos vor allem als Belegmaterial und Stimuli im Rahmen von Interviews und Video-Dokumentationen als Alternative zu Tonbandmitschnitten (bei Interview- und Gruppenverfahren). Bei diesen Formen der Datenerhebung werden Visuelles und Audiovisuelles nicht als *eigenständige* Forschungsstrategie verstanden. Bild- und Filmmaterial dienen lediglich als zusätzlicher Lieferant für Wort- und Schriftsprache.

Diese Situation trifft auch für die meisten Studien über die Mediennutzung von Kindern und Jugendlichen zu. So findet sich im *„Handbuch Medienpädagogik"* (Hiegemann/Swoboda 1994) nur ein kleiner Abschnitt, der die Notwendigkeit eines „Sich-Äußern-Könnens" in visuellen und audiovisuellen Ausdrucksformen im Kontext qualitativer Medien- und Kommunikationsforschung thematisiert (Theunert 1994, S. 399). In einem Band über *„Qualitative Kinder- und Jugendmedienforschung"* (Paus-Haase 2000) wird die Notwendigkeit deutlicher betont, stärker non-verbale Artikulationsformen – insbesondere in der Kindermedienforschung – einzubeziehen, wobei sich die Beiträge vor allem auf Zeichnen, Malen und Spielaktionen beziehen (Schorb/Theunert 2000, S. 38ff.; Neuß 2000, S.131ff.).

Das von Yvonne Ehrenspeck und Burkhard Schäffer (2003) herausgegebene Handbuch *„Film- und Fotoanalyse in der Erziehungswissenschaft"* versammelt zwar eine Vielzahl von Beiträgen zur Theorie, Methodik und praktischen Anwendungsbereichen der Foto- und Filmanalyse und arbeitet die spezifischen Qualitäten visueller und audiovisueller Materialien als Quelle wissenschaftlicher Erkenntnis heraus. Aber auch diese wichtige, neue Veröffentlichung erwähnt nur am Rande die Möglichkeiten und Vorteile von medialen Eigenproduktionen von Kindern und Jugendlichen (vgl. Fuhs 2003, S. 51f.).

Erstaunlich ist auch die Situation im Bereich der „Cultural Studies", zumindest im deutschsprachigen Raum. Die Studien beziehen sich nahezu ausschließlich auf die Erforschung von Rezeptionsprozessen bei massenmedialen Produkten (vgl. Hepp 1999, Hepp/Winter 1999). Ausnahmen sind z.B. Aspekte der Studie von Vogelgesang (1991) über die kulturell-medialen Praktiken von Video-Cliquen.

Insgesamt mangelt es in der pädagogischen und in der medienpädagogischen Forschung an einer systematischen Reflexion über die Möglichkeiten, *Eigenproduktionen* von Kindern und Jugendlichen in Forschungsdesigns zu integrieren und als spezifische *Quelle* für wissenschaftliche Forschung zu nutzen. Forschungsmethoden in der Medienpädagogik berücksichtigen bislang sehr zurückhaltend visuelle Methoden der Datenerhebung und der Datenauswertung. Dies ist umso erstaunlicher, als Vertreter der Medienpädagogik seit vielen Jahren einen „Wahrnehmungswandel" bei Kindern und Jugendlichen konstatieren (Baacke 1997) und von einer „Medienkindheit" und „Medienjugend" sprechen (Charlton/Neumann 1992). Gleichzeitig ist zu beobachten, dass es zwar eine

Reihe von Medienrezeptionsstudien gibt, allerdings nur relativ wenige Studien, die systematisch die Praxis der Medienarbeit untersuchen.

Die Brisanz, Eigenproduktionen mit Medien stärker einzubeziehen, ergibt sich vor allem aufgrund von Veränderungen in der Art und Weise der Wahrnehmung und Aneignung von Wirklichkeit bei Kindern und Jugendlichen. Folgende Aspekte sind hervorzuheben:

▶ Die sich mit der modernen Medienentwicklung herausbildenden neuen Formen raumzeitlicher Weltwahrnehmung sowie der verstärkten Vermischung von realen und fiktiven Situationen, von face-to-face und medienvermittelter Kommunikation.

▶ Die besonders mit audiovisuellen Medienangeboten verbundenen affektiven und emotionalen Erlebnisformen (insbesondere im Bereich präsentativer Symbolik).

▶ Die Veralltäglichung des Medialen und die wachsende Bedeutung der Medienkommunikation für die Identitätsentwicklung und die Lebensbewältigung insgesamt.

Wenn es stimmt, dass die Medienförmigkeit von Wahrnehmungsprozessen an Bedeutung gewonnen hat, kann dies nicht ohne Auswirkung auf theoretisch-konzeptionelle Überlegungen bei der Entwicklung von Forschungsdesigns bleiben. Da Rezeptionsformen – so die Annahme – auch Ausdrucksformen beeinflussen, geht es zugleich um methodische Fragen, gerade bei subjektorientierten Forschungsansätzen. Diese Ansätze legen großen Wert auf sog. subjektadäquate Methoden der Repräsentation. Die *These* ist: Wer in der heutigen „Mediengesellschaft" etwas über die Vorstellungen, die Lebensgefühle, das Welterleben von Kindern und Jugendlichen erfahren möchte, sollte ihnen die Chance bieten, sich – ergänzend zu wort- und schriftsprachlichen Formen – auch mittels eigener, selbst produzierter Medien und damit verbundener präsentativ-symbolischer Formen[2] auszudrücken.

Forschung hat die Möglichkeit, die Produktionsprozesse (Symbolproduktion) zu dokumentieren und verschiedene Ausdrucksformen, präsentative (Bilder, Musik, Körpersprache) und diskursive (Wort- und Schriftsprache) zu analysieren und zu interpretieren. Dabei ist zu differenzieren zwischen Eigenproduktionen, die *ohne* und die *mit* Beratung von Medienpädagogen und -pädagoginnen bzw. anderen Berater und Beraterinnen entstehen. Eigenproduktionen im Kontext medienpädagogischer Beratung sind ein wichtiger Teil medienpädagogischer Forschung.

Theoretisch-konzeptionell beziehen sich die eigenen Studien vor allem auf

▶ jugendkulturtheoretische Überlegungen, die milieuspezifische Aspekte nicht außer Acht lassen,

▶ symboltheoretische Überlegungen, die an den Arbeiten von Ernst Cassirer, Susanne Langer und sozialpsychologischen Symboltheorien anknüpfen,

---

2 Der Begriff „präsentativ-symbolisch" geht auf Arbeiten von Susanne Langer (1942) zurück; vgl. Belgrad/Niesyto (2001b, S. 7f.).

▶ medienpädagogische Theorien, die sozial-ästhetische Dimensionen akzentuieren (vgl. Niesyto 2001c, S. 55ff.).

Inzwischen gibt es in Deutschland und im Ausland mehrere Studien, insbesondere über Eigenproduktionen mit Video (zusammenfassend: Niesyto 2000a, S. 137ff.; 2001b, S. 92ff.). Die spezielle Forschungsperspektive „Eigenproduktionen mit Video als Gegenstand der Jugendforschung" ist mit methodologischen und methodischen Fragen und Herausforderungen verbunden, die sich vor allem auf die Einschätzung der spezifischen Qualität dieser „medialen Selbstzeugnisse" (u.a. Ausdrucksmöglichkeiten der Produzenten und Produzentinnen, Einflüsse durch Medienpädagogen und-pädagoginnen) sowie ihrer Deskription, Analyse und Interpretation beziehen (u.a. Umgang mit Mehrdeutigkeiten, Verstehen latenter Symbolisierungen, Transferproblematik Bild/Schriftsprache; vgl. Niesyto 1991, S. 212f.; 1999, S. 336ff.; 2000a S. 145ff.). Auch lassen sich unterschiedliche ästhetische Formen von Eigenproduktionen unterscheiden, die sich aus den spezifischen Fragestellungen, Gegenstandsbereichen und Ausdruckspotentialen der Kinder/Jugendlichen ergeben (Niesyto 2000a, S. 150f.; 2001b, S. 97ff.).

Entscheidend ist in jedem Fall, dass die Eigenproduktionen von Kindern und Jugendlichen *selbst* gemacht werden, dass Mädchen und Jungen mittels Medien ihre Themen, Gefühle, Phantasien, Erfahrungen ausdrücken können. Eigenproduktionen sind *situations- und prozessbezogene* Momentaufnahmen aus der Alltags- und Lebenswelt von Kindern und Jugendlichen, die unterschiedliche Ausdrucksintensitäten und Grade von Reflexivität enthalten. Diese sind vor allem abhängig von Alter, vorhandenen medialen Kompetenzen, unterstützenden Anregungsmilieus sowie der Qualität von Forschungsdesigns, insbesondere der Offenheit im methodischen Vorgehen. Diese Offenheit ist ein Spezifikum qualitativer Forschungsansätze (vgl. Mayring/Gläser-Zikuda/Hurst 2001, S. 17f.). Es geht darum, Kindern und Jugendlichen Formen des Selbstausdrucks zu ermöglichen, die an ihren vorhandenen Ausdruckskompetenzen ansetzen und ihnen kommunikative Spielräume eröffnen.

Der methodologischen Diskussion im Bereich der *Jugendtagebuchforschung* ist zu entnehmen, dass die in Tagebüchern festgehaltenen Eindrücke, Erlebnisse, Reflexionen kulturell eingebettete Selbstzeugnisse darstellen, die nicht ohne hermeneutische Deutungsarbeit wissenschaftlich verwendet werden können (Winterhager-Schmid 1997). Die Erschließung der Interdependenzen von Individuierung und Enkulturation ist eine Aufgabe, die sich auch und gerade bei Selbstzeugnissen stellt: „Gerade weil Jugendtagebücher Zeugnisse virtueller Reflexivität und noch changierender Selbstentwürfe sind, können sie eher aufgefasst werden als das, was Ricoeur als "meaningful action" charakterisiert hat; d.h. sie sind Schreibhandlungen mit Bedeutung für das schreibende Subjekt" (Winterhager-Schmid 1997, S. 364). Es geht um *vorläufige* Selbstbilder, um *ausschnitthafte* Einblicke in Identitätsbildungsprozesse, die auf dem Hintergrund altersspezifischer Bewältigungsaufgaben und soziokultureller Kontexte zu verstehen sind.

Die Methode der Tagebuchforschung wird inzwischen in verschiedenen Bereichen angewendet und mit anderen Methoden verknüpft, insbesondere mit verschiedenen Beobachtungs- und Befragungsformen. Es gibt auch Überlegungen, Spracharbeit zu verfeinern und die symbolische Ordnung der Sprache an ihren Gegenstand anzupassen. Hierzu gehört ein Sich-Einlassen auf Texte, die in Form von Gedichten oder Erlebnisaufsätzen entstehen. Die Selbstäußerungen können dabei auch poetisch-metaphorische Sprachbilder enthalten, die emotionale und imaginative Erlebnisqualitäten Jugendlicher auf unterschiedlichen Abstraktionsniveaus ausdrücken, z.B. im Rahmen „freien Schreibens" ohne Vorgabe einer bestimmten Textsorte (vgl. Fix/Melenk 2000).

Die Orientierung auf schriftsprachliche und verbale Ausdrucksformen enthält jedoch Begrenzungen. So stellt sich in der Kindheits- und Kindermedienforschung vor allem aus altersspezifischen Gründen die Notwendigkeit, non-verbale Methoden wie Rollenspiele, Malen, Gestalten einzubeziehen, da Kindern Wort und Schrift nur begrenzt zur Verfügung stehen (vgl. Neuß 1999; Paus-Haase 2000, S. 24ff.; Schorb/Theunert 2000, S. 42ff.). Des Weiteren ist bekannt, dass Tagebücher vor allem ein Ausdrucksmedium von Mädchen und jungen Frauen sind und weniger von Jungen genutzt werden (Winterhager-Schmid 1997, S. 361). Aus der pädagogischen bzw. medienpädagogischen Praxisforschung gibt es schließlich diverse Hinweise, dass eine Reduktion auf Formen des schriftlichen und verbalen Selbstausdrucks für Kinder und Jugendliche aus sozial- und bildungsmäßig benachteiligenden Verhältnissen oft mit Schwierigkeiten verbunden sind (Niesyto 1991, S. 155ff.; 2000b, S.12f.).

1.2 Unterschiedliche Formen von Eigenproduktionen in Forschungskontexten

Differenzierend sind folgende Formen einer qualitativen Forschung auf der Basis von Eigenproduktionen im Bereich *Video* zu unterschieden:

a) Kinder/Jugendliche nutzen das Medium Video für eigene kulturelle und kommunikative Praxisaktivitäten, die *ohne Unterstützung* durch Medienpädagogen und -pädagoginnen oder andere Berater/Beraterinnen zustande kommen. Forscher und Forscherinnen analysieren und interpretieren die Filme. Hier gibt es in der Forschungsarbeit wiederum unterschiedliche Formen:

   – Forscher/Forscherinnen haben die Möglichkeit, beim Entstehen und beim kommunikativen Austausch der Produktionen dabei zu sein und können Kontexte dokumentieren;

   – Forscher/Forscherinnen haben nur einen Zugang zu den Filmen und rekonstruieren einzelne Kontextdaten nachträglich.

b) Kinder/Jugendliche nutzen das Medium Video für Eigenproduktionen, die sie *mit Unterstützung* von Medienpädagogen/-pädagoginnen oder anderen Berater/Beraterinnen erstellen. In diesem Fall ist es besonders wichtig, dass die Forschung die Entstehungsbedingungen, insbesondere die Interaktionen zwischen Jugendlichen und Berater/Beraterinnen, dokumentiert und reflektiert.

c) Forscher/Forscherinnen erstellen *zusammen* mit Kindern/Jugendlichen und Filmemachern/-macherinnen Videofilme in einem dialogischen Verfahren. Kinder/Jugendliche sind in Teilbereichen, z.b. bei den Aufnahmen, aktiv beteiligt und artikulieren ihre Vorstellungen zur Auswahl und zur Montage der Aufnahmen.

Diese verschiedenen Formen sind als Möglichkeitstypen zu verstehen. In der Forschungspraxis gibt es Mischformen, die in unterschiedlicher Intensität z.b. ethnografisch-explorative mit medienpädagogischen Intentionen verbinden.

Nach unserem Verständnis gehören Forschungsprojekte des Typs a) zum Kernbereich *ethnografischer* Forschung: Der Fokus liegt auf der Dokumentation, Analyse und Interpretation von Aneignungsprozessen, ästhetischen Ausdrucksformen, Symbolisierungen, kommunikativen Prozessen, die bei einzelnen Kindern/Jugendlichen oder Gruppen beim Umgang mit dem Medium Video beobachtet werden können. Hierfür sind explorative Forschungsmethoden geeignet, die sich in der Feldforschung bewährt haben: Teilnehmende Beobachtung, Gruppengespräche/-diskussionen, Videofilm- und Dokumentenanalysen und eventuell zusätzliche Leitfaden-Interviews. Offenheit und Flexibilität im Methodeneinsatz sind besonders wichtig, um die Eigendynamiken beim Produktionsprozess nicht zu stören.

Forschungsprojekte des Typs b) können ethnografische Elemente enthalten, sind jedoch im Kern Projekte *medienpädagogischer* Forschung. Zu dokumentieren und zu reflektieren sind Formen der ästhetischen, inhaltlichen, technischen und gruppenpädagogischen Einflussnahme, die auch bei zurückhaltenden, nondirektiven Beratungsformen erfolgt. Im Unterschied zu medienpädagogischen Evaluationsprojekten, bei denen konkrete medienpädagogische Konzepte, Ziele und Arbeitsformen systematisch überprüft werden, möchte der Ansatz „medienpädagogische Forschung" im Rahmen bestimmter medienpädagogischer Arrangements einen Zugang zu Lebens- und Medienwelten Jugendlicher erhalten und ist zugleich an der Reflexion und Weiterentwicklung medienpädagogischer Konzepte interessiert. Bei diesem Forschungstyp (vgl. Niesyto 1991, 1996, 2003) ist die systematische Erhebung und Reflexion von Kontextinformationen während des Produktionsprozesses unerlässlich, um die Interaktionen zwischen Jugendlichen und Pädagogen/Pädagoginnen (und selbstverständlich auch Forscher/Forscherinnen) so genau wie möglich zu dokumentieren. Das Agieren von Pädagogen/Pädagoginnen im Kontext medienpädagogischer Forschung bedarf sorgfältiger Vorbereitung und Begleitung, um durch einen einfühlsamen Stil der Beratung subjektive Formen des symbolischen Ausdrucks zu gewährleisten. Medienpädagogische Forschung erfüllt nur dann ihren Zweck, wenn Kinder/Jugendliche durch Video Ausdrucksmöglichkeiten erhalten, um *ihre* Themen, Erfahrungen, Phantasien auszudrücken. Subjektorientierung, Prozessorientierung, methodische Offenheit und Flexibilität sind wichtige

Grundsätze, um die Medienpraxis von Kindern/Jugendlichen nicht „heimlichen Lehrplänen" zu subsumieren. Es ist zwar notwendig, dass die Forschung entsprechend der Forschungsfragestellung und der Definition des Gegenstandsbereichs einen gewissen Rahmen vorgibt. Die Ausgestaltung dieses Rahmens liegt jedoch bei den Kindern/Jugendlichen und darf nicht durch pädagogische „Zwänge" eingeengt und strukturiert werden.

1.3 Methodologisch-methodische Erfahrungswerte

Auf dem Hintergrund der Bilanzierung mehrerer Forschungsprojekte (zusammenfassend: Niesyto 2001a) sind unter methodologisch-methodischer Perspektive folgende Punkte hervorzuheben:

▓ *Dimension des Erstellens von Eigenproduktionen*
➤ Eigenproduktionen mit Medien sollten Kindern und Jugendlichen Chancen eröffnen, um die spezifische Qualität präsentativer Symbolisierungen nutzen zu können. Hierfür bedarf es der Weiterentwicklung kreativer Konzepte zur Förderung präsentativ-symbolischen Selbstausdrucks mit Medien, die sich am Grundsatz subjektiver Stil- und Symbolbildung orientieren (vgl. Maurer 2001a, b).
➤ Der Forschungsansatz bezieht sich auf das Erstellen von Medienproduktionen in Gruppenkontexten. Dies setzt voraus, möglichst alle Gruppenmitglieder in den Produktionsprozess einzubeziehen und die Formen des arbeitsteiligen Erstellens und die damit verbundenen Kommunikations- und Aushandlungsprozesse genau zu beobachten und zu dokumentieren (Einfluss individueller Beiträge auf das gemeinschaftlich produzierte Produkt).
➤ Die bisherigen Projekte verwendeten vor allem das Medium Video. Sinnvoll erscheint eine Ausdifferenzierung der Möglichkeiten, welche Medien und welche medialen Ausdrucksformen (Genres, multimediale Arrangements) im Kontext welcher Fragestellung am sinnvollsten sind. Hierzu gehört auch die Frage nach dem Zusammenspiel von wort- und schriftsprachlichen Ausdrucksformen mit Bildern, Musik und körpersprachlichen Ausdrucksformen (vgl. Niesyto 2001b, S. 97ff.).
➤ Die vorhandenen Forschungsressourcen haben Auswirkungen auf Umfang und Intensität der zu begleitenden und auszuwertenden Eigenproduktionen. Bei geringeren Forschungsmitteln ist darauf zu achten, einfachere Formen von Eigenproduktionen zu wählen, deren Erstellung weniger zeit- und beratungsintensiv ist. In jedem Fall ist zu gewährleisten, dass medienpädagogische Beratung und wissenschaftliche Begleitung nicht von derselben Person geleistet werden.
➤ Bei Eigenproduktionen, die in pädagogisch arrangierten Feldern entstehen, sind die Interaktionsprozesse zwischen Erwachsenen (Forscher/Forscherinnen, Pädagogen/Pädagoginnen, anderen professionellen Berater/Beraterin-

nen) und Kindern bzw. Jugendlichen genau zu dokumentieren und bei der Datenauswertung zu analysieren.

▶ Künftige Forschungsprojekte sollten stärker Eigenproduktionen beachten, die außerhalb von pädagogischen Arrangements entstanden sind. Dies vereinfacht nicht unbedingt den Zugang zu Kontextdaten, ist aber wichtig, um den Grundsatz der Alltagsorientierung einzulösen sowie Übertragungsprozesse aufgrund pädagogischer Interaktionen zu minimieren (vgl. Schmidt 2001).

▶ Die einzelnen Forschungsschritte sind genau zu dokumentieren, ausgehend von der klaren Formulierung der Fragestellung und der dahinter stehenden Theorie, über die genaue Beobachtung der Produktionsprozesse bis hin zur Offenlegung der einzelnen Auswertungsschritte sowie der Rückbeziehung der gewonnenen Ergebnisse auf die Theorie.

▣ *Dimension der Analyse und der Interpretation von Eigenproduktionen*

▶ Verstehensprozesse lassen sich nur bis zu einem gewissen Grade objektivieren. Umso wichtiger ist es, die jeweiligen Bezugstheorien offen zu legen, um insbesondere Stellenwert und Reichweite von Interpretationen besser einschätzen zu können.

▶ Präsentative Symbolisierungen erfordern andere Formen der Analyse und Interpretationen als wort- und schriftsprachliches Material. Methoden sind zu fördern, die sich assoziativ dem präsentativen Material annähern (z.B. Ersteindrucksanalysen) und eine Vielzahl von Lesarten sammeln, um sie *vergleichend* auszuwerten (kommunikative Validierung)[3] und mit Kontextinformationen abzugleichen.

▶ Notwendig ist ein systematisches Vorgehen bei der Analyse der Eigenproduktionen. Hierfür reichen „klassische" Kriterien der Bild-, Film- und Musikanalyse nicht aus. Sinnvoll erscheinen Kombinationen, die sich zwar auf klassische Analyseinstrumentarien beziehen, zugleich aber kinder- und jugendkulturelle Aspekte beim Umgang mit Hör- und Bildmedien berücksichtigen. Hier gibt es einen besonderen Bedarf zur Weiterentwicklung entsprechender Methoden und Analyseverfahren.

▶ Latente Sinnschichten sind stets im Zusammenhang mit manifesten Botschaften herauszuarbeiten, um Gefahren einer Überinterpretation entgegenzuwirken. Diskursiv und präsentativ orientierte Methoden sind zusammen einzusetzen, um einen Prozess der reflexiven Bedeutungserschließung zu gewährleisten.

▶ Ergebnisse aus Forschungsprojekten, die sich auf Eigenproduktionen mit Medien beziehen, sollten im Sinne intersubjektiver Überprüfbarkeit auch den Gegenstand der Forschung – die Eigenproduktionen – Dritten zugäng-

---

3 Unter „kommunikativer Validierung" verstehen wir in diesem Zusammenhang weniger Formen der retrospektiven Interpretation der Medienproduktionen durch die jeweiligen Produzenten/Produzentinnen (Kinder, Jugendliche), sondern primär das Einbeziehen mehrerer Forscher/Forscherinnen in den Analyse- und Interpretationsprozess.

lich machen. Dies bedeutet, nicht nur in Schriftform Projekte zu dokumentieren, sondern zugleich präsentativ-symbolische Materialien zu veröffentlichen (vgl. die CD-ROM Dokumentation über das Projekt „VideoCulture",
Niesyto 2003).

▶ Künftige Projekte sollten den praktischen Verwendungszweck von Forschung noch stärker beachten, um konkrete, lebensweltbezogene Situationen
und Probleme von Kindern und Jugendlichen besser verstehen und Hand-
lungsalternativen entwickeln zu können.

2. Das EU-Forschungsprojekt CHICAM – *Children in Communication about Migration*

Das Projekt CHICAM knüpft im methodischen Bereich an Erfahrungen des
internationalen Projekts VideoCulture (Niesyto 2003) an und verbindet eine
ethnografisch-lebensweltliche Dimension (Exploration von Lebenswelten junger Migranten/Migrantinnen) mit einer medienpädagogischen Dimension
(Förderung von Medienkompetenzen).

2.1 Gegenstand – Konzept – Ziele

Das Projekt CHICAM möchte 10- bis 14-jährigen Kindern, die im Kontext
von Migration oder Flucht in verschiedenen Ländern Europas leben, die Möglichkeit geben, sich mittels Fotografie, Video und Internet mit der eigenen Lebenssituation auseinander zu setzen (Peergroup-Beziehungen, Familienbeziehungen, Schule) und Erfahrungen über Ländergrenzen hinweg auszutauschen
(vgl. Holzwarth/Maurer/Niesyto 2002).[4]

Das Projekt verfolgt das Ziel, das Potential neuer Medien für interkulturelle
Kommunikation, Reflexion und Integration zu untersuchen. Mit der Vermitt-
lung von Medienkompetenz und Ausdrucks- und Reflexionsfähigkeit sollen die
Kinder zudem zu gesellschaftlicher Teilhabe befähigt werden. Es ist geplant, die
Produktionen der Kinder unterschiedlichen Öffentlichkeiten zugänglich zu ma-
chen, um im sozialen Umfeld der Kinder, in lokalen Institutionen z.B. Schu-
len) und in politischen Institutionen ein stärkeres Bewusstsein für die Lage von
Kindern aus Migrations- und Fluchtkontexten zu schaffen.

In den beteiligten Ländern (Großbritannien/London, Italien/Rom, Nieder-
lande/Utrecht, Schweden/Stockholm, Griechenland/Athen und Deutschland/
Ludwigsburg) wurden Gruppen von Kindern, die sog. „CHICAM-Clubs" ge-
bildet. Diese ethnisch und geschlechtlich gemischten Gruppen (ca. acht bis
zwölf Kinder mit relativ aktueller Migrationserfahrung) arbeiteten mit digitaler

---

4 Das Projekt wurde von Prof. Dr. David Buckingham und Dr. Liesbeth de Block von der University of London, Institute of Education, konzipiert und koordiniert.

und analoger Fotografie sowie mit Video und kommunizierten mit ihren Partnergruppen über eine speziell eingerichtete Internetplattform. Die Gruppen wurden jeweils von einem Medienpädagogen bzw. einer Medienpädagogin begleitet. Eine weitere Person arbeitete in den jeweiligen Clubs, um die Produktions- und Kommunikationsprozesse wissenschaftlich zu begleiten und zu dokumentieren und um die Lebenswelten der Kinder zu erforschen.[5] Zusätzlich zu Diskussionen und Besprechungen in der internationalen und lokalen Projektgruppe wurden die praktische Medienarbeit und die Forschungsarbeit im Rahmen von Supervision reflektiert.

Der CHICAM Club in Deutschland ist in das Ganztagesbetreuungsangebot einer Hauptschule integriert. Diese Hauptschule befindet sich im Zentrum einer mittelgroßen Stadt in Süddeutschland und weist einen hohen Anteil an Schülerinnen und Schülern mit Migrationshintergrund auf (80% mit Russlanddeutschen und Vorbereitungsklassen; 27 verschiedene Länder). Von 270 Schülern haben 180 eine andere Staatsbürgerschaft als die deutsche. Im CHICAM-Club trafen sich von Oktober 2002 bis Juli 2003 einmal pro Woche von 14 bis 16 Uhr acht Kinder aus der Türkei, Kuba, der Dominikanischen Republik und Tunesien. Zusätzlich zu den Clubtreffen fanden mehrere Intensivphasen, Ausflüge und Intranettreffen statt.

Die Clubmitglieder bestanden aus fünf Mädchen zwischen 13 und 15 Jahren und drei Jungen zwischen 12 und 14 Jahren.

Die Clubmitglieder besuchten alle zusammen eine so genannte Vorbereitungsklasse, eine speziell eingerichtete Schulklasse für Kinder, die noch nicht über ausreichende Sprachkompetenzen verfügen, um eine Regelklasse zu besuchen. Die Projektarbeit begann mit der Sichtung und Aufarbeitung von bisherigen Forschungs- und Praxisprojekten im Bereich Kinder, Migration und Medien. In jedem der beteiligten Länder wurde je ein Bericht zu den Themen „Children and Migration" sowie „Children and Media" produziert (für die Bundesrepublik Deutschland: Holzwarth 2002 und Holzwarth/Maurer 2002). Länderübergreifend entstanden zu den beiden Themenbereichen Zusammenfassungen (Buckingham 2002; Westin 2002).

Die Forschungsbereiche *visuelle Kommunikation, Peergroup-Beziehungen, Familienbeziehungen* sowie *Schule, Bildung und Arbeit* sind gemäß den länderspezifischen Vorerfahrungen und Kompetenzen aufgeteilt. In allen Ländern wurden Daten zu den genannten Themenfeldern erhoben (Medienproduktionen, Interviews und Feldbeobachtungen), wobei jeweils zwei Projektpartner schwerpunktmäßig für einen Bereich zuständig sind. Auf der Basis von Fallstudien werden thematische Analysen und summative Analysen erstellt. Die Medien-

---

5 Björn Maurer (Diplompädagoge und Lehrbeauftragter an der PH Ludwigsburg) übernahm die medienpädagogische Begleitung des Projekts . Peter Holzwarth (Diplompädagoge und wissenschaftlicher Angestellter an der PH Ludwigsburg) war für die wissenschaftliche Begleitung der Projektpraxis vor Ort zuständig. Die Club-Aktivitäten und die gesamte Projektentwicklung wurden in regelmäßigen Abständen mit Prof. Dr. Horst Niesyto (lokale Projektleitung) reflektiert.

Name[6]	Alter	Herkunftsland	Muttersprache	Aufenthalt in Deutschland
Serife (w)	15	Türkei	Türkisch/kurdisch	ca. 1 Jahr
Meral (w)	15	Türkei	Türkisch/kurdisch	ca. 1 Jahr, 6 Monate
Taskania (w)	14	Dominikanische Republik	Spanisch	ca. 1 Jahr, 2 Monate
Fatma (w)	14	Türkei	Türkisch	ca. 1 Jahr
Susan (w)	13	Geboren in Deutschland, mit 2 Jahren in die USA, mit 12 Jahren zurück nach Deutschland	Englisch	ca. 7 Monate
Mustafa (m)	14	Geboren in Deutschland, mit 4 Jahren nach Tunesien, mit 14 Jahren zurück nach Deutschland	Tunesisch	ca. 9 Monate
Hakan (m)	13	Türkei	Türkisch	ca. 1 Jahr
Fernando (m)	12	Kuba	Spanisch	ca.1 Jahr, 10 Monate

produktionen der Kinder stellen nicht nur wichtige Daten für die Forschung dar, sie sollen auch dazu dienen, Themen und Aussagen der Kinder in verschiedenen sozialen und politischen Öffentlichkeiten zugänglich zu machen.

Einige Partner verfügen über spezielle Erfahrungen im Bereich Migrationsarbeit und -Forschung, andere dagegen stärker im Bereich Medienpädagogik und Medienforschung. Dadurch ergibt sich eine interessante Kooperationssituation, in der die unterschiedlichen Partner von der jeweiligen Expertise der anderen profitieren können. Interkulturelles und interdisziplinäres Lernen findet also auch auf der Ebene der Forschungs- und Praxisarbeit statt.

Das „Institute of Education" an der „University of London" ist zusammen mit der Pädagogischen Hochschule Ludwigsburg/Abteilung Medienpädagogik für den Bereich *visuelle Kommunikation* zuständig. Beide Partner verfügen über Vorerfahrungen aus dem internationalen Projekt VideoCulture, das von 1997 bis 2001 durchgeführt wurde. Im Rahmen des Projekts hatte sich gezeigt, dass sich Jugendliche aus verschiedenen europäischen Ländern und den USA aufgrund partiell geteilter Medienkulturen über Sprachgrenzen hinweg mit Bildern und Musik verständigen konnten. Bei den beteiligten Jugendlichen spielten im Rahmen der Interpretation und Aneignung von Videos nicht nur inhalts- und themenorientierte Zugänge eine Rolle. Wichtig waren auch emotionale, ästhetische und assoziative Aneignungsweisen, bei denen Gefühle des Angezogen-Seins wichtig waren sowie die Verbindungen zwischen eigenen Erfahrungen und Aspekten des Films (Holzwarth/Maurer 2003; Niesyto 2003).

Im Rahmen von CHICAM sollen die Beobachtungen aus VideoCulture anhand einer jüngeren Altersgruppe, die den speziellen Erfahrungshintergrund Migration teilt, erweitert werden. Folgende Fragestellungen sind im Rahmen

---

6 Die Namen der CHICAM-Clubmitglieder sowie weiterer am Projekt beteiligter Personen (Lehrerin und Lehrer) sind geändert.

des Forschungsschwerpunkts „visuelle Kommunikation" vor allem von Interesse:

1. Welche Medienerfahrungen haben die beteiligten Kinder und Jugendlichen?
2. Aus welchen kulturellen Symbolkontexten bedienen sich Kinder im Rahmen der Kommunikationsprozesse (Herkunftsland, Einwanderungsland, globale Kulturen)? Inwiefern werden Formen visueller Sprache entwickelt?
3. In wieweit lassen sich im Rahmen der medienpädagogischen Arbeit mit Hilfe eines speziellen Projekt-Intranets Formen interkultureller Kommunikation ermöglichen?
4. Welche medienpädagogischen Konzepte und Angebote eignen sich für die Zielgruppe Kinder/Jugendliche mit Migrationshintergrund und fördern interkulturelle Kommunikation?

Das „Centre for Research in International Migration and Ethnic Relations (CEIFO)" in Stockholm und das „Greek Council for Refugees" in Athen sind federführend für den Arbeitsbereich *Peergroup-Beziehungen* verantwortlich. Es geht dabei um die Beziehungen innerhalb der Produktionsgruppen, die interkulturellen medienvermittelten Beziehungen zwischen den Ländergruppen und den Beziehungen, die die Gruppenmitglieder zu anderen sozialen Kontexten oder Institutionen haben.

Die folgende Darstellung zeigt die thematischen Bereiche des Projekts sowie die schwerpunktmäßigen Zuständigkeiten der Projektpartner.

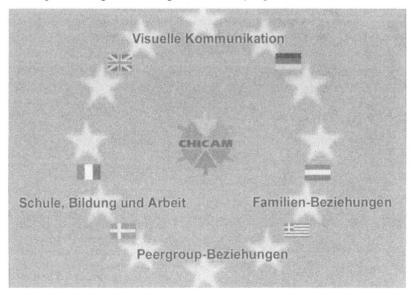

Abbildung 1: Thematische Bereiche und Zuständigkeiten der CHICAM-Partnerländer

Das Forschungsfeld *Familienbeziehungen* wird schwerpunktmäßig von den Partnern „Greek Council for Refugees" in Athen und „FORUM Institute of Multicultural Development" in Utrecht bearbeitet. Im Kontext von Kindern mit Migrationshintergrund wird häufig eine Problem- und Defizitperspektive eingenommen, ihre Existenz wird oft als ein problematisches „Zwischen-den-Kulturen-Leben" aufgefasst. Es ist jedoch wichtig auch die Kompetenzen wahrzunehmen, die im Schnittfeld verschiedener kultureller Bezugskontexte entstehen können.

Für den Bereich *Schule, Bildung und Arbeit* sind in erster Linie die Partner „Centre for Research in International Migration and Ethnic Relations (CEIFO)" in Stockholm und „Fondazione Centro Studi Investimenti Sociali (CENSIS)" in Rom zuständig. Schule kann auf der einen Seite Integration und gesellschaftliche Teilhabe ermöglichen, auf der anderen Seite besteht die Gefahr, dass sie Kompetenzen von Minderheiten ignoriert und Ausgrenzungsprozesse verstärkt. Der Lernort Schule stellt eine große Chance für interkulturelle Kommunikation, interkulturelles Lernen und Integration dar. Spracherwerb und Sprachvermittlung sind zentrale Herausforderungen für die Schule.

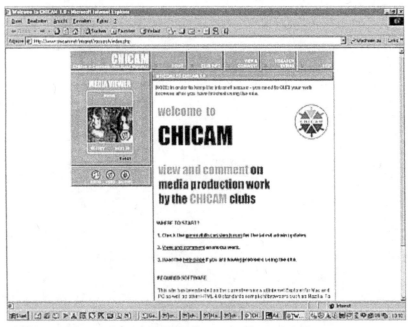

Abbildung 2: Screenshot der CHICAM Researcher-Intranetplattform

Kommunikation zwischen den Projektpartnern findet face-to-face auf Forschungstreffen und bilateralen Treffen statt, sowie medienvermittelt über eine speziell eingerichtete CHICAM Researcher-Intranetplattform (vgl. Abbildung 2).[7]

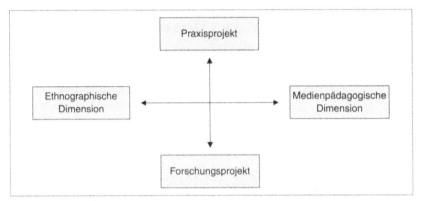

Abbildung 3: CHICAM im Spannungsfeld verschiedener Forschungs- und Praxisdimensionen

Das Praxisforschungsprojekt, das sich an der Tradition der Cultural Studies orientiert, ist im Schnittfeld von Migrationsforschung und medienpädagogischer Forschung angesiedelt und hat sowohl eine ethnographische als auch eine medienpädagogische Dimension. In Anlehnung an ethnographische Methoden werden die Lebenswelten der Kinder/Jugendlichen erkundet. Auf der anderen Seite werden medienpädagogische Konzepte, die Reflexion und interkulturelle Kommunikation ermöglichen und vorhandene Kompetenzen aufgreifen und gezielt erweitern, angewendet und weiterentwickelt.

Das Projekt hat eine theoretische und eine praktische Dimension. Ziel des Projektes ist es, anschlussfähiges Wissen über die Situationen von Kindern aus Migrations- und Fluchtkontexten zu produzieren und über die Art und Weise, wie sie Medien nutzen können, um Erfahrungen zu reflektieren und auszutauschen. Indem Kinder die Möglichkeit bekommen, ihre Erfahrungen auszudrücken und mitzuteilen, kann erforscht werden, bis zu welchem Grad es möglich ist, ihre Stimmen und Bilder in unterschiedlichen öffentlichen Bereichen hörbar und sichtbar zu machen. Im Rahmen der praktischen Arbeit werden Medienkompetenzen vermittelt, die für die Kinder auch über die Projektarbeit hinaus nützlich sind.

---

7 Bisher (Ende 2001 bis Ende 2003) fanden insgesamt sechs internationale Projekttreffen sowie mehrere bilaterale Besuche statt.

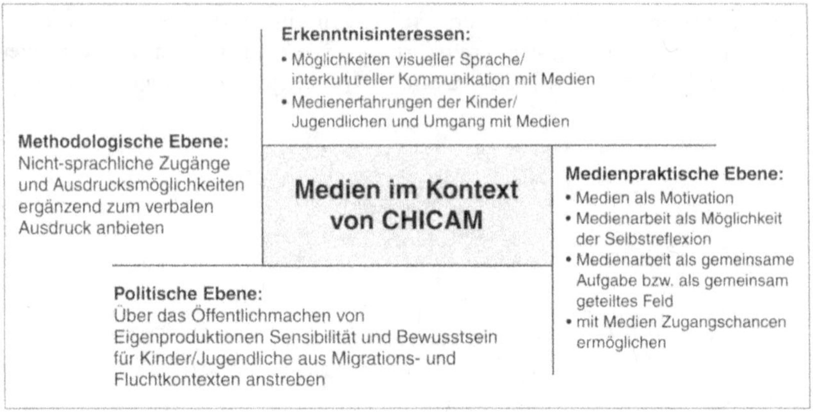

Erkenntnisinteressen:
• Möglichkeiten visueller Sprache/
  interkultureller Kommunikation mit Medien
• Medienerfahrungen der Kinder/
  Jugendlichen und Umgang mit Medien

Methodologische Ebene:
Nicht-sprachliche Zugänge
und Ausdrucksmöglichkeiten
ergänzend zum verbalen
Ausdruck anbieten

**Medien im Kontext
von CHICAM**

Medienpraktische Ebene:
• Medien als Motivation
• Medienarbeit als Möglichkeit
  der Selbstreflexion
• Medienarbeit als gemeinsame
  Aufgabe bzw. als gemeinsam
  geteiltes Feld
• mit Medien Zugangschancen
  ermöglichen

Politische Ebene:
Über das Öffentlichmachen von
Eigenproduktionen Sensibilität und Bewusstsein
für Kinder/Jugendliche aus Migrations- und
Fluchtkontexten anstreben

Abbildung 4: Medienrelevante Ebenen bei CHICAM

In dem oben stehenden Schaubild sind die verschiedenen Ebenen, in denen Medien bei CHICAM relevant sind, zusammengefasst (vgl. Abbildung 4).

▪ *Stand der Projektarbeit*

Das Projekt befindet sich zurzeit im ersten Teil der Auswertungsphase (4). Forscherinnen und Forscher haben Beobachtungen Analysen und Fallstudien aus ihren jeweiligen Ländern zu den Themenkomplexen Peergroup, Schule und Familie erstellt. Die bilateralen Forscherteams, die jeweils für einen Themenkomplex zuständig sind, werden länderübergreifende thematische Analysen erstellen.

2.2 *Methoden und erste Erfahrungswerte*

Im Rahmen der Praxisforschung kamen folgende Methoden zum Einsatz:

▶ Teilnehmende Beobachtung und Begleitung der medienpraktischen Arbeit im CHICAM-Club. Audio-Aufnahmen ermöglichen eine spätere Vervollständigung der Feldnotizen.

▶ Teilnehmende Beobachtung und Begleitung der Kinder/Jugendlichen in verschiedenen lebensweltlichen Kontexten (z.B. Familienbesuche, Hospitationen im Klassenzimmer, Fußballverein, Computerspielen, Freibadbesuche).

▶ Interviews auf der Grundlage von Einwegfotos mit einzelnen Kindern/Jugendlichen und in 2er-Gruppen. Die Clubmitglieder wurden gebeten, zu bestimmten Themen (Tagesablauf im Alltag, Familie, Freunde, Schule, Besuch im Herkunftsland) Fotoaufnahmen mit Einwegkameras zu machen.

▶ Erstellung von kurzen Videoproduktionen unter medienpädagogischer Anleitung und Beratung (Knet-Animationsfilme, Spielfilme, reportageartige Befragungen).

Die verschiedenen Phasen des Projekts

1) Stand der Forschung (November 2001 – Februar 2002)
Sichtung und Reflexion des Forschungs- und Literaturstandes zu den Themen Kindheit, Migration und Medien (vgl. http://www.chicam.net)

2) Pilotphase (Februar – Juli 2002)
Planung, Aufbau, Durchführung und Auswertung von CHICAM-Medienclubs in Griechenland, Italien, Großbritannien, Schweden, den Niederlanden und in Deutschland

3) Hauptfeldphase (Juli 2002 – Juli 2003)
Planung, Aufbau und Durchführung von CHICAM-Medienclubs in Griechenland, Italien, Großbritannien, Schweden, den Niederlanden und in Deutschland

4) Auswertungsphase (Sommer 2003 – Sommer 2004)

Teilbericht zu den Workpackages 3, 4 und 5 aus Griechenland (Case studies)	Teilbericht zu den Workpackages 3, 4 und 5 aus Italien (Case studies)	Teilbericht zu den Workpackages 3, 4 und 5 aus Groß-britannien (Case studies)	Teilbericht zu den Workpackages 3, 4 und 5 aus Schweden (Case studies)	Teilbericht zu den Workpackages 3, 4 und 5 aus den Niederlanden (Case studies)	Teilbericht zu den Workpackages 3, 4 und 5 aus Deutschland (Case studies)
↓	↓	↓	↓	↓	↓

Länderübergreifende Berichte zu den Workpackages 3, 4 und 5 (thematic analysis) (Themenkomplexe Peergroup, Schule und Familie)

Teilbericht zum Work-package 6 aus Griechenland (Case studies)	Teilbericht zum Workpa-ckage 6 aus Italien (Case studies)	Teilbericht zum Work-package 6 aus Groß-britannien (Case studies)	Teilbericht zum Work-package 6 aus Schweden (Case studies)	Teilbericht zum Work-package 6 aus den Niederlanden (Case studies)	Teilbericht zum Work-package 6 aus Deutschland (Case studies)
↓	↓	↓	↓	↓	↓

Länderübergreifender Berichte zum Workpackage 6 (thematic analysis) (Themenkomplex visuelle Kommunikation)

↓

Gesamtbericht (summative analysis)

5) „Dissemination"-Phase

Verbreitung der Ergebnisse (Projektpräsentationen, Tagungen, Publikationen, Erstellung von DVDs und Videos mit den Eigenproduktionen der Kinder/Jugendlichen)

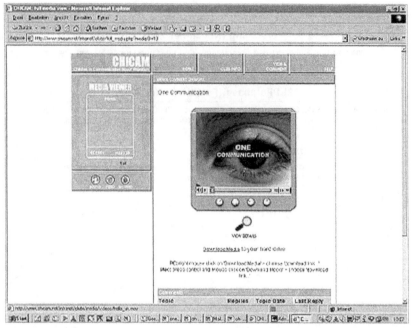

Abbildung 5: Screenshot der CHICAM-Clubmember-Intranetplattform

> Dokumentation der Kommunikationsprozesse beim Austausch der Video-produktionen über ein speziell eingerichtetes CHICAM-Clubmember-Intra-net.
> Interviews zu Videoproduktionen. Die fertigen Videos wurden den Produ-zentInnen gezeigt und sie konnten Aspekte, die ihnen wichtig waren, kom-mentieren.

Die entstandenen Eigenproduktionen und die Reaktionen anderer CHICAM-Clubs darauf werden ebenfalls ausgewertet. Dabei ist es wichtig, alle zur Verfü-gung stehenden Kontextinformationen zu berücksichtigen.

Die im Prozess entstehenden Eigenproduktionen haben für die verschiedenen am Projekt beteiligten Kinder/Jugendlichen und für verschiedene Projektdi-mensionen unterschiedliche Bedeutungen:

> Für die Kinder stellten die Produkte eine Vergegenständlichung ihrer Arbeit und ihres Könnens dar, etwas, das sie anderen zeigen können und worauf sie stolz sein können,
> die Produkte können einen Kommunikationsanreiz (z.T. auch Produktions-anreiz) für Partnergruppen in anderen Ländern darstellen,

➤ die Produkte sind Präsentations- und Informationsmaterial in pädagogischen und politischen Kontexten, sie können auch Motivationsanreiz[8] bedeuten,

➤ die Produkte dienen als Erzählstimulus für die Befragung („fotogeleitete Hervorlockung" (Harper 2000, S. 414)),

➤ die Produkte werden zum Gegenstand von Analysen gemacht,

➤ die Produkte sind wichtig für Dokumentation, Illustration und Veranschaulichung (bei Projektpräsentationen und Publikationen).

Im Kontext von Forschung mit Kindern, die erst seit geraumer Zeit in Deutschland sind und eine andere Muttersprache sprechen, stellt sich das Problem der *Sprache* in zweifacher Weise: Wie kann sowohl der altersmäßigen Sprachentwicklung als auch den migrationsbezogenen Besonderheiten beim Spracherwerb Rechnung getragen werden?

Neuß gibt im Kontext von Interviews mit Kindern (ohne Migrationserfahrung) fünf nützliche methodische Hinweise (2000, S. 139f.):

➤ Akzeptanz signalisieren: Die Lebenswelt des Kindes akzeptieren und respektieren;

➤ Einfache Fragen stellen: Es sollten nur solche Worte benutzt werden, die zum aktiven Wortschatz der Kinder gehören;

➤ Paraphrasieren: Den letzten Satz oder die letzten Worte des Kindes aufgreifen;

➤ Suggestivfragen vermeiden: Durch die Art des Fragens soll keine bestimmte Antwort nahegelegt werden;

➤ Bewertungen vermeiden: gegenüber den Aussagen eine (was Wertungen betrifft) neutrale Haltung einnehmen.

Der Interviewer muss sich an den Sprachkompetenzen der Interviewten orientieren, was jedoch nicht bedeuten kann, die Sprache auf Infinitive und Grundformen zu reduzieren („Du gehen Schule?"), zumal es bei CHICAM darum geht, den gesamten Forschungs- und Praxisprozess auch als Vermittlung und Entwicklung von kommunikativen Kompetenzen zu sehen (medial und nichtmedial). Rydin und Westin (2002) weisen auf das Sprachproblem hin, das in vielen Forschungssituationen entstehen kann, wenn Forschende und Forschungssubjekte verschiedene Sprachgemeinschaften angehören. Sie unterscheiden die folgenden fünf Umgangsweisen, die jeweils mit verschiedenen Vorteilen und Nachteilen verbunden sind:

„1. The researcher learns to communicate in the minority language (the anthropological method).

2. The researcher limits his/her studies to minority groups whose language (s)he masters (selection of groups).

---

8 Bei einem praxisorientierten Workshop zum Thema interkulturelle Medienarbeit konnten wir die Erfahrung machen, dass Pädagoginnen und Pädagogen, die sich über Möglichkeiten der Etablierung von Medienarbeit in ihrer außerschulischen Jugendarbeit informieren wollten, durch Videobeispiele aus interkulturellen Projekten (u.a. VideoCulture und CHICAM) motiviert wurden.

3. The researcher limits interviews to informants who speak the researcher's language (selection of individuals).
4. Interviews are conducted through interpreters (indirect access to respondent through intermediary).
5. Interviews are conducted by interviewers (other than the researcher) who speak the language. The taped interviews are subsequently transcribed and then translated (indirect access to respondent who is temporally removed)" (Rydin/Westin 2002, S. 3).

Eine weitere Möglichkeit besteht darin, Subjekten, die sich – wie die Kinder und Jugendlichen im CHICAM-Club in Deutschland – im Prozess des Fremdspracherwerbs befinden, ergänzend zur Verbalsprache und diese unterstützend, visuelle Ausdrucksformen wie Fotografie und Film anzubieten (vgl. Teil 1).

Die ersten Erfahrungen haben gezeigt, dass ein Anknüpfen an selbstproduzierten Medienprodukten den Kindern das Sprechen über ihre eigene Lebenswelt erleichtert. Es deutet sich an, dass über Eigenproduktionen Zugänge zum

Abbildung 6: Einwegkamerabild von Hakan: Saz (Saiteninstrument) und Türkische Flagge in der Wohnung[9]

---

9 Im Interview, das auf der Grundlage seiner Einwegfotobilder gemacht wurde, erzählt Hakan, dass er entgegen dem Wunsch seines Vaters nicht Saz lernen will:
Peter Holzwarth: Wie war des mit der Saz, kannst du?
Hakan: Hmm, mein Vater will, du gehst Saz-Kurse, dann sag ich „nein".
Peter Holzwarth: Du willst nicht.
Hakan: Ja.
Peter Holzwarth: Und warum willst du nicht?
Hakan: Weil so schwer.

Abbildung 7: Einwegkamerabild von Mustafa: Moschee in Tunesien

Welterleben der Kinder eröffnet werden können, die ansonsten aufgrund von Kommunikationsbarrieren versperrt bleiben würden. Indem den Kindern z.b. Einwegfotoapparate mitgegeben werden, eröffnen sich neue Zugänge in Bezug auf das Erleben von Migration. Dies gilt sowohl für fotografische Annäherungen an lebensweltliche Umgebungen in Deutschland als auch für etwaige Besuche im Herkunftsland (vgl. Abbildungen 6 und 7).

Die Verbindung von Forschung und praktischer Medienarbeit trägt dazu bei, dass der Forschungsprozess durch einen Charakter des gegenseitigen Gebens und Nehmens geprägt wird. Die am Projekt beteiligten Kinder geben Einblicke in ihre Lebenswelt, die beteiligten Erwachsenen vermitteln Medienkompetenz, ermöglichen Spaß und neue Erfahrungen und sie geben Aufmerksamkeit. Ne - ben Lernerfahrungen und sozialen Erfahrungen stellen die entstandenen Produktionen etwas konkret Gegenständliches dar, das die Kinder aus dem Projekt mitnehmen können. Ein weiterer Vorzug des Ansatzes besteht darin, dass sich über die Medienarbeit verschiedene informelle Gesprächssituationen ergeben, die eine Erhebung von Daten außerhalb offiziell als Interview gerahmter Set - tings ermöglichen.

Insgesamt waren bei den Kindern/Jugendlichen Produktionen attraktiver, die sich innerhalb kürzerer Zeit fertig stellen lassen und wenig Frustrationstoleranz erfordern. Schnelle Rückmeldung auf das fertige Produkt war also ein sehr wichtiges Kriterium. Produktionsformen, die Zeit und Geduld erfordern und mit Auswählen und Schneiden von Filmmaterial verbunden sind, waren für viele der Clubmitglieder weniger motivierend. Zum Teil schien es ihnen auch gar nicht so sehr um ein fertiges Produkt zu gegen, sondern um den Spaß im

Entstehensprozess. Neben Knetanimationen (die keiner Nachproduktion bedürfen) und kleinen narrativen Filmen war bei den Kindern/Jugendlichen eine reportageartige Form beliebt, bei der sie mit der Videokamera auf die Straße gehen und Passanten befragen konnten. Im Rahmen des ersten Projekts „Deutschland positiv/negativ"[10] wurden Leute gefragt was ihnen an Deutschland gefällt und was ihnen nicht gefällt. Im zweiten Projekt ging es um Stimmen und Meinungen zum Golfkrieg. Die Kinder/Jugendlichen hatten im Club selbst das Bedürfnis geäußert, zu diesem Thema eine Befragung zu machen. Bei diesem Beispiel handelt es sich um einen Entwicklungsprozess, bei dem es nicht nur um einen Zuwachs an Medienkompetenz geht, sondern auch um soziale und kommunikative Dimensionen (Selbstbewusstsein, Selbstüberwindung).

Sowohl Susan (13 Jahre, aus den USA) als auch Taskania (14 Jahre, aus der Dominikanischen Republik) machten die Erfahrung, dass sie gegenüber den ersten Kamerabefragungen auf der Straße beim zweiten Mal weniger ängstlich und mit mehr Mut und Selbstsicherheit auf fremde Menschen zugehen konnten:

Susan: Und ich finde auch dass ähm finde das auch jetzt gut aber früher nich mehr also wann ma so rumgelaufen sind im Stadt und so gefragt und so find ich gut jetzt

Peter Holzwarth: Und früher nich so?

Susan: Früher nich so da war ich da hat ich noch mehr Angst

Peter Holzwarth: Früher heißt bei dem bei dem ersten Film, wo ihr zum ersten Mal Leute angesprochen habt. mhm

Susan: Aber jetzt nich mehr.

Peter Holzwarth: mhm

Susan: Also auf letzten hab ich jede gefragt, Taskania hat auch ge...

Peter Holzwarth: Und wie kam des, dass des sich so verändert hat? Also erst so ängstlich und jetzt ganz mutig?

Susan: Vielleicht weil des des zweite mal war. Oder dritte mal so.

Ähnlich äußert sich auch Taskania:

Peter Holzwarth: Und hast du n Unterschied gemerkt beim zweiten mal, wo's um den Irak-Krieg ging und ähm zum ersten mal wo's um Deutschland ging, was den Leuten gefällt und nicht gefällt. Also gab's n Unterschied zwischen dem ersten mal wo's um Deutschland ging und dem zweiten mal wo's um den Irak-Krieg ging?

Taskania: (Lachen)

Björn Maurer: Wo du das erste Mal auf Leute zugegangen bist mit der Kamera.

Taskania: Ja habe ich, habe ich ein bisschen Angst gehabt, aber zweites Mal nicht mehr.

Björn Maurer: Und als wir dann noch mal losgezogen sind oder als ihr noch mal losgezogen seid mit der Kamera zum Irak? Des war ja dann ...

Taskania: Ja, keine Ahnung mehr haben wir gehabt. Des war so. Hat bei uns Spaß gemacht.

---

10 Eine Transkription des Videos befindet sich im Anhang.

Björn Maurer: Aha, Warum habt ihr so viele Interviews gemacht?

Raysa: Ja weil wir keine Ahnung gehabt haben.

Björn Maurer: Weil ihr was gehabt habt?

Taskania: Keine Ahnung ... also wir waren so ... wir waren nicht traurig und ... Die erste Mal haben wir Ahnung gehabt, aber ... Ahnung, Also so

Peter Holzwarth: Ahnung?

Taskania: Miedo[11], weißt du

Peter Holzwarth: Angst?

Taskania: Angst, ja.

Peter Holzwarth: Und das zweite Mal?

Taskania: keine mehr.

Björn Maurer: Und wenn ihr jetzt jetzt hier die Kamera nehmen müsstet und Leute befragen müsstet, wär kein Problem?

Taskania: Wär kein Problem.

Björn Maurer: Cool!

Dieses Beispiel verdeutlicht, dass in Kontexten, in denen sich die Sprachkompetenzen von Interviewer und Befragten nur zum Teil überschneiden, gegenseitiges Verstehen an Grenzen stoßen kann und dass es für Forschende von großem Vorteil ist, die Muttersprache des Interviewpartners zu kennen.

An der genannten Produktion „Deutschland positiv/negativ" lässt sich zeigen, wie durch aktive Medienproduktion Reflexion und Kommunikation ausgelöst werden kann und sich dadurch die Forschenden wichtige Themenbereiche eröffnen. Bei der Sichtung der Aufnahmen zu diesem Film wurde die Aussage eines Mädchens mit Migrationshintergrund, die Lehrer seien streng in Deutschland, zum Ausgangspunkt einer engagiert geführten Gruppendiskussion über Freiheit, Disziplinierungsmöglichkeiten und körperliche Bestrafung. Über die Reflexion des gefilmten Materials wurde unter anderem deutlich, dass das Thema Kopftuchtragen, die mit dem Kopftuch verbundenen Machtverhältnisse im Generationenverhältnis und die Beurteilung des Kopftuchs durch Mitschüler und Lehrer für einige der Clubmitglieder von zentraler Bedeutung war.

Im Zusammenhang mit Lernfortschritten im Spracherwerb kam ein Lehrer der Kinder/Jugendlichen zu folgender Einschätzung in Bezug auf CHICAM:

> „Das ganze war 'ne Belebung für die Klasse für die Gruppe auch und hat hineingewirkt in die Klasse hinein auch ... des isch was Außergewöhnliches gewese' und kommt auch nicht wieder so schnell." [...]
> „Ich glaube auch gerade durch des CHICAM muss ich ehrlich sagen, ja, des hat des is, war 'ne sehr gute Sache, die wirklich motiviert hat und die den Schülern auch geholfen hat gerade mit ihnen zusammen dann in der Gruppe etwas zu erleben und dabei auch zu gewinnen an Sprachwert, an Sprachqualität."

---

11 miedo (span.): Angst.

Die Klassenlehrerin ergänzte: „Weil der CHICAM-Club der setzt sich ja doch aus verschiedenen Nationen zusammen, da müssen sie einfach Deutsch reden, ja, und des geht dann automatisch."

Diese Aussagen sowie die Beobachtungen im CHICAM-Club über ein Jahr hinweg machen deutlich, dass die Projektpraxis einen wichtigen Beitrag zur Sprachentwicklung leisten konnte, auch wenn dieser Aspekt gar nicht explizit Teil der Intentionen war. Sprachliche Fortschritte konnten sich wiederum positiv auf die Verstehensmöglichkeiten von medienpädagogischen Inputs auswirken, was die Aneignung von Medienkompetenzen erleichtert. Möglicherweise ist gerade der Umgang mit visuellen und audiovisuellen Medien, an dem die wortsprachliche Kommunikation anknüpfen kann, besonders zur Sprachentwicklung geeignet. Dieser Aspekt soll bei der weiteren Auswertung beachtet werden.

Literatur

Baacke, D.: Kevin, Wayne und andere: Kinder und ästhetische Erfahrung. In: *von Gottberg, J./Mikos, L./Wiedemann, D.* (Hrsg.): Kinder an die Fernbedienung. Berlin 1997, S. 13–31.

Belgrad, J./Niesyto, H.: Symbol. Produktion und Verstehen in pädagogischen Kontexten. Hohengehren 2001a.

Belgrad, J./Niesyto, H.: Symbolverstehen und Symbolproduktion. In: *Belgrad, J./Niesyto, H.* (Hrsg.): Symbol. Verstehen und Produktion in pädagogischen Kontexten. Hohengehren 2001b, S. 5–16.

Bourdieu, P.: Die feinen Unterschiede. Kritik der gesellschaftlichen Urteilskraft. Frankfurt am Main 1987.

Buckingham, D.: Children and Media Overview. In: Global Kids, Global Media: a review of research relating to children, media and migration in Europe. Research project „CHICAM-Children in Communication about Migration", 2002, S. 99–115 [http://www.chicam.net/research.html].

Charlton, M./Neumann-Braun, K: Medienkindheit, Medienjugend. München 1992.

Ehrenspeck, Y./Schäffer, B. (Hrsg.): Film- und Fotoanalyse in der Erziehungswissenschaft. Ein Handbuch. Opladen 2003.

Fix, M./Melenk, H.: Schreiben zu Texten. Schreiben zu Bildimpulsen. Das Ludwigsburger Aufsatzkorpus. Hohengehren 2000.

Friedrich, M. u.a. (Hrsg.): Die Fremden sehen. Ethnologie und Film. München 1984.

Fuhs, B.: Fotografie als Dokument qualitativer Forschung. In: *Ehrenspeck, Yvonne/Schäffer, B.* (Hrsg.): Film- und Fotoanalyse in der Erziehungswissenschaft. Ein Handbuch. Opladen 2003, S. 37–54.

Fuhs, B.: Fotografie und qualitative Forschung. Zur Verwendung fotografischer Quellen in den Erziehungswissenschaften. In: *Friebertshäuster, B./Prengel, A.* (Hrsg.): Handbuch qualitative Methoden in der Erziehungswissenschaft. Weinheim/München 1997, S. 265–285.

Harper, D.: Fotografien als sozialwissenschaftliche Daten. In: *Flick, U./von Kardorff, E./Steinke, I.* (Hrsg.): Qualitative Forschung. Ein Handbuch. Reinbek bei Hamburg 2000, S. 402–416.

Hepp, A.: Cultural Studies und Medienanalyse. Opladen/Wiesbaden 1999.

Hepp, A./Winter, R. (Hrsg.): Kultur – Medien – Macht. Cultural Studies und Medienanalyse. 2. Auflage. Opladen/Wiesbaden 1999.

Hiegemann, S./Swoboda, W. H.: Handbuch der Medienpädagogik. Opladen 1994.

Holzwarth, P.: Graffitikultur als Gegenstand der Jugendforschung. In: *Niesyto, H.* (Hrsg.): Selbstausdruck mit Medien. Eigenproduktionen mit Medien als Gegenstand der Kindheits- und Jugendforschung. München 2001, S. 79–88.

Holzwarth, P.: Children and Migration: Germany. In: Global Kids, Global Media: a review of research relating to children, media and migration in Europe. Research project „CHICAM – Children in Communication about Migration", 2002, S. 19–33 [http://www.chicam.net/research.html].

Holzwarth, P./Maurer, B.: Kreative Bedeutungskonstruktion und ästhetische Reflexivität im Spannungsfeld von Symbolproduktion und Symbolverstehen. Eine fallbezogenen Analyse. In: *Niesyto, H.* (Hrsg.): VideoCulture. Video und interkulturelle Kommunikation. München 2003, S. 139–168.

Holzwarth, P./Maurer, B.: Children and Media: Germany. In: Global Kids, Global Media: a review of research relating to children, media and migration in Europe. Research project „CHICAM – Children in Communication about Migration", 2002, S. 117–131 [http://www.chicam.net/research.html].

Holzwarth, P./Maurer, B./Niesyto, H.: CHICAM – CHILDREN IN COMMUNICATION ABOUT MIGRATION. In: Gesellschaft für Medienpädagogik und Kommunikationskultur e.V.: nexum das Netzwerk. Heft 8/2002, 2002, S. 19–21.

Jugendwerk der Deutschen Shell (Hrsg.): 11. Shell-Jugendstudie. Jugend '92: Lebenslagen, Orientierungen und Entwicklungsperspektiven im vereinigten Deutschland. Band 1. Opladen 1992.

Langer, S. K., (1942): Philosophie auf neuem Wege. (Cambridge/Mass.) Frankfurt/M. 1987.

Maurer, B.: Wenn Jugendliche mediale Wirklichkeit erzeugen ... Konzeptionelle und praktische Überlegungen zur handlungsorientierten Videoarbeit. In: *Belgrad, Jürgen/Niesyto, H.* (Hrsg.): Symbol. Verstehen und Produktion in pädagogischen Kontexten. Hohengehren 2001a, S. 104–114.

Maurer, B.: Formen der medienpädagogischen Begleitung im Kontext von Jugendforschung mit Video. In: *Niesyto, H.* (Hrsg.): Selbstausdruck mit Medien. Eigenproduktionen mit Medien als Gegenstand der Kindheits- und Jugendforschung. München 2001b, S. 173–185.

Mayring, Ph./Gläser-Zikuda, M./Hurst, A.: Qualitative Ansätze der Erforschung von Eigenproduktionen mit Medien am Beispiel von Tagebuchanalysen und Fallanalysen. In: *Niesyto, H.* (Hrsg.): Selbstausdruck mit Medien. Eigenproduktionen mit Medien als Gegenstand der Kindheits- und Jugendforschung. München 2001, S. 15–33.

Neuß, N.: Medienbezogene Kinderzeichnungen als Instrument der qualitativen Rezeptionsforschung. In: *Paus-Haase, I./Schorb, B.:* Qualitative Kinder- und Jugendmedienforschung. München 2000, S. 131–154.

Neuß, N.: Symbolische Verarbeitung von Fernseherlebnissen in Kinderzeichnungen. Eine empirische Studie mit Vorschulkindern. München 1999.

Niesyto, H.: Erfahrungsproduktion mit Medien. Selbstbilder, Darstellungsformen, Gruppenprozesse. Weinheim/München 1991.

Niesyto, H.: Sozialvideografie. Mediale Exploration als spezifischer Zugang zur ästhetisch-symbolischen Dimension jugendkultureller Milieus. In: Institut für Sozialpädagogik und Sozialarbeit der TU Dresden/Institut für regionale Innovation und Sozialforschung IRIS e.V. (Hrsg.). Dresden 1996: Hochschulschrift, S. 66–95.

Niesyto, H.: Video als Ausdrucksmedium. Zur medienethnografischen Exploration jugendkultureller Symbolmilieus. In: *Fromme, J.* u.a. (Hrsg.): Selbstsozialisation, Kinderkultur und Mediennutzung. Opladen 1999, S. 327–344.

Niesyto, H.: Youth Research on Video Self-productions. Reflections on a Social-aesthetic Approach. In: Visual Sociology 15 (2000), 2000a, S. 135–153.

Niesyto, H.: Medienpädagogik und soziokulturelle Unterschiede. Eine Studie zur Förderung der aktiven Medienarbeit mit Kindern und Jugendlichen aus bildungsmäßig und sozial benachteiligten Verhältnissen. Baden-Baden/Ludwigsburg 2000b: Medienpädagogischer Forschungsverbund Südwest/PH Ludwigsburg.

Niesyto, H. (Hrsg.): Selbstausdruck mit Medien. Eigenproduktionen mit Medien als Gegenstand der Kindheits- und Jugendforschung. München 2001a.

Niesyto, H.: Jugendforschung mit Video. Formen, Projekte und Perspektiven eines Forschungsansatzes. In: *Niesyto, H.* (Hrsg.): Selbstausdruck mit Medien. Eigenproduktionen mit Medien als Gegenstand der Kindheits- und Jugendforschung. München 2001b, S. 89–102.

Niesyto, H.: Qualitative Jugendforschung und symbolischer Selbstausdruck. In: *Belgrad, J./Niesyto, H.* (Hrsg.): Symbol. Verstehen und Produktion in pädagogischen Kontexten. Hohengehren 2001c, S. 55–73.

Niesyto, H. (Hrsg.): VideoCulture. Video und interkulturelle Kommunikation. Grundlagen, Methoden und Ergebnisse eines internationalen Forschungsprojekts: München 2003.

Paus-Haase, I.: Medienrezeptionsforschung mit Kindern – Prämissen und Vorgehensweisen. Das Modell der Triangulation. In: *Paus-Haase, I./Schorb, B.:* Qualitative Kinder- und Jugendmedienforschung. *München* 2000, S. 15–32.

Prosser, J./Schwartz, D.: Photographs within the Sociological Process. In: *Prosser, Jon* (Hrsg.): Image-based Research. A Sourcebook for Qualitative Researchers. London 1998, S. 115–130.

Rydin, I./Westin, Ch.: Notes on Interviewing. CHICAM methodology discussion paper. Unveröffentlichtes Projektdokument 2002.

Schorb, B./Theunert, H.: Kontextuelles Verstehen der Medienaneignung. In: *Paus-Haase, I./Schorb, B.:* Qualitative Kinder- und Jugendmedienforschung. München 2000, S. 33–57.

Schmid, A.: Mediale Eigenproduktionen Jugendlicher zwischen Selbst- und Fremdbestimmung in professionstheoretischer Perspektive – eine ethnographisch-gesprächsanalytische Fallstudie. In: *Niesyto, H.* (Hrsg.): Selbstausdruck mit Medien. Eigenproduktionen mit Medien als Gegenstand der Kindheits- und Jugendforschung. München 2001, S. 53–66.

Theunert, H.: Quantitative versus qualitative Medien- und Kommunikationsforschung? Über Grundsätze, Gegensätze und Notwendigkeiten der Ergänzung heutiger methodologischer Paradigmen. In: *Hiegemann, S./Swoboda, W. H.* (Hrsg.): Handbuch der Medienpädagogik. Opladen 1994, S. 387–401.

Vogelgesang, W.: Jugendliche Video-Cliquen. Action- und Horrorvideos als Kristallisationspunkte einer neuen Fankultur. Opladen 1991.

Westin, Ch.: Children and Migration Overview. In: Global Kids, Global Media: a review of research relating to children, media and migration in Europe. Research project „CHICAM – Children in Communication about Migration", 2002, S. 7–17 [http://www.chicam.net/research.html].

Winterhager-Schmid, L.: Jugendtagebuchforschung. In: *Friebertshäuser, Barbara/Prengel, Annedore* (Hrsg.): Handbuch qualitative Methoden in der Erziehungswissenschaft. Weinheim/München 1997, S. 354–370.

Witzke, M.: Identität, Selbstausdruck und Jugendkultur. Eigenproduzierte Videos Jugendlicher im Vergleich mit ihren Selbstaussagen. Ein Beitrag zur Jugend(kultur)forschung. München 2003.

Anhang – Transkription des Videos „Deutschland positiv/negativ"

+ positiv

Junger Mann: Besonders gut? Die Autobahnen.

Susan: Warum?

Junger Mann: Warum? Weil man schnell fahren darf.

– negativ

Junge Frau mit Migrationshintergrund: Die Leute sind kalt.

Björn: Ja.

Junge Frau mit Migrationshintergrund: Sie wollen keinen Kontakt haben.

+ positiv

Hakan: Äh, Deutschland ist sehr modern. Schule ist auch sehr gut. Äh, in die Schule kann nicht schlagen beim Lehrer. Und so alles, gut.

– negativ

Serife: Die Sommer gefällt mir nicht, weil es gibt net so viel Sonne. Und die und die Landratsamt gefällt mir nicht.

+ positiv

Susan: Oh toll (Missfallensäußerung wegen der bisher unbefriedigenden Antworten)

Gruppe von männlichen Teenagern mit Migrationshintergrund: Ja ok die Menschen hier, die Menschen gefallen, die Freundlichkeit, Menschen, die Leben, die Freundlichkeit, die Frauen.

– negativ

Älterer Mann: Ja manchmal die Kriminalität.

+ positiv

Susan: Wenn's Schnee gibt gefällt mir ... (unverständlich) und dass wir können Busfahren wann wir wollen.

– negativ

Meral: (spricht auf Türkisch)

Serife übersetzt: Die Kultur gefällt nicht.

+ positiv

Frau mit Migrationshintergrund (mit Kopftuch): Deutschland was gefällt mir, mhm das System, Disziplin ...

Susan: Mhm

Frau mit Migrationshintergrund (mit Kopftuch): ... die Ordnung

Hakan: Was gefällt in ihnen in Deutschland?

Mann mit Berliner Akzent: In Deutschland?

Hakan: Ja.

Mann mit Berliner Akzent: Ja alles mein Gott das Leben ist so schön oder, solange kein Krieg ist gell und wir alle zu essen und zu trinken haben n Dach überm Kopf und und sie gehen ja noch zur Schule gell.

Hakan: Ja.

Mann mit Berliner Akzent: Sie können zur Schule gehen nicht überall kann man zur Schule gehen gell, das is ne tolle Sache. Da hab ich viel gelernt.

– negativ

Frau: Der Euro (lachen) Der Euro.

Susan: War's besser mit äh D-Mark?

Frau: D-Mark war viel besser.

Susan: OK.

Schülerin (möglicherweise mit Migrationshintergrund): Die Lehrer sind ganz schön streng.

Mädchen mit Migrationshintergrund: Ich weiß net also ich kann des jetzt nur mit der Türkei vergleichen, weil in der Türkei kann man net so frei alleine als Mädchen rumlaufen und hier hat man seine Ruhe vor den Leuten. Da stresst dich halt net so viele.

Teil III
Medienkulturen über die Generationen

Burkhard Schäffer

Generationsspezifische Medienpraxiskulturen.
Zu einer Typologie des habituellen Handelns mit neuen Medientechnologien in unterschiedlichen Altersgruppen

Einleitung

In diesem Beitrag sollen auf der Grundlage einer jüngst erschienenen qualitativ-rekonstruktiven Studie zu „generationsspezifischen Medienpraxiskulturen" (Schäffer 2003a) ausgewählte methodisch-methodologische Fragestellungen erörtert werden. Hierzu werde ich zunächst für die Arbeit wichtige formalsoziologische bzw. -erziehungswissenschaftliche Kategorien klären, da hierin – vor dem Hintergrund des hier vertretenen Paradigmas der dokumentarischen Methode (Bohnsack 1997) – auch Weichenstellungen für die methodisch-methodologische Konzeption eines Forschungsprojektes gegeben sind. Zu den *zentralen grundlagentheoretischen Begriffen* der Arbeit gehören derjenige der *Generation* und der des *habituellen Handelns mit Medien*. Den erstgenannten Begriff werde ich einleitend in Auseinandersetzung mit einschlägigen quantitativen Untersuchungsdesigns (v.a. Kohortenansätze) konturieren, um ihn dann unter Rückgriff auf Karl Mannheims Generationenbegriff neu zu positionieren und für eine medienpädagogische Generationenforschung fruchtbar zu machen. Beim Begriff des habituellen Handelns mit Medien beziehe ich mich u.a. auf den Ansatz des Techniksoziologen Bruno Latour und führe das Konzept der generationsspezifischen Medienpraxiskulturen ein. Im Anschluss hieran stelle ich das Untersuchungsdesign und dessen empirische Umsetzung in ihren wichtigsten Aspekten dar und gehe dabei insbesondere auf den Prozess der Typenbildung ein. Schließlich werde ich ein zentrales Ergebnis der Studie – eine Typologie des habituellen Handelns mit Medientechnologien – vorstellen und abschließend sehr knapp deren medienpädagogische Relevanz skizzieren.

1. Generationenforschung und neue Medien: Fragestellungen und theoretische Vorannahmen als Voraussetzung für die Umsetzung in ein empirisches Design

▪ Neue Medien und Generationen

In jüngster Zeit hat in den Sozialwissenschaften der Generationenbegriff eine ungeahnte Renaissance erfahren. Dies hat, neben vielen anderen zeitgeschichtlichen Einflüssen (89er Systemwechsel), u.a. auch mit der rasanten Entwicklung neuer Medientechnologien zu tun, die es nahe legen, diese Thematik in und mittels der Generationensemantik zu bearbeiten. Dementsprechend findet im Kontext neuer Medien der Generationenbegriff – über die Bezeichnung verschiedener Hard- und Softwareversionen hinaus – vielfältige Anwendung. Allerdings bleibt die grundlagentheoretische Fundierung des Begriffs in vielen Veröffentlichungen zu neuen Medien und Generation vor dem Hintergrund der Debatte in Erziehungswissenschaft und Soziologie recht blass. Es wird bspw. selten genau zwischen „Alter", „Generation" und „Kohorte" differenziert (exemplarisch hierfür: Tapscott 1998). Ob allerdings einige nebeneinander liegende Geburtsjahrgänge (Kohorten) gemeinsame handlungsleitende kollektive Orientierungen hinsichtlich neuer Medientechnologien entwickeln und *erst damit* eine *Generationen*gestalt ausbilden, ist eine nur empirisch und nicht ex ante entscheidbare Frage. Überspitzt: Es gibt etliche Kohorten, die es „nicht zur Generation gebracht" haben.

Im Kontext der Debatte um Generation und neue Medien wird zudem denjenigen Kohorten die größte Aufmerksamkeit gezollt, die gerade das Jugendalter durchlaufen. Dies lässt sich daran ablesen, dass viele Studien primär die Mediennutzung *einer* Kohorte beschreiben und dann im Titel in eins setzen mit dem Generationenbegriff (Generation @; Windows Generation; Generation SMS etc.). Vor dem Hintergrund eines weiter unten noch zu explizierenden anspruchsvollen Generationenbegriffs handelt es sich bei den ermittelten Orientierungs- und Einstellungssyndromen aber nicht um generationsspezifische Orientierungen, sondern um empirische Beschreibungen *einer* Altersgruppe, nämlich der Kohorten, die gerade das Jugendalter durchlaufen. Deren *Generation*szugehörigkeit kann man erst in zehn, zwanzig oder dreißig Jahren untersuchen und beurteilen, dann nämlich, wenn die Jugendlichen von heute sich bspw. im mittleren Erwachsenenalter befinden und sich mit den *dann* neuen Medien auseinanderzusetzen haben. Streng genommen zeigt es sich nämlich erst dann, ob wir es hier mit einer *Generation* zu tun haben: ob also diese Kohorte heutzutage strukturidentische Erfahrungen mit neuen Medien sammelt und ob sich diese Erfahrungen in gemeinsamen kollektiven Orientierungen niederschlagen, die dann zu ähnlichen Meinungen und handlungsleitenden Einstellungen hinsichtlich der dann neuen Technologie führen.

▓ *Quantitative Antworten I: Panel- oder Kohortendesign?*
Damit sind wir bereits bei einem quantitative *und* qualitative Generationenforschung gleichermaßen betreffenden *methodischen Grundproblem* angelangt: Streng genommen kann man über generationsspezifische Orientierungen nur in einem *Paneldesign* forschen. Es müssten also von Geschlecht und Milieu unterschiedliche, aber *von den konkreten Personen her* identische Gruppen (Panels) zu verschiedenen Zeitpunkten befragt werden (bspw. eine nach Repräsentativitätskriterien ausgesuchte *konkrete* Gruppe 15-Jähriger in den Jahren 2003, 2013, 2023 und 2033 ...). Die meisten Surveyuntersuchungen[1] sind demgegenüber „nur" als Kohortenanalysen angelegt, d.h. als replikative Querschnittsuntersuchungen auf der Basis unabhängiger Stichproben (sog. Zeitreihen bzw. Trendanalysen). Gerade in Bezug auf die Mediennutzung vergleichen sie die jeweils gerade jungen Geburtskohorten *untereinander* (also bspw. die Personen, die im Jahr 1985, 1990, 1995 oder 2000 gerade 15 Jahre alt sind) und messen auf diese Weise sog. Kohorteneffekte. Sie können aber auch eine Kohorte über die Jahre in ihrem Alternsprozess verfolgen. Im Unterschied zur Paneluntersuchung müssen die Mitglieder der Kohorten nicht dieselben konkreten Personen umfassen, sondern nur strukturidentische sozialstrukturelle Merkmale aufweisen. In Panels können Individueneffekte untersucht und damit „typische" Lebensverläufe nachgezeichnet werden. Kohortenanalysen dagegen haben den Vorteil, dass sie keine Paneleffekte durch wiederholte Befragungen (die Panelmitglieder kennen die Fragen und richten sich darauf ein) und keine Stichprobenmortalität aufweisen (die Panelmitglieder verweigern nach einer Weile die Mitarbeit oder sterben im buchstäblichen Sinne). Festzuhalten bleibt, dass sowohl Panel- als auch Kohortenansatz aus ihren standardisiert erhobenen Daten auf Veränderungen der Jugendgestalten und daraus auf deren generationale Dispositionen schließen.

▓ *Quantitative Antworten II: Sekundäranalysen*
Da gerade im Medienbereich nur sehr wenige Studien über lange Zeiträume angelegt sind (und noch weniger im Paneldesign), liegt eine Lösung für quantitativ ausgerichtete Studien in sog. Sekundäranalysen, d.h. zumeist der vergleichenden Untersuchungen früherer Kohortensurveys. So hat bspw. Peiser im Bereich der Fernsehmediennutzungsforschung eine Sekundäranalyse u.a. auf der Grundlage der Daten der ARD-ZDF-Gruppe Medienforschung zur „Fernsehgeneration" (Peiser 1996) vorgelegt. Allerdings verweist er bereits in der Einleitung darauf, dass er, aufgrund der schlechten Operationalisierungsmöglichkeiten, nicht den Generationen-, sondern den Kohortenbegriff verwendet (ebd., S. 10).[2] Zudem stellen sich bei Sekundäranalysen Hindernisse in Hin-

---

1 Etwa die großen Jugendsurveys von Shell oder die ARD-ZDF Untersuchungen zur Massenkommunikation.
2 Wir haben es also bei dieser ansonsten wirklich lesenswerten Arbeit mit einem Etikettenschwindel im wahrsten Sinne des Wortes zu tun! „Die Fernsehgeneration" verkauft sich im Titel vermutlich besser als „Fernsehkohorte".

sicht auf die Vergleichbarkeit der erhobenen Daten. Die Fragebatterien und
-techniken verändern sich, aber auch schlichte Probleme bei der Datenkonvertierung tun das Ihrige.[3] Dennoch ermöglicht es dieser Ansatz auf der Basis wiederholter Querschnittsuntersuchungen Aussagen über Längsschnittphänomene
zu machen, indem er zwischen Kohorten, dem Alter der Probanden und den
zeitgeschichtlichen Effekten differenziert (den sog. Alters-, Kohorten- und Periodeneffekten).

■ *Lexisdiagramme als Heuristiken für eine qualitativ verfasste Generationenforschung*

Der Zusammenhang zwischen Alters-, Perioden- und Kohorteneffekt lässt sich
in sog. Lexisdiagrammen darstellen, die in der Demographie gebräuchlich sind
(vgl. etwa Huinink/Mayer 1994, S. 93). Hier werden auf der Y-Ebene das persönliche Lebensalter, auf der X-Ebene die Jahre der Zeitgeschichte und auf
einer diagonalen Verbindung die Kohorten dargestellt. Hinsichtlich eines Erkenntnisinteresses am Zusammenhang von Mediennutzung und Kohortenzugehörigkeit lässt sich diese Idee unschwer modifizieren: In die X-Achse werden
jetzt nicht, wie in der Demographie üblich, demographisch relevante historische Ereignisse (bspw. Weltkriege, Weltwirtschaftskrise, 89er Zusammenbruch
des Ostens etc.), sondern medientechnikgeschichtlich relevante Daten abgetragen: also etwa die Einführung des Fernsehens ab Mitte der 50er Jahre bis zur
Marktsättigung ab Mitte der 60er Jahre; die Einführung der PC-Technologie
für den Massenkonsum ab Anfang bis Mitte/Ende der 80er Jahre (Apple,
Microsoft); die Einführung der WWW-Technologie im Internet ab Anfang bis
Mitte/Ende der 90er Jahre etc. (vgl. Abbildung 1).

Dadurch, dass man medientechnikgeschichtliche Entwicklungen auf der
X-Ebene abträgt, erhält man einen Überblick über die kohorten- und alterspezifischen Möglichkeiten, Erfahrungen in einem bestimmten Alter mit neuen
Medientechnologien zu machen. Verfügt man über entsprechende Mediennutzungsdaten, wie sie in der ARD-ZDF-Langzeitstudie zum Fernsehkonsum erhoben werden, kann man auf diese Weise Kohortenvergleiche in *horizontaler*,
vertikaler und *diagonaler* Perspektive durchführen (vgl. hierzu Engel/Best
2001):

▶ Auf der horizontalen Ebene kann man also etwa die Fernsehnutzung der 10-
  bis 19-jährigen Kohorten in den 50er, 60er, 70er, 80er und 90er Jahren verfolgen (auf der Abbildung das Kästchen mit Banderole),
▶ Entsprechend ist auf der vertikalen Ebene die Mediennutzung der *Kohorten
  unterschiedlichen Alters* in den 80er Jahren abgetragen.
▶ Auf der diagonalen Ebene lässt sich dann die Mediennutzung einer Kohorte
  im Durchgang durch die verschiedenen Altersstufen ermitteln. Die im Dia-

---

3 Hinzu kommt der Wechsel der Befragungsmethoden und der Archivierung der Daten. So wurden bei den ARD-ZDF-Studien mündliche Befragungen vor Ort durch Telefoninterviews ersetzt, und bei den ersten Befragungswelle im Jahr 1964 wurden keine maschinenlesbaren Daten erzeugt etc. (vgl. Engel/Best 2001, S. 554).

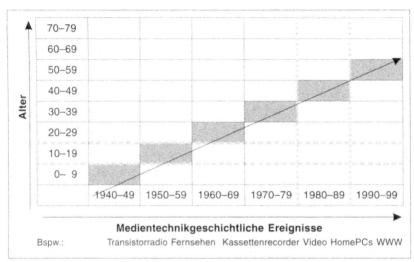

Abbildung 1: *Lexisdiagramm Alter, Medientechnikgeschichte und Kohorten (Modell)*

gramm dunkelgrau eingezeichneten Kästchen symbolisieren den *kollektiven Alterungsprozess* der zwischen 1940 und 1949 geborenen Kohorte. Hier können also zwischen dem Zeitpunkt der Einführung des Fernsehens 1954 in Westdeutschland und 1999 die Mediennutzungsdaten dieser *einen* Kohorte verglichen werden.

Natürlich bedürfte es gerade bei den jüngeren Entwicklungen im Bereich der neuen Medientechnologien einer feineren Skalierung auf der X-Achse (Medientechnikgeschichte), wenn man die geradezu exponential wachsenden Innovationszyklen, was Rechnertechnologie, aber auch die Entwicklung neuer Anwendungsbereiche angeht[4]. Allerdings fehlen hierzu wiederum statistisch aussagefähige Daten. Bspw. erhebt die ARD-ZDF Online-Studie erst seit 1997 und hat zudem im Jahr 2001 ihre Erhebungsmodalitäten geändert (vgl. van Eimeren/Gerhard/Frees 2002). Das Prinzip der Lexis-Diagramme ist, wie w.u. wieder aufgegriffen werden wird, sehr nützlich für die Bestimmung von „Medienlagerungen" für eine qualitativ-rekonstruktiv verfasste Mediengenerationenforschung.

🔳 *Resümee zur Kohortenforschung und Überleitung zur qualitativen Generationenforschung*

Generell kapriziert sich die quantitativ verfasste „Generationen"forschung weitaus stärker auf den im Kontext der standardisieren Umfrageforschung leichter zu operationalisierenden Kohorten- als auf den Generationenbegriff (Ausnahmen bspw. Weymann 2000). Damit fällt sie jedoch unter erkenntnistheoreti-

---

4 WWW; GPS-Systeme; Handytechnologie; Spiele, RFID-Chips zur Identifizierung und geographischer Ortung beliebiger Gegenstände oder Personen etc.

schen und methodologischen Gesichtspunkten in ihrem Differenzierungsgrad z.T. weit hinter die grundlagentheoretischen Annahmen und Schlussfolgerungen zurück, die bereits Karl Mannheim in seinem bahnbrechenden Aufsatz „Zum Problem der Generationen" aus dem Jahre 1928 ausführlich beschrieben hat (Mannheim 1928). Insofern ist es hier m.E. für eine an der Generationen-(und eben nicht an der Kohorten-)thematik interessierte Medienforschung und -pädagogik notwendig, sich dieses Grundlagenbegriffs nochmals zu vergewissern.

In dem im Folgenden zu entwickelnden Ansatz für eine qualitative Generationenforschung wird der Wert von Kohortenanalysen zwar anerkannt und auch heuristisch genutzt, gleichwohl wird darüber hinaus jedoch der Anspruch formuliert, „generationsspezifische Orientierungsmuster" (Bohnsack 1989) im Hinblick auf das Handeln mit neuen Medien herausarbeiten zu können, die über die Ergebnisse der quantitativen Umfrageforschung hinausreichen bzw. eine andere Analyseebene fokussieren. Um diese Perspektive besser einordnen zu können ist es zunächst hilfreich, sich kurz einiger begrifflicher Definitionen und Abgrenzungen im soziologischen und erziehungswissenschaftlichen Generationendiskurs zu versichern.

Generationsbeziehungen versus Generationenverhältnisse. Zur Dichotomisierung des Generationenbegriffs in Erziehungswissenschaft und Soziologie
In vielen Publikationen jüngeren Datums werden „Generationenbeziehungen" auf der „Mikroebene" unterschieden von „Generationenverhältnissen", die als makrosoziologische Phänomene behandelt werden.[5] Ähnlich argumentieren Kohli und Szydlik (2000), die „familiale" von „gesellschaftlichen" Generationen abgrenzen, wobei letztere sich in „politische", „ökonomische" und „kulturelle" Generationen differenzieren lassen.

Erziehungswissenschaftliche Perspektiven greifen z.T. auf die von soziologischer Seite angebotenen Kategorien zurück, versuchen jedoch auch durch Rückbesinnung auf pädagogische Klassiker eine eigenständige Diskursposition zu etablieren.[6]

Wie schon dieser erste Einblick zeigt,[7] bleiben die meisten soziologischen und erziehungswissenschaftlichen Generationskonzepte einer tendenziell dichotomisierenden Sichtweise verhaftet. Der Generationenbegriff wird offensichtlich nur als „überlebensfähig" angesehen, wenn man ihn in die herkömmliche

---

5 Vgl. zu dieser Unterscheidung exemplarisch: Lüscher (1993), Kaufmann (1997), Ecarius (1998a).
6 So grenzt aus einer Perspektive der Anthropologie der Erziehung Liebau ein „historisch-soziologisches" Konzept von Generationen, welches auf Dilthey (1957) und Mannheim (1928) zurückgehe, von einem „genealogisch-familiensoziologischen" und einen „genuin pädagogischen" Generationenbegriff ab (Liebau 1997, S. 19f.). Müller (1999) unterscheidet unter Bezug auf Matthes (1985) „personale" von „überpersonalen" Generationsverhältnissen" und Zinnecker (1997) differenziert „primäre" von „abgeleiteten" Generationsverhältnissen.
7 Die verschiedenen sozial-, kultur- und erziehungswissenschaftlichen Einordnungsversuche generationsspezifischer Forschungsperspektiven eingehender darzustellen, fehlt hier der Platz (vgl. hierzu: Schäffer 2003a).

Mikro-Makro-Architektonik einbettet: Generationsbeziehungen" versus „-verhältnisse", „personale" versus „überpersonale" sowie „primäre" versus „abgeleitete" Generationsverhältnisse und eben „familiale" versus „gesellschaftliche Generationen". Das im Folgenden dargestellte Konzept versucht diese, gerade für eine sich qualitativ-rekonstruktiv verstehende Sozialforschung problematische Dichotomisierung der Begrifflichkeit zu vermeiden.

▩ *Grundlagentheoretische Überlegungen für eine qualitative Generationenanalyse*
Der bereits erwähnte Generationsaufsatz von Karl Mannheim weist in Kombination mit seinen erst posthum veröffentlichen kultursoziologischen Arbeiten zu konjunktiven Erfahrungsräumen (Mannheim 1980; vgl. hierzu Matthes 1985; Bohnsack 2003) einen Weg, wie man die Dichotomien zwischen „Mikro" und „Makro" wenigstens ansatzweise überwinden kann. So hat er in seinem 1928er Aufsatz mit den Konzepten der „Gleichzeitigkeit des Ungleichzeitigen", der „Generationsentelechie", des generationsspezifischen „Polarerlebnisses" und der „Erlebnisschichtung" sowie der Differenzierung in „Generationslagerung, Generationszusammenhang und Generationseinheit" ein begriffliches Instrumentarium geschaffen, dessen Analysepotenzial weit über die oben aufgezeigte, bei quantitativen Designs übliche Unterscheidung von persönlichem Lebensalter, zeitgeschichtlichem Hintergrund und Kohorte hinausgeht (vgl. hierzu Schäffer 2003b, S. 99ff.). In Kombination mit den erst posthum zu Beginn der 80er Jahre herausgegeben Schriften zum Konzept des *konjunktiven Erfahrungsraumes* (Mannheim 1980) gewinnt die Konzeption zusätzliches Potenzial. Ein konjunktiver Erfahrungsraum zeichnet sich dadurch aus, dass die ihm Zugehörigen über einen ähnlichen „Fond, der unser Weltbild ausmacht" (Mannheim 1980, S. 207) verfügen. Diesen haben sie durch gemeinsame bzw. strukturidentische Erlebnisse erworben, auf deren Grundlage sich entsprechende *Erfahrungsaufschichtungen* aufbauen, welche die Grundlage für ihr gegenseitiges Verstehen bilden (Mannheim 1980, S. 211ff.). Der die konjunktiven Erfahrungsräume fundierende „Fond" ist auf vorsprachlichen Ebenen anzusiedeln, also z.B. in Gesten, Körperhaltungen und vor allem in allen ästhetisch-kulturellen Ausdrucksformen, in denen sich entsprechende „Grundintentionen" und „Gestaltungsprinzipien" manifestieren. Diese Kategorie des Präreflexiven, im Mannheimschen Begriffsapparat diejenige des „A-Theoretischen", weist zudem Parallelen auf zum Bourdieuschen Begriff des „Habitus".

Dementsprechend sind generationsspezifische konjunktive Erfahrungsräume auf Ebenen angesiedelt, die von der quantitativen Kohortenforschung weder theoretisch noch empirisch avisiert werden (Ausnahme: Weymann 2000). Betrachtet man Generation in dieser Perspektive als *eine* Dimension konjunktiver Erfahrung, bieten sich weitergehende Differenzierungsmöglichkeiten an: Zur Dimension Generation kommen etwa geschlechtsspezifische und bildungsmilieubezogene Dimensionen konjunktiver Erfahrung hinzu. Diesen konjunktiven Erfahrungsräumen wohnt dadurch, dass sie sich in der Zeit verändern auch noch eine lebenszyklische (dynamische) Dimension inne.

2. Zum Konzept des habituellen Handelns mit Medien innerhalb generationsspezifischer Medienpraxiskulturen

Das gerade verkürzt dargestellte Generationenkonzept habe ich in Bezug auf meine spezifische Fragestellung nach generationsspezifischen Praxisformen mit neuen Medien weiterentwickelt zu dem Konzept *generationsspezifischer Medienpraxiskulturen*. Grob vereinfacht geht dieser Ansatz davon aus, dass sich auf der Grundlage der Medienerfahrungen und -praxen zu einer gegebenen Zeit für die jeweiligen Kohorten in ihrer Jugendzeit eigenständige Formen und Stile des Handelns mit den zur Verfügung stehenden Medien ausbildeten. Diese Handlungsstile verdichten sich in *Medienpraxiskulturen* und erscheinen den Handelnden in ihrer Jugendzeit als quasi „natürliche" Form des Handelns mit Medien schlechthin. Derartige Medienpraxiskulturen – und das ist die entscheidende Annahme eines jeden Generationenansatzes – haben die Tendenz die Jahre zu überdauern und prädisponieren auf Ebenen, die den Handelnden bewusstseinsmäßig nicht oder nur mühsam zugänglich sind, deren aktuelles Handeln mit den jeweils neuen Medien. Überspitzt formuliert: Ein 1950 Geborener, der seine Jugendzeit Mitte der 60er Jahre mit den analogen Medien Plattenspieler, Fernseher und Tonband verbrachte, nähert sich einem Computer oder dem Internet mit einer impliziten Handlungslogik, die sich an Erfahrungen mit analogen Medien orientiert.

Im Konzept generationsspezifischer Medienpraxiskulturen wird die Ebene des *habituellen Handelns mit Medientechnologien* besonders betont. Sie ist in besonderer Weise mit solchen fundamentalen Lern- und Aneignungsprozessen gekoppelt, die vorreflexiv („fraglos") in die Alltagspraxis eingebettet sind und, so bereits ein Vorgriff auf die Ergebnisse der Studie, für die Konstitution generationsspezifischer konjunktiver Erfahrungsräume verantwortlich sind. Um die skizzierte Perspektive zu verdeutlichen sind einige Anmerkungen zum Konzept des habituellen Handelns mit Medientechnologien notwendig, welches Ideen des Techniksoziologen und -philosophen Bruno Latour aufgreift und für eine, an einer praxeologischen Methodologie ausgerichtete Forschungspraxis adaptiert.

Das Erkenntnisinteresse dieser Blickrichtung thematisiert die generationsspezifische Handlungspraxis „zusammen mit" Medientechnologien.[8] Hinter der Formulierung „zusammen mit" verbirgt sich eine Perspektive auf das Handeln mit (Medien-)Technik, mittels der die handlungstheoretische Dichotomie zwischen Mensch und Technik wenn nicht aufzuheben, so doch zumindest zu lockern versucht wird. Für diese neue Relationierung von Mensch und Technik steht u.a. die Akteur-Netzwerktheorie von Bruno Latour (vgl. Latour 1998;

---

8 Also weder die Frage: was machen die Medien mit den Menschen (Hypothese der „starken Medien"), noch die Umkehrung dieser Position (was machen die Menschen mit den Medien), wie sie etwas in den cultural studies eine Weile stark favorisiert wurden, aber auch von Positionen vertreten wurden, die dem symbolischen Interaktionismus nahe stehen.

ders. 2000; siehe auch Rammert 1998). In seinen Arbeiten plädiert Latour im Grunde für eine Handlungstheorie, aus der technische „Dinge" nicht ausgeschlossen werden bzw. genauer: bei denen technische Dinge nicht ausschließlich einen Objektstatus innehaben. Latours Ansatz zufolge ist das Handeln von Menschen und ihren Techniken als *gemeinsames* kollektives Handeln von „Hybridakteuren" zu konzipieren, d.h. von unterschiedlichen Zusammensetzungen menschlicher und nichtmenschlicher Aspekte des Handelns, die in den meisten Fällen, so Latour, nicht voneinander zu trennen sind. Latour räumt also Technik einen Quasisubjektstatus ein. Vergegenwärtigt man sich Latours Theorie in Bezug auf neue Medientechnologien heißt dies, dass bspw. das Handeln eines Menschen mit seinem Computer oder seinem Handy nur als ein Handeln „zusammen mit diesem Computer" oder „zusammen mit diesem Handy" konzipierbar ist. Die Technologien werden nicht „gebraucht" oder „genutzt" und es wird auch nicht mit ihnen „umgegangen", sondern sie bilden zusammen mit den mit ihnen interagierenden Menschen in der Handlungspraxis eine *hybride Einheit*. Die Vermittlungen, die zu diesem *gemeinsamen Handeln* von Menschen und ihren Techniken führen, differenziert Latour innerhalb von vier Dimensionen (vgl. Latour 1998):

1. Die Dimension der „Übersetzung": Ursprüngliche „Handlungsprogramme" menschlicher Akteure werden durch das Zusammenhandeln mit einer Technik verändert. So verändert sich bspw. die Kultur des Briefeschreibens durch das Aufkommen von Schreibprogrammen und mehr noch durch die im Vergleich zur früheren Praxis weitaus informeller gestaltete E-Mail-Kommunikation

2. Die Dimension der „Zusammensetzung": Handlungen sind nur rekonstruierbar aus den einzelnen, von Menschen *und* Techniken beigesteuerten, „Handlungsprogrammen": Bspw. löst das Handlungsprogramm „Anklicken eines Buttons auf einer Internetseite" seitens eines Menschen auf der Handlungsprogrammseite der Technik eine weitverzweigte Reaktion aus, die schließlich zum hochgradig komplex zusammengesetzten Handlungsergebnis führt.

3. Die Dimension des „reversiblen Blackboxens": Die Handlungsprogrammverkettungen werden im alltäglichen Handeln ausgeblendet („geblackboxt") und kommen erst zu Bewusstsein, wenn eine Technik „nicht funktioniert" im herkömmlichen Sprachgebrauch bzw. im Sprachgebrauch Latours: wenn eine Technologie nicht ihren Teil des Handlungsprogramms zum *gemeinsamen hybriden* Handlungsprogramm beiträgt. Beim alltäglichen Handeln bspw. „zusammen mit dem Computer" ist man also nicht bewusstseinsmäßig darauf gerichtet, dass man zusammen mit der Maschine handelt.

4. Die Dimension der „Delegation": Durch Technologien werden Handlungsprogramme von räumlich und zeitlich weit voneinander entfernt liegenden kollektiven Hybridakteuren delegiert und bestimmen somit das Handeln mit der Technik im Hier und Jetzt, obwohl sie räumlich und zeitlich nicht mehr anwesend sind. Beispielsweise wird mein Handeln beim Schreiben

dieses Textes vom Kollektiv derjenigen mit beeinflusst, die die verschiedenen Versionen des Schreibprogramms WORD 2000 im Kontext von Inge-
nieur- und ProgrammiererInnenkulturen entworfen, getestet und weiterentwickelt haben, sowie vom Handeln der Millionen anderer „User und Use-
rinnen", die ihre Ansprüche an das Programm in der Praxis artikuliert haben. In diesem Sinne kann auch das Betriebssystem Windows als komplexer
(ursprünglich von Bill Gates „in die Welt gesetzten") Delegierter aufgefasst
werden, der im Zusammenspiel verschiedenster Hybridakteure „erzeugt"
wurde und jungen Computerfreaks als Folie der Abgrenzung dient: Sie handeln lieber zusammen mit dem Betriebssystem LINUX (einem „Delegier-
ten" von Linus Thorwald) das den Anwendern, so die geteilte Überzeugung
der jüngeren Spezialkulturen mehr Freiheiten beim Handeln mit dem System lässt, während Windows zu einschränkend „agiere".

Um die Ideen Latours nun an die oben skizzierte Generationentheorie und die
Theorie des Handelns innerhalb konjunktiver Erfahrungsräume anschlussfähig
zu machen, war es in einem vorbereitenden Schritt zunächst nötig, sie hand-
lungstheoretisch anders zu fundieren, als dies der Autor selbst tut. Denn aus der
Perspektive einer wissenssoziologisch fundierten Handlungstheorie ist die Perspektive Latour zu einseitig an einem intentionalistischen und entwurfsorientierten Handlungsmodell orientiert (zumindest deuten alle Handlungsbeispiele
des Autors darauf hin). Menschliches Handeln in seiner Komplexität lässt sich
mit solchen vergleichsweise einfachen, intentionalistischen und entwurfsorientierten Handlungsmodellen nur unzureichend erklären. So hat man nicht immer eine Absicht hinter seinem Tun, geschweige denn man folgt immer einem
Entwurf.[9] Vielmehr sind weite Bereiche des Handelns routinisiert und habitualisiert; so ist Handeln oft eingebettet in milieu- oder geschlechtsspezifische *un-
hinterfragte* Alltagspraxen. Aus der Perspektive einer praxeologischen Wissenssoziologie ist es deshalb zwingend notwendig, eine Kategorie des nicht ausschließlich entwurfsorientierten und intentionalistischen Handelns zu konzeptualisieren. Bohnsack (1993) hat hierfür den Begriff der *habituellen Handelns*
geprägt. Habituelles Handeln vollzieht sich fraglos innerhalb konjunktiver Erfahrungsräume und ist nicht an Handlungsentwürfe im Sinne der Umzu-Mo-
tivation von Alfred Schütz gebunden. Vielmehr verhält es sich empirisch gesehen so, dass habituellem Handeln *erst nachträglich*, also im Modus der Retro-
spektion Entwürfe zugeschrieben werden.

   Diese Gedankengänge weiterverfolgend habe ich, in enger zeitlicher Taktung
und Abstimmung mit der empirischen Analyse, ein Konzept des *habituellen
Handelns mit Medientechnologien* entwickelt, das zwei zentrale Annahmen beinhaltet: zum einen, dass Menschen auch mit Techniken habituell handeln und
zum anderen, dass *den Medientechnologien selbst habituelle Handlungsaspekte ein-
geschrieben* sind und zwar über die von Latour beschriebenen Prozesse der

---

9 Ein Grund dafür, warum betriebswirtschaftliche Modelle vom zweckrational handelnden Menschen [„homo oeconomicus"] so wenig Erklärungspotenzial haben.

Übersetzung, Zusammensetzung, des reversiblen Blackboxens und der Delegation. Dieses „habituelle Gestimmtsein" des medientechnischen Zeugs überträgt sich beim habituellen Handeln mit den jeweiligen Medientechnologien auf die kollektiven Hybridakteure.[10] Die empirischen Ergebnisse meiner Untersuchung geben nun Hinweise darauf, dass für die Ausbildung generationsspezifischer Erfahrungsräume im Jugend- und frühen Erwachsenenalter derartigen Handlungspraxen mit gestimmtem medientechnologischen Zeug eine entscheidende Funktion innewohnt.

Bevor nun zentrale Ergebnisse der Studie dargestellt werden können folgen zunächst noch einige Anmerkungen zur Auswahl des Samples, zum Gruppendiskussionsverfahren als Haupterhebungsinstrument und zu den Zielen der komparativen Analyse.

3. Methodisch-methodologische Anmerkungen oder: die Analyse generationsspezifischer Medienpraxiskulturen im Kontext der dokumentarischen Methode

▓ Zur Auswahl des Samples

Für die empirische Analyse generationsspezifischer Medienpraxiskulturen habe ich Realgruppen unterschiedlichen Alters, unterschiedlichen Geschlechts und unterschiedlichen Bildungsmilieus gesucht, die in irgendeiner Weise mit neuen Medientechnologien handeln. Die Vergleichsgruppenbildung habe ich dabei so zugeschnitten, dass die Gruppenmitglieder in ihrer Jugend- und frühen Erwachsenenphase je nach Kohortenzugehörigkeit unterschiedliche „Primärerfahrungen" (Mannheim) mit Medientechnologien gemacht haben können. Ich habe hierbei Entwicklungen auf dem Gebiet der Medientechnik aus der Perspektive einer alltagsorientierten, techniksoziologischen Forschung konzipiert (vgl. etwa Sackmann/Weymann 1994). Denn für das alltagspraktische Handeln ist nicht das Datum der Erfindung einer Technik relevant, sondern dessen „erfolgreiche Markteinführung": „Erst bei einem Markterfolg kann man davon ausgehen, dass die Vorstellungen über das neue Produkt bei Vertreibern und Käufern eine feste Gestalt annehmen, und damit das Entwicklungsstadium abgeschlossen ist. Erst dann wird das Gerät für die Mehrheit der Bevölkerung, die technischen ,Laien', zu einem relevanten Teil des Alltags" (ebd., S. 25). Eine Eingrenzung des Samples ließ sich mit Sackmann/Weymann also durch den Zeitpunkt begründen, ab dem bestimmte Medientechnologien die genannte Markt- bzw. Verbreitungsschwelle überschritten haben.

Schwerpunktmäßig habe ich nach Angehörigen dreier „Kohorten" gesucht: „Senioren", die zwischen 1930 und 1940 geboren wurden, Berufstätige, die zwischen 1955 und 1965 geboren wurden und SchülerInnen und Auszubilden-

---

10 Also bspw. auf das Kollektiv der Senioren, die mit dem Internet zusammen handeln oder dem Kollektiv der Jugendlichen, die mit der gleichen Technologie handeln.

de, die Mitte bis Ende der 80er Jahre geboren wurden. Hierzu habe ich in einer Mittelstadt in Ostdeutschland an einer Volkshochschule, einem Gymnasium und in einer berufsbildenden Schule seit 1998 Gruppendiskussionen mit insgesamt fünfzehn computerinteressierten Gruppen unterschiedlichen Alters durchgeführt, von denen ich als *empirische Eckfälle* zentral sechs Gruppen ausgewählt habe: Drei GymnasiastInnengruppen, eine Auszubildendengruppe, eine Gruppe Berufstätiger und eine Seniorengruppe. Grob lassen sich die Gruppen in „Junge" (14–17 Jahre), „Mittelalte" (um die 40) und „Alte" (um die 65) unterteilen. Die Teilnehmenden sind beiderlei Geschlechts und unterscheiden sich nach Herkunft, Bildungsstand und Beruf in erheblicher Weise.[11]

Um die verschiedenen Ebenen konjunktiver Erfahrung (vor allem die Differenzierung in milieu-, geschlechts- und generationsspezifische konjunktive Erfahrungsräume) zu erfassen, habe ich, soweit dies forschungspraktisch möglich war, neben der Kohortendifferenzierung auch auf eine Differenzierung nach Geschlechts- und Bildungsmilieugesichtspunkten geachtet.

Dieser beabsichtigten Heterogenität des samples stand *ein* homogener Faktor gegenüber, der mir für meine Fragestellung – neben dem Alter – als tertium comparationis dient: Alle Gruppen haben Umgang mit Computern und für (fast) alle Gruppen gilt, dass der Computer auch ein wichtiger bzw. der einzige Anlass ist, sich zu treffen.

▧ *Gruppendiskussionen als Methode zur Rekonstruktion generationsspezifischer Medienpraxiskulturen*

In einer Perspektive, die „Generation als konjunktiven Erfahrungsraum" (Bohnsack/Schäffer 2002) fasst, eröffnet sich über die Interpretation entsprechender empirischer Phänomene eine Möglichkeit, sich generationsspezifische kollektive Gehalte interpretativ zu erarbeiten, *ohne* auf einen *quantitativen Begriff des Kollektiven* im Sinne von Mittelwerten abgefragter Einstellungen verwiesen zu sein (wie dies in der oben skizzierten quantitativen Kohortenforschung der Fall ist). Eine derartige Möglichkeit ist von Bohnsack im Zuge verschiedener empirischer Forschungsprojekte herausgearbeitet worden (vgl. exemplarisch: Bohnsack 1989; Bohnsack u.a. 1995).

Für eine solche qualitativ-rekonstruktive Generationenforschung hat sich das Gruppendiskussionsverfahren in vielfacher Hinsicht bewährt.[12] Im Gegensatz zu gängigen Verfahren qualitativer *und* quantitativer empirischer Sozialforschung, die durch das Setting der *Einzelbefragung* von vornherein (und mit z.T. großem Gewinn[13]) den Blick auf das Individuum lenken, dokumentieren sich bei einer Gruppendiskussion kollektive Orientierungen im Diskursverlauf

---

11 Indem ich Mitglieder eines großen Alterspektrums (von 14- bis zu 70-Jährigen) hinsichtlich ihrer Lern- und Aneignungspraxis mit neuen Medien verglichen habe, habe ich darüber hinaus spezifische Altersgruppenfixierungen der erziehungswissenschaftlichen Teildisziplinen Medienpädagogik und Erwachsenenbildung aufgebrochen.

12 Vgl. Schäffer (2001), Loos/Schäffer (2001), Bohnsack (2003, S. 105ff.).

13 Vor allem wenn man die *Biographieforschung* betrachtet. Vgl. exemplarisch Marotzki (1995).

selbst, also in der interaktiven Bezugnahme der Beteiligten aufeinander. Auf diese Weise können generationsspezifische kollektive Orientierungen empirisch hochvalide rekonstruiert werden und müssen nicht durch entsprechende mathematische und/oder semantische Operationen nachträglich konstruiert werden.

Bei den oben benannten Gruppen gelang es in den überwiegenden Fällen mit einer bewusst unscharf gehaltenen Eingangsfrage nach Altersunterschieden bei der Mediennutzung in den Gruppen selbstläufige Gruppendiskussionen anzustoßen, die sich im Spannungsfeld zwischen der Materialität der Medientechnik, ihrer Thematisierung in den Medien und dem erfahrungsgebundenem konjunktiven Wissen über die Technologie bewegten. Das Fragemodell für die Eingangsfragestellung lautete folgendermaßen:

„In den Medien ist ja immer wieder zu hören, dass es Altersunterschiede in Bezug auf die Nutzung der verschiedenen Medien gibt, also Unterschiede zwischen jung und alt. Sie kennen ja gewiss einschlägige Berichte über Computerkids oder über Senioren im Netz etc. Wenn Sie sich nun mal erinnern: Gab oder gibt es in Ihrer persönlichen Erfahrung Situationen oder Beispiele in denen dies zutrifft? Fallen Ihnen hierzu Begebenheiten oder Geschichten ein, die Sie mit diesem Thema verbinden. Also Begebenheiten und Geschichten, in denen es um Unterschiede oder auch um Gemeinsamkeiten bei Gewohnheiten rings um die Nutzung von Medien geht, sei es nun Fernsehen, Computer, Musikgeräte, Videorecorder, Internet oder CD-Recorder. "

Mit dieser Eingangsfrage wird die Auseinandersetzung zwischen erfahrungsgebundenem (konjunktivem bzw. milieuspezifischem) Wissen und medial vermitteltem Wissen (d.h. kommunikativ-generalisierten Wissensbeständen[14]) in die Gruppen gewissermaßen „hineingetragen". Der Interviewer fungiert hier insofern als „gesellschaftliches Medium", das die Gruppen nötigt, gesellschaftliche Problemhorizonte abzuarbeiten. Damit beinhaltet die Fragestellung eine implizite Hypothese, die ausgeht von einem ubiquitären Problemhorizont in Bezug auf die Diskrepanz zwischen selbsterlebten Erfahrungen mit Neuen Medien bzw. mit dem Computer und medial konstruierten Sachverhalten – etwa der medialen Konstruktion von „Computerkids" oder „Senioren im Netz".[15] Auf

---

14 Vgl. zu der Unterscheidung zwischen konjunktivem und kommunikativ generalisiertem Wissen Bohnsack (2003).

15 Dabei ist es den Interviewenden natürlich nicht möglich, sich selbst aus diesem Problemhorizont auszuschließen: Nicht nur die Interpretation, sondern auch die Erhebungssituation ist in dieser Perspektive standortgebunden. Angesichts des veröffentlichten Diskurses über „Neue Medien" hat z.B. allein schon das chronologische Alter des Interviewers bzw. der Interviewerin bei dieser Thematik propositionalen Gehalt: unter Wissensgesichtspunkten, unter sozio-kulturellen Aspekten und eben auch in Bezug auf die Generationenthematik. Im Sinne einer rekonstruktiven Methodologie ist dies jedoch kein Nachteil. Es ist vielmehr als Aufforderung zu verstehen, die Performanz der eigenen Fragestellungen ebenso zu analysieren wie die Performanz der Texte der Erforschten. Vgl. zu einer Diskussion dieser Thematik: Loos/Schäffer (2001, S. 86ff.).

diese Weise wurde ein umfangreicher Materialkorpus erzeugt, der noch durch narrativ-biographische Interviews mit ausgewählten Einzelpersonen (sog. Kerncharakteren) aus den Gruppendiskussionen ergänzt wurde.

Typenbildung als Ziel der komparativen empirischen Analyse

Ein wesentliches Ziel der empirischen Analyse des vorliegenden Materials bestand zunächst darin, in Feinanalysen von Gruppendiskussionspassagen das implizite Orientierungswissen herauszuarbeiten, welches das habituelle Medienhandeln der unterschiedlichen Gruppen anleitetet. Dies muss den Beteiligten der Diskussionen gar nicht voll reflexiv verfügbar sein, denn oft wissen die Gruppen gar nicht genau, was sie da eigentlich wissen, da gerade Bestände praktischen Wissens eher selten als Anlass zur Reflexion genommen werden und damit theoretisch explizit thematisierbar werden.

Die Beschäftigung mit dem umfangreichen empirischen Material war nur in einem ersten Schritt auf die Erstellung von Fallanalysen (mit den Gruppen als Fällen) gerichtet. Vielmehr ging es von Beginn an auch um die Erstellung einer *Typologie* dieses habituellen Handelns mit neuen Medientechnologien.

Aus der Perspektive der dokumentarischen Methode setzen sich Typologien aus *Typiken* zusammen, die durch die einzelnen Fälle mehr oder weniger deutlich repräsentiert werden und füreinander wechselseitige Vergleichshorizonte bilden (vgl. Bohnsack 2001; Bohnsack 2003, S. 141ff.). So kann ich bspw. bei einer Gruppe männlicher Gymnasiasten anhand ihrer kollektiv vorgetragenen Erzählungen und Beschreibungen über deren *spielerische Praxis* mit dem Computer einen ersten empirisch bestimmten Vergleichshorizont generieren (der sich in der These der Oszillation zwischen Spiel, Basteln und Arbeit niedergeschlagen hat, vgl. unten). Zu einer validen Typenbildung innerhalb einer Typologie, im Sinne der hier favorisierten „praxeologischen Methodologie" (Bohnsack 2003, S. 187ff.), komme ich jedoch erst, indem ich *thematisch ähnliche* Gruppendiskussionspassagen von Gruppen, die bezüglich des Geschlechts, des Bildungsmilieus oder des Alters differieren, dagegen halte. Ich muss also, um im eben genannten Beispiel zu bleiben, den Diskurs einer Erwachsenengruppe auf Passagen hin untersuchen, in denen die Erwachsenen das (ihr?) Spielen mit dem Computer thematisieren.[16] Denn nur über die systematische Generierung eines *empirisch erzeugten* dichten Geflechts von Vergleichshorizonten kann ich einzelne (generations-, geschlechts- oder bildungsmilieuspezifische) Typiken identifizieren sowie deren Position innerhalb einer Typologie verorten. Eine Typologie im hier verstandenen Sinn setzt sich also aus aufeinander bezogenen, *empirisch generierten* Typiken zusammen; gleichzeitig werden die einzelnen Typiken umso konturierter, je vielfältiger sie in dieser Typologie verankert sind.[17]

---

16 Ansatzweise habe ich diese Vorgehensweise weiter unten bei der Dimension Arbeit versus Spiel dargestellt.

17 Eine solche Typologie basiert also nicht auf einer ex ante nomologisch-deduktiv erzeugten, *gegenstandsbezogenen* Theorie, die quasi nur überprüft wird, sondern ist ein Baustein rekonstruktiver Theoriebildung. Zum Verhältnis von hypothesenprüfenden und rekonstruktiven Verfah-

Bei der Typenbildung im Sinne der dokumentarischen Methode (Bohnsack/ Nentwig-Gesemann/Nohl 2001) handelt es sich also nicht um eine Typisierung der Ergebnisse im Sinne einer Zusammenfassung und Kategorisierung von Aussagen und deren Interpretation. Vielmehr ist Typenbildung ein Prozess, der schon in einer frühen Phase, nämlich bei den ersten Fallvergleichen einsetzt und sukzessive im Laufe der komparativen Analyse verfeinert wird (vgl. hierzu Nohl 2001).

Ganz allgemein folgt die komparative Analyse und die Typenbildung in dieser Untersuchung dem Modell des Theoretical Sampling (Glaser/Strauss 1979). Systematisch wechseln sich Datenerhebung und -auswertung, Interpretation und (Ideal-)Typenbildung, die zu neuen Erhebungen und Auswertungen Anstoß gibt, ab. Der Leitfaden bei dieser Vorgehensweise sind dabei die jeweils durch die Realgruppen repräsentierten Dimensionen des existentiellen Hintergrundes.

Der empirisch generierten Typenbildung vorgegeben ist natürlich eine „Ausgangs oder Basistypik" (Bohnsack 2001, S. 237), die vom Erkenntnisinteresse des jeweiligen Projekts abhängt. Wenn ich also etwas über den Zusammenhang von Generationszugehörigkeit und Medienhandeln erfahren möchte, wird allein schon durch die Samplebildung eine gewisse Typologie nahegelegt. Die „Basistypik", von der ich, informiert durch das oben skizzierte Lexisdiagramm, heuristisch ausgehe, ist, da die Untersuchung in Ostdeutschland angesiedelt war, die der „DDR-spezifischen Medienlagerung"[18]. Eine Medienlagerung konstituiert sich durch die mit dem Stand der Alltagstechnik zu einer gegebenen Zeit verbundenen Möglichkeiten, das Handeln mit Medientechnologien innerhalb von Medienpraxiskulturen zu habitualisieren: Die um 1940 Geborenen hatten also die Möglichkeit, in ihrer Adoleszenzphase und der Zeit des Heranwachsen das Handeln mit Radio, mit Zeitungen und Zeitschriften, mit Büchern sowie in einem späten Abschnitt ihrer Jugend- bzw. frühen Erwachsenenphase das Handeln mit dem Fernseher zu habitualisieren. Für die um 1960 Geborenen fiel die Möglichkeit, ihr Handeln mit dem Fernseher und den anderen genannten Medientechnologien zu habitualisieren mit ihrer Adoleszenzphase zusammen. Den 1980er Jahrgängen erschloss sich nach der Wende in ihrer Adoleszenzphase die Möglichkeit, neben allen bereits genannten Technologien das Handeln mit den sog. neuen, d.h. zumeist digitalisierten Medien zu habitualisieren.[19]

---

ren sowie zum Verhältnis von gegenstandsbezogenen zu formalsoziologischen Theorien bei der empirischen Analyse vgl. Bohnsack (2003).

18 Der Begriff der Medienlagerung ist angelehnt an den Begriff der Generationslagerung bei Mannheim, der hiervon die Generationseinheiten und Generationszusammenhänge differenziert (Mannheim 1928). Eine Lagerung besagt im Wesentlichen kaum mehr, als dass man zu einem bestimmten Zeitpunkt innerhalb eines zumindest ähnlichen kulturellen Umfelds geboren ist.

19 In Bezug auf das hier verfolgte Interesse herauszuarbeiten, wie sich das Handeln mit neuen Medien gestaltet, ergibt sich also eine Dreiteilung: Für die 1940er und die 1960er Jahrgänge stellt das Handeln mit heutzutage neuen Medientechnologien eine Form des „Späterlebnisses"

Soweit die Ausgangssituation. Ob die Mitglieder der DDR-spezifischen Radio-, Fernseh-, Computer- bzw. Internet*lagerungen* ihr Handeln mit Medientechnologien habitualisieren und vor allem: welche eventuell generationsspezifischen Modi des habitualisierten Handelns hier entstehen, war (und ist) eine nur empirisch zu beantwortende Frage.

4. Zu einer Typologie des Handelns mit neuen Medientechnologien im Kontext von Medienpraxiskulturen

Durch die Auswahl des Samples ergab sich die Möglichkeit, die Basistypik zunächst unter dem Gesichtspunkt des habituellen Handelns mit neuer Medientechnologie sui generis zu differenzieren, d.h. verschiedene *Typen des Handelns mit neuen Medientechnologien* zu identifizieren. Diese verschiedenen Typen ließen sich zentral entlang *dreier thematischer Dimensionen* aufzeigen: 1. Arbeit versus Spiel, 2. Vertrautheit versus Fremdheit mit den neuen Technologien und 3. Nähe versus Distanz durch die neuen Technologien. In diesen drei *thematischen Dimensionen* dokumentieren sich zentrale Orientierungsrahmen der Gruppen bezüglich des Handelns mit neuen Medien. Entscheidend ist, dass diese Orientierungsrahmen je nach Generationszugehörigkeit, Bildungsmilieu und Geschlecht variieren und damit die Erstellung einer Typologie ermöglichen. Eine *Typologie* des Handelns mit neuen Medientechnologien wurde also aus der wechselseitigen Bezogenheit der je unterschiedlichen Dimensionen konjunktiver Erfahrung rekonstruiert. Diese soll im Folgenden in stark verkürzter Form wiedergegeben werden

Die Dimension Nähe versus Distanz

Kommunikationen und Interaktionen lassen sich mit neuen Medientechnologien auf die unterschiedlichste Art und Weise zeitlich und räumlich neu gestalten. U.a. eröffnet die Praxis mit der Technologie selbst Möglichkeiten der Distanzierung. Die jungen Gruppen aus dem gymnasialen Bildungsmilieu bewerten die distanzschaffenden Funktionen dieser Form der „mediatisierten Kommunikation" (Sander 1998) durchweg positiv. Zum Beispiel nutzen die Mitglieder der Gymnasiastinnengruppe *Chatgirls* (Durchschnittsalter 14 Jahre) die Technologie im Hinblick auf die *distanzschaffende Funktion von Chats* bei der Aufnahme und Erprobung heterosexueller Beziehungen. Die Technologie wird von den Mädchen vor allem auch deshalb positiv wahrgenommen, weil sie innerhalb der Chats die Nähe und Distanz zu den Kommunikationspartnern dergestalt regeln können, dass es ihren geschlechts- und entwicklungsspezifischen Bedürfnissen entspricht: Wird ein männlicher Chatpartner „lästig", kann man ihn einfach durch einen Druck auf die Tasten „wegscheuchen", wie die Mädchen formulieren. Diese, hier *exemplarisch* herausgestellte positive Rahmung der

---

(Mannheim 1928, S. 536) dar, während es für die jungen Mitglieder des Samples das Potenzial bereitstellt, als „Polarerlebnis" (ebd.) zu fungieren.

distanzschaffenden Funktionen der Technologie wird – milieu- und ge-
schlechtsübergreifend – von den beiden *älteren* Gruppen *Excel* (Durchschnittalter 42 Jahre) und *Word* (Durchschnittsalter 63 Jahre), aber auch von der *jüngeren*, aber bildungsmilieuspezifisch differierenden Auszubildendengruppe *Erdbeere* (Durchschnittalter 19 Jahre) *nicht* geteilt. Es ergibt sich also die Notwendigkeit einer bildungsmilieuspezifischen Differenzierung des generationentypi-
schen Orientierungsrahmens.

▓ *Die Dimension Fremdheit versus Vertrautheit*
Die Dimension der Differenz *Fremdheit versus Vertrautheit* mit dem Computer
verweist auf die sprachlich nur äußerst schwer fassbaren Phänomene des intuiti-
ven Zugangs und der habituell fundierten Einbindung in die medientechnische
„Zeugumwelt" (Gurwitsch 1977). Mit Mannheim (1980, S. 207) kann diese
Ebene als die der „Kontagion", also der „Ansteckung" bezeichnet werden (vgl.
Schäffer 2001b).

Innerhalb dieser Dimension können die Orientierungen der Gruppen in drei
Kategorien eingeteilt werden: Die Gruppen männlicher Gymnasiasten *Ente*
und *Kermit* (beide im Schnitt 16 Jahre) sind am stärksten in die medientechnische Zeugumwelt eingebunden, d.h. ihr Handeln mit der Technologie ist in
vielen Bereichen so weit habitualisiert, dass es ihnen schwer fällt, eine Perspektive von Personen nachzuvollziehen, die nicht über derartige Erfahrungen verfügen. Die *Soziogenese* dieser vertrauensvollen Einbindung in eine Praxis mit
dieser Technologie reicht bei diesen Jugendlichen bis in die Grundschulzeit zurück und resultiert aus einer komplexen Wechselbeziehung zwischen der Beschäftigung mit Computerspielen und dem „Basteln" am Gerät (vgl. dazu auch
weiter unter die Dimension Spiel versus Arbeit). Die Beschäftigung mit dem
Computer und der „Austausch von "Tipps" zwischen „Freunden und Kumpels"
stellt die zentrale Handlungspraxis innerhalb der Peer-group dar, die als ein
Changieren zwischen Kooperation und Konkurrenz beschreiben werden kann.
Die „jungen" Gruppen *Chatgirls* und *Erdbeere* hingegen sind „nur" in *ausgewählte* Bereiche neuer Medientechnologie habituell eingebunden. Bei den Mädchen der Gymnasiastinnengruppe *Chatgirls* ist hier das bereits erwähnte habi-
tualisierte Handeln mit der IRC-Technologie beim Chatten oder mit den
E-Mail-Programmen zu nennen, während die Mitglieder der Auszubildendengruppe *Erdbeere* beispielsweise über Telefonpraktiken mit dem Handy berichten. In diesen Fällen kann man von einer *selektiven Einbindung in die medientechnische Zeugumwelt* sprechen.
Das Handeln der beiden erwachsenen Gruppen schließlich ist (von einigen
Ausnahmen abgesehen) von einer starken *Fremdheitsrelation* dominiert, und
dementsprechend ist ihre habituelle Einbindung in die medientechnische Zeugumwelt nur schwach ausgeprägt. Dies ist beiden Gruppen auch bewusst: So
sprechen die Mitglieder der Seniorengruppe *Word* auch von der „Scheu irgendwo draufzudrücken, was sie nicht kennen". Auch die Mitglieder der Gruppe
Berufstätiger mit dem Codenamen *Excel* beschreiben ihr „Herangehen" an das

Gerät als von einer gewissen Vorsicht geprägt. Bei der Gruppe *Excel* rührt das auch daher, dass sie „Angst haben irgendwas kaputt zu machen". Eine sich an vielen Stellen der Diskussionen dokumentierende *zweckrationale Orientierung* hat mit der beruflichen Kontextuierung ihres Handelns zu tun: Sie sind gezwungen, schnell und effizient mit der Technik zu arbeiten. Von diesen beruflichen Zwängen sind die Mitglieder der Seniorengruppe *Word* zwar befreit, dennoch beschreiben sie ähnliche Erfahrungen, was bei ihnen noch stärker als bei den Berufstätigen auf ein fundamentales Unvertrautsein zurückzuführen ist, das nicht selten in „Angst vor der Technik" umschlägt.

In der Dimension Vertrautheit versus Fremdheit dokumentieren sich also fundamentale Unterschiede zwischen den Altersgruppen im Sinne generationsspezifisch unterschiedlicher konjunktiver Erfahrungsräume. Während bei *allen* jüngeren Gruppen die Medientechnologie in der Jugend- und frühen Erwachsenenzeit in einem atheoretischen, d.h. in der Handlungspraxis fundierten Modus, erworben wurde, müssen die älteren Gruppen sich ihr Wissen – das wird im Folgenden noch deutlicher herausgearbeitet werden – vergleichsweise mühsam theoretisierend erarbeiten (etwa mit Hilfe von Handbüchern oder im Modus kursförmiger Beschulung). Es deutet sich hier eine *fundamentale Differenz* an, die man als diejenige zwischen *kognitiver Vergegenwärtigung* auf Seiten aller älteren Gruppen und der *Habitualisierung der Technologie* auf Seiten der jüngeren Gruppen bezeichnen kann.

▨ Die Dimension Arbeit versus Spiel

Die Dimension *Arbeit versus Spiel* eröffnet unter erziehungswissenschaftlichen Gesichtspunkten die wichtigsten neuen Perspektiven. Zunächst einmal vereint der Computer bereits in sich die Potenzialität, als Arbeits- *und* als Spielgerät gleichermaßen benutzt zu werden. Diese, auch der Materialität dieses Mediums zu verdankende, doppelte Rahmung dient *allen* Gruppen als Anknüpfungspunkt dafür, in je (generations-)spezifischer Weise ihre Orientierungen zu entfalten. Dabei ist die doppelte Rahmung nicht an die verwendeten Programme gebunden: Man kann nämlich ein Computerspiel ernsthaft betreiben und mit einem Arbeitsprogramm, z.B. einem Schreibprogramm, spielen, so dass hier je nach Handlungskontext unterschiedliche Modi des Umgangs mit den Rahmungen Arbeit und Spiel zu verzeichnen sind.

Bei den beiden Gymnasiastengruppen *Ente* und *Kermit* lässt sich ein Handlungsmodus herausarbeiten, der als *Oszillieren zwischen Spiel, Basteln und Arbeit* beschrieben werden kann: Das Spielen von Computerspielen bekommt bereits im Grundschulalter die Funktion einer Initiation in die Handlungspraxis mit dem Computer. Durch die rasante Weiterentwicklung der Technik werden schnell Mängel in der Hard- oder Software wahrgenommen und durch Bastelleien behoben: Die Jugendlichen verändern die Programme jenseits der Benutzeroberfläche, beginnen also, sich mit Betriebssystemen auseinanderzusetzen und greifen auch in die Hardware des Computers ein. Dies tun sie jedoch nicht allein auf sich gestellt, sondern in Kooperation *und* Konkurrenz mit anderen

Bastlern. Man will, dass der eigene Computer „schneller läuft" als der von „Kumpels und Freunden" (Konkurrenzaspekt) und man tauscht sich mit eben diesen Kumpels und Freunden auch aus, indem man sich Tipps und Tricks verrät, wie dies zu bewerkstelligen sei (Kooperationsaspekt). „Basteln" kann deshalb als ein Oberbegriff für *selbstgesteuerte kollektive Lern- und Aneignungsprozesse* begriffen werden, die fundiert sind in der probehaften, tentativen Handlungspraxis selbst. Diese *„Aktionismen"* sind ganz allgemein wesentlicher Bestandteil der Handlungspraxis in der Adoleszenz (vgl. Bohnsack/Nohl 2001), gewinnen hier aber eine besondere Bedeutung. Immer wieder werden neue Schleifen des „Ausprobierens" in Gang gesetzt, denen eine selbstreferentielle Tendenz innewohnt: Der spielerische Modus des „Bastelns" verselbständigt sich. Das in diesem – grundlegend: kollektiven – Prozess erworbene Wissen kann relativ zwanglos in Arbeitskontexte transferiert werden. Ob man in den Ferien das Netzwerk des Wirtschaftsministerium wartet oder versucht, ein komplexes 3D-Spiel für L(ocal)A(rea)N(etwork)-Parties zu optimieren, unterscheidet sich nur hinsichtlich der Komplexität des Problems (LANs sind komplexer!), nicht jedoch grundsätzlich.

Generationenstudien, denen es nur um die Herausarbeitung, neuer medienträchtiger Etikettierungen geht (bspw. Tapscott 1998), würden hier die empirische Arbeit für beendet erklären und eine neue Generationenformation aus der Traufe heben: etwa die der kreativen Bastler oder ähnliches. Mein Vorgehen war und ist hiervon grundverschieden. Denn jetzt geht es darum, getreu des oben skizzierten Vorgehens bei der Typenbildung, zunächst auf der Ebene der heutigen jungen Generation bildungsmilieu- und geschlechtspezifische Kontraste zu der beschriebenen Computerpraxis männlicher Gymnasiasten heranzuziehen. Es gilt dann a) zu schauen, welche Ausprägungen bei Auszubildenden und welche bei jungen Frauen anzutreffen sind, wie sich also Gruppen aus diesen Bildungsmilieus bzw. des anderen Geschlechts der Dimension Spiel versus Arbeit gegenüber verhalten. Und b) dann weiterzugehen und dieselbe Frage auch an die Erwachsenengruppen zu richten. Erst vor diesem Hintergrund lassen sich empirisch valide Aussagen über *generationsspezifische* Medienpraxiskulturen treffen.

Diese zunächst theoretisch erhobene Forderung gewinnt an Evidenz, wenn man sich der Spielpraktiken der anderen Gruppen versichert. So handeln die Mädchen der Gruppe *Chatgirls* mit dem Computer beinahe ausschließlich im Modus des Spiels. Sie habitualisieren damit zwar ebenfalls grundlegende Fertigkeiten. Aufgrund der stark differierenden primären Rahmung ihrer Computerpraxis (Erprobung heterosexueller Beziehungen über das Chatten mit männlichen Chatpartnern) gelangen sie jedoch nicht in einen Modus des Bastelns. Sie wissen jedoch, dass Jungen, wie die der Gruppe Kermit basteln und wenden sich an diese, wenn Probleme auftauchen. Hierdurch wird zweierlei bewirkt: Die Mädchen werden in eine traditionell zu nennende Haltung gegenüber der Technologie sozialisiert, und die Jungen machen hier, wie in anderen Bereichen auch (Schule, Elternhaus), die Erfahrung von Expertenschaft.

Im Kontrast zu allen Gymnasiast(inn)en-Gruppen steht die Praxis der Auszubildendengruppe *Erdbeere* und diejenige der Gruppe Berufstätiger (*Excel*): Deren Handeln mit dem Computer ist bestimmt durch einen *zweckrationalen Modus*, der dem spielerischen Modus beinahe diametral entgegensteht: Das Handeln steht bei beiden Gruppen unter dem *Primat von Arbeit und Qualifikation*. Wenn überhaupt, dann werden Spiele auf der Anwenderebene zur Reproduktion der Arbeitskraft genutzt. Insbesondere bei der Gruppe *Excel* ließ sich herausarbeiten, dass die Engführung auf Effizienz und Zeitersparnis, verbunden mit einem Primat fremdgesteuerter Lern- und Aneignungsprozesse (kursförmige Beschulung), nicht zu entsprechenden selbstreferentiellen Prozessen führt, wie dies bei den beiden eingangs dargestellten Gruppen der Fall ist. Die Gruppen spielen nicht und sie basteln auch nicht.

Dies ist bei der Seniorengruppe erstaunlicherweise wiederum der Fall. Sie enaktieren innerhalb ihres primären Rahmens, dem Kontext der Sinnfindung im Nacherwerbsleben, spielerische Praxen mit dem Computer, die sie allerdings in Orientierungsdilemmata stürzt: Angesichts einer im Berufsleben erworbenen, ebenfalls auf Zweckrationalität ausgerichteten Orientierung, gestehen sie sich gewissermaßen nicht ein, dass sie auch spielen.

In der Abbildung 2 sind die gerade beschriebenen verschiedenen Gruppen und deren wichtigste Orientierungsrahmen noch einmal kompakt zusammengefasst.

Medienpädagogisches Fazit

Wie exemplarisch dargestellt, unterscheiden sich Lern- und Aneignungsprozesse am und mit dem Computer zwar nicht nur und auch nicht immer ausschließlich auf der Generationenebene. „Generation" ist gleichwohl *die* Dimension konjunktiver Erfahrung, die im Zusammenspiel mit bildungsmilieu- und geschlechtsspezifischen Dimensionen eine der wichtigsten Bedingungen für die Ausbildung handlungspraktischer Wissensbestände auf medientechnischem Gebiet darstellt oder anders formuliert: Generationsspezifische Medienpraxiskulturen bilden eine wichtige Voraussetzung für Lern- und Aneignungsprozesse auf dem Gebiet der neuen Medien. Und hier ist vor allem die *fundamentale Differenz* anzuführen, die zwischen denjenigen Formen von Lern- und Aneignungsprozessen liegt, die ich als *kognitive Vergegenwärtigung* beschrieben habe und denjenigen, die auf dem Wege der *Habitualisierung der Technologie* vonstatten gehen.

Die empirische Evidenz gibt also deutliche Hinweise darauf, dass wir es mit einer Generations- und nicht nur einer Altersproblematik zu tun haben. In institutionellen Bereichen des Lehrens und Lernens mit neuen Medien – ob Schule und Hochschule oder Erwachsenen- und Weiterbildung – muss insofern bei der Implementation neuer Medien in Lehr- Lernkontexten von vornherein ein *habituelles Verharren in medienpraxiskulturgebundenen Handlungsmustern* in Rechnung gestellt werden.

Codenamen der Gruppen	Ente	Kermit	Chatgirls	Erdbeere	Excel	Word
Sozialstrukturelle Merkmale der Gruppen	Gymnasiasten und Gymnasiastinnen. Jahrgänge 1983 bis 1986 (Durchschnittsalter 16,8 Jahre).			Auszubildende beiderlei Geschlechts an einer Berufsschule. Jahrgänge 1977–1982 (Durchschnittsalter 19,2 Jahre).	Berufstätige beiderlei Geschlechts mit heterogenen Bildungsabschlüssen. Jahrgänge 1940 bis 1970 (Durchschnittsalter 42,5 Jahre).	Rentner und Rentnerinnen der Jahrgänge 1930 bis 1942 mit heterogenen Bildungsabschlüssen (Durchschnittsalter 63,5 Jahre).
Handeln mit Medientechnologien im Modus von Nähe versus Distanz	Positive Rahmung der distanzschaffenden Funktionen der Medientechnologie.			Negative Rahmung der distanzschaffenden Funktionen der Medientechnologie.		
Handeln mit Medientechnologien im Modus von Vertrautheit versus Fremdheit	Vertrautheit mit der Technologie im Modus einer umfassenden habitualisierten Einbindung in die medientechnische „Zeugumwelt".			Eingeschränkte Vertrautheit im Modus einer selektiv habitualisierten Einbindung in die medientechnische „Zeugumwelt" (ausgewählte Handlungspraktiken).	Fremdheit gegenüber der Technologie im Modus einer schwachen habitualisierten Einbindung in die medientechnische „Zeugumwelt".	
Handeln mit Medientechnologien im Modus von Spiel versus Arbeit	Oszillieren zwischen Spiel, Basteln und Arbeit. Transferleistungen zwischen den Bereichen.			Primat des Spielens, ohne in Bastel- oder Arbeitsmodi zu wechseln.	Zweckrationale Herangehensweise: Primat von Arbeit und Qualifikation. Spielen vornehmlich zur Reproduktion der Arbeitskraft.	Spielerisch gebrochene zweckrationale Herangehensweise: „Spielen ohne dass es einer merkt".
Primäre Rahmungen des Handelns mit Medientechnologien	Im Kontext der medientechnischen Handlungspraxis innerhalb der Peer-group.			Im Kontext der Erprobung heterosexueller Beziehungen innerhalb der Peer-group.	Im Kontext von Ausbildung und Beruf.	Im Kontext der Sinnfindung im Nacherwerbsleben.
Fundamentale Lern- und Aneignungsprozesse	A-theoretisch fundiert in der Handlungspraxis nichtinstitutionalisierter Bildungskontexte. „Selbstgesteuert".			Auf dem Wege kognitiv-rational strukturierter Vergegenwärtigung in institutionalisierten Bildungskontexten. „Fremdgesteuert".		

Abbildung 2: Typologie Medienpraxiskulturen

Die hier dargestellte Typologie generationsspezifischer Medienpraxiskulturen wird in der Studie, auf der dieser Aufsatz beruht, ergänzt durch eine Typologie „intergenerationeller Bildungsprozesse" im Medium neuer Medien (Schäffer 2003, S. 211ff.). Hier werden die verschiedenen Modi des kommunikativen und interaktiven Umgangs der verschiedenen Generationen mit den aus den unterschiedlichen Medienpraxiskulturen resultierenden Differenzerfahrungen auf medientechnischem Gebiet typologisch verortet. Hierauf kann aus Platzgründen aber nicht mehr näher eingegangen werden.

Literatur

Bohnsack, R.: Generation, Milieu und Geschlecht. Ergebnisse aus Gruppendiskussionen mit Jugendlichen, Opladen 1989.

Bohnsack, R.: Konjunktive Erfahrung und Kollektivität. MS, Berlin 1993.

Bohnsack, R.: Dokumentarische Methode. In: *Hitzler, R./Honer, A.* (Hrsg.): Sozialwissenschaftliche Hermeneutik, Opladen 1997, S. 191–212.

Bohnsack, R.: Milieu als konjunktiver Erfahrungsraum. Eine dynamische Konzeption von Milieu in empirischer Analyse. In: *Matthiesen, U.* (Hrsg.): Die Räume der Milieus, Berlin 1998, S. 119–131.

Bohnsack, R.: Typenbildung, Generalisierung und komparative Analyse: Grundprinzipien der dokumentarischen Methode. In: *Bohnsack, R./Nentwig-Gesemann, I./Nohl, A.-M.:* Die dokumentarische Methode und ihre Forschungspraxis. Grundlagen qualitativer Sozialforschung, Opladen 2001, S. 225–252.

Bohnsack, R.: Rekonstruktive Sozialforschung. Einführung in qualitative Methoden. 5. Auflage, Opladen 2003.

Bohnsack, R./Schäffer, B.: Generation als konjunktiver Erfahrungsraum. Eine empirische Analyse generationsspezifischer Medienpraxiskulturen. In: *Burkart, G./Wolf, J.:* Lebenszeiten. Erkundungen zur Soziologie der Generationen. Festschrift zum 60ten Geburtstag von Martin Kohli, 2002, S. 249–273.

Bohnsack, R./Nentwig-Gesemann, I./Nohl, A.-M.: Die dokumentarische Methode und ihre Forschungspraxis. Grundlagen qualitativer Sozialforschung, Opladen 2001.

Dilthey, W.: Über das Studium der Wissenschaft vom Menschen, der Gesellschaft und dem Staat. In: *Ders.:* Gesammelte Schriften, Bd. V, Stuttgart/Göttingen 1957, S. 31ff.

Ecarius, J.: Was will die jüngere mit der älteren Generation? Generationenbeziehungen in der Erziehungswissenschaft, Opladen 1998.

Eimeren, B. van/Gerhard, H./Frees, B.: Entwicklung der Onlinenutzung in Deutschland: Mehr Routine weniger Entdeckerfreude. In: Media Perspektiven, 8/2002, S. 346–362.

Engel, B./Best, S.: Mediennutzung und Medienbewertung im Kohortenvergleich. In: Media Perspektiven 11/2001, S. 554–563.

Glaser, B.G./Strauss, A.: Die Entdeckung gegenstandsbezogener Theorie: eine Grundstrategie qualitativer Sozialforschung. In: *Hopf, Ch./Weingarten, E.* (Hrsg.): Qualitative Sozialforschung, Stuttgart 1979.

Gurwitsch, A.: Die mitmenschlichen Begegnungen in der Milieuwelt, Berlin/New York 1977.

Huinink, J./Mayer, K. U.: Alters-, Perioden- und Kohorteneffekte in der Analyse von Lebensverläufen oder: Lexis ade? In: *Mayer, K.U.* (Hrsg.): Lebensverläufe und sozialer Wandel (Sonderheft 31 der Kölner Zeitschrift für Soziologie und Sozialpsychologie), Opladen 1990, S. 442–459.

Kaufmann, F.-X.: Generationsbeziehungen und Generationenverhältnisse im Wohlfahrtsstaat. In: *Mansel, J./Rosenthal, G./Tölke, A.* (Hrsg.): Generationenbeziehungen, Austausch und Tradierung, Opladen 1997, S. 17–30.

Kohli, M/Szydlik, M.: Generationen in Familie und Gesellschaft, Opladen 2000.

Marotzki, W.: Forschungsmethoden der erziehungswissenschaftlichen Biographieforschung. In: *Krüger, H.-H./Marotzki, W.* (Hrsg.): Erziehungswissenschaftliche Biographieforschung – Studien zur Erziehungswissenschaft und Bildungsforschung, Bd 6, Opladen 1995, S. 55–89.

Latour, B.: Über technische Vermittlung. Philosophie, Soziologie, Genealogie. In: *Rammert, W.* (Hrsg.): Technik und Sozialtheorie, Frankfurt a.M. 1998, S. 29–81.

Latour, B.: Die Hoffnung der Pandora. Untersuchungen zur Wirklichkeit der Wissenschaft, Frankfurt a.M. 2000.

Liebau, E. (Hrsg.): Das Generationenverhältnis. Über das Zusammenleben in Familie und Gesellschaft, Weinheim/München 1997.

Loos, P./Schäffer, B.: Das Gruppendiskussionsverfahren. Grundlagen und empirische Anwendung, Opladen 2001.

Lüscher, K.: Generationsbeziehungen – Neue Zugänge zu einem alten Thema. In: *Lüscher, K./ Schultheis, F.* (Hrsg.): Generationsbeziehungen in „postmodernen" Gesellschaften. Analysen zum Verhältnis von Individuum, Familie, Staat und Gesellschaft, Konstanz 1993, S. 17–47.

Mannheim, K.: Das Problem der Generationen. In: Kölner Vierteljahreshefte für Soziologie, 7. Jg., Heft 2, 1928; wieder abgedruckt in: *Karl Mannheim:* Wissenssoziologie, Soziologische Texte 28, Berlin/Neuwied 1956, S. 509–565.

Mannheim, K.: Strukturen des Denkens, Frankfurt a.M. 1980.

Matthes, J.: Karl Mannheims „Problem der Generationen", neu gelesen. Generationen – „Gruppen" oder „gesellschaftliche Regelung von Zeitlichkeit"? In: Zeitschrift für Soziologie, Jg. 14, Heft 5, 1985, S. 363–372.

Müller, H.R.: Das Generationenverhältnis. Überlegungen zu einem Grundbegriff der Erziehungswissenschaft. In: Zeitschrift für Pädagogik, 45. Jg. 1999, S. 787–805.

Nohl, A.-M.: Komparative Analyse: Forschungspraxis und Methodologie dokumentarischer Interpretation. In: *Bohnsack, R./Nentwig-Gesemann, I./Nohl, A.-M.:* Die dokumentarische Methode und ihre Forschungspraxis. Grundlagen qualitativer Sozialforschung, Opladen 2001, S. 253–273.

Peiser, W.: Die Fernsehgeneration. Eine empirische Untersuchung ihrer Mediennutzung und Medienbewertung, Opladen 1996.

Rammert, W. (Hrsg.): Technik und Sozialtheorie, Frankfurt a.M. 1998.

Sackmann, R./Weymann, A.: Die Technisierung des Alltags. Generation und technische Innovationen, Frankfurt a.M./New York. 1994.

Sander, U.: Die Bindung der Unverbindlichkeit. Mediatisierte Kommunikation in modernen Gesellschaften, Frankfurt a.M. 1998.

Schäffer, B.: Das Gruppendiskussionsverfahren in erziehungswissenschaftlicher Medienforschung. In: Medienpädagogik. Online-Zeitschrift für Theorie und Praxis der Medienbildung, Nr. 1/ 2001(a) Themenschwerpunkt: Methodologische Forschungsansätze in der Medienpädagogik, http://www.medienpaed.com/01-1/schaeffer1.pdf

Schäffer, B.: „Kontagion" mit dem Technischen. Zur generationsspezifischen Einbindung in die Welt medientechnischer Dinge. In: *Bohnsack, R./Nentwig-Gesemann, I./Nohl,A.-M.:* Die dokumentarische Methode und ihre Forschungspraxis. Grundlagen qualitativer Sozialforschung, Opladen 2001b, S. 43–64.

Schäffer, B.: Generationen – Medien – Bildung. Medienpraxiskulturen im Generationenvergleich, Opladen 2003a.

Schäffer, B.: Generation. Ein Konzept für die Erwachsenenbildung. In: *Nittel, D./Seitter, W.* (Hrsg.): Die Bildung der Erwachsenen. Erziehungs- und sozialwissenschaftliche Zugänge. Festschrift für Jochen Kade, Bielefeld 2003b, S. 95–113.

Tapscott, D.: Growing Up Digital. The Rise of the Net Generation, New York u.a. 1998.

Weymann, A.: Sozialer Wandel, Generationenverhältnis und Technikgenerationen. In: *Kohli, M./ Szydlik, M.* (Hrsg.): Generationen in Familie und Gesellschaft, Opladen 2000, S. 36–58.

Zinnecker, J.: Sorgende Beziehungen zwischen Generationen im Lebensverlauf. Vorschläge zur Novellierung des pädagogische Codes. In: *Lenzen, D./Luhmann, N.* (Hrsg.): Bildung und Weiterbildung im Erziehungssystem, Frankfurt a.M. 1997, S. 199–227.

Kai-Uwe Hugger

Jugend in der globalen Medienkultur

Jugend unter Globalisierungsgesichtspunkten zu betrachten, ist für die deutsch-sprachige Erziehungswissenschaft relativ neu. Zwar wird in den letzten Jahren zunehmend häufiger gefordert, Fragen von Bildung, Sozialisation und Erziehung stärker in der Globalisierungsperspektive zu diskutieren (vgl. etwa Asbrand 2002; Hornstein 2001; Nestvogel 2000; Scheunpflug 2003). Immer noch muss aber festgehalten werden, dass die Erziehungswissenschaft Jugend vor allem als *nationale* Kategorie versteht. Auf diese Weise geraten auch globale Ausdrucksformen von Jugendkulturen kaum oder gar nicht in den Blick. Die *Medien* – so will ich auf den folgenden Seiten argumentieren – tragen heute in zentraler Weise dazu bei, dass sich in einer immer mehr globalen Kultur *globalisierte Medienszenen* von Jugendlichen herausbilden. Diese können wichtige Ausdrucksformen dafür sein, wie die Sinn- und Identitätssuche unter den Bedingungen komplexer Globalisierungsprozesse auf *jugendspezifische* Weise bewältigt wird. In diesen globalisierten Medienszenen nutzen die Jugendlichen Medien, um globale (Medien-)Kultur in unterschiedlicher Weise und für verschiedene Zwecke in der eigenen Lebenswelt auszuhandeln.

1. Zum Grundverhältnis von Globalisierung und Medien

Jenseits einer polaren Diskussion zwischen euphemistischen Globalisierungsbefürwortern und ebenso „radikalen" Skeptikern, die die Irrelevanz des „G-Wortes" (für die Pädagogik) behaupten, wird eine versachlichte Globalisierungsdebatte in den Sozialwissenschaften deutlich, die komplex, facettenreich und mit teils stark widersprechenden Argumenten geführt wird. Internationale und transnationale Kräfte der gesellschaftlichen Entwicklung – dazu gehören auch die Medien – sind bereits seit längerem Thema der wissenschaftlichen Auseinandersetzung. Eine Unterteilung, die an dieser Stelle nur grob ausfallen kann und die Verästelungen der Diskussion nicht berücksichtigt, kann zwischen klassischen Ansätzen vorgenommen werden und einer „neuen" Debatte, die seit etwa Anfang der 1990er Jahre zu beobachten ist.

Zu den ersteren Ansätzen gehören *Theorien der Weltzivilisation.* Sie versuchen „regions of civilization" zu markieren, die durch die Grenzen der modernen Nationalstaaten hindurch gehen oder die schon vor diesen existiert haben. In historischer Sicht wird die Bedeutung des Nationalstaates durch langfristigere

religiöse, kulturelle und politische Entwicklung relativiert. So entwirft Nelson
(1973) das Bild von durchlässigen „civilization complexes" als generelle kulturelle Muster, die über klar bestimmbare und separierbare politische Gesellschaftsformationen hinaus gehen. Dagegen geht Huntington (1993) eher von
der Bestimmbarkeit unterschiedlicher Zivilisationen aus und befürchtet ein
„clash of civilizations". Innerhalb der Zivilisationen differenziert er jedoch
kaum. Kritisch ist darüber hinaus anzumerken, dass er sich in seiner Analyse zu
wenig den überlappenden Konstellationen oder sozialen Mischverhältnissen
widmet. Zu den klassischen Ansätzen können auch *Theorien des Weltsystems* gezählt werden. Sie richten sich ausdrücklich gegen die Vorstellung von sozialen
Räumen als gegeneinander abgrenzbare geographisch-räumliche „Container".
Der einflussreichste Ansatz in diese Richtung wird von Wallerstein (1987) vertreten. Er entwirft das Gegenbild *eines* „modernen kapitalistischen Weltsystems", in dem sich alle unterschiedlichen Gesellschaften und ihre Kulturen in
einer allumfassenden Arbeitsteilung integrieren müssen. Ausgehend vom Europa des 16. Jahrhunderts setze sich dieses eine Weltsystem in dynamischer Weise
immer mehr durch. Kulturelle Differenzen und politische Konjunkturen seien
erst im Rahmen der kapitalistischen Weltökonomie erklärbar. Wallerstein vertritt eine monokausale und ökonomistische Argumentationslinie. Globalisierung versteht er vor allem als Institutionalisierung des Weltmarktes. Dieser Ansatz ist in mehrfacher Hinsicht zu kritisieren: So handelt es sich um eine funktionalistisch-verkürzte Herangehensweise, die jedes Ereignis mit der allumfassenden Struktur des Weltsystems in Verbindung bringt. Darüber hinaus werden in der Analyse kulturelle und politische Faktoren sowie das Handeln von
Einzelnen und Gruppen vernachlässigt. Außerdem ist die eher eurozentrische
bzw. nordatlantische Perspektive des Weltsystems zu bemängeln. Ein alternativer Blickwinkel, der etwa vom chinesischen oder Hindu-Reich ausgeht, wird
nicht in Erwägung gezogen (vgl. Lewis/Wigen 1997).

  In der „neuen" soziologischen Globalisierungsdebatte wird das eher statische
und eindimensionale Verständnis von Globalisierung, wie es in den klassischen
Ansätzen zum Ausdruck kommt, durch eine *dynamische, dialektische und mehrdimensionale Prozess-Vorstellung* ersetzt (Featherstone 1990). Als besonders einflussreiche Vertreter gelten Giddens (1990, 1991) und Robertson (1992). Für
Giddens ist Globalisierung eine Konsequenz der Moderne. Ihre Globalisierungsdynamik beruht auf drei komplementären Prozessen: 1) *time-space distanciation*, mit der eine grundlegende Reorganisation von Raum und Zeit, vor allem im Kontext der neuen Informations- und Kommunikationstechnologien,
gemeint ist. Dieser Prozess ermöglicht 2) *disembedding/reembedding.* Damit
wird die Herauslösung sozialer Beziehungen aus lokalen Interaktionseinheiten
und ihre Restrukturierung über raum-zeitliche Distanzen hinweg angesprochen. Ein Beispiel ist die Frage, wie freundschaftliche Beziehungen zwischen
Kontinenten etwa über das Internet gepflegt werden. Die dritte Globalisierungstendenz der Moderne beschreibt Giddens schließlich als *(institutional) reflexivity*, verstanden als die Anforderung, soziale Praxis ständig hinterfragen und

auch verändern zu müssen, mit anderen Worten: „das eigene Leben selbst bestimmen zu müssen" (Beck/Giddens/Lash 1996, S. 322), etwa im Zuge von (unsicheren) Informationen über lebensbedrohliche Risiken wie Aids oder BSE. Robertson (1992) kritisiert Giddens vor allem deshalb, weil sein Ansatz behauptet, Globalisierung sei eine unmittelbare Folge der Moderne. Dadurch aber – so Robertson – würden wichtige Unterschiede verwischt, so dass die Komplexität des gegenwärtigen Globalisierungsprozesses nicht in vollem Umfang erfasst werden könne. Er plädiert dagegen für ein analytisches Herangehen, das es ermöglicht, Modernität und *Globalität* in ihrer unabhängigen Bedeutung anzuerkennen. In Abgrenzung zu Giddens' Analyse entwickelt Robertson sein Modell des „global field", in dem das Zusammenspiel von vier – mehr oder weniger autonomen – Elementen bzw. Akteuren den Globalisierungsprozess erfasst werden soll: 1) das individuelle Selbst, b) die nationalen Gesellschaften, c) das internationale System von Gesellschaften und d) die Menschheit. Die heutige Welt als ganze, so Robertson (1998, S. 208), habe sich „aus wechselnden Beziehungen zwischen, unterschiedlichen Betonungen auf und oft widerstreitenden Interpretationen von diesen Aspekten des menschlichen Daseins" entwickelt. Globalisierung ist vor diesem Hintergrund kein alleiniges Phänomen unserer heutigen Gesellschaft, sondern kann über viele Jahrhunderte hinweg in unterschiedlichen *Formen* beobachtet werden. Unsere heutige Form der Globalisierung enthält das, was Robertson „Glokalisierung" nennt. Kurz gesagt, ist damit die widersprüchliche Einheit von Lokalem und Globalem gemeint. Das Lokale ist kein Gegenspieler des Globalen mehr, so wie es in vielen anderen Ansätzen der Globalisierungsdebatte gerne definiert wird, sondern ein Aspekt von Globalisierung. Zugleich wird so eine „methodisch-pragmatische Wende" (Beck 1997) in der Globalisierungsforschung vollzogen, indem der Blick auf das Globale im Lokalen, Konkreten, im alltäglichen Leben gelenkt wird. Die zentrale Auseinandersetzung um globale Homogenisierung contra Heterogenisierung wird als überholt verabschiedet. Globalisierung kann ebensowenig mit homogenisierenden Trends gleichgesetzt werden wie Lokalität mit Widerstand gegen das hegemoniale Globale. Beide Strukturen durchdringen sich bzw. stehen zueinander in wechselseitiger Beziehung.

Insgesamt ist mit der Analyse globaler Kultur in *dialektischen* Prozesskategorien ein Perspektivenwechsel in der soziologischen Globalisierungsdiskussion eingeläutet worden, der sich von den „klassischen" Ansätzen abgrenzt, in deren Analyse vor allem Kategorien geschlossener und begrenzter Räume von Nationalstaaten und ihren Nationalgesellschaften zu Grunde gelegt werden. Um also heute die Frage zu beantworten, was das Globale in unserem Leben – auf unser spezielles Thema fokussiert: in sozialen Lebenszusammenhängen von Jugendlichen und Medien – ausmacht, hilft das Denken in kulturell-homogenisierten Strukturen kaum mehr weiter. Der analytische Blick muss sich für *zwischenkategoriale, hybride Lebensformen* öffnen (vgl. Canclini 2001; Nederveen-Pieterse 1998), die im Kontext von Globalisierungsprozessen entstehen und die eine zunehmende Bedeutung in unserer Gesellschaft erlangen.

Dass die *Medien* in kulturellen Globalisierungsprozessen eine besondere Rolle spielen und damit unser soziales Miteinander einschneidend beeinflussen, wird schon durch die mittlerweile gewohnte Live-Berichterstattung des Nachrichtensenders CNN von weit entfernten Krisenherden verdeutlicht, etwa vom Beschuss Bagdads durch amerikanische Bomber im Rahmen des ersten Golfkriegs, um einen der Schlüsselmomente globaler Kommunikation im Fernsehen zu nennen. Bereits in den 1960er Jahren hat der kanadische Kommunikationswissenschaftler Marshall McLuhan die kulturellen wie sozialen Effekte des Verhältnisses zwischen Medien und Globalisierung analysiert, zugespitzt in der Idee des *global village* (vgl. etwa McLuhan 1964). McLuhan stellt dar, wie insbesondere das elektronische Medium *Fernsehen* eine neue historische Epoche der Menschheitsgeschichte kennzeichnet, durch die die Gutenberg-Galaxis – die Ära des Buchdrucks – abgelöst wird. Die Schnelligkeit elektronisch basierter Kommunikations- und Transportmedien führe einerseits zur technischen Erweiterung unseres Bewusstseins, andererseits zu dem strukturellen Effekt der „Implosion", d.h. zur raumzeitlichen Komprimierung der Welt und des menschlichen Erfahrungsraumes. Auf diese Weise werde es nun möglich, dass wir weit entfernte Ereignisse an jedem Ort der Welt simultan miterleben können; prinzipiell könne jeder Mensch mit allen anderen Kontakt aufnehmen. McLuhans Überlegungen müssen vor dem Hintergrund „seiner Zeit" verstanden werden, im Fernsehbereich gekennzeichnet durch das Aufkommen der ersten Satellitentechnologien. Erst mit ihrer Hilfe wurde es möglich, Bilder und Nachrichten von einem Punkt der Erde jetzt auch weltweit zu verbreiten, so dass wir, so McLuhan, das Leben bisher fremder Menschen, Kulturen und Gesellschaften in unser aller Leben miterfahren und -einbeziehen können. Die neuen technischen Möglichkeiten, über die die Gesellschaft in Form der elektronischen Medien verfügt, errichten ein internationales Netzwerk der Kommunikation, das mit dem zentralen Nervensystem des Menschen vergleichbar sei: Internationale Medien-Events und weltweit populäre Fernsehserien – die Mondlandung oder der Kennedy-Mord in den 1960er Jahren, Dallas in den 1980er Jahren – produzieren eine gemeinsame Kommunikationssphäre, die über Kontinente hinweg besteht und uns dazu befähigt, die Welt als Ganze sinnlich zu erfassen.

McLuhans Verdienst ist es, dass er in seinen Analysen über die Inhalte der Medien hinaus geht und erstmals den kommunikationswissenschaftlichen Blick auf die kulturelle Bedeutung des Verhältnisses von Mensch und Medien gelenkt hat. Sein Ansatz kann dort als übertrieben oder unzutreffend beurteilt werden, wo er das Massenmedium Fernsehen in erster Linie als Motor kultureller *Homogenisierung* darstellt, eine These, die so kaum zu belegen ist. Nicht zuletzt muss er sich auch den Vorwurf des *technologischen Determinismus* gefallen lassen (vgl. Burnett/Marshall 2003), weil er die gesellschaftliche Entwicklung eindimensional auf die Medien zurückführt; der Mensch als aktiver Produzent seiner gesellschaftlichen und kulturellen Wirklichkeit wird jedoch zu wenig berücksichtigt. Dennoch: Bis heute hat sein Begriff des *global village* für die weitere Erforschung des Zusammenhangs von Globalisierung und Medien wichtige Anstöße gegeben (vgl. Robertson 1992).

Während in den 1970er Jahren die Medien zunächst in ihrer Rolle als monopolisierende wie manipulisierende Akteure der Gesellschaft betont wurden und Herbert Schillers bekannte These vom *cultural imperialism* durch vor allem amerikanische bzw. verwestlichte Massenmedien im Vordergrund der Debatte stand (vgl. Schiller 1970), hat sich das zentrale Paradigma kultureller Homogenisierung spätestens seit Ende der 1980er Jahren gewandelt. Vor dem Hintergrund der jüngeren Gobalisierungsdebatte werden auch im kommunikationswissenschaftlichen Kontext die „alten" Vorstellung über globalisierender Auswirkungen elektronischer Medien von differenzierteren Theorien und Konzepten zunehmend relativiert. Das „globale Homogenisierungs-Szenario" (Hannerz 1991) des Kulturimperialismus-Ansatzes, das davon ausgeht, es setze sich lediglich *eine* Kultur durch – und zwar die westliche –, die unseren Lebensstil bestimmt und zahlreiche andere, verschiedene Kulturen verdrängt oder auslöscht, wird als zu pessimistisch oder falsch entlarvt. Um den Einfluss der Globalisierung auf unsere globale Kultur adäquat deuten zu können, wird auch für das Medienthema eine eher dialektisch angelegte Perspektive vorgeschlagen, die sich nicht mehr von dem strukturellen Muster Zentrum-Peripherie leiten lässt, sondern von *Dezentralisierung* (vgl. Tomlinson 2002).

In diese Richtung argumentiert auch Manuel Castells (2001), der unsere gegenwärtige Gesellschaft zunehmend in Netzwerken organisiert sieht. Zwar habe es Netzwerke als Form sozialer Organisation bereits zu anderen Zeit gegeben, das *neue informationstechnologische Paradigma* schaffe aber nun die materielle Basis dafür, dass diese Form eine durchdringende gesellschaftsstrukturelle Bedeutung gewinnt. Nach Einschätzung von Castells leben wir in einer *Netzwerkgesellschaft*, in der die *herrschenden Funktionen* in Netzwerken organisiert sind, die dem Raum der *Ströme* angehören – anstelle eines Raumes der Orte –, der sie weltweit miteinander verbindet „und zugleich die untergeordneten Funktionen und Menschen in vielfältige Räume von Orten fragmentiert, die aus immer stärker segregierten und abgekoppelten Örtlichkeiten bestehen" (ebd., S. 535). Die materiellen Grundlagen dieser Ströme befinden sich auf drei Ebenen (ebd., S. 466ff.): erstens der *elektronische Kreislauf der Vermittlung* (Telekommunikation, mikroelektronische Geräte etc.); zweitens *Knoten und Zentren*, die sich innerhalb eines Netzwerkes – z.B. die *Global City* (vgl. auch Sassen 1991) – als spezifische Orte darstellen; drittens die *räumliche Organisation der herrschenden Führungseliten*. Die herrschenden Funktionen in unserer Gesellschaft werden geformt durch Inklusion in und Exklusion aus Netzwerken sowie die Gestalt der Beziehungen zwischen Netzwerken, die durch Informationstechnologien rasend schnell in Gang gesetzt werden. Das Internet spielt in Castells Trilogie des Informationszeitalters eine entscheidende Rolle, jedoch nicht nur als Technologie, sondern im Sinne der spezifischen *Netzwerklogik*, auf der gesellschaftliche Globalisierung und globale Kommunikation beruhen.

Festzuhalten ist: Die Gestalt globaler Kultur scheint sich heute in Form netz-werkartiger, widerspruchsvoller, zwischenkategorialer, glokaler, fluider wie pluri-örtlicher Strukturen widerzuspiegeln. In der Erforschung von Globalisie-rungsprozessen ist ein *Paradigmenwechsel* auszumachen. Der *nationale* Blick auf die gesellschaftliche Entwicklung wird in Frage gestellt und kritisiert, weil er in homogenen Erklärungseinheiten des Sozialen verhaftet bleibt. Zudem ist er zu unpräzise, um die zunehmend zu beobachtenden *transnationalen* sozialen Ver-bindungen auf den Begriff zu bringen. Wenngleich derzeit Uneinigkeit vor-herrscht, wie das neue Paradigma genau zu denken ist, ob eher in Termini „mo-derner" (vgl. Beck 2002; Giddens 1990) oder post-moderner Globalisierung (vgl. Castells 2001; Appadurai 1998), besteht in der Debatte kaum Zweifel da-rüber, dass eine *Globalisierung unserer Lebenswelten* stattfindet. Gleichwohl be-findet sich deren sozialwissenschaftliche Deutung erst am Anfang. Unbestritten ist auch, dass die elektronische Kommunikation einen entscheidenden Einfluss auf die komplexen Globalisierungsprozesse ausübt.

2. Jugend(kulturen) und Globalisierung

Welche Auswirkungen hat die Globalisierung auf das Jugendalter? Zwar kön-nen über das gesamte 20. Jahrhundert Jugendkulturen beobachtet werden, die nicht auf begrenzte nationale Räume beschränkt sind – etwa die Jazz- und Swingbewegung in den 1920er Jahren oder die Teenager und Halbstarken in den 1950er Jahren. Aber der Effekt von Globalisierungsprozessen auf Jugend-kulturen zeigt sich erst voll mit dem Beginn der weltweiten Verbreitung und Vermarktung von Musik- und Medienprodukten seit etwa den 1970er Jahren (vgl. Vollbrecht 2002).

Deshalb überrascht es, dass diese Zusammenhänge bisher kaum Eingang in die Jugendforschung in Deutschland gefunden haben. Eine der wenigen Aus-nahmen stellt der Beitrag von Roland Roth „Globalisierungsprozesse und Ju-gendkulturen" dar. Roth stellt die These auf, dass Jugendkulturen durch Glo-balisierung geprägt oder verändert werden. Er unterscheidet drei gegensätzliche jugendkulturelle Reaktionsformen auf Globalisierungsprozesse (Roth 2002, S. 24 ff.): 1) „Jugendkulturen als Vorreiter von Globalisierungsprozessen": Im Produzieren und Ausleben immer neuer Lebensstile und Moden wird eine „proaktive Grundströmung" der Jugendlichen entdeckt. Diese Gruppe ist aber lediglich Erfüllungsgehilfe eines ökonomischen Globalisierungsprozesses, der sich in dem „Projekt einer weltweiten kulturellen Homogenisierung ausdrückt (Stichwort: "McDonaldisierung"). Die globale Kommerzialisierung werde den Jugendkulturen von mächtigen Konzernen „aufgeherrscht". 2) „Identitätsorien-tierter Widerstand und Rückzugsbewegungen": Diese Merkmale zeigen sich in vielfältigen „lokalen Gegenkulturen", die religiös, regionalistisch, nationalis-tisch, rechtsextrem oder ökologisch motiviert sein können. Ihr „Rückzug in Ge-meinschaften" sei eine Reaktion auf den staatlichen Kontrollverlust, der an die

Globalisierung vermeintlich oder tatsächlich gekoppelt ist. Von diesen beiden Strömungen grenzt Roth 3) „globalisierungskritische Milieus und Bewegungen" ab. In ihnen sieht er einen „progressiven globalisierungskritischen Gegenpol" sowohl zur „proaktiven Strömung" als auch zu den auf nationale wie regionale Schließung setzenden Rückzugsbewegungen. Ihr Ziel sei konstruktiv, weil sie sich für eine „sozial gerechte, demokratische Gestaltung der Globalisierungsprozesse durch die Rückgewinnung politischer Gestaltungsspielräume" (ebd., S. 27) im Rahmen von konsumkritischen Initiativen, Boykottaktionen gegen Markenhersteller oder in globalisierungsktischen Netzwerken (Beispiel „Attac") engagieren.

Gegen Roths' Argumentation lassen sich mindestens zwei kritische Punkte vorbringen: Erstens betont er die Negativfolgen der Globalisierung über: Nicht abzustreiten ist, dass Ungleichheitsdynamik und soziale Exklusion sowie Abstraktion und Gestaltungsmangel und Konflikthaftigkeit zu den globalen Herausforderungen gehören. Warum aber ausschließlich diese *eine* Seite der Medaille hervorgehoben wird, bleibt in Roths Argumentation unklar. Angesichts glo*k*aler kultureller Verhältnisse hätte er zugleich auf neu entstehende Elemente des „Gemeinsamen" hinweisen müssen, die durch Globalisierung entstehen. Zu denken ist etwa an die Ansätze einer globalen, vernetzten Öffentlichkeit – einer „Global Sphere of Mediation" (vgl. Volkmer 2003) –, wie sie etwa in dem Nachrichtenformat „World Report" bei CNN zum Ausdruck kommt (vgl. auch Volkmer 1999). Roth muss auch dort widersprochen werden, wo er Globalisierung alleine im Sinne von Homogenisierung definiert: Auf Grund von *ökonomischen* Globalisierungstendenzen wird für ihn eine zunehmend kulturelle Vereinheitlichung erzeugt. Deshalb leben wir in *einer* globalen Welt, die eine *Waren- und Konsumwelt* ist. Auf diese Weise zeigt Roths Ansatz eine deutliche Nähe zum Wallerstein'schen Ansatz einer kapitalistischen Weltökonomie. Zwar erwähnt Roth die *lokalen* jugendkulturellen Strömungen. Dieses Lokale wird aber entweder als ausschließlich lokale *Gegen*-Reaktion zum Globalen verstanden oder als lediglich „lokaler Akzent", der gegenüber den Auswirkungen weltweiter Kommerzialisierung zweitrangig erscheint. Der Ansatz von Roth ist damit zu ungenau, um auch die *Paradoxien kultureller Globalisierung* zu erklären – die widersprüchliche Einheit von Globalisierung *und* Lokalisierung. Wenn sich also Globalisierung und Lokalisierung wechselseitig durchdringen, dies wird übersehen, kann Globalisierung auch eine „Produktion" von Lokalisierung bedeuten.

3. Globalisierte Medienszenen von Jugendlichen: Zwei Beispiele

Diese (neuen) Formen der Globalisierung können sich in den *Medienszenen* von Jugendlichen ausdrücken. Dieter Baacke (1988) nennt drei strukturelle Gemeinsamkeiten jugendlicher Medienszenen, die bei aller Unterschiedlichkeit festgemacht werden können: „Intensität", „Ganzheit" und „Subjektivität": *„Intensität* meint, dass die Rezipienten-Haltung einer distanzierten Beobachtung verlassen wird: Mediennutzung wird zum Medienereignis ... *Ganzheit* meint, dass die vorhandenen, öffentlichen Medien zu abstrakt sind, um die direkten lebensweltlichen Erfahrungen einzufangen und wiederzugeben. Jugend-Medien müssen lebensraum-bezogen, lokalorientiert und in ihren Nachrichten konkret sein. Gleichzeitig neigen Jugendliche stärker als andere Altersgruppen dazu, unterschiedliche Medien zu benutzen, um auch auf diese Weise ganzheitliche Intensitätserfahrungen möglich zu machen ... Subjektivität meint, dass Jugendliche sich sehr wohl ,vergemeinschaftet' fühlen, also als Individuen, deren Lebensweg durch gesellschaftliche Kontrollinstanzen weitgehend strukturiert ist ... Die Medien-Szenen erlauben ihnen, im Misstrauen gegen die etablierte Öffentlichkeit Momente ihrer eigenen Subjektivität zum Ausdruck gelangen zu lassen" (Baacke 1988, S. 40).

Baacke berücksichtigt jedoch kaum die gesellschaftlichen Globalisierungsbedingungen. Auch sein Konzept muss deshalb überprüft, mit den Kennzeichen *globalisierter* Medienszenen abgeglichen und ergänzt werden. Dazu gehört vor allem, dass die globale (Medien-)Kultur dialektisch-prozesshaft zu verstehen ist. Was heißt dies konkret, wenn jugendliche Medienszenen untersucht werden? Insbesondere sind zwei strukturelle Unterschiede wichtig: *erstens* das Verhältnis von Globalität und Lokalität, *zweitens* die Entstehung neuer *transnationaler sozialer Räume.* An zwei Beispielen globalisierter Medienszenen von Jugendlichen soll dies im Folgenden verdeutlicht werden. Die Aufzählung könnte aber durch die Nennung weitere Szenen ergänzt werden.

◼ Glokale HipHop-Szene

Jugendszenen messen ihrer Musik eine besondere Bedeutung bei. Über Musik können insbesondere Fragen der Identität und des Sinns vermittelt werden. Dies gilt auch für HipHop. Die Ausdrucksformen des HipHop gehen über Rap hinaus und umfassen auch Djing, Graffiti und Breakdance. Es handelt sich um eine „mehrdimensionale kulturelle Praxis" (Androutsopoulos 2003a), in der Bild, Sound, Typografie, Körperbewegung und Sprache in Beziehung zueinander stehen und von den Akteuren kombiniert werden. Ausgehend von der afroamerikanischen Straßenkultur Anfang der 1970er Jahre in New York – verbunden mit Namen wie Grandmaster Flash oder Afrika Bambaataa und seiner Zulu-Nation – hat sich die HipHop-Kultur bis heute in verschiedenste „Spielarten" ausdifferenziert. Selbst die deutsche HipHop-Szene kann auf eine fast 20jährige Geschichte zurückblicken, die Anfang der 1980 Jahre mit der Breakdance-Welle erwachte und mit den Fantastischen Vier Anfang der 1990er Jahre („Die da?") einen öffentlichen Durchbruch erlebte.

In Deutschland kann heute eine ausdifferenzierte HipHop-Kultur beobachtet werden. Globalisierung kommt in dieser jugendlichen Medienszene vor allem im Verhältnis von Globalem und Lokalem zum Ausdruck. Bereits ein kurzer Blick auf die deutschen, französischen oder amerikanischen Musik-Charts macht deutlich, dass HipHop kein „globales" jugendkulturelles Phänomen darstellt, wenn darunter alleine Gleiches und Ununterscheidbares verstanden wird. HipHop stellt ein zugleich lokales Phänomen dar, das bei Jugendlichen in Frankfurt am Main oder Berlin-Kreuzberg sehr unterschiedliche Formationen aufweisen kann (vgl. Bennett 2003). Zwar können lokale Elemente der Popkultur auch in anderen Musikszenen beobachtet werden, die Beständigkeit und Wirksamkeit, mit der die lokale Aneignung der HipHop-Kultur erfolgt, hat aber besonders ausgeprägten Charakter. Die Gründe dafür können in der Erscheinung des HipHop selbst gesucht werden, und zwar, wie Androutsopoulos (2003a, S. 12) meint: erstens in der *Zugänglichkeit* der Kultur (geringe technische Hemmschwellen, keine formale Ausbildung notwendig), zweitens in ihrem *performativen* Charakter (Mitmachen, Dabeisein, aktive Beteiligung), drittens in der Arbeit am *Style* (HipHop bietet Raum für kreatives Umgestalten, etwa durch das Zitieren von anderen Musikstücken oder -stilen) und viertens im *Prinzip des Wettbewerbs* (ständiger und offener Wettstreit miteinander). Vor allem der Rap wird von den Akteuren dazu benutzt – dieser Aspekt kommt hinzu –, sich mit den lokalen kulturellen Erfahrungen auseinander zu setzen. Von der afroamerikanischen Ur-Form hat sich zwar der HipHop in Deutschland weit entfernt, dennoch sind beide Varianten Bestandteile eines *Netzwerks* kultureller Bezüge, in dem sich die jugendlichen Szenenmitglieder immer wieder neu verorten. Das Sampling (Modifizieren, „Wiederverwenden", Verfremden) von Musikstücken durch Rap-Gruppen bietet dafür das geeignete Instrument an, um in deren Tracks – so Mikos (2003) – ein „intertextuelles Referenzsystem" zu schaffen, das mittlerweile ständig auf den „eigenen kulturellen Kontext" hinweist.

Hier kann jedoch immer weniger von einem eigenen *deutschen* kulturellen Kontext gesprochen werden. Denn selbst wenn die Fantastischen Vier oder Fettes Brot in deutscher Sprache rappen und Die Firma die 40. Symphonie von Mozart sampelt, bezieht sich doch die HipHop-Szene *in* Deutschland auf ganz unterschiedliche kulturelle Elemente, die auch *Gegensätze* zum Ausdruck bringen können. Was das bedeuten kann, zeigt Bennett (2003, S. 34f.) anhand von eigenen Erfahrungen mit deutsch-türkischen HipHoppern in Frankfurt. Er ergänzt seine Darstellung durch Interviewaussagen, etwa vom Leiter eines kleinen, unabhängigen Plattenlabels im Frankfurter Westen, das sich auf türkische Rap-Musik spezialisiert hat:

„Also, musikalisch gesehen versuchen wir traditionelle türkische Melodien mit Rap-Rhythmen zu kombinieren. Die Kids machen das schon eine ganze Zeit

lang ... Man kann türkische Musikkassetten überall in der Stadt in türkischen Läden kaufen, und sie experimentieren mit dieser Musik, sampeln sie, mischen sie mit anderen Sachen und rappen dazu ... Wir versuchen dieses türkische Rap-Ding etwas auszubauen, indem wir es vertreiben ... Wenn ich ihnen sagen soll, warum wir so etwas machen, naja, es ist eigentlich aus Stolz. Die Sache mit viel von diesem deutschen Rap ist, dass es da diese farbigen Typen gibt, die sagen, schaut her, wir sind wie ihr, wir sind deutsch. Aber so fühle ich mich nicht, und ich habe mich noch nie so gefühlt, ich bin Türke und unheimlich stolz darauf".

Für Andy Bennett wird in dieser Aussage deutlich, dass insbesondere HipHop von Jugendlichen ethnischer Minderheitengruppen dafür genutzt wird, um sich im lokalen Raum (hier: in Frankfurt) kulturell auszudrücken. Allerdings greift die *Lokalisierungs-These* dann zu kurz, wenn sie das Lokale vor allem als *Gegensatz* zum Globalen festgelegt: Dann ist Lokalisierung eine *Reaktion* auf Globalisierung. In den globalisierten Medienszenen – so möchte ich stattdessen argumentieren – stellt das Lokale ein Aspekt des Globalen dar. Das heißt z.B. für die türkische HipHop-Jugend in Frankfurt: als globalisierte Medienszene nimmt sie zwar die vereinheitlichten Symbole globaler Kultur in Rap, Djing, Graffiti und Breakdance auf und verarbeitet sie, dies stellt aber gerade *keinen* Gegensatz zur Behauptung ihrer lokalen Identität dar, weil sie die „allgemeinen" Symbole des HipHops in ihrem eigenen kulturellen Kontext spezifisch interpretieren. Diese Dialektik von Globalem und Lokalem erklärt auch, warum urbane afroamerikanische Symbole *und* türkische arabeske Musik für die Jugendlichen keinen Widerspruch darstellen (vgl. Kaya 2003). Auf diese Weise „erfinden" sich die *glokalen* HipHop-Szenen – jenseits eines „Entweder-oder" – als etwas neuartiges „Drittes", als Cross-Over-Kulturen.

▪ *Transnationale soziale Räume von Migrantenjugendlichen im Internet*
Ein wesentliches Ergebnis der Globalisierungsforschung, die in den letzten Jahren auch nach empirisch belegbaren Zeichen globaler Kultur sucht, ist die Entdeckung *transnationaler sozialer Räume*. Damit werden Formen sozialer Lebens- und Handlungszusammenhänge bezeichnet, die regelmäßigen und anhaltenden sozialen Kontakt über nationalstaatliche Grenzen hinweg erfordern (vgl. Portes/ Guarnizo/Landolt 1999). Raum ist dabei als Metapher zu verstehen, die widersprüchlich benutzt wird, denn das bedeutendste Merkmal dieser Räume ist, dass sie Entfernungen aufheben. „Transnational" bedeutet – so Beck (1997, S. 63f.): „Es entstehen Lebens- und Handlungsformen, deren innere Logik sich aus dem Erfindungsreichtum erklärt, mit denen Menschen ‚entfernungslose' soziale Lebenswelten und Handlungszusammenhänge errichten und aufrechterhalten". Sie gewinnen heute immer mehr an Bedeutung für die soziale Wirklichkeit, vor allem in Verbindung und wechselseitigem Verhältnis von Globalisierung und neuen Kommunikations- und Informationstechnologien.

Pries (2001, 2002) zeigt dies am Beispiel der *Migrationsforschung*. Während traditionelle Vorstellungen von (Arbeits-)Migration, die internationale Wanderungsdynamik lediglich in den Kategorien eines definitiven Wechsels aus einem Herkunftsland bzw. einer spezifischen Herkunftsregion in eine neue Ankunftsgesellschaft zu erklären und verstehen versucht haben (Emigration/Immigration), erhält im Zusammenhang mit Globalisierungsprozessen ein neuer Typ internationaler Migration zunehmend Bedeutung, der nicht mehr allein mit den traditionellen Denkansätzen erklärt werden kann. Es geht um diejenigen Migranten, für die der Wechsel zwischen verschiedenen Lebensorten in unterschiedlichen Ländern kein einmaliger Vorgang ist, sondern ein dauerhafter Zustand und zur Normalität wird, indem sich ihr gesamter Lebensraum „plurilokal über Ländergrenzen hinweg zwischen verschiedenen Orten" verteilt (Pries 2001, S. 16). Es entstehen transnationale Sozialräume, die etwas *Drittes* darstellen, ein hybrider Lebenszusammenhang aus Elementen der Herkunfts- und Ankunftsregionen (vgl. im Hinblick auf die empirische Erforschung etwa Mandaville 2001; Smith 2001). Diese Prozesse finden in den letzten Jahren auch Widerhall in der Debatte um *internationale bzw. transnationale Kommunikation* (vgl. dazu etwa den Sammelband von Hepp/Löffelholz 2002). Dabei wird in den *Cultural Studies* vor allem der Begriff der *Diaspora* diskutiert, verstanden als „gleichzeitige Zuordnung zu mehreren Orten, als besonderer eigengesetzlicher Lebensraum oder als Raum, der sich zwischen Territorien und Identitäten erstreckt" (Bromley 2001, S. 796). Im Mittelpunkt steht das Verständnis der Produktion von „hybriden" Identitäten und Kulturen „durch die gleichzeitigen Aktivitäten von Aufrechterhaltung und Aushandlung der Heimatkultur und der neuen Zielkultur" (Cunningham/Nguyen 1998, S. 2).

In solchen transnationalen Formationen können *Medien* eine zentrale Rolle spielen, weil sie es sind, die die sozialen Aushandlungsprozesse unterstützen und beeinflussen. Silverstone (2002) bringt dies auf den Punkt, wenn er betont: „Die Medien stellen hierfür Mittel zur Verfügung; sowohl die Medien, die von den Gemeinschaften produziert werden, als auch die Medien, die sie konsumieren, die Medien ihrer eigenen ‚Heimat'kultur und die ihrer ‚Gast'kultur. Aus diesen Prozessen entsteht etwas Neues: ein kleines Kosmopolitentum, eine veränderliche Hybridität, die in alten wie neuen Medien reflektiert und ausgedrückt wird" (Silverstone 2002, S. 743). Dieser Zusammenhang ist bereits für unterschiedliche Gruppen untersucht worden. Dazu zählen vietnamesische diasporische Kulturen in Australien und Kalifornien (Cunningham/Nguyen 1999), die iranische Exilkultur in Los Angeles (Naficy 1993), Iraner in London (Sreberny, im Erscheinen) oder die südasiatische Diasporakultur in West-London (Gillespie 1995).

Die Gestalt transnationaler sozialer Verbindungen ist allerdings immer weniger durch unmittelbare Migrationserfahrungen und abgesteckte territoriale Grenzen festgelegt. Für die Entstehung gegenwärtiger transnationaler sozialer Räume ist vielmehr entscheidend, dass zwischen den beteiligten Personen eine bestimmte Form *gemeinsam geteilter Bewusstheit* besteht, eine „imaginary coherence" (Hall 1990), die den geeigneten Rahmen für wichtige Identitätsbildungsprozesse darstellt. Robert Cohen (1996, S. 516) merkt deshalb an: „In the age of cyberspace, a diaspora can, to some degree, be held together or re-created through the mind, through cultural artefacts and through a shared imagination".

Für unser Thema bleibt in der Erforschung transnationaler sozialer Räume zunächst zweierlei offen:

► *Erstens* gibt es kaum Hinweise auf jugendspezifische Aushandlungsformen in diesen Räumen. Gerade weil es so ist, dass Jugendliche heute verstärkt selbst darüber entscheiden (müssen), welche symbolischen Gebrauchsmuster sie für sich erwerben und wie sie diese in ihr Leben integrieren (vgl. Baacke 2000), ist zu fragen, was dies in transnationalen Lebenszusammenhängen bedeutet. Welche Anhaltspunkte gibt es überhaupt dafür, ob und wie sich transnationale soziale Räume von Jugendlichen entwickeln?

► *Zweitens* bleibt noch weitgehend offen, welche Bedeutung die elektronischen Medien, vor allem: *die neuen Informations- und Kommunikationstechnologien,* bei der Konstituierung von solchen Räumen von Jugendlichen genau spielen. Verschiedene Einschätzungen weisen zwar auf die zentrale Rolle des Internets hin. So geht etwa Silverstone (2002) davon aus, dass die sozialen Netzwerke von Migranten – Punjabis in Southall, marokkanische Juden in Bordeaux oder Türken in Berlin – zunehmend mit Hilfe der Neuen Medien funktionieren (vgl. auch Pries 1998). Über diese allgemeinen Einschätzungen hinaus, finden sich aber über die spezifische Bedeutung der Internetkommunikation in *transnationalen* Lebenszusammenhängen (von Jugendlichen) kaum oder gar keine Untersuchungen.

Diese Perspektiven sind – dies muss betont werden – nicht mit Untersuchungsansätzen zu verwechseln, die alleine den Prozess der *inter*kulturellen Kommunikation zwischen Menschen oder Gruppen unterschiedlicher Nationen bzw. Kulturen im Blick haben. Hier soll vielmehr davon ausgegangen werden, dass „neue Formen der Grenzziehung" (Pries 2001) entstehen, die quer zu begrenzten nationalen und kulturellen Einheiten liegen. Aufgabe der Erforschung von transnationalen Sozialräumen von Jugendlichen ist es, neue Mischverhältnisse, Zwischenkategoriales, Ambivalentes, das „zugleich Hier-und-dort-Sein" (Beck 1997) in elektronischen Kommunikationszusammenhängen zu erschließen.

Auf der Suche nach solchen sozialen Formationen wird deutlich: Transnationale soziale Räume von Jugendlichen lassen sich zunehmend im Internet entdecken, etwa in den Kommunikations- und Interaktionsräumen von Migrantenjugendlichen. Ein Beispiel ist VAYBEE.DE („Wow"), das auch als „Ethnoportal" oder „Multikulti-Portal" (Azrak 2002) für deutsch-türkische Jugendliche im Netz bezeichnet werden kann. Neben VAYBEE.DE – weitere Beispiele sind turkdunya.de oder bizimalem.de – haben sich in den letzten Jahren auch für polnische (www.polonium.de) und griechische Migranten (z.B. www.alpha nea.de) spezifische Internetangebote entwickelt (vgl. auch Dette 2003; Stegers 2003). Sie bieten einerseits eigene oder übernommene redaktionelle Inhalte an, andererseits stellen sie elektronische Foren (asynchron) und Chats (synchron) zum kommunikativen Austausch der Nutzer zu Verfügung.

Mit ca. 250.000 registrierten Nutzern stellt VAYBEE.DE die vermutlich meist genutzte Website dieser Art bei türkischen Jugendlichen dar (vgl. Senay 2003). Der türkische Journalist Attila Azrak beschreibt ihr Angebot wie folgt: „Auf der Eingangsseite findet sich alles, was den Jugendlichen von heute interessiert. Sprachlich nah an der Zielgruppe gehalten, wird die türkische Surfergemeinde durch Angebote wie News-Häppchen, Lifestyle-Meldungen und Online-Shopping für Markenwaren angesprochen. VAYBEE.DE versteht sich als deutsch- und türkischsprachiges Portal für türkische Jugendliche, die sich untereinander auf Deutsch und Türkisch unterhalten. Dies belegt auch ein geschätzter deutscher Useranteil von fünf Prozent. (...) Neben den üblichen Angeboten wie einem Veranstaltungskalender (hauptsächlich Tanzveranstaltungen) und einer auf die besonderen Bedürfnisse der jungen Migrantengeneration zugeschnittenen Jobbörse, sind auch spezielle Angebote wie türkische Behördenratgeber in die Site integriert. VAYBEE.DE lockt türkische Surfer mit zusätzlichen Angeboten wie einem Shop für CDs oder einem Mobilportal für Klingeltöne und Logos für Mobiltelefone" (Azrak 2002, S. 10).

Betreiber der Website ist die VAYBEE AG, die von den drei türkischen Brüdern Hasim, Tamer und Akgün Kulmac im Mai 2000 gegründet wurde. Da es sich um ein kommerzielles Angebot handelt, verwundert es nicht, dass neben – nach wie vor frei zugänglichen – „Grundfunktionen" seit Ende 2002 zunehmend auch kostenpflichtige „Premiumservices", beispielsweise die nach eigenen Angaben erste türkische Partnerbörse Europas im Internet, angeboten werden. Diese verstärkte Kommerzialisierung des Angebotes hat zwar zu einigem „Ärger" in der „Community" geführt, was durch zahlreiche Postings in den elektronischen Foren belegt werden kann. Bisher hat sich dieser Unmut aber offenbar nicht in einer geringeren Akzeptanz des Gesamtangebotes niedergeschlagen. Tamer Kulmac, Mitbegründer und Geschäftsführer weist stattdessen auf die große Beliebtheit des Kommunikationsbereichs hin: „Man kann nicht sagen, dass er (der User, K.U.H) wegen der Nachrichten auf unsere Site kommt. Hauptsächlich werden unsere interaktiven Angebote wie Email oder Homepages, Diskussionen und Chats genutzt. Hier kommunizieren die User untereinander und das sind eigentlich die ‚Community-Tools'. Wir haben sowohl Informationen aus der Türkei, als auch türkische Themen aus Deutschland und Europa in unseren Angebot" (Interview mit Tamer Kulmac 2002, S. 11).

In den Sozialwissenschaften sind solche sozialen Phänomene im Internet bisher vor allem mit der Bildung *„virtueller Gemeinschaften"* bzw. *„Online-Communities"* in Zusammenhang gebracht worden. Noch wird aber nach genauen Hinweisen dafür gesucht, wie in den elektronischen Netzwerken „Gemeinschaft" gefunden wird und welche kulturellen Folgen dies hat (vgl. Castells 2001; Marotzki 2003). Das mittlerweile auch in einer breiteren Öffentlichkeit zu beobachtende Interesse an der Untersuchung von *Internet-Communities* lässt sich teils mit der Vorstellung erklären, dass in den virtuellen Foren ein durch gegenseitige Hilfe und soziale Nähe gekennzeichnetes soziales Miteinander vorherrscht, das in der modernen Gesellschaft schon längst verloren geglaubt wurde. In diesem Sinne muss auch Rheingold (1993) verstanden werden, der als einer der entschiedensten Verfechter für die Entstehung einer neuen Form von Gemeinschaft im Netz gilt. Virtuelle Gemeinschaften sind für ihn die Folge eines wachsenden Bedürfnisses nach Gemeinschaft, das die Menschen weltweit entwickeln, weil in der „wirklichen Welt" die Räume für ungezwungenes soziales Miteinander immer mehr verschwinden. Die Online Communities sieht er als Brücke zu fremden Kulturen an, die jetzt nicht mehr unbedingt von Angesicht zu Angesicht besucht werden müssen, damit man sie kennen lernt. Auch eine virtuelle Begegnung könne dies jetzt ermöglichen, wenngleich Face-to-face-Treffen dadurch nicht ersetzt würden.

Folgt man diesem Gedanken weiter, würde dies bedeuten, dass durch die virtuell geknüpften Bekanntschaften und die spezifische Art und Weise, in der man sich über computervermittelte Kommunikation (CvK) miteinander austauscht, völlig neue Erfahrungshorizonte erschlossen werden könnten, die sich von den bisherigen Wirklichkeitserfahrungen – medial vor allem durch Fernsehen und Telefon beeinflusst – unterscheiden. Rheingold (1993) definiert virtuelle Gemeinschaften als elektronische Netzwerke interaktiver Kommunikation, die von einem gemeinsam geteilten Interesse oder einem gemeinsamen Zweck bestimmt werden. Dabei kann auch die Kommunikation selbst zum Ziel werden. Deutlich wird insgesamt, dass zahlreiche Thesen zur Entstehung von Online-Communities ein häufig idyllisches Bild von Gemeinschaft als dichte, abgegrenzte und dorfähnliche Formen des sozialen Miteinanders vertreten, geprägt durch Nähe, Untersützung und Zugehörigkeit. Die Existenz dieser sozialen Formationen ist aber wohl selbst für die Agrargesellschaft zu bezweifeln. Nicht zuletzt spiegelt sich auf diese Weise das Verständnis klassischer soziologischer Theorien wider – verbunden etwa mit den Arbeiten von Tönnies, Parsons oder Durkheim –, die das soziale Miteinander mit den Kategorien Gemeinschaft bzw. Gesellschaft zu beschreiben versuchen. Es bleibt aber festzuhalten: Die Verwendung des traditionellen Gemeinschaftsbegriffs für soziale Prozesse im Netz ist kritisch zu hinterfragen, weil er ortsgebundene bzw. nationalstaatliche bzw. kulturell fest abgesteckte Räume betont, die sich aber auf Grund von Globalisierungsprozessen heute immer mehr *entgrenzt* darstellen.

Dem Umstand, dass der Begriff der Gemeinschaft für die Kennzeichnung von Online-Communities problematisch geworden ist, wird in der Internetforschung heute vor allem mit dem *Netzwerkkonzept* begegnet. So kritisiert der kanadische Soziologe Barry Wellman in einer Reihe von theoretischen und empirischen Arbeiten zur Entwicklung von virtuellen Gemeinschaften insbesondere die Gruppensoziologie und regt an, Gemeinschaft nicht mehr als hierarchisch strukturierte, relativ homogene und dicht verbundene Gruppe zu definieren, sondern besser als soziales Netzwerk interpersoneller Beziehungen, das Soziabilität, Unterstützung, Information und ein Gefühl für Zugehörigkeit sowie soziale Identität liefert (vgl. etwa Wellman/Gulia 1999). Gegenüber den Überlegungen in der Gruppensoziologie sind solche Netzwerkkonzepte weit offener und ermöglichen es, sowohl die heterogene Teilnehmerstruktur in internetbasierten Diskussionsgruppen als auch die spezifischen sozialen Verbindungen in ihnen adäquater zu erfassen.

Mittlerweile ist bekannt, dass die Kommunikationsforen im Netz auch jugendkulturell angeeignet werden (vgl. Androutsopoulos 2003, Vogelgesang 2000). Zu nennen ist etwa die Szene der Globalisierungskritiker, für die das Netz die Grundlage für politische Meinungsbildung darstellt (vgl. Deutsche Shell 2002). Unerledigt ist allerdings die Entstehung von *transnationalen* sozialen Lebenszusammenhängen von Jugendlichen im Internet. Dabei geraten die jungen deutsch-türkischen Migranten in den Blick, deren Medienwelt bisher kaum untersucht worden ist (vgl. Schulte 2003). Eine genaue Aussage über deren Internetnutzung trifft selbst die von der Gesellschaft für Konsumforschung (GfK) im Auftrag des Bundespresseamtes 2001 vorgelegte Studie über die Mediennutzung und Integrationsbereitschaft der Migranten aus der Türkei nicht (vgl. Weiß/Trebbe 2001). Aussagen werden hier vor allem über die traditionellen Medien Fernsehen, Radio und Print getroffen.

Wie die Beliebtheit von VAYBEE.DE belegt, gewinnt aber insbesondere das Internet bei den jüngeren Deutsch-Türken zunehmend an Bedeutung. Im allgemeinen Sinne ist ihre Mediennutzung nicht auf „türkische" Medien beschränkt. So hat die bereits genannte GfK-Untersuchung herausgefunden, dass in der türkischen Bevölkerung in Deutschland diejenige Gruppe am größten ist, die sowohl türkische als auch deutsche Medien nutzt. Jeder zweite Türke ist in seiner Mediennutzung „zweisprachig". Am seltensten ist die ausschließliche Nutzung türkischsprachiger Medien. Deutlich größer ist dagegen die Gruppe der in Deutschland lebenden Türken, die ausschließlich deutschsprachige Medien nutzt (ebd.). Freilich unterscheiden sich die Nutzungsfunktionen des Internetangebotes von den traditionellen Medien. Neben „schnellen" Informationen über Politik, Kultur etc., die auch über entsprechende Radioprogramme (etwa www.multikulti.de) oder das Fernsehen geliefert werden können, ist vor allem das Kommunikationsangebot in Foren und Chats zu nennen, das bei den Jugendlichen besonders beliebt ist.

Die Medienszene von deutsch-türkischen Migrantenjugendlichen im Netz ist *transnational,* weil sie sich über kommunikative Aushandlungsprozesse zwischen Herkunfts- und Ankunftskultur konstituiert. Zur präzisen Charakterisierung dieser sozialen Formation scheint mir der Begriff „transnationaler sozialer Raum" besser geeignet zu sein als die Bezeichnung „ethnische Online-Gemeinschaften", die Androutsopoulos und Hinnenkamp (2001) zur Kennzeichnung des sozialen und kommunikativen Miteinanders von Migranten in Chats, Newsgroups und Ethnoportalen wählen. Als Ergebnis einer sprachwissenschaftlichen Untersuchung der Chats *#hellas* und *#turks* stellen sie fest: „Die Zugehörigkeit zur ethnischen Gruppe bzw. die Beherrschung der Sprache ist Teilnahmebedingung, der Status der ethnischen Minderheit sowie der Bezug zur Kultur des Herkunftslandes sind konstitutiv für das Selbstverständnis und die Thematik der Online-Interaktion" (Androutsopoulos/Hinnenkamp 2001, S. 3). Diesen Überlegungen muss nicht grundsätzlich widersprochen werden, aber sie sind zu ungenau, wie die Analyse des Verhältnisses von „Globalisierung" und „Jugendkulturen" gezeigt hat. Zweifel kommen vor allem deshalb auf, weil die Autoren die Funktionen des Medienhandelns der Migrantenjugendlichen zu einseitig aus der Hinwendung zur – homogenen – Herkunftskultur heraus erklären. Demgegenüber legt die Nutzung der Kommunikationsforen von VAY-BEE.DE – um nur ein Beispiel eines Ethnoportals zu nennen – eine komplexere Deutung nahe. Insbesondere scheinen es die Möglichkeiten der (anonymen) Internetkommunikation zu sein, die es für die Jugendlichen attraktiv machen, sich in den virtuellen Foren – jenseits von teils sehr groß erlebten sozialen Zwängen in vielen Migrantenfamilien – offener über auch prekäre kulturelle, soziale oder politische Themen zu unterhalten (Islam und Sexualität, allein erziehende türkische Mütter oder Beitritt der Türkei zur EU etc.). Dass dieses Angebot besonders gerne von deutsch-türkischen Mädchen/Frauen genutzt wird, sei hier nur am Rande bemerkt. Es liegt nahe, diese transnationale *Kommunikationswelt* dann als Bedingungsgefüge zu verstehen, das es Migrantenjugendlichen ermöglicht, eine „hybride" Identität *auszuhandeln*, die gerade nicht allein auf die Herkunftskultur zu reduzieren ist. Die globalisierte Medienszene der Migrantenjugendlichen im Netz bietet den geeigneten „virtuellen" Raum für diese Aushandlungsprozesse.

4. Ausblick

Am Beispiel der „glokalen HipHop-Szene" und den „transnationalen sozialen Räumen von Migrantenjugendlichen im Internet" sollte deutlich geworden sein: im Kontext einer zunehmenden kulturellen Globalisierung lassen sich „globalisierte Medienszenen" von Jugendlichen rekonstruieren. Die empirische Forschung wird versuchen müssen, die Strukturen dieser neuen, glokal und transnational durchdrungenen Lebenszusammenhänge besser als bisher sichtbar zu machen. Der Erfolg einer solchen Erforschung wäre dann erzielt, wenn die abstrakte Kategorie der Globalisierung etwa am Beispiel der globalisierten Medienszenen von deutsch-türkischen Jugendlichen im Netz konkret gemacht werden könnte.

Literatur

Androutsopoulos, J.: Einleitung. In: *Ders.* (Hrsg.): HipHop: Globale Kultur – lokale Praktiken. Bielefeld 2003a, S. 9–23.

Androutsopoulos, J.: Musikszenen im Netz: Felder, Nutzer, Codes. In: *Merkens, H./Zinnecker, J.* (Hrsg.): Jahrbuch Jugendforschung 2003. Bielefeld 2003b, S. 57–82.

Androutsopoulos, J./Hinnenkamp, V.: Code-Switching in der bilingualen Chat-Kommunikation: ein explorativer Blick auf #hellas und #turks. In: *Beißwenger, M.* (Hrsg.): Chat-Kommunikation: Sprache, Interaktion, Sozialität & Identität in synchroner computervermittelter Kommunikation. Stuttgart 2001.

Appadurai, A.: Globale ethnische Räume. In: *Beck, U.* (Hrsg.): Perspektiven der Weltgesellschaft. Frankfurt a.M. 1998, S. 11–40.

Asbrand, B.: Globales Lernen und das Scheitern der großen Theorie. Warum wir heute neue Konzepte brauchen. In: *ZEP – Zeitschrift für internationale Bildungsforschung und Entwicklungspädagogik,* 25. Jg., 2002, H. 3, S. 13–19.

Azrak, A.: Links zum Leben und Überleben. In: medien concret 2002, S. 10–11.

Baacke, D.: Internet, Multimedia und neue Entwicklungsaufgaben. In: *GMK* (Hrsg.): Rundbrief Themen: Netzwärts – Multimedia und Internet. Bielefeld 1997, S. 3–10.

Baacke, D.: Medienkulturen – Jugendkulturen. In: *Radde, M./Sander, U./Vollbrecht, R.* (Hrsg.): Jugendzeit – Medienzeit. Weinheim/München 1998, S. 15–42.

Baacke, D.: Die 13-18jährigen. Weinheim und Basel 2000.

Baacke, D./Ferchhoff, W./Vollbrecht, R.: Kinder und Jugendliche in medialen Welten und Netzen. In: *J. Fritz/W. Fehr* (Hrsg.): Handbuch Medien: Computerspiele. Bonn 1999, S. 31–57.

Beck, U.: Was ist Globalisierung? Frankfurt a.M. 1997.

Beck, U.: Macht und Gegenmacht im globalen Zeitalter. Frankfurt a.M. 2002.

Beck, U./Giddens, A./Lash, S.: Reflexive Modernisierung. Eine Kontroverse. Frankfurt a.M. 1996.

Bennett, A.: HipHop am Main: Die Lokalisierung von Rap-Musik und HipHop-Kultur. In: *Androutsopoulos, J.* (Hrsg.): HipHop: Globale Kultur – lokale Praktiken. Bielefeld 2003, S. 26–42.

Bromley, R.: Das Aushandeln von diasporischen Identitäten. In: *Hepp, A./Löffelholz, M.* (Hrsg.): Grundlagentexte zur transkulturellen Kommunikation. Konstanz 2002, S. 795–818.

Burnett, R./Marshall, P.D.: Web Theory. An introduction. London/New York 2003.

Canclini, N.G.: Hybrid Cultures. New York 1995.

Castells, M.: Das Informationszeitalter. Band I: Die Netzwerkgesellschaft. Opladen 2001.

Cohen, R.: Diasporas and the nation-state: from victims to challlengers. In: International Affairs 72, 1996, S. 507–520.

Cunningham, St./Nguyen, T.: Floating Lives: the Media of the Vietnamese Diaspora. Queensland 1998.

Cunningham, St./Nguyen, T.: Popular Media and the Vietnamese Diaspora. In: Javnost/The Public 6 (1999) 1, S. 71–92.

Dette, C.: Der türkische Cybermuslim in Deutschland – türkisch-deutscher Islam im Internet. In: *Becker, J./Behnisch, R.* (Hrsg.): Zwischen kultureller Zersplitterung und virtueller Identität. Türkische Medienkultur in Deutschland III. Rehburg-Loccum 2003. S. 135–150.

Deutsche Shell (Hrsg.): Jugend 2002. Frankfurt a.M. 2002.

Featherstone, M.: Global Culture: An Introduction. In: *Ders.* (Hrsg.): Global Culture. London u.a. 1990, S. 1–14.

Giddens, A.: The Consequences of Modernity. Cambridge 1990.

Giddens, A.: Modernity and Self-identity. Cambridge 1991.

Gillespie, M.: Television, Ethnicity and Cultural Change. London 1995.

Hall, St.: Cultural identity and diaspora. In: *Rutherford, J.* (Hrsg.): Identity: Community, Culture, Difference. London 1990.

Hannerz, U.: Scenarios for Peripheral Cultures. In: *King, A.D.* (Hrsg.): Culture, Globalization and the World System. London 1991.

Hepp, A./Löffelholz, M. (Hrsg.): Grundlagentexte zur transkulturellen Kommunikation. Konstanz 2002.

Hornstein, W.: Erziehung und Bildung im Zeitalter der Globalisierung. Themen und Fragestellungen erziehungswissenschaftlicher Reflexion. In: Zeitschrift für Pädagogik, 47. Jg., 2001, H. 4, S. 517–537.

Huntington, S.P.: The clash of civilizations? In: Foreign Affairs, 1993, vol. 72, S. 23–49.

Interview mit Tamer Kulmac „Wir haben ein starkes Wachstumspotential." In: medien concret 2002, S. 11.

Kaya, A.: „Scribo Ergo Sum": Islamic Force und Berlin-Türken. In: *Androutsopoulos, J.* (Hrsg.): HipHop: Globale Kultur – lokale Praktiken. Bielefeld 2003, S. 246–272.

Kellner, D.: Die erste Cybergeneration. In: *SpoKK* (Hrsg.): Kursbuch Jugendkultur. Mannheim 1997, S. 310–316.

Lewis, M.W./Wigen, K.E.: The Myth of Continents. Berkely u.a. 1997.

McLuhan, M.: Understanding Media: the Extension of Man. London 1964.

Mandaville, P.: Transnational Muslim Politics. London/New York 2001.

Marotzki, W.: Online-Ethnographie – Wege und Ergebnisse zur Forschung im Kulturraum Internet. In: *Bachmair, B./Diepold, P./de Witt, C.* (Hrsg.): Jahrbuch Medienpädagogik 3. Opladen 2003, S. 149–165.
Mecheril, P./Teo, T. (Hrsg.): Andere Deutsche. Berlin 1994.
Merkens, H./Zinnecker, J.: Jahrbuch Jugendforschung. Opladen 2001.
Mikos, L.: „Interpolation and sampling": Kulturelles Gedächtnis und Intertextualität im HipHop. In: *Androutsopoulos, J.* (Hrsg.): HipHop: Globale Kultur – lokale Praktiken. Bielefeld 2003, S. 64–84.
Naficy, H.: The Making of Exile Cultures. Minneapolis 1993.
Nederveen Pieterse, J.: Der Melange-Effekt. In: *Beck, U.* (Hrsg.): Perspektiven der Weltgesellschaft. Frankfurt a.M. 1998, S. 87–124.
Nelson, B.: Civilizational complexes an intercivilizational encounters. In: Sociological Analysis. 1973, vol. 34, S. 79–105.
Nestvogel, R.: Sozialisation unter Bedingungen von Globalisierung. In: *Scheunpflug, A./Hirsch, K.* (Hrsg.): Globalisierung als Herausforderung für die Pädagogik. Frankfurt a.M. 2000, S. 169–194.
Özdemir, C.: Viel Bedarf, wenig Angebot. In: Zeitschrift für KulturAustausch 3/1999, S. 15
Portes, A./Guarnizo, L.E./Landolt, P.: The study of transnationalism: pitfalls and promise of an emergent research field. In: Ethnic and Racial Studies 22, 1999, S. 217–237.
Pries, L.: Transnationale Soziale Räume. In: *Beck, U.* (Hrsg.): Perspektiven der Weltgesellschaft. Frankfurt a.M. 1998, S. 55–86.
Pries, L.: Migration und Integration in Zeiten der Transnationalisierung oder: Warum braucht Deutschland eine ‚Kulturrevolution'? In: Zeitschrift für Migration und soziale Arbeit, 2001, Heft 1, S. 14–19.
Pries, L.: Transnationalisierung der sozialen Welt? In: Berliner Journal für Soziologie, 2002, Heft 2, S. 263–272.
Rheingold, H.: The Virtual Community. Reading, Mass. 1993.
Robertson, R.: Globalization. London 1992.
Robertson, R.: Glokalisierung: Homogenität und Heterogenität in Raum und Zeit. In: *Beck, U.* (Hrsg.): Perspektiven der Weltgesellschaft. Frankfurt a.M. 1998, S. 192–220.
Roth, R.: Globalisierungsprozesse und Jugendkulturen. In: Aus Politik und Zeitgeschichte B5/2002, S. 20–27
Sassen, S.: The Global City: New York, London, Tokyo. Princeton/NJ 1991.
Scherer, H./Wirth, W.: Ich chatte – wer bin ich? Identität und Selbstdarstellung in virtuellen Kommunikationssituationen. In: Medien&Kommunikationswissenschaft 50, Jg. 2002/3. S. 337–358.
Scheunpflug, A.: Stichwort Globalisierung und Erziehungswissenschaft. In: Zeitschrift für Erziehungswissenschaft, 6. Jg., H. 2/2003, S. 159–172.
Schiller, H.: Mass Communications an American Empire. New York 1970.
Schulte, J.: Die Internet-Nutzung von Deutsch-Türken. In: *Becker, J./Behnisch, R.* (Hrsg.): Zwischen kultureller Zersplitterung und virtueller Identität. Türkische Medienkultur in Deutschland III. Rehburg-Loccum 2003. S. 115–123.
Schwann, K.: Breakdance, Beats und Bodrum. Türkische Jugendkultur. Wien 2002.
Senay, U.: Virtuelle Welten für Migranten im World Wide Web. In: *Becker, J./Behnisch, R.* (Hrsg.): Zwischen kultureller Zersplitterung und virtueller Identität. Türkische Medienkultur in Deutschland III. Rehburg-Loccum 2003. S. 125–134.
Silverstone, R.: Minderheiten, Medien und die globale Allmende. In: *Hepp, A./Löffelholz, M.* (Hrsg.): Grundlagentexte zur transkulturellen Kommunikation. Konstanz 2002, S. 725–749.
Slouka, M.: War of the Worlds: Cyberspace and the High-Tech Assault on Reality. New York 1995.
Smith, M.P.: Transnational Urbanism. Malden/MA 2001.
Sreberny, A.: Media and Diasporic Consciousness: An Exploration among Iranians in London. In: *Cottle, S.* (Hrsg.): Ethnic Minorities and the Media. Buckingham u.a., 2000, S. 179–196.
Stegbauer, Chr.: Grenzen virtueller Gemeinschaft. Wiesbaden 2001.
Stegers, F: Portale für Migranten. In: onlinejournalismus.de [http://www.ojour.de/druckversion/webwatch/migranten.html; 16.09.2003]
Tapscott, D.: Net Kids. Wiesbaden 1998.

Tomlinson, J.: Internationalismus, Globalisierung und kultureller Imperialismus. In: *Hepp, A./Löf-felholz, M.* (Hrsg.): Grundlagentexte zur transkulturellen Kommunikation. Konstanz 2002, S. 140–163.

Turkle, S.: Leben im Netz. Reinbek 1998.

Vogelgesang, W.: Jugendkulturelle Identitätsinszenierung und Szenengenerierung im Internet. In: Berliner Journal für Soziologie, Heft 1, 1999, S. 65–84.

Vogelgesang, W.: Das Internet als jugendkultureller Erlebnisraum. In: *Marotzki, W./Meister, D.M./ Sander, U.* (Hrsg.): Zum Bildungswert des Internet. Opladen 2000, S. 363–385.

Volkmer, I.: News in the Global Sphere. Luton 1999.

Volkmer, I.: The Global Network Society and the Global Public Sphere. In: development, Vol. 46/ 1 (2003). pp. 9–16.

Vollbrecht, R.: Einführung in die Medienpädagogik. Weinheim und Basel 2001.

Vollbrecht, R.: Jugendmedien. Tübingen 2002.

Wallerstein, I.: The Politics of the World Economy: the States, the Movements and the Civiliza-tions. Cambridge 1987.

Weiß, H.-J./Trebbe, J.: Mediennutzung und Integration der türkischen Bevölkerung in Deutsch-land. Potsdam 2001.

Wellman, B./Gulia, M.: Virtual Communities as Communities. Net surfers don't ride alone. In: *Smith, M.A./Kollock, P.* (Hrsg.): Communities in Cyberspace. Routledge 1999, S. 167–194.

Welsch, W.: Transkulturalität. Lebensformen nach der Auflösung der Kulturen. In: Information Philosophie 2/1992, S. 5–20.

Andrew Burn / Rebekah Willett

"What exactly is a paedophile?" Children talking about Internet risk

1. Introduction

Reports tell us that the internet is opening new dangers to children, including online grooming, exposure to pornography and financial scams (Carr 2004; Gardner 2003; UK Home Office 2001; O'Connell 2003). The result has been various initiatives which attempt to teach children safe surfing habits. The UK Home Office "ThinkUKnow" campaign featured advertisements on the radio, internet and cinemas, targeting teens and preteens with the message that the person they are chatting to "may not be who you think they are". There are indications that such campaigns have had an impact on children's awareness of "stranger danger" on the internet (Livingstone/Bober 2003). However, many organisations are still struggling with the question of how best to prevent internet-related harm to children.

Children are exposed not only to advertising campaigns about stranger danger but also sensationalist stories about, for example, what happens to girls who enter chat rooms. When a teenage girl goes missing, police investigations routinely include looking at the girls' online activities, and tabloid media frequently make the connection between missing school girls and chat room activities. These connections are firmly embedded in the minds of the children we interviewed for the study we will be discussing. Alongside the very rational and prohibitive discourse coming from campaigns which warn children against any chat with strangers, sit the folkloric stories about girls meeting up and getting killed by paedophiles. The challenge to educators is to find an approach which will engage with both sets of discourses.

The study on which this paper is based involved piloting teaching materials which focus on various internet-related risks. Although the materials involved a school-based and therefore rational approach, they were designed with the aim of seeing risk taking as part of children's learning experience. This paper uses the data from the evaluation of the programme, particularly interviews with small groups of pupils, to discuss the discourses surrounding children's experience and knowledge of internet risk. We want to identify broad patterns in the ways children talk, and consider what these show about their perceptions of, and engagement with, varieties of internet risk.

At one extreme, these patterns construct dramatic pictures of internet danger, the most prominent theme being paedophilia, with associated dangers like pornography and (in some of the children's minds) viruses. At the other extreme, we found patterns of discourse which suggested emergent attempts to discriminate more finely between types of internet risk. In identifying forms of discursive practice, we want to see these both as evidence of how a media education programme focusing on internet risk works; but also as a contribution to the research effort to understand how children perceive the internet, and its place in the overlapping cultures of school, home and play which they occupy.

2. Research Context

The programme we will be referring to is part of a pan-European programme called Educaunet. This project, which involved seven countries, developed a course in Internet risk awareness for use by schools, parents and community groups. The course regards risk as an inevitable part of the internet, as it is of life in general, and aims to educate rather than preach. In the UK the Educaunet programme was piloted in one primary and one secondary school, both located on a large council housing estate just outside London, and thus serving an area of relative socio-economic disadvantage. On the edge of the estate is the oldest mosque in Britain, and the school reflects the Muslim population in the area. In the primary school, we used the teaching materials in four classes, ages 8 – 9 and 10 – 11, with 92 pupils. In the secondary school worked with two classes (58 pupils), ages 11 – 12 and 14 – 15. The final evaluation of the programme consisted of small group semi-structured interviews. Pupils from all ages were interviewed in small groups (34 pupils in total), and the five teachers were interviewed individually. The UK team consisted of two researchers, one male and one female (the authors of this article). Both were present for interviews with the secondary pupils and teachers, whereas the female researcher did the interviews in the primary school. We asked the children what they had learned and what they thought were the greatest risks on the internet. We will consider these interviews in relation to a set of discourses about internet risk, which we are developing as a model for this kind of investigation. To understand how children's perception of internet risk might offer clues to their behaviour, we need to understand how these discourses work – how their engagement with the internet is rooted in different cultural dispositions towards digital culture, information and communication technologies, and social risks in general.

3. Theoretical context: discourse

Kress and van Leeuwen define "discourse" as "knowledge of (some aspect of) reality" (2000). The key point about their conception of discourse is that it begins from the assumption that ordinary people have some agency in the deployment of discourses. By "agency" here we mean the power to direct social processes. Our view of discourse is, therefore, at some distance from the well-known Foucaultian model (1980), in which social agents are at the mercy of deterministic discursive structures, which operate as vast historical forces in which power is inevitably concentrated in the hands of overarching state institutions. By contrast, our view sees ordinary people as, to some degree, the knowing authors of their utterances. In this way, it resembles more the vision of Volosînov (1986/1929), for whom the act of utterance was on the one hand to absorb meanings from the flow of ideology, but on the other hand for individual people to reshape them internally before returning them to the ideological flow a little altered. However, we want to imagine all possibilities along the spectrum between a deterministic model and one that emphasises social agency. Children talking about internet risk may be constructing a knowledge of reality in which they are entirely dependent on stories they have heard and imperfectly understood; and in this respect, they exhibit a weaker social agency. At the other extreme, their perceptions may be based on detailed practical knowledge and on complex syntheses of rationalistic discourse. In this case, we would see a much stronger social agency, a much greater control of the discourses they deploy, and a greater ability to reshape these for their own purposes. Many of them we would expect to fall between these extremes, expressing their understandings and their social motivations in hybrid discursive patterns.

At the risk of oversimplification, we can see the rhetoric at play in these interviews as broadly inclining on the one hand towards folkloric types of the urban myth or legend variety; and on the other hand towards rationalistic discourses. In our field of media education, this kind of polarity is common. The media cultures which are most attractive to children and young people often incorporate spectacular and thrilling genres which by their very nature appeal to the irrational impulse in human culture, such as horror films, computer games structured around combat, and comic-strip narratives of magic and contemporary myth. A problem for the media educator is that these cultures and the pleasures they provide collide sharply with the rationalistic discourses of analysis typical of media education, revolving in the UK particularly around a familiar conceptual framework of media institutions, texts and audiences (Buckingham 2003). In the case of internet education, as in other media genres, the ideal solution seems to be to help students develop skills of rational analysis without delegitimizing the pleasures of the medium, though this is much easier to say than to do, of course.

Our model of discourse, like the Kress and van Leeuwen model referred to above, is derived from social semiotics, which emphasises the social function of forms of communication, and the social interest of the communicator. The axis of social interest we will construct here assumes that at one pole, the social interest is in *prohibition* – don't go into chat rooms, don't give out your e-mail address or phone number, don't take risks. While the dangers may be real, the problems with prohibition and teenage risk-taking are manifold: it treats the listeners as objects of instruction, it collapses complex categories of risk into simple, exaggerated ones, and it closes down discussion. Furthermore, as Livingstone points out (2002), children become experts in subverting adult attempts to constrain their use of the internet. The Educaunet project is based on recognition, spelled out by Buckingham, that "the attempt to protect children by restricting their access to media is doomed to fail. On the contrary, we now need to pay much closer attention to how we prepare children to deal with these experiences; and in doing so, we need to stop defining them simply in terms of what they lack" (Buckingham 2000, p. 16).

The other extreme we want to posit, implied by Buckingham's argument, is exploration. We see this as an opposite of prohibition: where prohibition closes down possibilities, exploration opens them up; where prohibition leads to risk-avoidance, exploration involves risk-taking. As a different form of social action, we can imagine that this can be, at one extreme, wildly reckless, and at the other, informed and considered. Naturally it is the latter tendency that media education tries to encourage in students; but there are many variations on this theme, and finding a balance between reckless forms of learning and carefully considered procedures is not always easy.

In this article, we will develop a model of discourses related to internet risk based on the axis of discursive structure (folkloric-rationalistic) and the axis of social motivation (prohibitive-exploratory). This model, shown in Figure 1, produces four types, with the possibility of many complex inter-positions. A good deal of our analysis of the recorded and transcribed talk of the students and teachers focuses on modality, which is to say, the mechanisms by which the discourse makes particular kinds of truth claims. In systemic-functional linguistics (Halliday 1985) and in social semiotic theory (Hodge and Kress 1988; Kress and van Leeuwen 1996) this system is part of the metafunction of communication concerned with the establishment of interpersonal relations. Lemke (1998) extends the traditional social semiotic model by proposing seven types of semantic evaluation which propositions can contain – a system through which speakers express an evaluative attitude to their own proposition. In this way, we can distinguish where our interviewees code their propositions about the internet and its various risks as truthful or doubtful, desirable or reprehensible, verifiable or not, and so on.

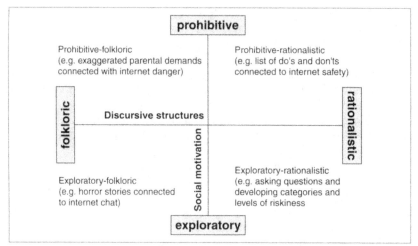

Figure 1: Discourse types

4. Folkloric discourses

Starting with the left side of Figure 1, these are the discourses which characteristically inflate internet risk and render it spectacular. Like folkloric accounts of the world in general, they are attempts to explain reality which, in our culture, are usually perceived in opposition to scientific/positivistic accounts of the world. Also, as Imler et al (2003) point out, "one of the more widely accepted traits of any urban folklore is its reflection of what are considered to be social or individual problems" (http://www.units.muohio.edu/psybersite/cyberspace/folklore/). We will identify two sub-types, proceeding from related but quite distinct social motivations. The first is the prohibitive-folkloric type, characteristic of some forms of parental protection. The second is the exploratory-folkloric type, characteristic of peer cultures in which talk about the internet resembles in many ways other discourses of horror and risk, where real social fears are exercised and arguably partially dispelled and controlled through thrilling and pleasurable oral narratives.

▓ Prohibitive-folkloric

This discourse is motivated by adult-generated anxiety about dangers which, while they may really exist, are here often understood vaguely, and only loosely related to experience: paedophiles, pornography, the "dark side of the net". These are irrational anxieties not because real dangers do not exist; but because these perceptions of them emerge from ignorance, and from a distorted assessment of the actual risk. Like anxieties about paedophilia in general, with which they are closely implicated, they do not assess the risk to children rationally by comparison with, for instance, the statistical risks of sexual abuse in the family, or of the physical danger of road accidents. We do not have direct examples of this discursive type, as our project did not include interviews with parents; so this part of the model is to some extent speculative. However, in a small number of cases we can hear this discourse clearly at second hand, echoed in the words of the children as they rehearse parental injunctions.

This form of prohibitive discourse will depend on the exotic figures of urban and media mythology, employing them as a warning device. Essentially, this prohibition, usually the prohibition of the home, is "Don't do that or the 'bogeyman' will get you" (see below); or, in this case, "don't go into chat rooms or the paedophile will get you". Its discourse markers will be:

> Strong demand modality – imperatives, typically linked with consequences
> Brief, condensed structures representing the technology, disguising uncertainty or confusion
> Dense codings of risk in nouns that carry considerable emotive and mythic freight (eg *bogeyman, virus, stranger*), and in representations of their attributes (appearance, clothing, instruments) and actions

The clearest example of this was in a Year 6 (age 10 – 11) interview, where a group of girls echoed the injunctions of their parents, discussing their mothers' anxieties about paedophiles in the neighbourhood. When asked where they had heard about paedophiles, one of the girls mentioned receiving notices about where paedophiles had "attacked", and the following extract exemplifies parental anxieties:

Daniella: my mum's been warning me about [paedophiles] saying "oh don't dress too old" ...
All: ya
Claire: don't dress up because they'll go after you
Daniella: it attracts them
Claire: ya my mum was talking to me this morning
Becky: ya like a magnet
Daniella: it's like a flea to a cat

The girls' statements here, as well as being about their peer relations, also reflect anxiety from the home about childhood generally, and more particularly, about dangers to girls. This discourse is also reported in a study by Buckingham and Bragg (2004) in which girls tell about their mothers' warnings about dangers in their neighbourhood and subsequent restrictions placed on girls' mobility. These girls' discussions display echoes of the prohibitive variety of the folkloric discourse, in which warnings by parents are characterised by strong imperatives ("don't dress up"), simple consequences ("because they'll go after you"), and colourful, dramatic simile ("like a magnet"; "like a flea to a cat").

▓ Exploratory-folkloric
Looking at Figure 1, the bottom left corner (in some ways opposite to prohibitive-folkloric) contains the second version of this discourse, which emerges

from the children themselves. This peer discourse is one of horrified fascination, based on urban myth and the community folklore, often dependent on tabloid media coverage, which feeds it. For children, the figure of the paedophile assumes the shadowy shape of the bogeyman, a conventionally exotic and spectacular figure which, at its most folkloric, features as star attraction in the genre of the campfire story. The campfire story, particularly in the U.S., is the tradition of gathering round the campfire to tell scary stories, with narrators competing to produce the most pleasurable thrill or fear. Especially in American and British oral tradition, the bogeyman is the imaginary expression of children's fears, in particular their fear of the dark. In the popular culture of the mass media, one of the best-known representations of this figure is Freddie Krueger of the *Nightmare on Elm Street* franchise. As has often been pointed out (e.g., Buckingham 1996), the curious thing about Freddie, a multiple abuser (Jenkins 2001) and child-murderer who lives on in children's nightmares, is that his young audiences regard him with a mix of terror and affection. This horrifying icon is something which repels, warns, shocks; but which also fascinates, entertains and, ultimately, reassures. Explanations for this vary, though for the purposes of the present study, we may speculate that giving a vague fear specific (fictional) shape enables children to deal with it, and at the same time allows them to indulge their attraction to risk and danger in a relatively safe fictional form.

There is an important difference between the horror monster of popular fiction and the bogeyman of the urban myth or campfire story, however. In the first case, the child is able easily to make modality judgements which distinguish between fiction and reality (Nightingale et al 2000). In other words, the child is able to read the ways in which these stories make particular claims to be true, and assess these claims in the light of her experience, both of real life, and of these genres of fiction. In the second case, the peculiar attraction of urban myths is precisely their claim to be true – they confuse the modality of the fairytale and the news bulletin. Rather than making claims to truth status which are consistent, and which either say: this is a fantasy, or this is a documentary report, they mix together these systems so that those who listen to them and tell them are uncertain of their truth status.

However, one or two of the older pupils were aware of the process of transmission of this kind of knowledge. Pupils mentioned that they had learned about risk through their friends and relatives, as this girl (age 11) relates:

"People in year 5 (age 9–10) know what [paedophilia] is. You know older people tell younger people and they tell younger people. Like my cousin in year 11 (age 15–16), she told me what, you know, her friends tell her what it is and she didn't keep it in and she tells me and I tell my cousin."

This account of how knowledge or urban myths spread seems an accurate description of the way knowledge of any taboo topic is spread, especially sexual knowledge. The exploratory-folkloric discourse is characterised by:

➤ Narrative structures
➤ Displaced agency, or attribution of the relevant action or event to another (it didn't happen to me, but to a friend/cousin/classmate)
➤ Direct speech attributed to characters in the story, so that the apparent representation of the "real words" spoken at the time makes the story seem more immediate, dramatic and convincing
➤ The truth-claim structure of the urban myth – an insistence on details of time and place, and other modality markers which raise the apparent truthfulness of the story
➤ Exotic or exaggerated events or characters

There were various versions of this type, all with their own specific characteristics. They ranged from the obviously untrue though vigorously asserted horror tale, such as that of the 9-year-old boy, who claimed to have shot a paedophile "in the nuts", to the very convincing talk of a 14-year-old boy, who showed great knowledge of the internet, with confident tales of his use of phoney ID cards to get into pubs, and of friends who had racked up hundreds of pounds on his parents' phone bill visiting porn sites. These claims, carefully elaborated with details of websites and amounts of cash, turned out to be wild exaggerations or complete fiction, on closer inspection.

An interesting feature of this discourse in relation to paedophilia was when it relayed false stories of real people, so that the truth-status became very confusing for the children constructing the stories. The clearest example was the children age 9 – 10 who were convinced that the Soham murder victims, Holly Wells and Jessica Chapman, were entrapped by using a chatroom:

"That's what happened to Holly and Jessica. They went on the chatroom and asked to meet up with someone."
...
"Yeah, they went on the chat rooms and asked to meet up with someone, and said they'd be wearing their Man United stuff."

This talk, backed up by the other children in the group agreeing and adding details, has some of the narrative characteristics, descriptive detail and assertive modality of the urban myth.

(NB: this conversation referred to the murder of two children in England in 2003 by a school caretaker. The media reported at one point that the girls might have met their murderer through the internet; though this was later shown to be false. The images of the girls in the shirts of their favourite football team, Manchester United, were widely reproduced in the print media; though at no time was it suggested that these images had been related to chat rooms).

The popular press and television news as a source of the raw material of urban myth was a pervasive theme of the interviews. In all the interviews the pupils reported hearing news reports, advertisements or storylines related to internet danger on television or in newspapers. Kidnapping frequently arose as part of the discussions, and other heavily reported child murders which had occurred the previous year were referred to as well as the Soham murders (see above). The pupils also said that viruses were frequently reported in the news, and one girl mentioned an episode of a television sit-com (Friends) in which a virus transmitted via email destroyed the hard drive of a computer. When asked about the greatest risk connected with their use of the internet, almost all the pupils said either paedophiles or viruses.

Several groups in the secondary school discussed the frequency of incidents of risk on the internet, particularly in connection with paedophilia and viruses. Most groups felt that paedophilia was commonly reported in the news, and therefore a frequent risk to children. As one boy (age 13) remarked, "just from listening to the news, the most occurring thing that comes up is usually to do with chat rooms and children getting kidnapped or taken away or they've gone walkabout or something". Only one group (age 13) thought that the seriousness of paedophilia made it more likely to be represented in the news, however that was not an indication of frequency. These girls (age 11) reflect the anxiety around frequency of paedophilia:

Becky: most people are perverts innit [local expression – "isn't it"]

Claire + Daniella: no not most people

Becky: no not most people but

Interviewer (female): most people on Crimewatch?

Claire: you know like on the internet

Interviewer: most people in the world?

Daniella: there's millions

Claire: they're walking down the street, they get kidnapped

Interviewer: Really?

Becky: and also perverts aren't just men, they're also women

Claire: there's loads in [name of surrounding neighbourhood]

Daniella: especially in the flats

This again is the folkloric discourse, characterised by exaggeration, wild claims, and insistently high modality. In this case, it is also a discourse of anxiety, similar to discourse in the quadrant above it on Figure 1 (prohibitive-folkloric), which exaggerates dangers related to children's use of the internet and also exerts control and authority over children's lives. Children and young people, therefore, are positioned as vulnerable and innocent, and particularly passive in their reception of internet risk.

In summary, the modality (truth claim) of exploratory-folkloric discourse is constructed from a complex of specific detail about place and time, compensating for the unlikely nature of the event. It is, most importantly, at odds with young people's actual experience of the internet – they either have little experience, or their actual experience is relatively confident and not anxious or worried. And finally, we might speculate that it is all the more active when given permission, partly as a result of the lack of opportunity to talk about it at school.

5. Rationalistic Discourses

Moving now to the right side of Figure 1, we will identify two branches of this discourse, again motivated by *prohibition* on the one hand and by *exploration* on the other. Rationalistic discourse is of course typical of Western educational institutions, rooted in the Enlightment ideal of Reason, and dedicated to the rooting-out of superstition, ignorance and myth. These are all value-laden terms, however; ideals which seem to have nothing to do with reason, such as fantasy, the imagination, pleasure and play have also had an important part in shaping modern education. The proponents of these ideals at their most extreme have directly opposed rationalistic values, most obviously in the tradition of Romantic thought, and especially, in the English Romantic tradition, in the work of William Blake. Blake was a poet, artist and publisher (1757–1827) for whom Reason was a tyrannical false god, and institutional education one of his most pernicious products. Many of his poems and illustrations personify Reason as the god Urizen ("Your Reason"), and he is shown blighting the energy of childish visionary innocence and of human sexuality.

Clearly, there is a balance to be struck here; and, as we suggested earlier, media education has an important role to play in offering clear conceptual structures for the analysis of culture while maintaining and fostering the pleasures of popular cultural practices and the often irrational ways in which they represent the world. In the case of internet discourses, however, we want to make a specific distinction in respect of rationalistic discourses. Where these are of value in education generally, they are expansive, explanatory discourses, tolerant of different points of view, concerned to explore difficult and ambiguous territory. However, in the case of socially taboo subjects, education has often had as much difficulty in promoting open and rational debate as any other sector of society. In particular, sexual practices such as masturbation, obviously crucially important to young people at the beginning of their sexually active lives, are notably absent from school talk about sex. In respect of the internet, issues such as paedophilia, pornography and child abuse may be similarly characterised by closed, reductive discourses in schools, even by silence; allowing the folkloric discourses on the left side of Figure 1 to thrive. This is in part an assumption (though informed by our experience as practising teachers of many years' standing); and it does not form part of our empirical enquiry. The rational discourse we have most evidence of is that of the child, partly attributable to their own resources, and the cultural capital they inherit from educational and family experience; and partly, we will argue, to the Educaunet programme.

Prohibitive-rationalistic

This is the pseudo-rationalistic discourse of brisk, business-like warnings, characterised by brief, reductive sets of "do's and don'ts". While these may, in themselves, be unexceptionable, their effect, unlike the expansive, spectacular form of the "bogeyman" warning, is to close down discussion. In effect, it is a form of repressive discourse, which is unable to speak of the dangers it fears. Ironically, as in Foucault's "repressive hypothesis" about sexual discourses in the 19th century (1978), it only encourages eloquent speculation to erupt in other discourses of risk; namely, again, the folkloric urban myths of our first category (the left side of Figure 1). Important discursive markers of this discourse are:

➤ Imperative verbs
➤ Reductive formats (lists, bullet points)
➤ Condensed forms which avoid detail or description

This kind of closed discourse needs to be seen in the context of UK schools and the developing cultures surrounding their uses of the internet. The schools where the data was collected, like most schools in Britain, require pupils to use the internet. The National Curriculum for England and Wales requires schools to teach internet related skills such as searching, checking for accuracy and relevance and using email (at Key Stage 2 – ages 7–11), and discussing the impact of ICT on society (at Key Stages 3 and 4 – ages 11–16), and pupils in the study frequently mentioned the use of the internet for research related to school work.

The secondary school where the study took place was particularly enthusiastic about pupils working online. The school holds periodic e-learning days when pupils work independently on-line (in homes, libraries, parents' offices or at the school) to complete a day's study. In spite of the possibility for using communicative aspects of the internet for shared project work, the e-learning days are about pupils working on their own. The discursive practices here frame the internet as a tool for gathering information, and position pupils as responsible and competent internet users. However, like most schools in Britain, the schools' computer systems contain strong filters which position pupils entirely differently. The filters in the primary school are controlled by the local education authority and are completely inflexible. Here the filters make research for terms such as "cock fighting" impossible. The secondary school filters are controlled within the school and are therefore more flexible, so it is possible for a teacher to allow access to a particular site or to remove filters for a set period of time.

The pupils frequently mentioned their frustration with filters which blocked access to their email and instant messaging facilities. These two pupils age 14–15 describe the filtering software at the school:

Ben: ... sometimes some sites are pretty safe to go on but because of the wording or something that may just pop up in the description of the site, it's filtered in school.

Katie: Or when you have free lessons you're allowed to go on any site you want but like the music sites are all filtered then.
Ben: Ya exactly. And you've got to find a new one every time that they haven't filtered because the next time they go onto the same one it's filtered again.

The message to pupils here is that actually, they are not responsible users, at least during the school day, and they need to be protected from their own uncontrollable desire to socialise as well as numerous unnamed risks on the internet.

There is a contradictory deployment of technologies and their accompanying social intentions and discourses here. Broadband internet access expresses a social intention to provide vastly expanded access for the pupils of the school, and is accompanied by a rhetoric of access associated with school internet culture: a serious commitment to work, typified by words like "research", "homework", "e-learning". Buckingham (2003) argues that this school internet culture is increasingly at odds with the digital culture of children and young people. Where it emphasises work, theirs emphasises play; where it emphasises education, theirs emphasises entertainment; where its technical focus is on information retrieval, theirs is on communication and gaming. The discursive pattern in schools in the UK is often marked by an eloquence about school-orientated uses, but where children's digital cultures are concerned, this eloquence gives way to the reductive brevity of the prohibitive discourse we have identified above. This may consist of very few interdictions – the usual rules about internet risk; a total ban on gaming; and then the discursive silence surrounding the use of filters. There is no real discussion here of, for instance, paedophiles or pornography – but the silence accompanying the filters implies these nameless dangers. Foucault's repressive hypothesis is an apt description, then, of the pupils' active discourse about these issues, fed by repression, folklore, media stories and home anxieties.

Exploratory-rationalistic
In the lower right corner of Figure 1, the second rationalistic discourse consists of either home or school discourse which attempts to explore and explain internet risk. It is the discursive form of media education, or of informed parental talk with children about what's risky, what isn't, levels of risk and how they might be handled. It is also, of course, the discourse of this article, which like any good discourse theory, acknowledges its own status as discourse. However, though it may seem that this is the discourse we are advocating for the purpose of developing internet risk awareness, this is not entirely true. We would not, for instance, advocate an approach which sets out to calmly and rationally discuss risk with children as its sole strategy. Rather, we would integrate this kind of discourse with ways of exploring the colourful and spectacular fascination of the internet through imaginative work such as role-play, simulation, and practical experience of the internet itself.

Discursive markers here are:

▶ Tentative modality, which is to say a reluctance to make assertive claims about what is or is not true (as participants struggle to understand or explain)
▶ Questions
▶ Explicatory structures and connectors
▶ Classificatory structures
▶ Moves from particular to general instances
▶ Particular instances bracketed as examples, rather than as narratives central to the discourse
▶ Evaluative comparisons of different risks

An example is one of the 15-year-old pupils discussing pornography. In sharp contrast to the student for whom this topic was a trigger for lurid stories of cash fraud, this girl said: "I wouldn't say it's dangerous. I think that's just sick. ... It's horrible, not hurting."

In terms of Lemke's (1998) semantic categories of evaluation, this shows markers in two categories: it expresses tentative certainty rather than the assertive certainty of the urban myth ("I wouldn't say ..."; "I think ..."); and a strong aversion under Lemke's "desirability" category ("It's horrible"). At the same time, it makes a precise distinction between types of undesirability – between dangerous and sick. Altogether, it is loose where the urban myth is tight (weak modality as opposed to strong); and precise where the urban myth is vague, struggling to distinguish shades of risk rather than collapsing them together for dramatic effect.

The risks of internet advertising and online shopping are mentioned by many children at different ages:

"I have learned a few more games, yeah, so like how to really, who to trust, who not to trust on the internet and I've learned a bit about advertisements" (boy, age 13).

"There's also sort of adverts that come up which is not the really best things ... Once you shop from one site it won't stop sending you spam" (girl, age 11)

These kinds of remarks are characterised, again, by the tentative modality of the exploratory-rationalistic discourse ("I've learned a bit ..."; "not the really best things"). They also display risks which are mundane, quite unlike the spectacular risks of paedophilia and pornography.

This kind of discourse also considered a wider range of social groups and interests than the folkloric discourse, which tended to fixate on their own peer group. They mentioned opportunities the internet provides (research, games, access for disabled): "It's good for people who are disabled because they can't walk and it's hard to like, if some shops have got stairs" (boy, age 11).

In the interviews, although, as we have seen, the folkloric discourse is still strongly in evidence in relation to paedophilia and pornography in particular, it begins to give way to more rationalistic forms of open question, admission of ignorance, evaluative comparisons of different kinds and scales of risk, and an awareness of a greater variety of types of risk. This shift in student discourse, from the left to the right side of Figure 1, is the focus of our final section, which looks at key moments when the pupil discourse seems to be in transition, particularly moving from the folkloric category to the rationalistic through the exploration mode.

6. Transitional, hybrid discourses

A group of 13-year-old pupils were telling us about the danger of giving out one's email address. In connection with this danger, the conversation moved to paedophilia. Pupils saw giving out email addresses as dangerous for a number of reasons including viruses and general stranger danger. A girl with relatively little experience of using the internet said, "You don't know if someone could just be emailing you and you don't know who it could be ... because they really want to know how old and everything you are and all the information, they want your details and everything." This girl obviously had heard stranger danger rules: never give out personal details. However, the girl here sounds as if she is talking about chat rooms instead of email. As stranger danger is often discussed in reference to chat rooms, a possibility is that the girl, who has little or no experience of either chat rooms or email, is confusing the two. This talk we see as hybrid and transitional – it proceeds from the same social motivation as the folkloric discourse, and it emerges from peer cultures, not from actual internet experience; but it lacks the typical narrative structure, and is presented in a rationalistic manner, constructing a general case which might apply to any user ("You") and any offender ("they"). At the same time, it echoes the pseudo-rationalistic discourse of prohibition – it constructs a reductive rationale for prohibition in a way that leads nowhere.

The conversation continues with a girl mentioning that paedophilia is a danger she has heard about. The next extract follows this statement:

Reepa: Everyone thinks of [paedophiles] because of the news and things. There's lots of things on the news about people being, if a teenager's been kidnapped or abducted or whatever and they like always check out their email accounts and things to see if they've been talking to anyone, uh they've not told their parents about or anything like that. They always say on the news ...

Rachel: That's what it said yesterday on the news as well.

Mark: I know it sounds strange but I have been on the internet so many times I don't actually know what a paedophile is. What is it exactly?

Interviewer (male): Can anyone answer that?

Gareth: A paedophile is someone who like is old, older and looks at younger people, in a rude way, in a sexual way.

In this extract we see several discourses coming into play, again in a hybrid fashion. For instance, Reepa's observations show something of the fascination for the figure of the paedophile rooted in the folkloric discourse, as does the general emphasis on this theme in the interviews. However, unlike the previous statement, she begins to transform the characteristically narrative patterns of this discourse into a genuinely rationalistic discourse, which recognises the part the media play in producing a distorted emphasis on the danger of paedophiles in chat rooms. Again, the modality is rooted in the construction of a general case ("Everyone"); and also in a lexical substitution which reaches for an authoritative journalistic language ("kidnapped, or abducted").

Equally interesting is the moment when Mark admits that he doesn't know what a paedophile is. Like Reepa who confuses chat with email, children in all the interviews express confusion over the dangers on the internet. Paedophilia, kidnapping and pornography all blend together with viruses, spam and hacking. For example, this girl (age 10) was describing using her mother's email account which was full of spam. She goes on to talk about spam: "they say it's pornography which is like naked women and everything but when you press onto it it's actually a virus". The difference is in Mark's outright admission – the point about confusion in the folkloric discourse is that it disguises itself, hidden beneath the apparent certainty of invented narrative detail, or actually employed in the weaving of suitably dark and obscure images.

Mark has highlighted an important finding from our evaluation – adults don't talk about the dangers the kids have heard about, many of the dangers remain in the realm of the taboo, and therefore children's understanding is patchy, based on snippets from the media, and often misinformed. Gareth, like Reepa, is working towards a more rationalistic discourse here, continuing the tenor of this part of the conversation, which, while it may be motivated partly by the folkloric fascination of the figure of the paedophile, is also motivated by a struggle to clarify and de-mythologize.

Another theme which was typified by hybrid discourse, at times colourfully folkloric, at times moving towards emergent rational evaluation, was internet pornography. Pornography produces anxiety both in schools and in homes. Livingstone (2003) cites studies in the US, Canada and the UK which find extensive content on the web which could be upsetting for children; and evidence that significant numbers of children have accessed such material. However, she also points out that research evidence on media effects in general has never satisfactorily established causal links between content, incidents and long term effects, and this is equally true of this area of content in particular. Furthermore, she observes that research in this area is clouded by a failure to define and categorise pornographic content; and by a surprising failure in many cases to ask children directly, relying instead on parental information.

Younger children in our interviews and in the teaching sessions we observed mentioned "naughty pictures" as an internet risk, and all the interviews contained some kind of reference to pornography. Interestingly, pupils had a hard time identifying the risk connected to pornography. Younger pupils said the risk was making their mum angry and older pupils mentioned financial risk or viruses connected to pornographic emails. As mentioned earlier, one girl described viewers of pornography as "sick", and only one girl (age 15) said that the risk of pornography was "disrespect to people". These discussions reflect the various discourses identified by Buckingham and Bragg (2004) in their research on children talking about pornography, particularly the themes of propriety (reflected in descriptions of viewers as "sick") and ideology (as in the "disrespect" quote above).

The discourses used by the children in these studies do not seem to be the same kind of talk that characterises talk about paedophiles, which is surprising, as adult perceptions of internet danger often considers these two kinds of risk as closely associated. From the adult perspective, both threaten the innocence of childhood, while, contradictorily, offering opportunities for the aspects of childhood we see as uncontrolled, incapable of self-regulation, to run riot. Buckingham (2000) describes how such perceptions of childhood develop as social constructs from long held and contradictory cultural practices, in particular the tradition of Romantic literature on the one hand, which represents the child as innocent, and traditions of religious belief in Western societies on the other, both Catholic and Protestant, which regard the child as a vessel of original sin.

In our study, these adult perceptions, which in respect of pornography take such content at face value and focus their anxieties, understandably enough, on sexuality, find no exact match in the discourse of the children. Though in some instances they judge the content as sexually deviant ("sick"), they also ignore it, associate it with viruses, as seeing it as a kind of health risk, perhaps, and consider it a violation of human dignity. Far from exhibiting the kind of fascinated exaggeration of the folkloric discourse which characterised talk about paedophiles, then, they show a sober, evaluative stance towards pornography which is closer to our rationalistic discourse. The interest of media educators must be in this move from the folkloric to the rationalistic, when pupils are drawing on their knowledge and enjoying media stories, but also making sense of their surrounding discourses.

7. Conclusion

Folkloric understandings of the dangers associated with the internet are deep-rooted and persistent. They overlap with similar patterns of talk about stranger danger in general. They reflect, contradictorily, both a fascinated pleasure in these kinds of narratives, and at the same time an anxiety founded on vague and ill-informed knowledge. The worry must be that this anxiety, fostered by adult warnings and tabloid stories, is disproportionate to the actual threat, and produces excessive anxiety in children, as Livingstone points out (2002). The other concern, specific to media education, is that to simply outlaw such narrative and mythic ways of dealing with social anxieties may simply not work – the problem is how to allow them space, and at the same time offer rational ways of exploring them. It seems clear that our experiment with the Educaunet programme did not offer enough opportunity of this kind; though the interviews, which for the students were a kind of extension of the programme, perhaps began to offer such an opportunity.

The interviews reveal the value of the exploratory forms of discourse, and the need for time to allow students to play with the myths and find their way through to rational explanations. In this process, discourses and practices of prohibition are deeply unhelpful, whether in the form of the unexplained imperative or in the form of crude filter software (which was much less of a problem in our partner countries). This course occupied the students for upwards of two hours a week for six weeks; and it was clear that this only began the process for many children. This suggests that quick-fix solutions are unlikely to be effective, and that advertising campaigns (such as those produced by the Home Office in the UK) will not of themselves have the desired effect. A combined strategy is more likely to work – and an essential component, we would argue, must be a media education approach which allows time and opportunity for active exploration of the nature and level of different risks. In this respect, joint policy initiatives between (for example, in the UK) the Home Office, the Department for Education and Skills, and the media regulator OFCOM, which has a remit for media literacy, would seem a promising route.

If there are dangers of content in school use of the internet, these must, as Livingstone (2003) argues of home use, be set against both opportunities offered by the internet and against other dangers, in particular the danger of forms of educational, cultural and social exclusion caused by lack of access. In the general context of these issues, and of the slowly emerging creative uses of the internet at school and home, we must not lose our nerve and allow risk to become a disproportionate preoccupation of teachers and parents, located within a debate whose terms have become inflated and distorted. Nor must we allow school internet cultures to become, as they are in danger of becoming in some schools, dreary, prohibitive, humourless environments, from which children can only wish to escape to the colourful, playful, exciting worlds of instant messaging, chat room fantasy and online gaming, for all their possible risks.

References

Buckingham, D.: Moving Images: Understanding Children's Emotional Responses to Television. Manchester 1996.

Buckingham, D.: After the Death of Childhood: Growing up in the Age of Electronic Media. Cambridge 2000.

Buckingham, D.: Media Education: Literacy, Learning and Contemporary Culture. Cambridge 2003.

Buckingham, D./Bragg, S.: Young People, Sex and the Media: the Facts of Life? Basingstoke 2004.

Carr, J.: Child Abuse, Child Pornography and the Internet. London 2004.

Foucault, M.: Power/Knowledge: Selected Interviews and Other Writings. (ed. *C. Gordon*). Brighton 1980.

Gardner, W.: The Sexual Offenses Bill: Progress and Future, keynote Tackling sexual grooming conference, Westminster, London, 29 September 2003. http://www.childnet-int.org/down loads/online%20grooming2.p df. Accessed 1 February 2004.

Halliday, M.A.K.: An Introduction to Functional Grammar. London 1985.

Hodge, R./Kress, K.: Social Semiotics. Cambridge 1988.

Home Office: Keep your child safe on the Internet http://www.thinkuknow.co.uk/parents.htm. 2001. Accessed 31 January 2004

Imler, D./Nagy, B./Riordan, T./Tekeste-Green, A.: "Folklore and the Internet" http://www.units.muohio.edu/psybersite/cyberspace/folklore/ 2003.

Jenkins, P.: "Go and Sin No More": Therapy and Exorcism in the Contemporary Rhetoric of Deviance, http://www.personal.psu.edu/faculty/j/p/jpj1/sin.htm 2001. Accessed 7th September, 2004.

Kress, G./van Leeuwen, T.: Reading Images: the Grammar of Visual Design. London 1996.

Kress, G./van Leeuwen, T.: Multimodal Discourse: The Modes and Media of Contemporary Communication. London 2000.

Lemke, J.L.: Resources for Attitudinal Meaning: Evaluative Orientations in Text Semantics. Functions of Language, 1998, 5(1): 33–56.

Livingstone, S.: Challenges and Dilemmas as Children Go On-line: Linking Observational Research in Families to the Emerging Policy Agenda, The 3rd Annual Dean's Lecture, The Annenberg School for Communication, University of Pennsylvania, 4th March 2002.

Livingstone, S.: Online Freedom & Safety for Children IPPR/Citizens Online Research Publication No. 3. London 2001.

Livingstone, S./Bober, M.: UK Children Go Online: Listening to Young People's Experiences (A research report from the project, 'UK Children Go Online' http://www.children-go-online.net) 2003.

Nightingale, V./Dickenson, D./Griff, C.: Harm: Children's Views about Media Harm and Program Classification. Conference paper, Forum 2000. Sydney, November 2000.

O'Connell, R.: A Typology of Cybersexploitation and On-line Grooming Practices http://www.uclan.ac.uk/host/cru/docs/cru010.pdf 2003. Accessed 31 January 2004.

Volosînov, V. N.: Marxism and the Philosophy of Language (1st ed). Cambridge, MA 1986 [1929].

Ben Bachmair

Themenfelder der Medienpädagogik

Schnell ist das Ziel der Medienpädagogik mit „Medienkompetenz" benannt. Wenn man die Geschichte der Medienpädagogik und Mediendidaktik durchgeht, dann ist mit dieser Zieldefinition schon eine Menge erreicht. Es ist ein Erfolg der Medienpädagogik als Disziplin, dass sich eine von Politik, Wirtschaft und Schule akzeptierte Zielvorstellung heraus kristallisiert hat. Reicht diese allgemeine Akzeptanz jedoch aus, um *Medien* als Bildungsaufgabe zu bestimmen? Will man sich der Bildungsaufgabe theoretisch wie praktisch stellen, dann geht es um nicht weniger als die Frage, wie *Medien* in das Verhältnis der Menschen zu sich, zu anderen, zur Kultur, zu den Dingen und Ereignissen vermittelnd eingreifen, vielleicht sogar Prägekraft entwickeln. Das Verhältnis der Menschen zu sich, zur sozialen, dinglichen und kulturellen Umwelt war und ist immer in Bewegung. In diesem Verhältnis entstanden und entstehen typische Formen von Subjektivität, verläuft Sozialisation. Subjektivität konstituiert sich immer in einem unstetigen Feld von subjektivem Innen und objektivem Außen, von individueller Erfahrung und institutioneller Festlegung, von vorgegebener Kultur und einmaliger Aneignung. Im Moment erleben wir dieses Feld als besonders unstetig. Deshalb die Frage, was sich aktuell verändert, um die für die Konstitution von Subjektivität, anders formuliert, um die für Bildung und Sozialisation maßgebliche Konstellation im Medienbereich zu entdecken. Vielleicht lassen sich so Themenfelder der Medienpädagogik neu akzentuieren. Deshalb einführend einige Stichworte zur kulturellen und gesellschaftlichen Entwicklung.

Was war prägend in den letzten Jahren?

Auffällig waren der Boom des Internet und die explosionsartige elektronische Vernetzung der Medien, die zu einem der Motoren der Globalisierung wurden. Dazu gehört jedoch auch die Implosion des dot.com-Marktes oder der Konkurs eines Mediengroßunternehmen wie der der die Kirch-Gruppe. An diesen Zusammenbrüchen zeigt sich die Krisenhaftigkeit unserer gesellschaftlichen, ökonomischen, aber auch kulturellen Entwicklung. Der 11. September 2001 hat dies in einem Ereignis und in einem Bild verschmolzen. Merkwürdig ist jedoch, wie in unseren alltäglichen Routinen dieses Bild des zentralen Turms Manhattans, den ein Flugzeug mit Feuer durchdringt, zu verblassen beginnt. Dies Bild überlagert sich zudem mit den aktuelleren Medienbildern, wie denen vom 2. Golfkrieg, die auch schon wieder verschwinden. Sie verblassen nicht so sehr in der ständigen Wiederkehr globaler Bilder. Es ist vielmehr die Routine des Alltagslebens, die unsere ganze Energie auf sich zieht, wobei sich der öffentliche Wahrnehmungsfokus auf die Staatsfinanzen, die Finanzierung von Renten und Krankenversicherung, zudem auf die Arbeitslosigkeit richtet. Im Moment müssen wir – oder stellvertretend Staat und personalisierte Politik – enorm viel Energie einsetzen, um diese Routine aufrecht zu erhalten. Das ist Folge der Dynamik unserer gesellschaftlichen Übergangssituation, die mit einer Enttraditionalisierung des routinierten Lebens in der Industriegesellschaft einhergeht. Im Vordergrund stehen die staatlichen Garantien, die wichtigen Bündel an Gefährdungen wie Krankheit oder Arbeitslosigkeit, die das Leben mit sich bringt, kollektiv zu versichern.

Wie kommt man argumentativ von dieser Liste ausgewählter Probleme zu medienpädagogischen Themenfeldern? Dazu empfiehlt sich nach den sich abzeichnenden allgemeinen Leitlinien zu fragen, innerhalb derer sich unsere Gesellschaft und unsere Kultur entwickeln.

Enttraditionalisierung in den westlichen Industriegesellschaften

Wir sind mitten in einem Schub der Enttraditionalisierung, der uns aus der Sicherheit der Industriegesellschaft in eine Gesellschaft individualisierter Risiken treibt. Es ist ein Schub der Enttraditionalisierung, den Theodor Adorno und Max Horkheimer als Ausgangspunkt für die Entwicklung der „Kulturindustrie" Anfang der vierziger Jahre des vergangenen Jahrhunderts in den USA beschrieben haben. Damals ging es immer noch um den Schock der Industrialisierung, welche die Menschen aus ihren vertrauten und zumeist religiösen Interpretationsmustern und bäuerlichen Handlungsmuster drängte.

> *„Die soziologische Meinung, dass der Verlust des Halts in der objektiven Religion, die Auflösung der letzten vorkapitalistischen Residuen, die technische und soziale Differenzierung und das Spezialistentum in kulturelles Chaos übergegangen sei, wird alltäglich Lügen gestraft. Kultur heute schlägt alles mit Ähnlichkeit. Film, Radio, Magazine machen ein System aus. Jede Sparte ist einstimmig in sich und alle zusammen"* (Horkheimer/Adorno 1969).

Der aktuelle Schub der Enttraditionalisierung läuft in den westlichen Industriegesellschaften als Reduktion staatlicher Aufgaben, die mit einer Individualisierung der Lebensrisiken der Menschen einhergeht. Unter anderem zwingen Reduktion des Staates und Individualisierung die Menschen, ihre eigene Lebenswelt aufzubauen. Sie tun dies, indem sie ihre eigenen Interpretations- und Handlungsmuster entwickeln. Einer der aktuellen Theoretiker dieser Entwicklung, Ulrich Beck, beschreibt diesen Trend folgendermaßen:

„Doch bei allen Ähnlichkeiten zu diesen Themenstellungen des auslaufenden 19. Jahrhunderts werden die Menschen heute nicht aus ständisch-religiösen Gewissheiten in die Welt der Industriegesellschaft ‚entlassen', sondern aus den Sicherheiten der Industriegesellschaft in die Turbulenzen der Weltkrisengesellschaft. Ihnen wird also das Leben nicht zuletzt mit den unterschiedlichsten, einander widersprechenden globalen und persönlichen Risiken zugemutet.

Die Industriegesellschaft setzt Ressourcen von Natur und Kultur voraus, auf deren Existenz sie aufbaut, deren Bestände aber im Zuge einer sich durchsetzenden Modernisierung aufgebraucht werden. Dies trifft auch auf kulturelle Lebensformen (z.B. Kleinfamilie und Geschlechtsordnung) und soziale Arbeitsvermögen zu (z.B. Hausfrauenarbeit, die zwar nicht als Arbeit anerkannt war, gleichwohl aber die Erwerbsarbeit des Mannes erst ermöglicht hat).

Dieser Verbrauch der kollektiven oder gruppenspezifischen Sinnreservoire (z.B. Glauben, Klassenbewusstsein) der traditionalen Kultur (die mit ihren Lebensstilen und Sicherheitsvorstellungen noch bis weit in das 20. Jahrhundert hinein auch die westlichen Demokratien und Wirtschaftsgesellschaften gestützt hat) führt dazu, das alle Definitionsleistungen den Individuen zugemutet werden.

Chancen, Gefahren, Ambivalenzen der Biographie, die früher im Familienverband, in der dörflichen Gemeinschaft, im Rückgriff auf ständische Regeln oder soziale Klassen bewältigt werden mochten, müssen nun von den einzelnen selbst wahrgenommen, interpretiert und bearbeitet werden. Chancen und Lasten der Situationsdefinition und -bewältigung verlagern sich damit auf die Individuen, ohne dass diese aufgrund der hohen Komplexität der gesellschaftlichen Zusammenhänge noch in der Lage sind, die damit unvermeidlichen Entscheidungen fundiert, in Abwägung von Interessen, Moral und Folgen verantwortlich treffen zu können" (Beck 1993).

■ *Der Trend zu „globalen Netzwerken der Instrumentalität" –*
ein Konzept von Manuel Castells

Massenkommunikation ist zweifellos eine unserer kulturelle Ressourcen, die individuelle Sinnwelten mit prägt, indem sich die Menschen der Industrie- und Konsumgesellschaft auch mit den Programmangeboten und innerhalb der Medienform ihre persönlich bedeutsame Lebenswelt aufbauen. Anders formuliert heißt das, die Programmangebote der Massenkommunikation bekommen die Funktion von Bausteinen für eine persönliche Lebenswelt. Mit dieser Funktion von Massenkommunikation als kulturelle Sinnressource bzw. als Lebensweltbaustein ändern sich auch Inhalt, Form und Gefüge der Massenkommunikation. So verschiebt sich im Moment das vertraute Verhältnis von Publikum und Produzenten. Deutliches Beispiel sind dafür *Casting Shows* und *Real Live Shows* wie „Pop Stars" oder „Big Brother", in denen Menschen über ein Casting-Verfahren aus dem Publikum auf die Medienbühne steigen und nach einer kurzen Prominenz-Phase wieder ins Publikum und ihren Alltag zurückkehren. Also auch Massenkommunikation unterliegt dem kulturellen Wandel und trägt zur gesellschaftlichen Unsicherheit bei. Die kulturellen Ressource Massenkommunikation ist nicht nur Instrument der aktuellen kulturellen Veränderungen, sondern verändert sich selber dramatisch in ihrer Struktur. Dabei ist spielt auch das Internet eine wichtige Rolle, indem es nicht nur neue Präsentationsform liefert, sondern das Mediengefüge verändert. Manuel Castells beschreibt diese strukturelle Veränderung als *„globale Netzwerke der Instrumentalität"*. Spontan stellt man sich hierzu das Internet vor. Auch wenn das Internet sich weder so schnell noch so nachhaltig im Alltag und als Bestandteil von Massenkommunikation etablierte, wie es Ende der neunziger Jahre den Anschein hatte, so zeigt sich am Internet doch, was sich mit der Vernetzungs- und Verfügungslogik, die dem Internet zu eigen ist, verändern kann. Manuel Castells (2001) skizziert mit seiner Analyse des „Informationszeitalters" und der als ein instrumentelles Netzwerk organisierten Gesellschaft die Umrisse, wie sich unsere Gesellschaft mit welcher Dynamik entwickelt. Er spricht von einer „informationellen Entwicklungsweise" (2001, S. 17), die anders als die „agrarische" oder die „industrielle" Entwicklungsweise auf das gesellschaftliche Verhältnis der Menschen zur Natur (das ist die „Produktion"), zu sich selber (das sind „Erfahrung" und „kulturelle Identität") und zu anderen (das ist unter anderem „Macht") einwirkt.

Einen Aspekt dieser „informationellen Entwicklungsweise" beschreibt Castells mit dem Hinweis auf „globale Netzwerke der Instrumentalität", die eine „unüberschaubare Anzahl virtueller Gemeinschaften" hervorbringt (ebd., S. 23). Dabei konstituiert sich auch eine Art von Subjektivität, die sich im Moment als „zunehmende Distanz zwischen Globalisierung und Identität, zwischen dem Netz und dem Ich" beschreiben lässt (ebd., S. 24). In dieser Spannung bekommt „Multimedia" die Funktion einer „symbolischen Umwelt" (ebd., S. 415). Multimedia braucht soziale Formen, die mit Lifestyle-Szenen und Lifestyle-Milieus auch im Entstehen sind. Hierbei handelt es sich um alltagsästhetisch homogene soziale Gruppierungen, in die sich die Menschen mit Handlungsmustern des Konsumierens einwählen. Sie werden die wählbaren und fließenden Sozialformen der Postmoderne, welche die vertraute Massenkommunikation mit der industriellen Produktion und Verteilung kohärenter Medien ablösen wird.

Interpretationsweisen und Diskurse ohne kulturelle Stabilität

An dieser Stelle tritt der Konflikt zwischen der Industrie-Kultur westlicher Prägung und Kulturen mit einer anderen historischen Dynamik, wie die der muslimisch ausgerichteten Gesellschaften, zu Tage. In diesen Gesellschaften potenzieren sich die Konflikte der Enttraditionalisierung an der Grenzlinie von religiösen Lebensformen zu säkularen Lebensformen der Industriegesellschaft mit dem Primat der Zweckrationalität und Verfügbarkeit in Produktion und Konsum. Denn gleichzeitig lösen sich die mit der Industriegesellschaft verbundenen Sicherheiten auf, insbesondere die Sicherheit des demokratischen Rechts- und Fürsorgestaates. Zugleich wird das Wohlstandsversprechen des Konsums leer. Was heißt das konkret? Es verbindet sich die Risikovariante der Arbeitslosigkeit der westlichen Industriegesellschaft mit den Deutungsrisiken postmoderner Lebensformen. Wer weiß denn, was den „Werten" der Industriegesellschaft in der „Netzwerkgesellschaft" mit reduziertem Staat entspricht? Ich vermute, „Werte" entstehen als neue Varianten medienbezogener Diskurse, die jedoch innerhalb der Grenzen sozialer Milieus stattfinden. Was bringt dieser Diskurs jedoch denjenigen, die keinen Job finden? Auch diese Diskurse stehen innerhalb fragmentierter Bezugsrahmen, denen die Sicherheit der mit generellem Gültigkeitsanspruch ausgestatteten Werte fehlt.

Gleichzeitig stellt sich die Frage nach Macht und Herrschaft in den westlichen Industriegesellschaften breiter als nur die nach der Kontrolle der Exekutive. Diese Frage erscheint im Moment meist nur vage im Boulevard-Stil, wer denn den reduzierten Staat besitzen oder wer den Staat kommandieren wird. Dies ist jedoch alles andere als eine vordergründige Macht-Frage für die staatlichen und kulturellen Newcomer in der Industriegesellschaft. Sie ist unmittelbar verbunden mit der Strategie, wie die Deutung dieser Welt geschieht, wie Deutung, mediale Angebote und die Lebensformen der individualisierten Risiken aufeinander bezogen sind. Der Sender Al Jazeera ist dafür kein schlechtes Beispiel.

In dieser kulturellen Frage und deren Beantwortung in der Form medialer Angebote und Lifestyle-Arrangements steckt enorm viel gesellschaftliches Gewaltpotenzial. Somit werden kulturelle Fragen der Deutung zu politischen und auch zu moralischen Themen. Die an das Selbstverständnis eines Mitglieds einer Kultur gebundene Diskurse und Deutungen (umgangssprachlich formuliert geht es um „Identität") werden damit genuin politisch.

Was gemeint ist, lässt sich am Kopftuch der deutschen Muslimin sehen, die Lehrerin in der staatlichen, öffentlichen Schule werden will, die sich zugleich schämt, mit unbedecktem Haar vor eine Schulklasse zu treten. Dieser Fall lag beim Verfassungsgericht der Bundesrepublik zur Entscheidung, wobei es um etwas anderes ging als um Fragen der Selbstverwirklichung einer jungen Frau. „Selbstverwirklichung" war die politische Frage Ende der sechziger Jahre, in der es um die Definition subjektiv bestimmter Lebensformen innerhalb der Industriegesellschaft ging. Das damalige politische Thema war die Freiheit in der Industriegesellschaft, die kulturell mit dem Wunsch nach Selbstverwirklichung und mit der freien Wahl der Lebensformen beantwortet wurde. Jetzt geht es um etwas politisch Neues, das als Frage der Identität in die Neudefinition an der Grenze von Religiös-Vorindustriell und Postindustriell eingeht. Vermutlich *markiert* die Frage nach Identität und Kopftuch die gleiche Entwicklungslinie wie die Bilder des Flugzeugs im Turm des World Trade Centre.

▓ *Alltag und Massenkommunikation als die sich verändernden Domänen der Industriegesellschaft*

Es gibt einen zentralen Unterschied: Die Kopftuch-Frage bleibt innerhalb des Alltagslebens, die der 11. September und seine Kriegsfolgen definitiv verlassen und auch zu zerstören versucht hat. Im Alltagsleben als der zentralen Domäne der Industriegesellschaft hat sich die Massenkommunikation etabliert. In der Entwicklungslinie des Alltags verändert sich auch die Massenkommunikation und umgekehrt: Mit der Veränderung der Massenkommunikation korreliert das Alltagsleben.

Die aktuelle Umgestaltung der Massenkommunikation läuft auch auf eine neue Mensch-Medienbeziehung hinaus, bei der sich Medien in komplexe Arrangements mischen und in denen Medien die Funktion von „Providern" symbolischer Angebote bekommen. Auch in den westlichen Industriegesellschaften bringen Angebote wie *Big Brother* viel Unklarheit, worum es sich denn dabei eigentlich handelt. Bei *Big Brother* gab es den öffentlichen Diskurs, was das Thema dieses Genres sei: Zurschaustellung naiver Alltagsmenschen, Zerstörung der Persönlichkeitsrechte von Menschen, Spaß an den Handlungsmustern von Leuten wie du und ich?

Die offenen Fragen zur Veränderung der Massenkommunikation reichen von den traditionellen Themen wie Gewaltdarstellungen (z.B. Mangas) und Pornografie (z.B. Internet) bis zu Tauschbeziehungen bei immer währenden Internet-Auktionen oder Telefonnummer vom Typ 0190-, die Kommunikation, Rat oder verbalen Sex gegen Geld versprechen.

▓ *Kulturelle Übersetzung*

Für die politische Dimension dieser Fragen hat der Soziologie und Philosoph Jürgen Habermas einen bemerkenswerten Vorschlag formuliert. Auch Habermas ist sich sicher, dass der aktuelle gesellschaftliche Umbruch als Konflikt dem Konflikt des Übergangs von der religiös geprägten Ständegesellschaft zur säkularen Industriegesellschaft entspricht. Als gelungen sieht er den damaligen Übergang der Deutungsmuster an, den es heute, bezogen auf den Konflikt mit den Deutungsmustern der muslimischen und der westlichen Industriegesellschaft, ebenfalls zu meistern gilt. Er sieht als aktuelle historische Aufgabe die *Übersetzungsarbeit*, eine kulturelle Übersetzungsarbeit, die an den historischen Bruchlinien von Mythos und kirchlich verfasster Religion ebenso gelungen ist, wie an der Bruchlinie der Säkularisierung der Industriegesellschaft:[1]

---

1 Auszug aus dem Text der Rede von Jürgen Habermas in der Paulskirche vom Oktober 2001. Frankfurter Rundschau vom 15.10.2001: „Der Riss der Sprachlosigkeit. Nach den Terrorakten: Der Friedenspreisträger des deutschen Buchhandels, Jürgen Habermas, über die Bedeutung der Säkularisierung in modernen Gesellschaften. Die Attentate vom 11. September und die USA haben auch in der Rede von Jürgen Habermas in der Frankfurter Paulskirche ihre Spuren hinterlassen. In den Terrorakten sieht der 72-jährige Starnberger Philosoph die Spannung zwischen säkularer Gesellschaft und Religion in besonderer Weise explodiert."

„Die postsäkulare Gesellschaft setzt die Arbeit, die die Religion am Mythos vollbracht hat, an der Religion selbst fort. Freilich nicht in der hybriden Absicht einer feindlichen Übernahme, sondern aus dem Interesse, im eigenen Haus der schleichenden Entropie der knappen Ressource Sinn entgegenzuwirken. Der demokratisch aufgeklärte Commonsense muss auch die mediale Vergleichgültigung und plappernde Trivialisierung aller Gewichtsunterschiede fürchten. Moralische Empfindungen, die bisher nur in religiöser Sprache einen hinreichend differenzierten Ausdruck besitzen, können allgemeine Resonanz finden, sobald sich für ein fast schon Vergessenes, aber implizit Vermisstes eine rettende Formulierung einstellt. Eine Säkularisierung, die nicht vernichtet, vollzieht sich im Modus der Übersetzung. Das ist es, was der Westen als die weltweit säkularisierende Macht aus seiner eigenen Geschichte lernen kann."

Diese Übersetzungsarbeit zwischen Kulturen ist genauso notwendig wie die Übersetzungsarbeit zwischen den Generationen und zwischen den neuen Sozialformen der Postmoderne wie Fan-Gruppen, Milieus oder Szenen.

Herrschaft und Legitimation

Es gibt offensichtliche Machtzusammenhänge im Mediengeschäft. Dafür stehen Namen wie Murdoch, Berlusconi oder der des mittlerweile gescheiterten Kirch. Wichtig ist auch die Frage, wer sich welchen Medien-Zugang leisten kann. Das ist die Machtfrage in der Konsumgesellschaft von Seiten der Nutzer. Die Verschuldung junger Leute über ihre Handys ist hier ein Punkt, der nachdenklich macht. Die Kosten für die Nutzung von Internet-Studienplattform, die sich Studierenden nicht leisten können, zeigt die künftige Relevanz für Bildung. Dabei sollte die traditionelle Frage einer Demokratie nicht vergessen werden, dass die Herrschaft des Volkes nur in Zusammenhang mit Bildung nicht zur Stammtischideologie verkommt.

Es gibt weniger leicht zu durchschauende Machtkonstellationen, die auch der Legitimation bedürfen. Dazu gehören neue Formen „symbolischer Texte", die sich die Menschen aus den Gütern, Medien und Konsumgewohnheiten zu Lifestyle-Einheiten zusammenmischen.

Mit Lifestyle-Arrangements begrenzen oder öffnen
Wie sich mit den textartigen Geweben der Lifestyles auch Formen von Macht und Herrschaft verbinden, haben vor geraumer Zeit schon Pierre Bourdieu mit seiner Analyse kultureller Ressourcen und Stuart Hall mit der Analyse der Organisation von Massenkommunikation skizziert. So steht für Bourdieu „die Art der Beziehung, die jedes einzelne Individuum mit der gesamten Sphäre der kulturellen Produkte verbindet" „in engstem Konnex mit seiner Stellung in diesem Felde" (1991, S. 107). Konkret geht es um die „feinen Unterschiede" (Bourdieu 1989) die mit der Verwendung kultureller Produkte einhergehen. Diese

„feinen Unterschiede" reichen von den Kleidern, die sich die Menschen auswählen, über die dazu passenden Autos bis zu den Fernsehgenres. Die Felder
und Produkte der „feinen Unterschiede" wachsen mittlerweile zu Lifestyles zusammen. Mit der Mischung einzelner Medien in die komplexen Arrangements
individueller Lebenswelten bleibt die gesellschaftliche wie die individuelle Auseinandersetzung um Legitimität bzw. um entsprechende Ansprüche unvermeid-
lich. Gerhart Schulze (1992) hat gezeigt, wie Menschen sich in und mit alltagsästhetisch konstituierten Milieus und Handlungsschemata grundlegend in der
Welt verankern. Weil eine alltagsästhetisch verfasste Welt wählbar ist, steht jede
einzelne in Konkurrenz zu anderen Lifestyle-Welten. Deren Legitimität ist mit
ihren jeweiligen leitenden Repräsentationsformen verbunden. Diese leitenden
Repräsentationsformen können Medien-Genres wie *Popstars* oder *Big Brother*
sein, aber auch Wohnungseinrichtungen, Freizeitvorlieben usw.

Dabei kommt die von Stuart Hall formulierte Dynamik des Herstellens und
Rezipierens von Medien, Hall beschreibt sie als „Encoding" und „Decoding"
(Hall 1980), ihr politisches Gewicht. In der Auseinandersetzung über Deu-
tungsmacht, Autonomieerfahrungen, Widerstandpotentiale oder Unterwer-
fungsprozeduren bei der Aneignung von Themen oder Darstellungsweisen definieren sich Macht- und Herrschaftsverhältnisse in ihrer kulturellen Erschei-
nungsform (vgl. Dörner 1999).

Erkan liest, jedoch „nur" vom Fernsehbildschirm

Diese Macht-Frage in Sachen Medien stellt sich heute gerade auch an der Konfliktlinie zwischen kulturellen Traditionen. Das folgende Beispiel zur Lesekompetenz eines 11-jährigen türkischen Jungen beleuchtet gleichermaßen die Konfliktlinie zwischen Muslimen und Europäern, wie die Konfliktlinie zwischen
gesellschaftlichen Schichten von Arbeitern und schulbezogener Mittelschicht.

Erkan ist 11 Jahre alt und hat einen türkischen Pass. Er ist in der Bundesrepublik geboren und aufgewachsen. Seine Schulkarriere ist in zwei Bundesländern mit recht unterschiedlichen Lehrplänen weitgehend gescheitert. Seine Eltern sprechen sehr gut deutsch, haben sich voll auf Deutschland eingelassen,
unterstützen auch alle schulbezogenen Aktivitäten ihrer Kinder, z.B. indem sie
sich ihre Wohnung in der Gegend der Schule gesucht haben. Jedoch eine Art
von *Bildungsbündnis* mit der Schule zu knüpfen, ist nicht gelungen. So wollen
Erkans Lehrer ihn zwangsweise in die Sonderschule einweisen, weil er in der
Regelschule nicht mehr mitkommt.

Worin liegt Erkans Schulproblem begründet? Vermutlich ist Erkan nie in das
deutsche Bildungssystem „eingestiegen". Er lässt auch keine Alternative zur Idee
aufkommen, etwas anderes als sein Großvater sein zu wollen, nämlich ein Türke. Was wundert es, dass er kein deutsches Wort mit einem redet, auch wenn
man bei ihm zu Hause im Wohnzimmer sitzt. Statt dessen konzentriert er sich
auf den Fernseher. Es läuft „Formel 1", das Autorennen auf RTL. „Formel 1"
ist eine der von Jungen dieses Alters favorisierten TV-Sendungen. Als Erkans
Papa von der Arbeit nach Hause kommt, fasst Erkan in Windeseile die Ergeb-

nisse von „Formel 1" zusammen. Papa ist sehr interessiert, denn für Autos wendet er generell viel Zeit auf, kann sie selber reparieren und spricht ebenso gern wie kompetent darüber. Erkan hat bei „Formel 1" offensichtlich genau zugesehen und sich die Ergebnislisten gemerkt, die er für seinen Vater versprachlicht und interpretiert, selbstverständlich auf Deutsch. Voraussetzung dazu ist die Fähigkeit, Listen innerhalb von Sportsendungen wie „Formel 1" zu lesen. Solche Listen sind sogenannte diskontinuierliche Texte, die nach den OECD-Kriterien zur modernen Lesekompetenz gehören. Für die Schule zählt jedoch Lesekompetenz in der Regel nur, wenn sie zum Lesen gedruckter Texte verwendet wird. Die Repräsentationsform des diskontinuierlichen Lesetextes auf dem Fernsehbildschirm ist dagegen schulisch ohne Wert.

Schon mit unterschiedlichen Repräsentionsformen traditioneller Texte verbinden sich gesellschaftliche Maßstäbe, die kaum bewusst sind und doch über schulischen und beruflichen Erfolg mitentscheiden. Wie gravierend sind erst die über Jahrhunderte entstandenen Bewertungen von Bildern im Kontext von Religion oder von Unterhaltung! Wenig vorstellbar ist eine Koexistenz zwischen den neuen alltagsästhetisch organisierten Lifestyle-Texten inklusiv ihrer inhärenten Lebenskonzepte einerseits und den Wertmaßstäben an der Bruchlinie vorindustrieller Clans zu *„globalen Netzwerken der Instrumentalität"* andererseits.

Auf der Suche nach gangbaren Wegen – die Frage nach Medienethik und Bildung

Jürgen Habermas hat mit dem Blick des Soziologen und Philosophen die Aufgabe der *kulturellen Übersetzungsarbeit* entdeckt, indem er die kulturellen Brüche zwischen Mythos und Religion, zwischen agrarischer und industriell geprägter Gesellschaft bedacht hat. *Kulturelle Übersetzungsarbeit* haben beispielsweise die institutionalisierten Kirchen geleistet, sicherlich nicht uneigennützig, indem sie Mythen in ihre eigene Weltdeutung und Sinngebung integrierten. Die Industriegesellschaft hat sich dazu beispielsweise des Museums oder des Zoos bedient, auch der nicht-positivistischen Wissenschaft oder des Geschichtsunterrichts ebenso wie der Literatur und des Films. Welche kulturelle Übersetzungsarbeit gelingt in den *„globalen Netzwerken der Instrumentalität"* mit den institutionalisierten Medien wie Fernsehen oder der neuen Massenkommunikation in den Lifestyle-Formen? So liefert die Integration des geschriebenen Textes in der Sportberichterstattung des Fernsehens Erkan die Möglichkeit, in seinem Alltagsleben den geschriebenen Text als sinnvoll zu erleben. Lifestyle-Formen tragen in sich die Chance, auch das Kopftuch der deutsch-muslimischen Lehrerin *kulturell zu übersetzen.*

Darüber hinaus sind andere Wege begehbar zu machen, beispielsweise auch mit pädagogischen Schlüsselideen wie die des Jean-Jacques Rousseau von der *Natur des Menschen.* Eine Neuinterpretation der grundlegenden Idee von Jean-

Jacques Rousseau von der *Natur des Menschen* könnte den Ausgangspunkt einer anthropologischen, vom Wesen des Menschen ausgehenden Definition von Subjektivität und Bildung bieten. In diesem Kontext scheint es mir notwendig, zwei Ideen in Bezug auf Medien sowie auf die alte und auf die neue Form der Massenkommunikation genauer zu untersuchen.

Es ist erstens der Gedanke der *Verletzlichkeit der Menschen*, woraus sich die Aufforderung zur *empathischen Parteinahme für die Unerfahrenen* ergibt. Empathie ist zusammen mit Realitätsbezug und Ich-Stärke eine der zentralen Triebkräfte der Sozialisation. Es ist zweitens eine Bildungsidee, die sich aus den neuen und Bedeutung schaffenden Formen der Medienrezeption der Massenkommunikation ergibt. Es geht um den *„Eigensinn der Menschen"*, der mit dem Gedanken vom *„Eigensinn der Welt"* zu verknüpfen ist. „Eigensinn" verweist sowohl auf die für heutige Mediennutzung prägende Bedeutungskonstitution als auch auf die Unverfügbarkeit von Menschen und Sachverhalten in einer konsumorientierten Lebensform.

■ *Vom Eigensinn der Kinder und Sachen bis zum Anker in einer fließenden Welt der Zeichen*

Im Gemenge der Medien und Ereignisse sowie in der Sicherheit aber auch in der individuell riskanten, alltäglichen Lebensgestaltung entwickelt sich die pädagogische Frage- und Aufgabenstellung. Dabei geht es im ersten Schritt um Handlungs- und Aneignungsmuster, also nicht mehr vorrangig um die Medienerlebnisse oder gar um die Medien selber.

Die neue und eher konsumierende, mediengerechte Form der Aneignung hat eine postmoderne Dynamik, die nichts mehr mit Pauken zu tun hat. Kinder eignen sich die Welt in einer spezifischen Erlebnisweise an. Diese Erlebnisweise hat sich mit Konsumorientierung und Individualisierung entwickelt, bei der Medien, insbesondere Fernsehen, einen nicht zu unterschätzenden Anteil beitrugen. Die heutige Kindergeneration ist im Trend zur Individualisierung und mit der Notwendigkeit aufgewachsen, individuelle Lebenswelten gerade auch mit den symbolischen Materialien der Medien aufzubauen. Damit beginnen Kinder und Jugendlichen ihre Erlebnisweisen zu verändern. So stehen sie tendenziell im Mittelpunkt einer eigenen, subjektiven Welt, die sich anders aufbaut als die Lern- und Sachwelt der Schule. Diese postmoderne Welt entsteht um das eigene Ego in Prozessen der Bedeutungskonstitution. Bedeutungskonstitution ist das Gegenmodell zur passiven Medienrezeption. Kinder eignen sich das symbolische Material von Konsumobjekten, Medien und Ereignissen individuell an, indem sie ihnen perspektivisch und innerhalb von Relevanzrahmen subjektive Bedeutung verleihen. Die jeweilige Medienwelt ist einer dieser Relevanzrahmen.

■ *Sich vergewissern: Reflexivität für Bastler in Kulturinszenierungen*
Medienkompetenz ist sicher eine Form, wie Kinder eine reflexive Beziehung zu Medien als Teil von Kulturinszenierungen entwickeln. Im Mittelpunkt sollte dabei ein Kompetenz-Begriff stehen, der sich an den der Textkompetenz von

Pisa anlehnt: „Informationen ermitteln", „Textbezogenes Interpretieren", „Reflektieren und Bewerten". Daneben gibt es eine Fülle von Möglichkeiten, Kindern emotionale, soziale und rationale Distanz und Auseinandersetzung anbieten. Auf einer weiteren Stufe von Reflexivität sind auf Medien und Konsum bezogene Lebenswelten zu ordnen und zu gestalten.

■ *Eigensinn von Kindern, Dingen und Ereignissen*
Kinder sollen nicht zu Objekten von Zwecktexten oder Einschaltquotenkalkül werden. Ihr *Eigensinn* in der Doppelbedeutung sowohl widerständig zu sein als auch standardisierten Medienangeboten eigenständig Sinn zu geben ist deshalb eine wichtige Bewertungsdimension für Fernsehangebote. Dies ist auch eine Komponente von Medienschutz. Wichtig ist, ob und wie Sender, Warenproduzenten, Entertainment-Unternehmen aber auch Schule die Kinder als Subjekte adressieren, welches implizite Kinder- und Konsumentenbild sie unterstellen. Gleichzeitig existiert auch in der erlebnisorientierten Gesellschaft die Welt der Sachverhalte und Ereignisse als etwas Eigenständiges mit eigenem Wert und Sinn, das über das individuelle Verfügen hinaus reicht. Es geht in dieser Bewertungsdimension also um die Funktion von Medien für die Realitätserklärung, deren konsequente Form das Lehren und Lernen ist.

■ *Kontexte herstellen in der Welt als Supermarkt*
Die Aufgabe, sich in einer vielschichtigen und auch brüchigen Welt die eigene Lebenswelt aufzubauen, ist nicht nur für Kinder eine kräftezehrende und riskante Aufgabe, zu deren Bewältigung sie Hilfe brauchen. Nicht erst mit der Globalisierung liefert Fernsehen bzw. andere elektronische Medien eine Fülle von Formaten und Genres, die sich nicht allein auf der Basis kultureller Tradition erklären. Gängig ist in diesem Zusammenhang die Vorstellung, Kinder sollten beim Fernsehen natürlich nicht allein gelassen werden; zuhörende, erklärende oder auch beruhigende Eltern bzw. Bezugspersonen sollten sie dabei begleiten. Dies nicht allein der Familie zu überlassen, ist auch Aufgabe der Medienanbieter. Es gilt insbesondere, wenn Medienprogramme den angestammten Kulturkontext verlassen und Kinder sie ohne tradierten oder vertrauten Bezugsrahmen, also ohne eigene Genrekompetenz, rezipieren.

Versuch, einen Themenkatalog zu bestimmen

Lässt sich aus einer Analyse der aktuellen gesellschaftlichen und kulturellen Situation ein Bezugsrahmen für Themenfelder der Medienpädagogik herausarbeiten? Sicher nicht eindimensional oder deduktiv ableitend, zum Beispiel indem aus den Analysen und Erklärungsversuchen der Kulturtheorie (Ulrich Beck, Anthony Giddens oder Gerhard Schulze) verpflichtende Aufgaben oder sogar noch Normen für Medienpädagogik hergeleitet werden. Medienpädagogen leben und denken jedoch in dem Feld der Kultur, dessen Wandel theoretisch abgesteckt ist. Deswegen empfiehlt es sich, die medienpädagogischen Aufgaben *kulturtheoretisch* zu bedenken und zu fragen, wie wir als Medienpädagogen Kinder und Jugendliche unterstützen und fördern. Dabei reagieren wir auch auf die aktuelle krisenhafte Umbruchssituation. Nur zur Erinnerung im folgenden eine Liste, die deren zentralen Punkte aufführt:

> Enttraditionalisierung der westlichen Industriegesellschaft,
> Individualisierung der Lebensrisiken (Krankheit, Arbeit) und Lebensformen,
> Globalisierung als Lebensform der „globalen Netzwerke der Instrumentalität",
> Ästhetisierung der Lebensformen und die Verschiebung der Sozialisationsperspektive von einer objektiven gesellschaftlichen Wirklichkeit zur individuellen „Erlebnisrationalität".

Auf dieser aktuellen gesellschaftlichen und kulturellen Problemfolie gestalten sich die Felder der Mensch-Medien-Beziehung spezifisch, vielleicht auch neu. Diese Felder werden u.a. von den folgenden *Kräften* beeinflusst, die eine medienpädagogische Antwort erforderlich machen.

Macht und Herrschaft

> Eine Demokratie braucht Kontrolle der Medien durch Politik und Publikum. Kritische Medien- und Institutionsanalyse sowie deren Einübung in Formen wie die der Bürgerkanäle sind institutionell zu stabilisieren und weiterzuentwickeln.
> Die in Medienformate und Darstellungsformen (Buch/Bildschirm) verwobenen „feinen Unterschiede" (Pierre Bourdieu) in der kulturellen und gesellschaftlichen Hierarchie sind bewusst zu machen.
> Zu fragen ist, welche medialen Kulturtechniken und welche Formen von Medienkompetenz notwendig sind, um in den „globalen Netzwerken der Instrumentalität" sozial, kulturell und wirtschaftlich zu bestehen? Welche federn die individualisierten Risiken ab? Welche unterstützen die Teilhabe am politischen und kulturellen Leben?
> Der Zugang zu Bildungsangeboten im Internet (z.B. Studienplattformen) darf weder an formalen Bildungsvoraussetzungen noch an finanziellen Ressourcen von Familien oder Bildungseinrichtungen scheitern.

Interpretationsweisen und Diskurse

> Eine Demokratie braucht ein kritisches Medienpublikum, das sich traditioneller, aber auch neuer Medienformate beim politischen und gesellschaftlichen Diskurs bedient. (Die Nachricht braucht Weiterentwicklung und Ergänzung, auch durch Lifestyle-Formate.)
> Institutionalisierte Bildung (Schule) und Unterhaltung sowie deren jeweils typische Textkompetenz und Formen der Welterklärung sollen miteinander

versöhnt werden, so wie es das Modell des öffentlich-rechtlichen Rundfunks schon lange praktiziert. Das Konzept der *Offenen Schule* liefert dazu didaktische Ansatzpunkte. Hilfreich sind auch die Vorstellungen von PISA zu Funktion von Texte und von Textkompetenz. (PISA und deren Teiluntersuchung zum Verhältnis von Lesekompetenz und Freizeit zeigen aber auch, wie naiv die institutionalisierte Pädagogik gegenüber der Mediennutzung von Jugendlichen ist.)

➤ Zur *Offenen Schule* gehört die Offenheit für mediale Darstellungsformen und Medienformate (Textsorten) schulferner Bevölkerungsgruppen.

➤ Die von Jürgen Habermas vorgeschlagene „kulturelle Übersetzung" ist auch eine Aufgabe der Medien und der Medienpädagogik.

➤ Kulturelle Übersetzung in einer fragmentierten Gesellschaft: In einer fragmentierten Gesellschaft geht es auch um die Koexistenz ethnisch oder religiös geprägte Lebensformen mit traditionell säkularen Lebensformen sowie mit neuen Lebensformen des Lifestyle. Dabei spielen jeweils spezifische, tradierte Leitmedien und deren etablierten Aneignungsformen eine Rolle, z.B. das jeweilige heilige Buch.

➤ Kulturelle Übersetzung zwischen Anbietern und Nutzern neuer Genres ohne vertrauten kulturellen Kontext: Es braucht die kulturelle Übersetzung zwischen den neuen Medienformaten wie Pop Stars oder Yu-Gi-Oh und den tradierten, um den Diskurs zwischen deren Nutzern zu ermöglichen. Dabei ist in besonderem Maß auf die Medienpräferenzen von Jugendlichen einzugehen. Die Globalisierung der Medienangebote (z.B. Mangas) macht diese Übersetzung zudem notwendig.

➤ Zwischen den Generationen und deren bevorzugten Genres und Formaten gibt es eine Konfliktlinie, die sich deutlich zwischen Lehrern und Schülern erkennen lässt. Im Generationenkonflikt in der Schule spielen auch generationsspezifische Medien- und Genrevorlieben eine Rolle.

Subjektentwicklung und Erziehung

➤ Eine wichtige medienpädagogische Aufgabe ergibt sich aus der Fragmentierung des Medien- und Konsumangebotes und ihres Transfers in die verschiedensten regionalen und sozialen kulturellen Kontexte. So erscheint *die Welt* als globaler Supermarkt, in dem auf den ersten Blick alles möglich ist, jede Wahl und Kombination Sinn macht. Kinder und Jugendlichen brauchen jedoch überschaubare Rahmen und Kontext, wobei auch die angestammte Kultur als Handlungs-, Sinn- und Bewertungsrahmen wichtig ist. *Rekontextualisierung* ist das Stichwort für die medienpädagogische Aufgabe.[2]

---

2 Ein Beispiel dafür ist das Begleitprogramm zur WWF-Wrestling, mit dem ein Fernsehsender sich die Aufgabe gestellt hatte, ein Fernsehprogramm aus dem amerikanischen Unterhaltungskontext für ein deutsches Kinderpublikum mit Hilfe von Trailern zu „dekonstruieren" und als Inszenierung durchschaubar zu machen (vgl. Bachmair/Kress 1996, S. 197–218).

➤ Kinder und Jugendliche brauchen Hilfe, um sich neue Medienformate ohne kulturell vertrauten Aneignungs- und Interpretationskontext selbständig zu erschließen und nutzbar zu machen. Dabei ist auf die neuen Formen der Re-Interpretation medialer Angebote, bei denen wie schon beim traditionellen Text auch, die Leser aktiv die Bedeutung eines Textes herstellen, Rücksicht zu nehmen. („Die Verstehensleistung stellt eine Konstruktionsleistung des Lesers bzw. der Leserin dar, bei der der Inhalt des Textes aktiv mit bereits vorhandenem Wissen in Beziehung gesetzt wird"; Pisa 2000, 2001, S. 78).

➤ Das immer während Konsumversprechen der Industriegesellschaft macht es Kindern und Jugendlichen alles andere als leicht, sich nachdenklich, distanziert, kritisch, d.h. reflexiv zur Welt zu stellen. Sich in dieser Welt auch als Person zu vergewissern, ist eine komplizierte Aufgabe. Traditionell hat Pädagogik dies mit dem Begriff der Bildung thematisiert, der tauglich gemacht werden müsste, damit sich auch *Bastler in Kulturinszenierungen* reflexiv zur Welt verhalten können? Was bietet dazu Medienpädagogik?

➤ Medienkompetenz ist sicher eine Form, wie Kinder und Jugendliche eine reflexive Beziehung zu Medien als Teil von Kulturinszenierungen entwickeln. Im Mittelpunkt sollte dabei ein Kompetenz-Begriff stehen, der sich an den der Textkompetenz von Pisa anlehnt: „Informationen ermitteln", „Textbezogenes Interpretieren", „Reflektieren und Bewerten".

➤ Die Enttraditionalisierung in der Herstellung und Rezeption kultureller Produkte führt bei den Medien zu einer notwendigen Eigenaktivität der Rezipienten, nämlich innerhalb der eigenen Lebenswelt und der eigenen Handlungsperspektive standardisierten Programmangeboten persönlichen Sinn abzugewinnen. Sinn herzustellen ist deshalb auch eine von der Medienpädagogik zu unterstützende Leistung von Kindern und Jugendlichen als Rezipienten. Dazu brauchen sie empathische Unterstützung, um die Medienprodukte sich *eigensinnig*, also auch sperrig, verfügbar zu machen. Gleichzeitig gilt es jedoch auch, den Eigenwert, den Eigensinn, also die Unverfügbarkeit der Welt erfahrbar zu machen. Konsumierbare Medien liefern eine scheinbar verfügbare Welt ins Haus. Zur medialen Bildung gehört auch die Erfahrung, dass die Welt, das sind die Dinge und Ereignisse, ihren eigenen und unverfügbaren Sinn hat, also ihren Eigensinn besitzt.

➤ Kinder sollen nicht zu Objekten von Zwecktexten oder Einschaltquotenkalkül werden, sollen jedoch auch den Eigenwert medialer Angebote in der Auseinandersetzung mit einem Bildungskanon medialer Angebote erfahren.

➤ Jugendmedienschutz: Der Jugendschutzgedanke der ungestörten Persönlichkeitsentwicklung ist gegenüber der juristischen Operationalisierung, die diesen Gedanken zweitrangig macht, deutlich zu machen und in den Wahrnehmungshorizont der Politik zu bringen. Zudem ist es notwendig, mit den Internetanbietern und ihrem Jugendschutzgremium ins verbindliche und verantwortliche Gespräch zu kommen, um sie zu einer ähnlich medienpädagogischen Sicht anzuregen, wie das für Buch, Kino und Fernsehen schon erreicht wurde.

Literatur

Bachmair, B./Kress, G.: Begleitprogramm für eine Höllen-Inszenierung. In: *Bachmair, B./Kress, G.* (Hrsg.): Höllen-Inszenierung Wrestling. Beiträge zur pädagogischen Genre-Forschung. Opladen 1996, S. 197–218.

Beck, U.: Vom Verschwinden der Solidarität. Individualisierung der Gesellschaft heißt Verschärfung sozialer Ungleichheit. In: Süddeutsche Zeitung Nr. 36, Samstag/Sonntag, 14./15. Februar 1993.

Bourdieu, P.: Die feinen Unterschiede. Frankfurt a.M. 1989.

Bourdieu, P.: Zur Soziologie der symbolischen Formen. 4. Auflage, Frankfurt a.M. 1991 (französische Originalausgabe 1970).

Castells, M.: Das Informationszeitalter I. Die Netzwerkgesellschaft. Opladen 2001.

Dörner, A.: Medienkultur und politische Öffentlichkeit: Perspektiven und Probleme der Cultural Studies aus politikwissenschaftlicher Sicht. In: *Winter, R./Hepp, A.* (Hrsg.): Kultur – Medien – Macht. Cultural Studies und Medienanalyse. Opladen/Wiesbaden 1999.

Hall, St.: Encoding/Decoding. In: *Hall, St./Hobson, D./Lowe, A./Willis, P.* (Hrsg.): Culture, Media, Language. London 1980, S. 128–138.

Horkheimer, M./Adorno, Th. W.: Kulturindustrie, Aufklärung als Massenbetrug. In: *Horkheimer, M./Adorno, Th. W.:* Dialektik der Aufklärung. Frankfurt 1969, S. 128–176 (Originalausgabe: New York 1944).

PISA 2000. Basiskompetenzen von Schülerinnen und Schülern im internationalen Vergleich. Opladen 2001, S. 78.

Schulze, G.: Die Erlebnisgesellschaft. Kultursoziologie der Gegenwart. Frankfurt a.M. 1992.

Autoren und Autorinnen, Herausgeber und Herausgeberin

Bachmair, Ben, Prof. für Erziehungswissenschaft, Medienpädagogik und Mediendidaktik an der Universität Kassel, Fachbereich 1 Erziehungswissenschaft/Humanwissenschaften
Veröffentlichungen: Detradizionalizzazione e innovazione in un periodo coinvolgente. In: Bechelloni, Giovanni, Sassoli, Elisa (a cua di): Inquietante Presenza. Media education e dintori. Firenze Mediascape Edizioni, 2004, S. 169–178; Kulturelle Ressourcen – Medien und Lesekompetenz nach PISA. Teil 1. In: Medien Praktisch 4/02. 26. Jahrgang (Heft 104). Frankfurt (gep) 2002 S. 17–21 und Teil 2. In: Heft 1/03, 27. Jahrgang Heft 105, S. 56–60; Abenteuer Fernsehen. Ein Begleitbuch für Eltern. München.
Erreichbar unter: bachmair@uni-kassel.de, http://www.medienpaed-kassel.de

Blömeke, Sigrid, Dr. phil. habil.; Universitätsprofessorin für Systematische Didaktik und Unterrichtsforschung an der Humboldt-Universität zu Berlin
Veröffentlichungen: Handbuch Lehrerausbildung. Bad Heilbrunn/Braunschweig 2004 (zusammen mit Reinhold, P./Tulodziecki, G./Wildt, J.); Universität und Lehrerausbildung. Bad Heilbrunn 2. Aufl. 2003; Lehren und Lernen mit neuen Medien. In: Unterrichtswissenschaft 31 (2003) 1, S. 57–82.
Erreichbar unter: sigrid.bloemeke@staff.hu-berlin.de, http://www2.hu-berlin.de/didaktik/

Buchholtz, Christiane, wissenschaftliche Mitarbeiterin am Lehrstuhl für Systematische Didaktik und Unterrichtsforschung an der Humboldt-Universität zu Berlin, CBT-Autorin
Erreichbar unter: christiane.buchholtz@staff.hu-berlin.de.

Burkatzki, Eckhard, Dipl. Soz.; wissenschaftlicher Mitarbeiter im DFG-Forschungsprojekt „Zur Entwicklung von Medienkompetenz im Jugendalter", Universität Bielefeld
Veröffentlichungen: Das Bielefelder Medien-Kompetenzmodell. Clusteranalytische Untersuchungen zum Medienhandeln Jugendlicher 2003 (zusammen mit Treumann, K./Strotmann, M./Wegener, C.).
Erreichbar unter: eckhard.burkatzki@uni-bielefeld.de

Burn, Andrew, MA, PhD; Lecturer in Media Education, Centre for the Study of Children, Youth and MediaInstitute of Education, University of London
Veröffentlichungen: Videogames: text, narrative, play. Cambridge (zusammen mit Buckingham, D,/Carr, D./Schott, G.); Heavy Hero or Digital Dummy: multimodal player-avatar relations in Final Fantasy 7. In: Visual Communication, Vol. 3, No. 2, Summer 2004 (zusammmen mit Schott, G.); 'Two Tongues Occupy my Mouth – poetry, performance and the moving image'. English in Education, Vol. 37, No. 3, Spring 2004, pp. 41–50.
Erreichbar unter: a.burn@ioe.ac.uk

Diepold, Peter, Prof. Dr. em.; zuletzt: Humboldt-Universität zu Berlin, Abt. Pädagogik und Informatik
Veröffentlichungen: Lernen im globalen Netz. In: Wölfling, W./Lenhart, V. (Hrsg.): Globalisierung und Bildung. Weinheim 2003, S. 63–75; Internet und Pädagogik: Rückblick und Ausblick. Abschiedsvorlesung am 15. Februar 2001. Berlin 2002; Vom DFG-Projekt „Dissertationen Online" zu DissOnline.de, Bibliotheksdienst 35 (2001), H. 3, S. 299–306 (zusammen mit Martin, N./Dobratz, S./Schulz, M.).
Erreichbar unter: Peter@Diepold.de, www.diepold.de

Ehlers, Ulf-Daniel, Dr.; Information Systems for Production and Operations Management, Universität Duisburg-Essen
Veröffentlichungen: Qualität im E-Learning aus Lernersicht. Grundlagen, Empirie und Modellkonzeption subjektiver Qualität. Wiesbaden 2004; E-Learning-Services. Spannungsfeld von Pädagogik, Ökonomie und Technologie. L3 – Lebenslanges Lernen im Bildungsnetzwerk der Zukunft. Bielefeld 2003 (zusammen hrsg. mit Gerteis, W./Holmer, T./Jung, H.); Bildungscontrolling im E-Learning. Heidelberg (erscheint Dez. 2004) (zusammen hrsg. mit Schenkel, P.).
Erreichbar unter: uehlers@wi-inf.uni-essen.de, www.lernqualitaet.de, www.eqo.info

Grotlüschen, Anke, Dr.; Interdisziplinäres Zentrum für Hochschuldidaktik der Universität Hamburg
Veröffentlichungen: Widerständiges Lernen im Web – virtuell selbstbestimmt? Eine qualitative Studie über E-Learning in der beruflichen Erwachsenenbildung. Münster 2003; Bildung als Brücke für Benachteiligte – Hamburger Ansätze zur Überwindung der digitalen Spaltung. Evaluation des Projekts „ICC-Bridge to the Market". Münster 2004 (zusammen mit Brauchle, B.).
Erreichbar unter: grotlueschen@erzwiss.uni-hamburg.de, www.LernSite.net

Gücker, Robert, Dipl.-Psych.; Interdisziplinäres Zentrum für Hochschuldidaktik der Universität Hamburg
Veröffentlichungen: Entdeckendes Lernen als didaktisches Konzept in einem interdisziplinären Lehr-Lernprogramm zur Statistik. In: Kerres, M/Voß, B.

(Hrsg.): Digitaler Campus. Vom Medienprojekt zum Nachhaltigen Medieneinsatz in der Hochschule [Reihe Medien in der Wissenschaft]. Münster 2003 (zusammen mit Nuyken, K./Vollmers, B.); Didaktische Transformation oder wie wird aus dem Text ein Content? In: Kreibich, R./Oertel, B. (Hrsg.): Erfolg mit Dienstleistungen – Innovationen, Märkte, Kunden, Arbeit. Stuttgart 2004; Der lange Weg vom Text zum Bildschirm. In: Barrios, B./Carstensen, D. (Hrsg.): Campus 2004: kommen digitale Medien an den Hochschulen in die Jahre? [Reihe Medien in der Wissenschaft]. Münster 2004 (zusammen mit Vollmers, B.).
Erreichbar unter: robert@guecker.com; http://www.izhd.uni-hamburg.de/edidaktik/index.php, Tel.: 040/42883-2046

Holzwarth, Peter, Dipl.-Päd.; Doktorand an der Pädagogische Hochschule Ludwigsburg, Institut für Erziehungswissenschaft Abteilung Medienpädagogik, wiss. Begleitung im Projekt „CHICAM. Children in Communication about Migration" (www.chicam.net).
Erreichbar unter: holzwarth_peter@web.de, http://www.phludwigsburg.de/medien1/Holzwarth5.html

Hugger, Kai-Uwe, Dr. phil.; Fakultät für Pädagogik der Universität Bielefeld
Veröffentlichungen: Medienpädagogik zwischen Kompetenz und Profession. In: Neuß, N. (Hrsg.): Beruf Medienpädagoge. Selbstverständnis – Ausbildung – Aufgaben – Arbeitsfelder. München 2003; Medienkompetenz im digitalen Zeitalter. Wie neue Medien das Leben und Lernen Erwachsener verändern. Opladen 2002 (zusammen mit Treumann, K. P.); Medienpädagogik als Profession. Perspektiven für ein neues Selbstverständnis. München 2001.
Erreichbar unter: kai.hugger@uni-bielefeld.de, www.netmp.de

Lambrecht, Clemens, Doktorand; Medienpädagogik Universität Kassel, Fachbereich Erziehungswissenschaft/Humanwissenschaften
Veröffentlichungen: Bestandsaufnahme zum Kinderfernsehen. Ein pädagogischer Blick auf das Fernsehangebot und die Nutzung durch die Kinder. In: medien praktisch, April 2001, Heft 02/01. Frankfurt a.M. 2001 (zusammen mit Bachmair, B./Rummler, K./Seipold, J./Topp, C.)
Erreichbar unter: lambrecht@uni-kassel.de, www.medienpaed-kassel.de

Mockenhaupt, Jennifer, M.A.; Dipl.-Sozialarbeiterin; Arbeitsbereich Bildung und Technik, TU Darmstadt
Veröffentlichungen: Ein System zur Unterstützung verteilter Autorengruppen innerhalb einer E-Learning Umgebung. In: Grübl. P. (Hrsg.): Neue Medien in der Aus- und Weiterbildung von Bauingenieuren und Architekten [Tagungsband, TU-Darmstadt 21.–22.10.2003] (zusammen mit Godehardt, E./Trebing, T/Rößling, G./Schröder, K./Trnkova, J.); Pädagogische Kriterien für die Gestaltung von E-Learning Elementen. Dargestellt an einem Beispiel aus der

Projekt Praxis. (demnächst im Buch zur Ringvorlesung „Bildung und Technik" aus dem WS 02/03.
Erreichbar unter: j.mockenhaupt@apaed.tu-darmstadt.de, Tel.: 06761/915377

Niesyto, Horst, Prof. Dr.; Pädagogische Hochschule Ludwigsburg, Institut für Erziehungswissenschaft, Abteilung Medienpädagogik
Erreichbar unter: niesyto_horst@ph-ludwigsburg.de,
http://www.ph-ludwigsburg.de/medien1/niesyto.htm, Tel.: 07141/140221

Nuyken, Klaus, Projektkoordination des Methodenlehre-Baukastens am Interdisziplinären Zentrum für Hochschuldidaktik der Universität Hamburg
Veröffentlichungen: Entdeckendes Lernen als didaktisches Konzept in einem interdisziplinären Lehr-Lernprogramm zur Statistik (zusammen mit Gücker, R. und Vollmers, B.)
Erreichbar unter: klaus.nuyken@uni-hamburg.de, Tel. 040/42883-2626

Raabe, Claudia, Dipl.-Päd.; Doktorandin im Fachbereich für Erziehungswissenschaft/Humanwissenschaften an der Universität Kassel
Veröffentlichungen: Bestandsaufnahme zum Kinderfernsehen. Ein pädagogischer Blick auf das Fernsehangebot und die Nutzung durch die Kinder. In: medien praktisch, April 2001, Heft 02/01. Frankfurt a.M. 2001. [Gemeinschaftswerk der Evangelischen Publizistik (GEP)] (zusammen mit Bachmair, B./Lambrecht, C./Rummler, K./Seipold, J.); Familien vor dem Bildschirm: Diskussion einer Programm- und Nutzungsstichprobe. In: Televizion 14/2001/1.; Fernsehprogrammangebote für Kinder als Interpretations- und Orientierungsmuster in der Alltagswelt – Angebot zu typisch ethnisch-kulturellen Lebensweisen. Aus: www. kinderfernsehen.de unter Orientierung in der Alltags- und Lebenswelt, Angebot zu ethnisch-kulturellen Lebensweisen (zusammen mit Bachmair, B./Lambrecht, C.).
Erreichbar unter: claudia.raabe@uni-kassel.de, Tel. 0561/804-3975

Rummler, Klaus; Medienpädagogik an der Universität Kassel, Fachbereich für Erziehungswissenschaft/Humanwissenschaften
Veröffentlichungen: Bestandsaufnahme zum Kinderfernsehen. Ein pädagogischer Blick auf das Fernsehangebot und die Nutzung durch die Kinder. In: medien praktisch, April 2001, Heft 02/01. Frankfurt a.M. 2001. [Gemeinschaftswerk der Evangelischen Publizistik (GEP)] (zusammen mit Bachmair, B./Lambrecht, C./Seipold, J.); Kindliche Alltagswelt: Wie erscheint der Alltag von Kindern auf dem Bildschirm? Realitätsnahe Darstellungen von Personen, Handlungsorten und Handlungsverläufen im expliziten Kinderfernsehen. Auf: www.kinderfernsehforschung.de [http.//wwwkinderfernsehforschung.de/ bestand/Arbeitsbereiche/2-Orientierung/Repraesentation/Repraesentation-mp. htm]
Erreichbar unter: k.rummler@uni-kassel.de

Schäffer, Burkhard, PD Dr. phil. habil.; Otto-von-Guericke Universität Magdeburg, Institut für Erziehungswissenschaft, Lehrstuhl Erziehungswissenschaftliche Medienforschung unter Berücksichtigung der Erwachsenen- und Weiterbildung
Veröffentlichungen: Generation-Medien-Bildung. Medienpraxiskulturen im Generationsvergleich. Opladen 2003; Das Gruppendiskussionsverfahren. Grundlagen und empirische Anwendung. 2. Aufl. Opladen 2004 (zusammen mit Loos, P.); Film- und Fotoanalyse in der Erziehungswissenschaft. Ein Handbuch. Opladen 2003 (zusammen mit Ehrenspeck, Y.).
Erreichbar unter: burkhard.schaeffer@gse-w.uni-magdeburg.de,
http://www.uni-magdeburg.de/mpeb/schaeffer.htm, Tel.: 0391/67-16991

Schulmeister, Rolf, Prof. Dr.; Universität Hamburg, Interdisziplinäres Zentrum für Hochschuldidaktik
Veröffentlichungen: Grundlagen hypermedialer Lernsysteme. Theorie – Design – Didaktik. Bonn/Paris u.a. 1996; 2. überarb. Aufl. München/Wien 1997, 3. Aufl. 2002; Virtuelle Universität – Virtuelles Lernen. München/Wien 2001, 2. Aufl. 2001; Lernplattformen für das virtuelle Lernen. München/Wien 2003.
Erreichbar unter: schulmeister@uni-hamburg.de, www.izhd.uni-hamburg.de, Tel.: 040/42883-2031

Seipold, Judith; Medienpädagogik Universität Kassel, Fachbereich Erziehungswissenschaft/Humanwissenschaften
Veröffentlichungen: Intertextuelle und intermediale Bezüge als Orientierungsangebot – systematische Überlegungen und exemplarische Untersuchungen zu Verweisen auf das Fernsehangebot. In: Bachmair, B./Diepold, P./de Witt, C. (Hrsg.): Jahrbuch Medienpädagogik 3. Opladen 2003 (zusammen mit Bachmair, Ben); Was Kinder überfordert – Beobachtungen zum Fernsehprogramm. In: TV-Diskurs, Heft Oktober 2001. Baden-Baden 2001 (zusammen mit Bachmair, B./Lambrecht, C.); Bestandsaufnahme zum Kinderfernsehen. Ein pädagogischer Blick auf das Fernsehangebot und die Nutzung durch die Kinder. In: medien praktisch, April 2001, Heft 02/01. Frankfurt a.M. 2001. [Gemeinschaftswerk der Evangelischen Publizistik (GEP)] (zusammen mit Bachmair, B./ Lambrecht, C./Rummler, K./Topp, C.)
Erreichbar unter: j.seipold@uni-kassel.de; Tel.: 0175/7618818

Strotmann, Mareike, Stipendiatin an der Fakultät für Pädagogik der Universität Bielefeld.
Veröffentlichungen: Strotmann, M./Wegener, C.: Datenbeschreibung. In: Mikos, L./Wegener, C. (Hrsg.): Handbuch qualitative Medienforschung. Konstanz 2005; Treumann, K.P./Burkatzki, E./Strotmann, M./Wegener, C.: Hauptkomponentenanalytische Untersuchungen zum Medienhandeln Jugendlicher. In: Bachmair, B./Diepold, P./deWitt, C. (Hrsg.): Jahrbuch Medienpädagogik 4. Opladen/Wiesbaden 2005.

Erreichbar unter: mareike.strotmann@uni-bielefeld.de, Universität Bielefeld, Fakultät für Pädagogik, AG 9: Medienpädagogik, Forschungsmethoden und Jugendforschung, Universitätsstr. 25, 33615 Bielefeld, Tel. 0521/106-3142

Trebing, Thomas, M.A., TU Darmstadt, Arbeitsbereich Allg. Pädagogik – Schwerpunkt „Bildung und Technik"; wissenschaftlicher Mitarbeiter im Projekt ICuM 2 (teletutorielle Betreuung und Evaluation 2004-2005).
Veröffentlichungen: Evaluation multimedialer Lernumgebungen. Erscheint im Buch zur Ringvorlesung „Bildung und Technik" aus dem WS 02/03. Darmstadt 2004; Ein System zur Unterstützung verteilter Autorengruppen innerhalb einer E-Learning Umgebung. In: Grübl, P. (Hrsg.): Neue Medien in der Aus- und Weiterbildung von Bauingenieuren und Architekten. Tagungsband, TU-Darmstadt 21.–22.10.2003 (zusammen mit E. Godehardt, E./Mockenhaupt, J./Rößling, G./Schröder, K./Trnkova, J.); Digital Storytelling: Methodische Hinweise. In: Digital Storytelling – black and white. Interkulturelles Geschichtenerzählen im virtuellen Zwischenraum. 2003
Erreichbar unter: t.trebing@apaed.tu-darmstadt.de

Treumann, Klaus Peter, Prof. Dr.; Universität Bielefeld, Fakultät für Pädagogik, AG 9: Medienpädagogik
Veröffentlichungen: Triangulation als Kombination qualitativer und quantitativer Forschung. In: Abel, J./Möller, R./Treumann, K. P.: Einführung in die empirische Pädagogik. Stuttgart 1998, S. 154–182; Selected results on the project „NRW-Schools to the Net – Understanding Worldwide. Düsseldorf: European Institute for the Media (EMI) 1998, S. 31–45 (zusammen mit Baacke, D./Redeker, G./Gartemann, S./Kraft, J.); Medienkompetenz im digitalen Zeitalter. Wie die Neuen Medien das Leben und Lernen Erwachsener verändern. Opladen 2002 (zusammen mit Baacke, D./Haacke, K./Hugger, K.-U. u. Vollbrecht, R.).
Erreichbar unter: klaus.treumann@uni-bielefeld.de, Universität Bielefeld, Fakultät für Pädagogik, Postfach 10 01 31, 33501 Bielefeld, Tel.: 0521/106-4355

Vollmers, Burkhard, Dr.; Universität Hamburg, Mitarbeiter im Projekt „Methoden-Lehre-Baukasten" (MLBK), Interdisziplinäres Zentrum für Hochschuldidaktik
Erreichbar unter: Burkhard.Vollmers@uni-hamburg.de;
http://www.izhd.uni-hamburg.de/baukasten.html, Tel.: 040/42883-2625

Wegener, Claudia, Dr.; Universität Bielefeld
Veröffentlichungen: Informationsvermittlung im „Zeitalter der Unterhaltung". Eine Langzeitanalyse politischer Fernsehmagazine. Opladen 2001; Manipulation oder Zeitgeist? Lesarten populärer Musik. In: Vollbrecht, R./Fritz, C./ Sting, S. (Hrsg.): Mediensozialisation. Opladen 2003; Jugend erforscht. (Me-

dien-)Handeln Jugendlicher im Fokus der Wissenschaft. TV-Diskurs, Heft 26/03.
Erreichbar unter: claudia.wegener@uni-bielefeld.de, Tel.: 0521/106-3142

Willett, Rebekah; Research Officer am Centre for the Study of Children, Youth and Media Institute of Education, University of London
Veröffentlichungen: Constructing the Digital Tween: Market forces, adult concerns and girls interests'. In: Mitchell, C./Walsh, Reid J. (eds.): New Models of Learning for New Media: Observations of Young People Learning Digital Design. In: Jahrbuch Medienpädagogik 4, Opladen/Wiesbaden 2004; Living and Learning in Chatrooms (or does informal learning have anything to teach us?) In: The French journal, Éducation et Sociétiés 2003 (Zusammen mit Sefton-Green, J.)
Erreichbar unter: r.willett@ioe.ac.uk

de Witt, Claudia, Prof. Dr.; Fernuniversität in Hagen, Institut für Bildungswissenschaften und Medienforschung
Veröffentlichungen: Pädagogische und didaktische Grundlagen computergestützten kooperativen Lernens. In: Haake/Schwabe/Wessner (Hrsg.). CSCL-Kompendium. München 2004 (zusammen mit Ch. Grune); Perspektiven der Medienbildung. In: Fatke, R./Merkens, H. (Hrsg.): Bildung über die Lebenszeit. Wiesbaden 2004 (zusammen mit Kerres, M.); Medientheorie. In: Michelsen, G./Goedemann, J. (Hrsg.): Handbuch Nachhaltigkeitskommunikation. Grundlagen und Praxis. München 2004.
Erreichbar unter: claudia.dewitt@fernuni-hagen.de, http://www.fernuni-hagen.de/KSW/ifbm/bildmed, Tel. 02331/987-4490

PISA

Katrin Groß / Martin Senkbeil /
Claus H. Carstensen / Manfred Prenzel /
Jürgen Rost

Naturwissenschaftliche Bildung in Deutschland

Methoden und Ergebnisse von
PISA 2000
2004. 140 S. Br. EUR 19,90
ISBN 3-531-14457-X

Die theoretischen und konzeptionellen
Grundlagen des PISA 2000 Naturwissen-
schaftstests werden in diesem Band
ausführlich dargestellt. Damit wird ein
weiterer notweniger Hintergrund zu
einer realistischen und kritischen Auseinandersetzung mit den Befunden der
Studie vorgelegt.

Michael Neubrand (Hrsg.)

Mathematische Kompetenzen von Schülerinnen und Schülern in Deutschland

Vertiefende Analysen im Rahmen von
PISA 2000
2004. 277 S. Br. EUR 29,90
ISBN 3-531-14456-1

Diese vertiefende Auswertungen des
PISA-Tests zu den mathematischen Leistungen von Jugendlichen in Deutschland
stellt die Konzeption und Entwicklung
des nationalen Ergänzungstests vor. Eine
systematische Auswahl von Beispielauf-
gaben zeigt die Breite des Tests auf und
die Erweiterung des internationalen
Ansatzes ermöglicht differenzierte Analysen mathematischer Kompetenzen.

Gundel Schümer / Klaus-Jürgen Tillmann /
Manfred Weiß (Hrsg.)

Die Institution Schule und die Lebenswelt der Schüler

Vertiefende Analysen der PISA-2000-
Daten zum Kontext von Schülerleistungen
2004. 221 S. mit 27 Abb. und 50 Tab.
Br. EUR 22,90
ISBN 3-531-14305-0

Im vorliegenden PISA-Themenband sind
die Ergebnisse vertiefender Analysen zur
Bedeutung des schulischen und außerschulischen Kontextes für Schülerleistungen dokumentiert.

Ulrich Schiefele / Cordula Artelt /
Wolfgang Schneider / Petra Stanat (Hrsg.)

Struktur, Entwicklung und Förderung von Lesekompetenz

Vertiefende Analysen im Rahmen von
PISA 2000
2004. 358 S. mit 27 Abb. und 28 Tab.
Br. EUR 27,90
ISBN 3-8100-4229-3

In diesem Band wird mit der Lesekompetenz einer der drei zentralen Kompe-
tenzbereiche, die Gegenstand von PISA
2000 waren, ausführlicher behandelt.
Es wird dabei insbesondere auf die frühe
Entwicklung der Lesekompetenz eingegangen, auf wesentliche Prozesse und
Befunde zur Lesesozialisation und auf
den schulischen Umgang mit der Lesekompetenz.

Erhältlich im Buchhandel oder beim Verlag.
Änderungen vorbehalten. Stand: Januar 2005.

www.vs-verlag.de

VS VERLAG FÜR SOZIALWISSENSCHAFTEN

Abraham-Lincoln-Straße 46
65189 Wiesbaden
Tel. 0611.7878-722
Fax 0611.7878-400

Handbücher

Werner Helsper /
Jeanette Böhme (Hrsg.)

Handbuch der Schulforschung

2004. 994 S. Geb. EUR 69,90
ISBN 3-8100-3659-5

Das Handbuch fasst den aktuellen Stand der interdisziplinären Schulforschung im deutschsprachigen Raum zusammen und ergänzt diesen um internationale Perspektiven. Im Auftakt wird die Entstehung und Etablierung der Schulforschung von ihren Anfängen bis in die Gegenwart aufgezeigt und die damit verbundene Entwicklung von Forschungsansätzen dargestellt. Vor dem Hintergrund der historischen Differenzierung des Schulsystems und damit auch des Lehrerberufs wird das aktuelle Spektrum der Forschungsfelder systematisiert. In den Beiträgen werden Forschungen zur Entwicklung der Schule und ihrem Verhältnis zu angrenzenden Bildungsräumen ebenso bilanziert, wie die Ergebnisse der Unterrichts- und Lehr-Lernforschung und Studien zu LehrerInnen und SchülerInnen.

Heinz-Hermann Krüger /
Cathleen Grunert (Hrsg.)

Handbuch Kindheits- und Jugendforschung

2002. 920 S. mit 13 Abb. und 5 Tab. Geb. EUR 59,00
ISBN 3-8100-3320-0

In diesem Handbuch werden die bislang eher unverbunden nebeneinanderstehenden Bereiche der Kindheits- und Jugendforschung erstmals miteinander verknüpft und deren bisherige Forschungserträge bilanzierend zusammengefasst. Dabei werden die Ansätze und Ergebnisse der zentralen an der Kindheits- und Jugendforschung beteiligten Fachdisziplinen, der Erziehungswissenschaft, der Psychologie, der Soziologie u.a. berücksichtigt.

Rudolf Tippelt (Hrsg.)

Handbuch Bildungsforschung

2002. 845 S. Geb. EUR 39,00
ISBN 3-8100-3321-9

Das Handbuch Bildungsforschung repräsentiert Stand und Entwicklung der (empirischen) Bildungsforschung. Unter Berücksichtigung des interdisziplinären Charakters wird ein systematischer Überblick über die wesentlichen Perspektiven, Theorien und Forschungsergebnisse gegeben. Das Handbuch integriert aktuelle und grundlegende Erkenntnisse der beteiligten Disziplinen Psychologie, Soziologie, Politikwissenschaft, Ökonomie, Philosophie und Geschichte, wobei die Erziehungswissenschaft / Pädagogik als zentrale Bezugsdisziplin verstanden wird. Über fünfzig anerkannte Autorinnen und Autoren geben einen zuverlässigen Einblick für lehrende, studierende und forschende Erziehungs- und SozialwissenschaftlerInnen.

Erhältlich im Buchhandel oder beim Verlag.
Änderungen vorbehalten. Stand: Januar 2005.

www.vs-verlag.de

VS VERLAG FÜR SOZIALWISSENSCHAFTEN

Abraham-Lincoln-Straße 46
65189 Wiesbaden
Tel. 0611.7878-722
Fax 0611.7878-400

GPSR Compliance
The European Union's (EU) General Product Safety Regulation (GPSR) is a set
of rules that requires consumer products to be safe and our obligations to
ensure this.

If you have any concerns about our products, you can contact us on

ProductSafety@springernature.com

In case Publisher is established outside the EU, the EU authorized
representative is:

Springer Nature Customer Service Center GmbH
Europaplatz 3
69115 Heidelberg, Germany